宗 玮◎著

朱德

从琳琅山到中南海

西苑出版社

图书在版编目（CIP）数据

朱德：从琳琅山到中南海/余玮著. --北京：西苑出版社，2011.8

ISBN 978-7-5151-0079-1

Ⅰ.①朱… Ⅱ.①余… Ⅲ.①朱德（1886~1976）-生平事迹 Ⅳ.①K827=7

中国版本图书馆 CIP 数据核字（2011）第 168364 号

朱德：从琳琅山到中南海

著　　者　余　玮

责任编辑　蒋焱兰 ylj44@126.com 010-88637291

出版发行　西苑出版社

通讯地址　北京市海淀区阜石路 15 号　　邮政编码：100143

电　　话：010-88624971　　传　　真：010-88637120

网　　址　www.xycbs.com　　E-mail：xycbs8@126.com

印　　刷　北京中印联印务有限公司

经　　销　全国新华书店

开　　本　787mm×1092mm　1/16

字　　数　396 千字

印　　张　24.25

版　　次　2011 年 9 月第 1 版

印　　次　2011 年 9 月第 1 次印刷

书　　号　ISBN 978-7-5151-0079-1

定　　价　48.00 元

内容简介

全书记叙朱德寻求救国救民、报国为民的心路历程，重点展示了南昌起义中真实的朱德、朱毛会师的前前后后、动乱岁月的朱德隐情、情感漩涡中的真情朱德、生活中的魅力朱德等等。告诉读者一个已知道但并不完全知道的真实而又传奇朱德。

作家余玮在撰著本书过程中，专访了朱德同志的部分亲友和生前某些身边工作人员或个别知情人，力求还原朱德传奇的革命生涯和独特的人格魅力，尽可能披露一些重大史实的内情或细节。

朱德同志的女婿刘铮通览全书后如是说：从厚厚的书稿"看得出余玮同志在采访与创作中花了大量的精力，总的感觉真实、有感染力，说得上是一部红色题材方面的佳作……作为长辈，爹爹(朱德)在我们眼里很慈祥、可亲、可爱，生活也十分简朴；作为伟人，爹爹在我们眼里非常崇高、杰出、卓越，可以用'德高望重'和'丰功伟绩'来形容。他的一生是波澜壮阔的，我一辈子也读不完。……感谢余玮同志为读者提供了这么好的精神食粮。"

险些被讲武堂除名的背后、加入中共的一波三折、朱毛亲密有间和分分合合的"谜团"、"烂泥湾"变成"陕北江南"的内情、最后一个军礼和最后一次接见外宾、平民女儿与元帅爹爹的"生离""死别"……一切尽在《朱德：从琳琅山到中南海》一书中。

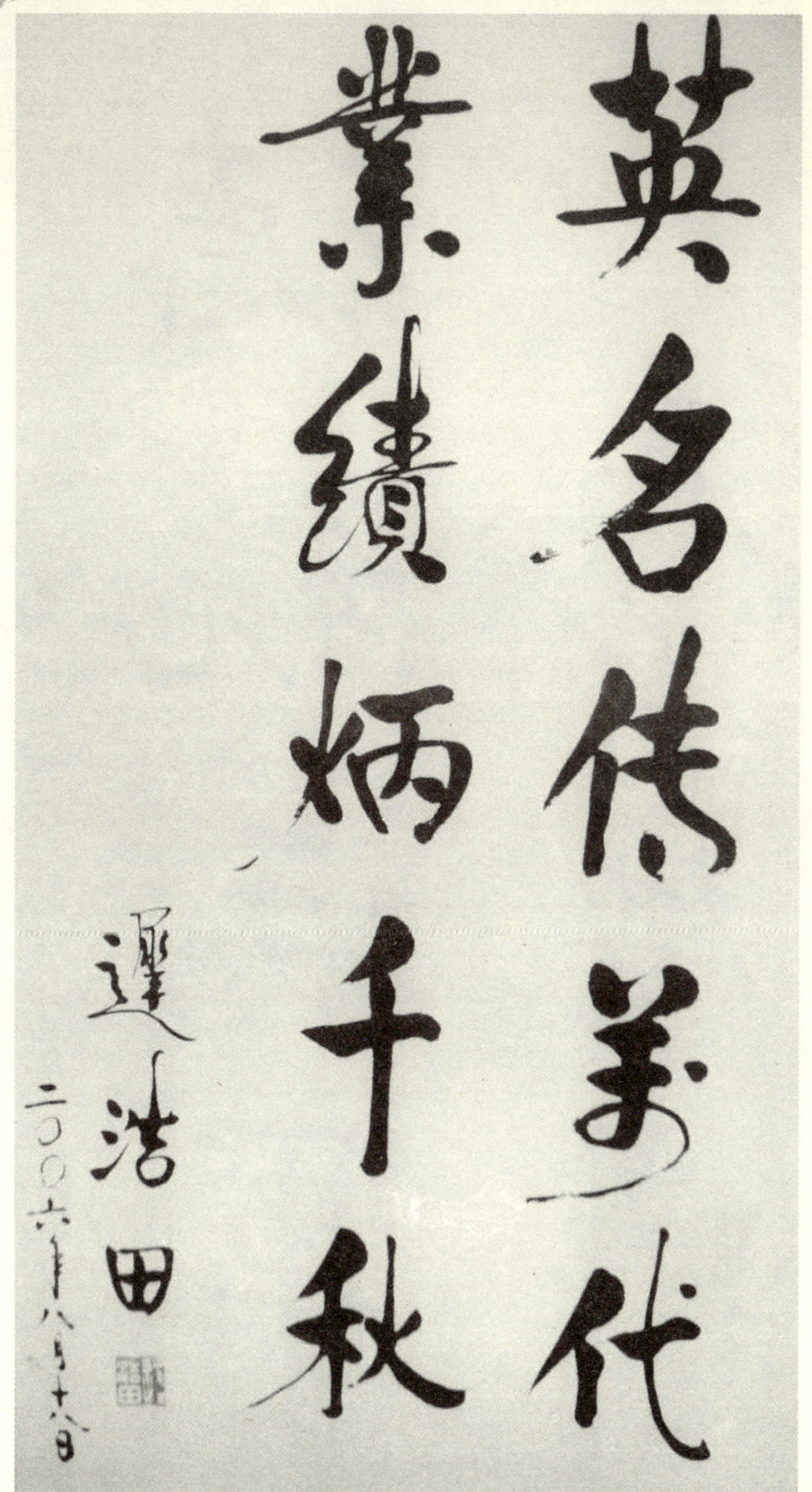

前中央军委副主席、国防部长迟浩田题词

德統三軍

馬萬祺

全国政协副主席马万祺题词

朱近者赤
德行天下

伍绍祖

中国中共文献研究会朱德思想生平研究分会顾问伍绍祖题词

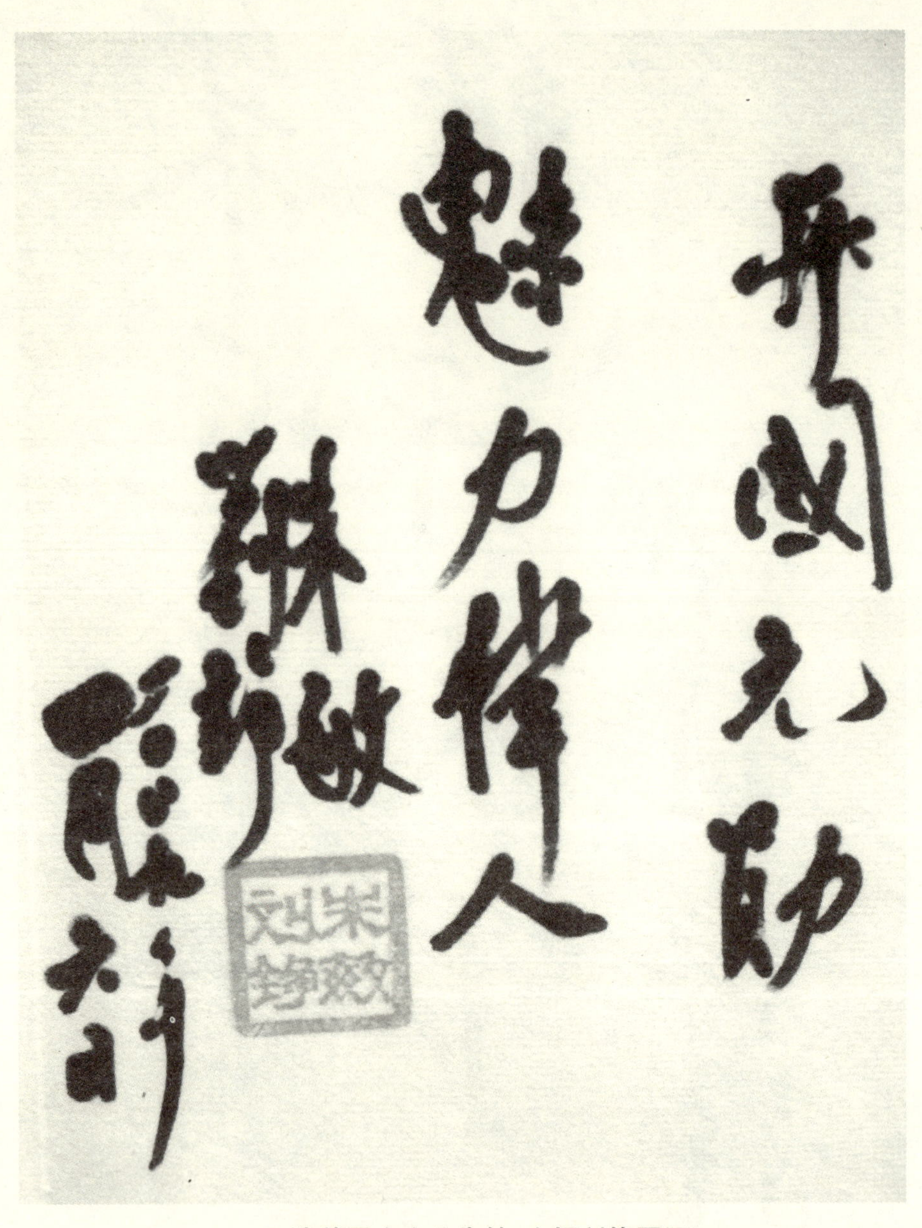

朱德同志女儿朱敏、女婿刘铮题词

爹爹朴实而伟大

——写给《朱德：从琳琅山到中南海》的序

朱德同志女婿 刘铮

前些时候，作家余玮同志送来这部有关爹爹朱德的长篇传记，请我们写序。让我心痛的是，相亲相爱近60年的老伴朱敏前不久因病不治离开了我。加之自己身体不怎么好，余玮同志的书稿压到现在才看完。

我清楚，这是余玮同志继《敦厚朱德》之后的又一部写爹爹的传记。在建军80周年的时候，我在军事博物馆举行的大型展览上曾看到《敦厚朱德》作为中宣部和新闻出版总署推出的重点图书展出。老伴曾为这本书写过序，如今她走了，余玮同志的这部沥血之作《朱德：从琳琅山到中南海》写序的事就落在了我的身上。

我抽空看了厚厚的书稿，看得出余玮同志在采访与创作中花了大量的精力，总的感觉真实、有感染力，说得上是一部红色题材方面的佳作。

读到这些文字，让我不免想起爹爹的一些革命经历，还有我与爹爹相处一些往事。爹爹出生在四川仪陇一个叫琳琅山的地方，出身是贫苦佃农，从青年时代他就萌发了反抗压迫、追求光明的思想，立下了拯救民众于水火的志向。他曾远渡重洋，寻求救国救民的革命真理，并在马克思的故乡——德国加入中国共产党，成为中国共产党早期党员之一。从此，他义无反顾地走上为党和人民事业而奋斗的伟大道路。

南昌起义、万里长征、抗日战争、解放战争，爹爹都参与领导或指挥过，与战士生死与共，靠前作战。新中国成立后，他在党、国家、军队的重要领导岗位上，以高超的智慧和卓著的工作为我国社会主义的建设作出

了重要贡献，直到生命的最后一息。

我和朱敏是1950年在苏联认识的，当时我在驻苏联使馆工作，她在苏联学习。经过一段时间的交往，我们两个慢慢就产生了感情。1952年结婚的时候，爹爹特地写了封信表示祝贺，并托人为女儿捎来了嫁妆，就是一套精装的《毛泽东选集》。

1953年，我们从莫斯科回国。第一次要见到朱老总的时候，我心里还是很紧张的，毕竟对他的脾气不了解，只是知道他身经百战，现在又是党和国家的核心领导人之一。但我们的第一次见面还是非常愉快的，我也不知不觉就放松了。其实，他是很慈爱、和善、朴实的。

爹爹跟我们在一起的时候很少说起过去那些战斗的岁月，即使他偶尔会去回忆，但说得不多，他更多的是在谈国家的社会主义建设和未来，这些才是他更关心的。

尽管爹爹为中国人民解放事业和社会主义建设事业建立了不朽功勋，但是在“文革”期间他还是受到了冲突。不过，爹爹坚定理想信念，始终对党和人民的事业充满信心。

在1966年，中央文革小组成立。文革小组的成员戚本禹在林彪、陈伯达等人的授意之下，贴出了第一张打倒爹爹的大字报。我记得，几乎一夜之间，对爹爹的批判蜂拥而至。

一下子，原本熟悉的中南海在我眼里变成了一个陌生的地方。从那时起的长达4年内，我们再不能像从前一样见到爹爹，只能在中南海的传达室内和他见面——那时候老人家处境很困难。在那非常岁月里，黑白一夜之间就被颠倒了，在铺天盖地对爹爹的批判当中，有人说什么南昌起义失败之后，是林彪而不是朱德把保存下来的部队带上了井冈山与毛泽东会师，甚至在当时的教科书上将《朱德的扁担》这篇课文也被改成了《林彪的扁担》。朱敏告诉爹爹这些情况后，他相反显得十分平静，反过来劝她不要在意，说：历史终究是历史，那是谁也改变不了的。朱敏跟爹爹说：可是已经改了，就连书上都改了。这时候，爹爹提高了声音对朱敏说：那不叫历史。直到“九·一三”事件后，我们才能够像从前一样回到中南海爹爹的家里。有些内容，在余玮同志的这部书里都写到了，那些文字让我把思绪带回到了那段艰难的日子。或许，这就是文学带来的一种无形力量，让你不得不回忆过去。

朱敏从小在苏联学习成长，在那里学的是教育心理学专业，回国后曾

在北京师范大学俄语系任教。爹爹对她的专业选择，没有过多干涉，只是强调你在苏联要好好学习，学出本事，学成归来后报效自己的祖国。至于如何报效，由她自己决定。对于女儿的婚姻选择，做父亲的很关心，但是没有干涉。1952 年，爹爹委托率团访问莫斯科的康克清妈妈顺便“考察”我这个未来的女婿。康妈妈离开苏联时对朱敏说：“刘铮是个不错的小伙子，我代表你爹爹表态，同意你们的婚事!”爹爹就是这样尊重我们自己的选择，特别是婚姻，让我们自己做主。

正如这部书里所说，朱敏“与爹爹共存的 50 年生活长河里，分离的时间远远多于团聚的日子”。这些年来，我们一直怀念爹爹，每每看到门厅显要位置安置的那尊身着军大衣的半身塑像，我们就想起了跟“元帅爹爹”在一起的宝贵时光。

作为长辈，爹爹在我们眼里很慈祥、可亲、可爱，生活也十分简朴；作为伟人，爹爹在我们眼里非常崇高、杰出、卓越，可以用“德高望重”和“丰功伟绩”来形容。他的一生是波澜壮阔的，我一辈子也读不完。

一贯严于律己，这是爹爹给我们最深刻的印象。爹爹在担任人大常委会委员长期间，外事活动很多。他一生行伍，具有严格的时间观念，每次接见外宾，总是提前二三十分钟到达接见地点。一次，我于心不忍，根据自己做外交工作的经验，便在时间的安排上给爹爹身边的工作人员提了一个小小的建议。不料，在一次接见活动中，客人率先到达了。事后，一向和善的爹爹对那位工作人员发起火来，狠狠地批评道：“国家不论大小，我们都要尊重，在外交礼节上绝对来不得闪失！……如果这是打仗，就要付出流血的代价!”主意是我出的，虽然爹爹没有直接批评我，但是我的内心非常愧疚。

然而，这一愧疚最后竟变成了终身的遗憾。1976 年 6 月 21 日上午，爹爹前往人民大会堂会见澳大利亚总理马尔科姆·弗雷泽。他踏进大会堂，来到预定的会见地点——迎宾厅时，却没有往日那种迎宾的气氛。原来，马尔科姆·弗雷泽总理把时间推迟了，可是爹爹没有得到通知，于是在放冷气的房间里等候了近一个小时。会见结束后回到家里，90 高龄的爹爹便感到身体不舒服，因为感冒，后又转为多种病症并发。仅仅两周的时间，就离开了我们。这是我们永远的痛。看到书里这部分文字，我十分难过。

的确，正如作家余玮在书中所写的：爹爹病逝前，他看到我们在跟前，张了好几次嘴想说什么可又说不出来。当时，朱敏泪水扑簌簌地往下掉，

俯下身子在爹爹的耳边轻轻地说："爹爹，您别讲了，我明白您的意思，要我们听党的话，全心全意为人民服务，您放心就好了。"听到女儿的这些话，爹爹十分欣慰。

1963年，爹爹专门给朱敏书写过一张条幅："努力学习马列主义、毛泽东思想，坚决反对修正主义，奋发图强，自力更生，勤俭建国，勤俭持家，勤俭办一切事业，做一个又红又专的接班人。"字里行间，凝聚着爹爹对女儿对我们的教导和期望。在爹爹的教育和影响下，我们并没有躺在他老人家的功劳簿上生活，而是平平淡淡生活，扎扎实实地工作，我们的几个孩子也是这样。

新中国成立60周年了，国家富强了，社会小康了，人民幸福了。不论时代如何向前发展，爹爹那些开国元勋的功绩将永载史册，他们的风采将永远留在全党全国各族人民心中。

前几年，我身体还好，曾多次到好些地方看过，还重走过长征路，我看到人民的生活很好，国家经济社会发展得又好又快。这么好的时代，我们的爹爹如果九泉之下有知，他一定会欣慰的。朱敏现在也离开了我，我想她肯定与爹爹在一起，正告诉他老人家：如今的国家重视科学发展，正在建设现代化的中国特色社会主义，实现中华民族的伟大复兴。所有这些是当代中国人对爹爹等老一辈革命家的最好纪念。这是新时期中华儿女正在书写的一部历史性传记，更值得边写边品味……

就写这些，要说的话太多。说到底，只是希望更多的年轻人研究爹爹，研究爹爹那一代的开国元勋。感谢余玮同志为读者提供了这么好的精神食粮。

二〇〇九年六月二日

目录
Contents

第一章　寒门骄子

一、出生于四川仪陇众，祖籍实为广东韶关

蜀道难，难于上青天。四川盆地北部嘉陵江以东、渠江以西，有一条狭长的丘陵地带，境内山峦起伏，沟深谷窄。在这片幅员1964平方公里的红土地上，诞生了一位伟大的元帅与一位伟大的战士，那就是中华人民共和国的开国元勋朱德元帅和为人民服务的光辉典范张思德。为此，四川仪陇有了“兵帅之乡”的美誉。

据记载，仪陇县城最初置于南北朝时期的梁武帝天监元年（公元502年），因城址设在大仪山顶部的平地上，故以山势而得名。唐高祖武德三年（公元620年）在仪陇设方州，将州、县治所迁至金城山上。唐玄宗开元二十六年（公元738年），又将城址移至金城山腰，沿金城山天险为城。

从县城东行70多华里处，有个小镇。在小镇旁耸立着形似马鞍的山岭——马鞍场。其西北不远处，突起一道山梁，名曰琳琅山。这里层峦叠嶂，松柏成荫，四季葱茏。琳琅山西麓，有一个只住几户人家的小山村——李家湾。这里村民曾经将许许多多梦幻般的传说赋予这片景色秀丽的土地，企望它能带来幸福与欢乐。然而，在那风雨飘摇的年代里，残酷的现实把老百姓的梦想打得粉碎。

1886年12月的第一天（清光绪十二年农历丙戌年十一月初六），刺骨的寒风裹挟着鹅毛大雪无情地袭扰着这片贫瘠的土地。这天早上，贤惠勤劳的农妇钟氏和往日一样，天刚麻麻亮就起床，在灶前忙碌着给全家十几口人做早饭。她正要弯腰下蹲往灶门添柴时，只觉得腹部一阵剧痛，额头

1886 年朱德出生在四川仪陇马鞍场琳琅寨李家湾一个佃农家庭

直冒冷汗。正在这时，手脚勤快的老祖母潘氏走了进来，一看二儿媳钟氏躺在灶前，心里已明白七八分。老祖母当即把大儿媳刘氏叫了过来，一起把钟氏扶进房内，让她仰卧在床上……

哇、哇、哇……一个幼小的生命伴随着一声声啼哭，降临到人世间。他，就是后来的人民共和国的开国元勋朱德。

朱家迁至仪陇已有百余年的历史。据朱德生父朱世林的墓文记载，朱家“籍起粤东，支分蜀北，自先世文先公移居兹土，世业为农……”原来，朱德的祖上是广东韶关县的客籍人。明末清初，由于连年不断的战争，加上战后疫病流行，使四川人口骤减，土地抛荒增多。清朝统治者为了稳定其在四川的统治和征收赋税，采取鼓励向四川移民的政策，使得大群的外省人迁移至四川，其中尤以湖广人居多，史称“湖广填四川”。朱家就是在这场大移民运动中，从广东韶关入川的，最初在川北的广安县、营山县一带流动经营小商业来维持生计。清朝乾隆末年，朱氏第三代的朱文先带着第四个儿子朱自成，从营山迁到仪陇的马鞍场的大湾。随着家族的繁衍，人们便称这里为“朱家大湾”。

“发福万海从四克，有尚成文化朝邦。世代书香庆永锡，始蒙技术耀前章。”这是朱家族谱中的辈份 28 字韵文。朱德的曾祖父是“朝”字辈，名叫朝星。朱家在朱朝星那一代时，尚有老业田 30 挑，按 1 亩约 5 挑算，朱家田地面积还有约 6 亩。朱德的祖父是“邦”字辈，名叫邦俊，排行第三。

朱家到了“邦”字辈，人丁兴旺，兄弟邦楷、邦举、邦俊、邦兴、邦久平分祖上传下来的老业田，每人分到的一点田地已不能维持生计。

于是，在1882年，朱邦俊把土地和草屋典了300吊钱作为资金，领着一家搬离大湾两公里的地方，租佃了李家湾的地方丁邱川家80挑田土耕种。朱家世代务农，辛勤劳作，到头来仍是房无一间、地无一垄，沦为贫苦的佃农。

朱德的祖父朱邦俊是一个淳朴、勤劳的农民，把自己的一生都交给了黄土地，直至“八九十岁还非耕田不可，不耕田就会害病，直到临死不久还在地里劳动”；祖母潘氏是一位精明能干的劳动妇女，主持着家中一切事务——在朱德印象中，朱家的生活虽然清苦，但在祖母的管理下，一大家的开支、活计安排得井然有序。

朱德出生时，一家三世同堂：祖父母朱邦俊和潘氏，伯父母朱世连和刘氏，父母亲朱世林和钟氏，还有三叔朱世和、四叔朱世禄，大哥朱代历（字云阶）、二哥朱代凤（字吉阶），姐姐朱秋香，加上自己共有12口人。朱家落户在仪陇，算到朱德这辈已是第六代了。姐姐秋香15岁时就出嫁了，大哥代历大朱德4岁，二哥代凤大他两岁。

在封建社会里，男子是家庭的主要劳动力，在家庭中特别受重视。老人担心男孩子出生后养不活，怕专捉小孩的“鬼魂”将他的生命夺走，便以动物名为孩子取名。朱德的祖母给家中的3个孙子都取了乳名——阿牛、阿马、阿狗。“阿狗”就是朱德的乳名，按川北习俗，三兄弟有时也被称为“牛娃子”、“马娃子”和“狗娃子”。后来，朱德成为开国元勋后，回到家乡，还有老人讲：“哦！是那个狗娃子回来了！”

“狗娃子”朱德出生的那间房子是丁家财主用做存放粮食的库房，约有十几个平方米，四面墙全是木板，房间低矮、潮湿、昏暗，只有从东面板壁上一个不到两尺见方的小窗户里能透进一缕光线。幼年的朱德和他的父母、兄姐等6口人，就挤住在这间仓房里。

朱德出生那年，朱世林虽然只有37岁，可脸上已爬满了皱纹，看上去像个年近花甲的老人。朱世林一生都在家里劳动，从未出过远门，由于没有文化，思想比较狭隘，但“赋性和厚，为人忠耿，事亲孝，持家勤”。

在朱德的心目中，他最崇敬的人就是自己的生母。朱德长得很像母亲。钟氏1858年出生，其父亲名钟必顺，朴实厚道，是个吹唢呐的好手，遇有婚丧、生日等红白喜事，钟家的人被雇去吹奏，遇年节、赶场搭个简单的

台子演几场老戏，唱几曲山乡小调，处于社会的最底层。钟氏的父亲在外，家中的农活劳动由母亲承担，母亲不仅操持屋内家务，而且田地农活样样在行，里里外外都是一把好手。在这个务农兼卖艺的家庭中，钟氏从父辈那里听来了一些故事，学会唱山歌民歌，她嫁到朱家生儿育女，有时给孩子们唱歌讲故事，在困苦的生活中增添了一点情趣。

钟氏生育朱德时，才 28 岁，却已是 4 个孩子的母亲了。过多的生育，繁重的劳动，缺衣少食的生活，使这位年轻的母亲过早地显露出苍老、憔悴。额头上、眼角边的皱纹记录着这位农村妇女的沧桑岁月。朱德曾在向美国女作家史沫特莱谈起自己的母亲时说："她比一般妇女要高大一些，强壮一些，裤子和短褂上，左一块右一块都是补丁，两只手上浮显着粗粗的血管，由于操劳过度，面色已是黝黑，蓬蓬的头发在后颈上挽成一个发髻，两只大大的褐色眼睛里充满了贤慧，充满了忧愁。"

钟氏先后生了 13 个儿女，因为家境困苦，无法全部养活，只留下了 6 男 2 女。

打从弟弟降生，失去吃奶资格的朱德就从母亲的怀里下地爬。朱德曾回忆说："母亲的时间大半被家务和耕种占去了，从没有工夫抱抱小孩子，我们都是在地上爬着长大的。"再稍大一点，会跑会跳了，就跟着哥哥们上山去捉小鸟，或到树底下去捕捉那映在地上斑斑驳驳的树影。玩累了，随便找个背风的地方打个盹，起来再玩，玩累了再睡。穷苦人家，没钱买玩具，就自己到河边拣几个圆石头来玩弹球，或者摘几片树叶当哨吹。在大自然的沐浴下，童年的朱德竟然没有得过什么病，相反的却磨练出一副健壮的体魄。幼小的朱德，就像琳琅山上那些葱绿、充满生机的小松树一样，迎着阳光，茁壮成长。

朱德小的时候最喜欢捉鱼，他家门前有许多池塘，插秧时节放进鱼苗，很快，稻田里、水沟里到处是鱼。可只要一捉就遭到地方狗腿子的训斥。朱德憋了一肚子气，跟他们争辩说："我家养的鱼为什么不准我捉?"临近春节时，水田里的鱼长得肥大了，地主派狗腿子用网打得干干净净。佃户人家只得忍气吞声，毫无办法。朱德幼小的心灵受到了严重的创伤，愤恨地说："他们为什么把我们的鱼捉去呀!"

朱家的屋前屋后种满了各种果树。秋季，梨、枣、核桃和柿子挂满了枝头。祖父叫孩子们把这些果子小心翼翼地采摘下来，并嘱咐他们不准吃，全给地主家送去。可是，地主嫌少，还骂朱家偷吃了。朱德心想：为什么

我们亲手采摘的水果，却叫地主家享用，明明是他们吃着我家的水果，反而骂我们是贼呢？他为此愤愤不平。

为了抚养众多的孩子，钟氏每天天不亮就起床，做好一家人的饭。白天在地里干活，种田、种菜、挑粪，回到家里要挑水、做饭、喂猪、养蚕，晚上还要在昏暗的油灯下纺线，一直到深夜。由于钟氏的勤劳、聪慧，一家人的生活还能勉强维持下去。她做饭时，用菜籽油放在豌豆饭、菜饭、红薯饭、杂粮饭里做调料，让一家人吃得有滋有味。钟氏亲手纺出的线，请人织成布，染上颜色。这种“家织布“有铜钱那么厚，一套衣服老大穿过，老二、老三接着穿。日复一日，年复一年，钟氏就是这样终日忙碌着。

在朱德的记忆中，母亲性情和蔼，从没有打骂过孩子，也没有同任何人吵过架。在朱德稍懂事时，经常和哥哥们围坐在母亲身旁，在“吱扭扭”的纺线声中，听母亲讲那永远也讲不完的故事。每当母亲讲到穷苦人怎样受苦时，孩子们的眼睛里时常充满了泪花；每当母亲讲到有钱人为富不仁、欺负穷人时，孩子们又恨得攥紧小拳头。听着听着，孩子们困乏了，母亲把他们一个个抱回漆黑的小屋，纺车又继续“吱扭扭”地响了起来。

四五岁时，朱德就开始帮助母亲做一些力所能及的活计。他后来回忆说：“我到四五岁时就很自然地在旁边帮她的忙，到八九岁时就不但能挑能背，还会种地了。”

钟氏心地善良，她自己虽然生活很苦，还周济和照顾其他穷苦的乡亲。谁家断了炊，谁家的婆娘生了病，她总是带着朱德去安慰一番，送去一点粮食糊口。有一年，南巴地区闹了灾，不少灾民外出逃荒。他们经过村子时，挨户乞讨。钟氏拿不出可以救济的粮食，就煮一锅瓜菜糊糊，让朱德送去。朱德从小耳濡目染，受着母亲的影响，他也常常帮助年迈体弱的老人割草喂牛，帮助力气小的伙伴把柴草背回家……

后来，朱德离家参加革命，一直没有机会回到家乡看望母亲（只是后来在泸州期间与母亲生活过一段时间）。然而，朱德深深地爱恋着自己的母亲，关注故乡的一切。抗日战争爆发后的一年，四川闹灾荒，当从来山西投奔革命的外甥那里得知情况后，朱德非常挂念年迈的母亲。在抗日战线的山西洪洞县，他悄悄地写信向在四川泸州的好友戴与龄求助：“……昨，邓辉林、许明扬、刘万方随四十一军来晋……述及我家中近况，颇为寒落，亦破产时代之常事，我亦不能再顾及他们。惟家中有两位母亲，生我养我的均在，均已80，尚康健。但因年荒，今岁乏食，想不能度过此年，又不

能告贷。我十数年实无一钱。即将来亦如是。我以好友关系向你募200元中币。速寄家中朱理书收。此款我亦不能还你，请你作捐助吧！我又函南溪兄（寄）200元，恐亦靠不住，望你做到复我。此候，近安。望你做到，复我。”

戴与龄接信后，才知名震全国的八路军总司令竟如此两袖清风，连资助老母也是心有余而力不足。这位老同学感动不已，当即筹足200元，送到朱德家里。

这封信现存国家博物馆。片纸情深，满纸质朴的语言，饱含孩子对母亲的反哺之情，彰显出革命者大公无私的坦荡胸襟。

钟氏在晚年知道自己的儿子担任了八路军总司令，但她仍不辍劳作，自食其力，唯一之所求就是在余生之年能见上儿子一面，可因为当时正处抗战时期，朱德身负重任，未能如愿。1944年2月15日临终时，86岁高龄的钟氏念念不忘远在千里之外的三儿朱德，叫孙儿、孙媳们将自己抬到堂屋安放好，立即抹澡、梳头、包寿帕、穿寿衣、鞋。嘱咐后辈，不要把她葬入早已修好的“山”中（墓室），而是葬在屋后左侧的一棵大松树下，不修坟头、不立墓碑，以防反动派挖坟下毒手。孙儿、孙媳皆遵嘱安葬钟氏。

噩耗传到延安，各界群众举行了隆重的追悼大会，陕甘宁边区政府文化委员会主任吴玉章在会上号召，做母亲的要学习钟太夫人，做儿女的要学习朱德总司令。中共中央送的挽联是：“八路功勋大孝为国，一生劳动吾党之光。”毛泽东在挽联中写道：“为母当学民族英雄贤母，斯人无愧无产阶级完人。”刘少奇、周恩来、任弼时、陈云等同挽：“教子成民族英雄，举世共钦贤母范；毕生为劳动妇女，故乡永葆好家风。”

此时，朱德的心情是悲痛的。他曾在接受意大利记者访问时动情地说，这一生最大的遗憾是“我没能侍奉老母，在她离开人间时，我没有端一碗水给她喝”。然而，朱德很快将这种哀情埋入心底，生化成一股力量，把对母亲的爱上升为对人民的爱、对中华民族的爱。他在《回忆我的母亲》一文中说：“母亲现在离我而去了，我将永远不能再见她一面了，这个哀痛是无法补救的。母亲是一个平凡的人，她只是中国千百万劳动人民中的一员，但是，正是这千百万人创造了和创造着中国的历史。我用什么方法来报答母亲的深恩呢？我将继续尽忠于我们的民族和人民，尽忠于我们的民族和人民的希望——中国共产党，使和母亲同样生活着的人能够过快乐的生

活。”朱德一生的革命活动确实实践了这一诺言。

历经60余载，至今钟氏的遗骸仍在家乡故居原地的那棵古松下。百年古松长得如擎天巨伞，周围树木茂盛，巨大的柏树根包着朱氏裔孙禁伐树木的“禁碑”，成为一大奇观。

二、特有的求学经历

小时候，朱德脾气很倔强，干什么事情，一干就干到底。他从小喜欢锻炼身体，爱爬山、游泳，还翻杠架，所以身体一直很健壮。

由于世代贫困，朱德家祖祖辈辈没有一个识字的人，饱受着没有文化的苦痛。朱德曾回忆说：“我是一个佃农家庭的子弟，本来是没有钱读书的。那时乡间豪绅地主的欺压、衙门差役的蛮横，逼得母亲和父亲决心节衣缩食培养出一个读书人来‘支撑门户’。”

1892年，朱德6岁那年，老人把他们兄弟三人送到本姓家族办的药铺垭私塾就读。塾师是朱德的远房堂叔朱世秦。他一面教书，一面行医，正房当做教室，用旁边的偏房开了一个小小的中药铺，药铺垭私塾就因此得名。读书不用花很多钱，一年400个铜钱。

药铺垭私塾离家不远，坐落在琳琅山的半山腰。从李家湾到这里，要走一段约三四里的山路，还要爬过一段陡山坡。朱德白天去读书，晚上回来，中午还要回家吃饭。

朱世秦按朱氏宗谱的排行给朱德取名为朱代珍。在药铺垭读书的全都是农家子弟，朱德在学生中的年龄最小，但他聪明、肯学，记得的字最多。朱世秦因为朱德书读得好而特别喜欢他。朱德从《三字经》学起，读完了《大学》《中庸》《论语》，还读了《孟子》的一部分。

在药铺垭私塾读了一年之后，因为老师“教得不太行”，朱德三兄弟改读丁姓的私塾。这个私塾的主人，就是朱德家租佃田地的地主，朱德暗地称他为“丁阎王”。私塾先生是一个秀才，课讲得比药铺垭私塾要好得多。这个先生知识广博，对每个字、词、句解释得很清楚。朱德见家里花费钱财供自己上学，学习更加勤奋刻苦。

当时能到像丁家私塾这样的地方读书的，绝大部分是地主或者有钱人

家的子弟。朱家兄弟三人被安排坐在课堂里光线最暗的地方，周围的同学就是那些少爷们。这些少爷们根本看不起朱德兄弟这样穿着草鞋的穷娃子，时常用鄙夷的眼光盯着他们，甚至给他们起绰号，咒骂他们是“三条水牛”，还故意把“朱”写成“猪”，用各种方法来奚落他们。“人穷志不短”，朱德兄弟仨反抗过、斗争过，将这些事情上告先生，可是先生也不敢得罪这些地主家的孩子，结果受斥责、挨手板的还是被欺侮的朱家兄弟。

一天，朱德在自家树上摘了一个梨，带到私塾后让丁家少爷看见了，抢去就啃，还恶语伤人：“梨子是人吃的，哪个见过‘猪’（朱）吃梨！”这一下，朱德实在无法容忍了，就同他们理论起来：“我的梨子，你们凭什么抢去？……”

话才出口，丁家的少爷们一拥而上，劈头盖脑地对朱德就是一阵拳脚。大哥朱代历上前阻止，同他们评理时，丁家少爷们对代历又是一顿拳脚。朱家兄弟实在忍无可忍，齐心协力进行还击。丁家少爷虽然人多势众，但他们个个都是衣来伸手、饭来张口的少爷，哪个也不是朱家兄弟的对手。朱家兄弟正在狠狠还击时，被先生吼住了，还被罚站了一阵子。朱德兄弟俩虽然觉得先生这样处理太不公平，但受雇于人的先生也有难处呀！

事后，先生对朱家兄弟好言相劝：“你们要学会忍耐。你们在丁家读书，不忍怎么读下去？古人云：不忍非君子，无毒不丈夫。”并鼓励他们：“要刻苦用功。古人云：吃得苦中苦，方为人上人。你们要能吃得下常人吃不下的苦，要能受得常人受不了的气，将来才能出人头地，有所作为！”这些话让朱德刻骨铭心。

一天，下了私塾后，朱德邀了几个同学去新河游泳。他们又说又笑，高高兴兴地到了新河岸边，只见几个常来游泳的孩子，犹犹豫豫不敢下河去。朱德走上前问原因。小孩把一个张姓的地主家儿子小肥崽横行霸道，不许穷人在新河游泳的事说了一番。只气得朱德二目圆睁，怒火燃烧，顺手拔起一根芭茅杆，折成几节，愤愤地说：“这是啥世道，种庄稼受气，上学也受气，难道洗澡也受他们的气！我们偏要改改这个不公平的规矩！”说着招呼大伙儿，扑通扑通，跳下河去游个痛快。

过了一会儿，只听岸上有人喊：“上来，快给我上来，新河是我们家的。”朱德从水中挺起身，喝道：“姓张的，不要嘴巴不干净，河是地上的，水是天上落的。谁能把新河一口吞了？是好样的下水较量较量吧！”

小肥崽仗势欺人惯了，哪里咽得下这口气，再加上同来的人起哄拍马

屁，便气势汹汹地下了河，径直扑向了朱德。朱德趁势钻入水中不见了，小肥崽扑了个空，抬头抹了一下脸上的水，四下里寻找朱德。突然，他的长辫子被朱德揪住，连头带人被按进水里，接连喝了几口水，吓得他苦苦哀求："饶命呀！饶命！"

朱德把小肥崽提到岸边，得到教训的小肥崽哆哆嗦嗦，上气不接下气地说："以后再不称霸耍横了……，以后你们随便洗澡吧！"

朱德制服了小肥崽，为小伙伴们出了气。从此，小伙伴们便可以自由自在地在新河里游玩了。

在丁家私塾读了不久，朱家实在负担不起3个孩子读书的费用了，于是让两个大孩子回家种地了，朱德因为年龄小，又过继给了伯父朱世连，能够继续读下去。他在丁家私塾读了两年，除读完了四书外，还读了《诗经》《书经》，并且还开始学作对联。他用优异的成绩证明，穿草鞋的孩子不但会种田，还会读书，而且比周围所有的人都读得好、读得多！于是，就连偏心的先生也不得不承认：朱代珍这孩子这么用功，将来肯定有出息。

当时，旱灾严重地困扰着山区的农民，许多农家因为田里的禾苗枯死不得不扶老携幼，远走他乡。

1895年，"地主欺压佃户，要在租种的地方加租子"，朱德家里没有力量交纳地主的加租，地主的管家就在除夕那天突然来到朱家，一进门就板着脸："我家老爷有话交代，你家欠下的租，新账加老账，连本带利，分文不能少，就是卖儿卖女也得结清了。至于今年是个荒年，那只能怪老天不帮忙。租子嘛，老爷有话，颗粒都不能少。你们听清了没有？"

朱家老小听到这里，恨得直咬牙，却没有敢吭声。最后，还是老祖父朱邦俊爆发了，他气愤地对管家说："你家老爷也太狠毒了，那是要遭报应的。回去告诉你家老爷，今年要租子没有，要命有一条！"话音刚落就摔倒在地，晕了过去。管家看到如此情景，也只好收场，临出门时，还撂下一句："你装死也没用。年前你交不了租子还不了债，就莫想过年！走着瞧吧！"

这年除夕，琳琅山里下起了少有的鹅毛大雪，松树白了，竹林白了，田野白了，远近一片银白。不时传来一阵"噼哩啪啦"的鞭炮声，那是"丁阎王"在丁家大院里关着大门欢度除夕。这时，朱家老小围坐在火盆旁，默默地送走这年最后一个寒夜，企盼着来年风调雨顺有个好年景。年迈的祖父朱邦俊苏醒过来后依门站立着，望着漫天飞舞的雪花，思绪万千。

他转过身对火盆旁边的子孙们说："俗话说'瑞雪兆丰年'，旱了一年多，这场大雪不易呀!"他像是看到了来年的丰收，看到了希望。

正说着，"丁阎王"家的管家提着灯笼、带着打手闯进了朱家："你们姓朱的全家都在这里，好好听着，我丁家老爷传话，你们欠的租债一定要还清！你家租的田全部收回，已另外招租了。限你们明天就搬出这里!"

这个突如其来的打击，犹如晴天霹雳一般，震碎了朱德全家人的心。农历大年初一，朱邦俊父子迈着沉重的脚步，冒着飘飘的雨雪，顶着凛冽的寒风，在泥泞的小山道上四处奔波，为了全家人的生计，求拜佃主，租房佃田。他们奔波了一天，毫无着落。晚上，富人家的孩子们提着灯笼、放起了鞭炮，朱德和他的兄弟们却围坐在长辈的身旁，默默地听着大人们议论来年的生计。全家人计议到半夜，认为实在没有办法，只能向人家借钱赎回祖屋，分居两处各谋生路。于是，决定朱世林夫妇带着孩子迁居陈家湾，朱德随伯父母、祖父母及三叔、四叔迁回大朱家大湾，在朱家老祖屋附近佃租土地。

分别的时刻是令人心碎的。朱德眼含热泪，依依惜别了慈爱的母亲和朝夕相处的兄弟们，离别了他生活 9 年的山村……朱德后来回忆起当年家庭破产、骨肉分离的惨景时说："在悲惨的情况下，我们一家人哭泣着连夜分散……""母亲沉痛的三言两语的诉说以及我亲眼见的许多不平事实，启发了我幼年时期反抗压迫追求光明的思想，使我决心寻找新的生活。"

朱德随伯父移居大湾的一年以后，有远见的伯父又送朱德进入距大湾 8 里地的席家砭私塾继续读书。他在这里断断续续地度过了 8 年的私塾生活。

塾馆的先生叫席国珍，字聘三，号伯谷，是一位很有见地、又很有骨气的正直的知识分子。年轻时，席先生曾两次参加科举考试，均落第，从此也就打消了科考的念头，在家设馆教书，兼种几亩土地，聊以为生。

朱德入塾时，席先生年近 50。入学那天，伯父带着朱德拜见席先生。先生拍了拍朱德的肩头，十分满意地说："我给你起个学名'玉阶'，希望你用功读书，像白玉那样清清白白做人，扎扎实实做事，立志沿着玉石砌成的阶梯步步登高。你看如何?"朱德深深地鞠躬后，说："我决不辜负先生的厚望!"

在席先生的指导下，朱德先后读完了《纲鉴》《千家诗》《古文观止》《幼学琼林》《国语》《战国策》等，广泛涉猎了二十四史和诸子百家的一些文章。朱德学习勤奋，文思敏捷。有一次，席先生领着弟子路过一株梨

树下，见果实累累，兴之所至，便出了上联："路边梨不摘"，让弟子对答。朱德当即对道："月中桂常攀"，极得席先生的赞赏。

在朱德眼里，席先生是一个"对外部世界颇有远见卓识的学者"，还是一个"周身叛骨、朝气勃勃的评论家"。8 年间，席先生对封建统治者的抗争意识和图谋变法革新的维新思想对朱德走上民主主义道路，产生了重要的影响。朱德曾把他称作自己思想上的启蒙老师。

每天清早起床后，朱德干点家务，然后吃完早饭再去上学。不论酷暑，还是严冬，每天都要来回走 4 次，"晌午回来肚子饿，跑得快；晚间回来怕天黑了，也得快"，长年累月，使朱德"养成走路快的习惯"。一到农忙季节，朱德就不去上学，在家劳动，一年大约有三四个月在家种地。他后来回忆起艰辛的早年对自己的影响："我从小就是饿着肚子长大的，因此，后来搞革命运动时，我就不大怕饿，好像根本不知道饿。""习惯那种清苦生活，走遍世界就没有觉得苦，在毛尔盖（草地）觉得也不过我们那样子。"

社会的动荡同样震撼着西南偏隅的山村。席先生经常把他听到的悲惨事实讲给孩子们听，启发大家关心国家和民族的命运。少年朱德在席先生的启蒙引导下，知道了许多大山以外的事情，明白了许多道理，萌发出要拯救中华民族的爱国意识。

有一天，朱德正在私塾里读书，忽然听到屋外纷杂的呼唤、呐喊，走出一看，只见一片黑压压的人群走来，男女老少约有六七百人。这些人穿着非常褴褛，小孩子张着嘴巴不停地哭喊，大人眼里露出悲痛的火焰。原来这是一群"吃大户"的受灾农民，他们认为席先生是富贵人家，几个手拿木棍的领头人闯进私塾，把席先生抓了出去。可到席先生家里一看，原来是一介穷书生。席先生对灾民深表同情，把家里仅有的一担米给了他们。

没有想到的是，由于财主向县衙门报信，官府派来 100 多个清兵，气势汹汹地追了上来，对逃荒的灾民乱砍乱杀，又抓又捆。一时间，灾民死的死、伤的伤，没有死的有的逃上山，有的藏在老百姓家里。朱德想：这世道为什么这样不公平？再这样下去，穷人还有什么活路？他后来回忆说，这件事给他"很深的一个刺激"！

1905 年，朱德 19 岁了。随着年龄的增长，朱德追求进步、寻求新学、向往西洋科学的欲望越来越强烈。地处穷乡僻壤的旧私塾已不能满足他的要求，一心要到外面去看看。

作为佃农的朱家，尽管经济地位、政治地位低下，但却无法摆脱中国

传统思想的影响。他们含辛茹苦，省吃俭用，供养朱德念书，就是希望自己家里能有一个读书人，将来经过科举，就可以做官，走上仕途也就敲开了财富的大门。尽管这时的朱德思想上已经开始发生了一些新的变化，他希望去上新式学堂，接受新学教育，但是，朱德拗不过家中长辈的意志，也十分理解长辈们多年来的辛苦和期望，于是应试。

青年朱德（李华 绘）

按照清朝科举考试的规定，必须在通过县试、府试和院试后，才能成为秀才。朱德家里没有钱，幸亏仪陇县城离大湾只有70多华里，凑了一吊钱，也就勉强能参加考试了。当时，朱德的父母和兄弟姐妹也都赶来送行，大家一句又一句地叮咛朱德一路平安。头上梳着长辫的朱德，肩挑简陋的行装，同席先生的儿子还有几个同学一道，步行到仪陇县城，参加县试。这是朱德第一次离开养育自己19个年头的家。

第二天，朱德一行先到城东的县署礼部验身。报名时，他改用“朱建德”的名字。而后，他们又一同去逛街。

县城的街道已年久失修，高低不平的石板路扭曲着向前延伸。街市上倒很热闹，沿街店铺挑出的破旧幌子，五花八门；小贩们坐在路旁高声吆喝着，箩筐里装着青菜、豆腐、猪肉、鸡鸭等等；空场上还有几个艺人在耍把戏，人群中不时传出喝彩的声音……初次进城，朱德对这里的一切都感到新鲜，不时地伫足，总想看个仔细。然而，他更想知道，在这小城之外的世界是什么样子。

第三天，科举考试开场。经过几场笔试，朱德自我感觉良好。发榜的结果，朱德顺利地通过了县试。在1000多个考生中间，他的名字列在前20名。这是他自己不曾料想到的。通过县试，并且取得这样好的成绩，这在朱德他们家乡是从来不曾有过的事情。不但全家高兴，乡亲们都很高兴。

在这以后，家里就下了决心，即便是借钱也要支持他继续读书，继续应试。

这年秋，朱德又与几位同学结伴到顺庆府（今南充市）参加府试。顺庆，是仪陇等8县的府治所在地，地处嘉陵江西岸，是川北地区水陆交通和经济的中心，距离仪陇县城300多华里。朱德第一次走出大山，看到如此开阔的地界，一切是那样陌生，又是那样新鲜。

在顺庆期间，他听说这里的新式学堂是由国外留洋回来的人办的，教授的课程也是新式的，他对此产生了极强的兴趣。

朱德回到家中不久，府试中榜的消息便传到马鞍场，朱家老小欢喜异常。他的伯父告诉家人，等到省试中榜，朱德就是秀才了；当了秀才，就可以去做官——那时，朱家光耀门楣的愿望就可以实现了。可是，这时的朱德却和家人想的不一样，他经过这次远行，开阔了眼界，增加了见识，顺庆府的新式学堂像一块磁石，紧紧地吸引着渴求新学的朱德。

考期逐渐临近，家人也忙着为朱德收拾行装。没料到，这时传来了朝廷的诏令，自丙午年（1906年）始，废止一切岁、科考。科举制度既已废止，省试也就没有什么意义了。这一消息，对于朱家来说，无疑又是一次打击，多少年来的希望顿时化为泡影。而朱德却得到了一次极好的机会。他趁机告诉家人，因为实行“新政”，才取消了科举考试。诏令中提到进学皆由学堂出身，去上新式学堂，将来同样有所作为。在他的解释下，家人终于同意了他的要求。

这年9月，在家中长辈的主持下，按照封建习俗，朱德和他大舅的女儿刘氏完婚。

1906年春，伯父东挪西借凑了一笔钱，供朱德去顺庆读书。朱德进入南充县官立高等小学堂就读，这是两年前由嘉湖书院改办的，教师仍是聘用举人、秀才担任，教学方法与教学内容同旧的私塾也没有多大的改变，还是“子曰”“诗云”那一套。一心向往新学的朱德感到大失所望，在这所高等小学堂里读了不到半年，就在远房亲戚刘寿川先生的帮助下，和同窗好友戴与龄考入了顺庆府中学堂。

当时的顺庆府中学堂，聚集着一批具有科学知识和维新思想的有识之士。学堂的监督（即校长）就是后来著名的爱国民主人士、中国民主同盟创始人之一张澜先生。张澜主张革新教育和妇女读书，在教学中很注重爱国维新思想的灌输和科学知识的传授，设置了国文、数学、物理、化学、历史、地理、修身、格致（即生物）、图画、体育、外文等课程，一改旧式

书院的陈腐风气，深得学生们的欢迎。

进入顺庆府中学堂，朱德第一次接触到如此丰富的知识，的确感到应接不暇，难于应付，他的学习成绩不甚理想。但是，求知的欲望使他如饥似渴地努力学习。

国文老师每次上课，总是挑选一些有积极意义的古典文学作品，重点进行讲解，课后还指出要阅读的重点书目；有时课堂还组织学生讨论，互问互学。朱德特别喜欢阅读《孙子兵法》《史记》等名著，课后还常与同学们逐字逐句地研究《孙子兵法》，学习古代兵家的军事谋略和作战经验，并结合《史记》《资治通鉴》等的观点和内容，分析中国每个朝代的兴衰原因、政治得失、治乱复兴及经济文化的繁荣发展等，从书中学习和吸取兴国的经验教训。

在顺庆府中学堂学习的日子里，朱德感到十分充实，特别尊重监督张澜和良师刘寿川。尽管校务工作繁忙，张澜经常深入学生宿舍，与学生打成一片。他看见朱德铺上被褥很简陋，发现朱德吃饭也很省，又从刘寿川老师那里了解到朱德家境贫寒但学习用功，便经常和朱德谈话，鼓励朱德立大志，创新业。刘寿川的课讲得深入浅出，通俗易懂，富有哲理，朱德很喜欢听，两人来往甚密，经常促膝交谈。

在谈心的过程中，刘寿川向朱德介绍了日本如何经过明治维新从工业落后走向先进，并向朱德介绍了孙中山在日本创建同盟会、发行《民报》等革命活动，且秘密借给朱德一本革命党人邹容写的《革命军》，嘱朱德要好好读一读。于是，朱德第一次接触到“革命”的字眼。

在这里一年的时间内，朱德如饥似渴博览群书，后来各科学习成绩优秀，且能写一手好诗文，接受到科学的教育，实现了从旧学到新学的转变，学到了许多救国的道理，接受了“读书不忘救国”的进步思想。

在当时“强身救国”“教育救国”的思潮影响下，朱德接受了刘寿川的建议，决定到成都去，以求得更多的知识，拓宽自己的视野。

1907 年初，朱德借到四五十块银元，只身一人徒步到了成都。到成都时，高等学堂、通省师范学堂、武备学堂等都在招生。那时候，“一般操练习武成了风气，连乡下都操，因为怕要亡国了”。他先考上了武备学堂的弁目队，那是为新军训练军士的，可是家里不让他去。接着，他又考入了四川通省师范学堂附设的体育学堂。

入学后，这所学堂给朱德的第一个最深的印象是教师们都没有留辫子，

而是把一条假辫子缝在帽子上，可以自由取下。当时，没有辫子就是反叛朝廷，是要定死罪的。对此，朱德十分佩服。还令朱德吃惊的是，学校里的女学生大都天足，这是对封建道德的反叛，让朱德感到振奋。

很快，朱德就对学堂里设置的新鲜课程产生了浓厚的兴趣。学习的课程有修身、教育、心理、生理、算术、图画、兵学、教练、体操、器械，其中体操又有枪操和普通操之分。在这里，他勤学苦练，努力掌握专业技能。特别是上体育课时，他认真对待每一个项目，因而很快就掌握了单杠、双杠、木马、体操的基本要领。

有一天，不知是谁在他的枕头底下塞进一本《民报》，一部分铅字已模糊不清，显然小报已几经易手了。这是民盟会的机关刊物。朱德如获至宝，读了再读，刊中文章揭露了立宪派的主张实际上是维护腐败朝廷的欺骗行为。读过之后，朱德又把它塞进其他同学的枕头下。他希望自己也能加入同盟会。于是，他多方探听谁是同盟会会员，结果却使他感到失望，谁也没有能告诉他有关加入同盟会的情况。但他思想上却产生了这样一种认识："推翻皇帝，建立一个好的国家。"

在成都学习期间，朱德结识了敬镕，在敬镕的介绍下，又认识了李绍沆、田玉如、张四维。由于他们都来自同一县城，因而经常在一起谈论志向，探讨救国救民的道路。

一晃一年过去了。在朱德的第二学期积分表上，12 门课程总积分为 1005 分，平均 83.7 分，名列前 10 名，顺利地完成了学业。

朱德从成都体育学堂毕业时，他的老师刘寿川已从顺庆府中学堂回到仪陇，在县里任视学，便推荐朱德到仪陇县立高等小学任体育教习兼庶务。同时，接受了朱德的好友李绍沆、田玉如和张四维，分别担任文理科教习。

坐落在金城山下的仪陇县立高等小学堂，前身是"金粟书院"。1906 年改办县立高等小学堂后，把持学堂事务的仍是那些代表保守势力的旧派人物，他们认为千百年形成的祖宗之法是不能改变的。因此，教授的课程还是四书、五经一类的旧学内容。

开学前，朱德回到了马鞍场，家人的心情是难以形容的，他们让朱德坐在堂屋的上位，一家人围在他的四周，他们的眼睛闪烁着骄傲，每一个人都用最客套最恭敬的词句来同他谈话。朱德看到家中依然破旧，生活愈加贫困，而且欠了许多债务，对于家人的"厚待"他愈发不安起来。

朱德把当体育教习的事告诉了家人，没想到引起了一场轩然大波。他

后来回忆说："坦白的后果是可怕的。开始是一阵吃惊后的沉默，接着我父亲问道，体育是什么意思。我解释以后，他大叫起来，说全家苦干12年，为的是要教育出一个子弟免得一家挨饿，而结果却是打算去教学生怎样伸胳膊迈腿。他大叫大闹道，苦力也会这个！他接着跑出家门，一直到我走，他也没回来。那天晚上我听到母亲在啜泣。"朱德倾尽全力向伯父作着解释，告诉伯父，中国正在发生巨大的变化；体育是新式教育的一部分。他十分清楚自己"违背了古代相传的孝道"。然而，尽管他是农民的儿子，他并不打算再回到大山里去，他有着自己的理想，已经选择了自己的道路。

朱德离开马鞍场的那天，一向疼爱他的伯父送出好几里路才回去。朱德望着伯父的背影，伤心地哭了。

回到县城，朱德全力地投入到办学的工作之中。然而，传统势力依然主宰着偏狭、闭塞的山城，禁锢着人们的思想。开学伊始，朱德就感到周围有一股无形的压力，意识到面临一种严峻的挑战。尽管如此，他还是打算在自己选择的道路上一步步走下去。

朱德等人进入学堂后，接管了学堂的事务，更引起旧派势力的嫉恨。他们千方百计地攻击、诋毁朱德等人。

果然，不久就传出许多流言蜚语，说他们教的新学，有损国粹；说他们头戴假辮子，是假洋鬼子；说他们传授野蛮思想。有人还贴出一首打油诗："十二学生五教员，口尽义务心要钱；未知此事如何了，但看朱张刘李田。"有人说朱德教的体育课要求学生穿短褂和裤衩，是"猥亵的课程"，有伤风化。

谣言和诽谤没有动摇朱德等人兴办新学的信心，他们积极向学生及其家长宣传新学的进步意义，鼓励学生接受新学教育。于是，陆续有一些学生从私塾来到学堂就读。一时间，学生从原来的12人增加到70多人。守旧势力又雇用流氓恶棍捣乱，甚至大打出手……

一年的教习生活，使朱德对社会有了进一步的认识，他看到封建势力是怎样顽固，看到新旧思想的交锋是怎样尖锐，同时，也增强了他同封建势力进行斗争的信心，用他自己的话来说，"开始了反对封建主义的真正斗争"。在这场斗争中，他深切体会到"教书不是一条出路"，决定去探寻新的救国道路。

1908年底，朱德接连收到敬镕从成都写来的信，劝他一同去投考云南陆军讲武堂。于是，朱德在做出辞职的决定之后，即向老师和朋友辞行。

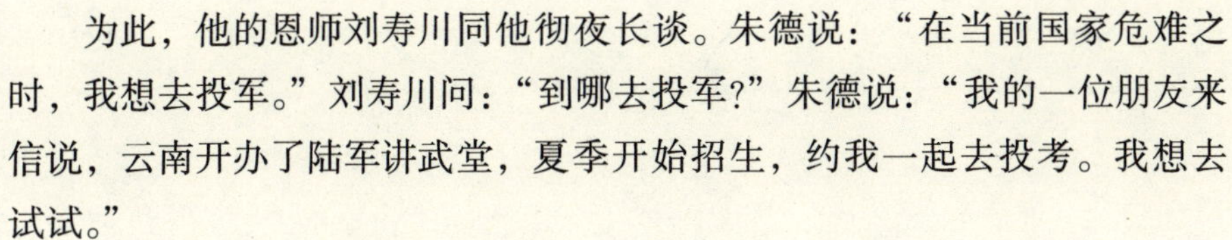

为此，他的恩师刘寿川同他彻夜长谈。朱德说：“在当前国家危难之时，我想去投军。”刘寿川问：“到哪去投军？”朱德说：“我的一位朋友来信说，云南开办了陆军讲武堂，夏季开始招生，约我一起去投考。我想去试试。”

“我支持你去云南投考讲武堂。你有着强烈的救国救民志愿，又具有军事天才，还能吃苦，走从戎救国之路前程无量。”刘寿川的一番肺腑之言使朱德极为感动。

刘寿川知道朱德家境贫寒，特赠给他几十块大洋作为路费，并再三叮嘱：“要去云南从军之事，千万不要先告诉家里。等到了云南后，再告诉他们为妥。到时，我可去劝解一番。你就放心地去吧！”

“真的，非常感谢您这些年来的关照与教诲。我既然走出家门去投军，决不当怕死鬼，说不上建功立业，但忠心报国、血洒疆场还可以做到。我会对得起父老乡亲！”听说朱德要去云南，他的好友张四维、田玉如、李绍沆和老师刘寿川聚在一起，为朱德饯行，并又凑了些路费。

朱德非常感动，当场奋笔疾书，写诗一首以铭志：“志士恨无穷，只身走西东。投笔从戎去，刷新旧国风。”

告别了朋友和恩师，朱德踏上了回马鞍场的山路。

这一次回家，朱德没有说出自己的真实想法，只是说要去成都读书，但无论是朱德，还是他的家人，都陷入了痛苦之中，以致当他离家前往成都时，家中竟没有一个人为他送行。

他自己也没有想到，此次别离马鞍场竟是50余年，直到1960年他才重返故乡。

第二章　弃暗投明

一、投笔从戎

云南同四川接壤，去云南谋生的四川人一向很多，就连生活习惯相差也并不多。清王朝的四川总督锡良改任云贵总督后，在云南编练新军，从四川调了不少人去，其中包括四川武备学堂弁目队的一批学生。这或许是朱德去云南的一个理由。

当然，当时中国受到日本明治维新的影响，特别是在中日甲午海战和日俄战争的刺激下，许多爱国青年中流行着“强兵救国”论，心底里认为中国要强盛，必须从军事入手。朱德就是这一思潮的积极拥护者。而今，“教育救国”的梦在朱德看来被击得粉碎，朋友约他报考讲武堂，这不失是一条新的好路。

日行夜宿，起早贪黑。经过 12 天的长途跋涉，23 岁的朱德于 1909 年初再次来到成都，找到朋友敬镕。

春节过后，朱德和敬镕结伴，迎着早春的风寒，踏上漫漫的旅途。这次千里跋涉远走云南，确定了他一生所走的道路，开始了从士兵到元帅的长途跋涉。

动身时，朱德除了那个从仪陇带来的小布包袱外，就是一捆草鞋。他就是凭着这捆草鞋去走天涯的，一路上经过嘉定（乐山）到了叙府（宜宾），向云南挺进。

山间的路蜿蜒曲折，一边是陡直的悬崖峭壁，另一边则是漆黑如墨的万丈深渊。在 70 多天的“小长征”中，朱德真正体会到了“吃尽云南苦”

的全部含义。4 月中旬，他们终于走进了云南省会——昆明的城门。

实在不容易呀！没有坐船，没有骑马，硬是凭着一双铁脚板和一捆草鞋，穿山越岭，涉水过江，走了 3000 余里。

朱德和敬镕在昆明城内龙井街一萧姓四川人开的临阳小客栈里住下。这时，朱德才决定给家里写一封信，一是报个平安，二是把自己这次离家远行的真相告诉父母。他在信里说，家里祖、父两辈人都指望自己支撑门户，指望自己当官、挣钱，使全家人从贫穷中摆脱出来。老人们的心愿是好的，但根本无法实现。眼看国家都快要亡了，救国要紧，没有国，哪还有家呀?！所以，现时无法顾家了。父母的养育之恩，只求来日报答。他还说，家里受旧的传统观念的影响，别说见到当兵的，就是听到当兵的都反感，总认为是“好铁不打钉，好男不当兵”。现在，时代变了，好多热血青年都走上了“从戎救国”之路，是“好铁要打钉，好男要当兵”。自己选择的路，这次是走定了，义无反顾，决不后悔。

第二天，他们去打听报考讲武堂的事情，很快了解到：清政府为了维护自己摇摇欲坠的统治，决心培养一批军事人才，并建立新的军事力量。于是，在云南昆明建立了陆军讲武堂，为新军及巡防营培养骨干。同时，还编练新军一镇（师），定名为“暂编陆军第十九镇”。

别人还告诉他们，讲武堂主要招收云南籍的学生，外省人没有当地老住户和有地位的人担保，是不能报考的。后来，敬镕找到了一位四川同乡，想请他担保报考讲武堂。这位同乡是在由四川人组成的新军步兵标（团）里供事。这个步兵标驻在巫家坝，归云南新军第十九镇第三十协（旅）管辖。看在乡亲的份上，他满口答应了。

夏季里，云南陆军讲武堂的招生考试开始进行。朱德和敬镕在热情的川籍军官的介绍与担保下，报名参加了考试。公布成绩时，朱德和敬镕都合格了，且成绩都不错，他们俩十分高兴。朱德心想，进讲武堂的愿望终于实现了，几个月的艰苦努力没有付之东流。

公布录取名单的那天，朱德早早就去了。谁知名单上只有敬镕，却没有朱建德。那一刻，朱德感到万分失望。

朱德不甘心自己的落第，他去追问那名川籍军官：“他们为什么不录取我？为什么?”那名军官带有几分同情的口气说：“也许因为你是四川人。”

“不对，你说得不对。敬镕也是四川人，他为什么能录取？况且我比他考得还好?”朱德为自己申辩。这时，敬镕皱了皱眉头，略带不安地解释：

“建德，这件事也怪我，我担心四川人录取不了，在报名的最后一瞬间，我决定改变籍贯，写成出身云南一家地主家庭。”

听后，朱德好半天没有说出一句话。这个小小的把戏对于一向办事认真、为人老实的朱德是一个不小的打击。怎么办呢？身上的盘缠已所剩无几，四川也回不去了。朱德望着日夜向往的那个讲武堂，暗暗在心中说，我一定要进讲武堂，一定要去当兵。

决心已定，决不能后退，前面就是刀山火海，他也要去闯荡闯荡，不达到目的誓不罢休，这是他从生母身上学来的不怕困难的精神。当朱德把自己的想法告诉那名川籍军官时，军官感到很惊讶。那时候，有文化的人是不愿意当兵的。朱德愿意当兵，正是求之不得，那军官立刻答应把朱德介绍到川军的步兵标里去：“不过，你最好改个名字。”

从这时候起，朱德就改掉了“朱建德”名字，而以“朱德”两字报名当兵，并把自己的籍贯改成云南省临安府（今建水）蒙自县。因为这一个变故，后来有许多人都以为朱德是云南人。

在新军里，由于朱德的文化程度高，又上过体育学堂，有强健的身体，在入伍后的基础训练中，就取得了优异的成绩，很快就担任了队（相当于连）部司书（文书）。

但是，朱德在司书这个职位上只干了一两个月，七十四标标统（相当于团长）罗佩金就主动保荐朱德到陆军讲武堂受训。步兵标和讲武堂虽然只有一墙之隔，但朱德仍然为能进讲武堂受训而庆幸。一有机会，朱德就去观看讲武堂学员的训练。

一天，罗佩金把朱德叫到跟前，上下扫了几眼，虎声虎气地说：“讲武堂又要招考新生了，本标统有意保荐你赴考，怎么样？”朱德一听，喜从天降，连忙抬手向罗佩金敬一个礼。

各项考试都进行得很顺利。这一次，朱德在报名表上填的是填的云南临安府蒙自县人，而不是四川人。不过，口试时，主考官觉察他说话有四川口音。这时，朱德巧妙地回答：“我家祖父居守蒙自老业，家父久在四川做官，我自幼随父，所以是四川口音。”于是，朱德很顺利地被录取了。这年，他终于走进云南陆军讲武堂的大门。后来，朱德在回忆时说：“我的志愿总是想做个军人，而这个讲武堂恐怕是当时中国最进步、最新式的了。它收学生很严格，我竟被录取，因此感到非常高兴。”

云南陆军讲武堂坐落在昆明承华圃，东临翠湖，这里原是明洪武年间

沐国公沐英练兵的旧址。讲武堂监督（后任总办）李根源和教官方声涛、赵康时、李烈钧、罗佩金、唐继尧、刘祖武、顾品珍、张开儒等都是日本士官学校的毕业生，其中大多数人在日本留学期间参加了孙中山领导的同盟会，拥护孙中山提出的革命主张，怀有强烈的反清情绪。

讲武堂分甲、乙、丙 3 个班，又分为步、骑、炮、工 4 个兵科，计有学生 400 余人。朱德作为丙班步兵科的学生开始了紧张的军事训练生涯。

讲武堂的学习生活是紧张的，每天上课 6 个小时，下操 2 个小时，只有星期日才可稍作休息。由于朱德经历过一段士兵的生活，于是很快就适应了这里的环境。

在课堂上，他认真学习基本理论和基础知识；在训练场，他努力掌握每一个动作要领。很快，他的成绩在全班名列前茅，受到同学们的敬佩和教官的赞扬。

日后，朱德在回忆时说："这时候我学习得很舒服，又没有什么挂虑，家嘛离得老远。也没有亲戚朋友，这可以说是一个特别专心学习的时期。"他的同班同学杨如轩回忆："朱总在讲武堂时给我印象最深的就是他刻苦好学，哪怕休息时间，他都用来看书或锻炼。"

朱德指挥队伍时，动作干净利索，喊口令时声音洪亮，为全校之冠。每当遇到外国领事到讲武堂来参观，总办李根源总是从学生中指令朱德和朱培德两人出来指挥，同学们一时称他们为"模范二朱"。

有一天，李根源在操场看到朱德的训练动作做得准确、利落，心中感到由衷高兴。当即向朱德所在队的队长顾品珍夸奖起朱德。而顾品珍对此并不以为然，并向李根源述说了朱德冒籍进入讲武堂的事情。

原来，顾品珍在上课时经常体罚学生，引起学生们的反感。可是谁也不敢得罪顾品珍。为此，朱德带头向顾品珍提出反对体罚的意见，弄得顾品珍十分尴尬。后来，顾品珍察觉到朱德冒籍的事。于是，伺机报复朱德，建议将他除名。

朱德知道冒充云南籍贯的事已经瞒不过去了，就把自己同敬镕一起相约投考讲武堂，立志以军事救国，怕家庭阻拦，只身出走，凭借朋友凑给的微薄盘缠，千里跋涉，步行到昆明，第一次报考未被录取的原委，详详细细地在李根源面前叙说了一遍。听着听着，李根源被打动了。

李根源和顾品珍是日本士官学校的同学，深知其刚愎自负、气度狭隘。于是，他心平气和地对顾品珍说，朱德有志于救国，不远千里投考讲武堂，

实为可贵。像他这样朝气勃勃的有志青年正是讲武堂需要培养的人才。同时，李根源还主张对朱德冒籍一事更改过来即可，不必再追究。在李根源的劝说下，顾品珍恍然有所悟，怒气渐消。后来，朱德回忆说，从此顾品珍改变了对他的态度。

在资产阶级民主思想的影响下，教官和学生的思想极为活跃，他们组织社团，传播西方的科学与民主思想。朱德在班上结交了一些朋友，如范石生、唐淮源、杨如轩、朱培德、李云鹄、王均、金汉鼎等。不久，他就约范石生、杨如轩、金汉鼎、唐淮源、田钟谷、李云鹄等七八个人组成一个社团以五华山命名，叫“五华社”。以互助互励、拯救中华为宗旨，并结成“金兰之交”，立下“有福同享，有难同当，亲如手足，永不背叛“的誓言。

当时的讲武堂成了云南革命党人开展革命活动的基地。清政府对此有所警觉，代表着守旧势力的云南提学司叶尔恺暗中拉拢部分教官和学生，秘密监视讲武堂的各种活动。

有一次，朱德得到了几期由云南同盟会主编的《盟报》和《云南》杂志。白天挤不出时间阅读，朱德只好每天熄灯后，躲在被窝里用手电筒照着读。一天晚上，朱德正躲在被窝里看《盟报》，一个外号叫“田螺精”的教官，鬼头鬼脑地朝朱德床边走来。“田螺精”是反动提学司叶乐恺派到讲武堂的走狗。他听到有人告密，说朱德每天熄灯后躲在被窝里看进步书刊。于是，“田螺精”利用夜间查铺的机会，想从朱德身上抓到把柄，以此来压制同盟会的革命活动。

朱德对“田螺精”早有戒备，听到房门有轻微响动，就把《盟报》塞到铺板底下，侧过身子装睡着了。“田螺精”走到朱德床前，见他枕头上放着一本书，悄悄地拿起来，用手电筒照着书面，原来是《孙子兵法》。“田螺精”气得把书往朱德床头一扔，灰溜溜地说：“熄灯了，不准看书。”

第二天早操后，一个同盟会会员问朱德：“昨晚是怎么回事?”朱德笑了笑：“这种人，长得像个猴精，其实比猪还蠢。”

第一学期后的一天，一位同学找到朱德，问他是否愿意加入同盟会。对于同盟会以及它的组织者孙中山，朱德早在体育学堂上学时就已经听说。那时，他曾寻求加入同盟会，却没有实现愿望。此时，有人主动地找他加入同盟会，他欣喜的心情是难以形容的。但他还是审慎地答复那个同学，待他考虑一番。

不久，朱德如愿以偿，歃血宣誓，加入了同盟会。随后，在朱德的介绍下，“五华社”的成员也先后加入同盟会。从此，朱德开始走上了彻底推翻封建专制统治的革命道路。

1910 年的一天，滇越铁路通车典礼在昆明火车站举行。修建滇越铁路，是法帝国主义在 1898 年强迫清政府签订的不平等条约的内容之一。法帝国主义这样做的目的，是以越南为跳板企图侵略我国的云南、广东、广西各省，并进而控制整个广州湾。

这天早晨，云南陆军讲武堂的全体学生早操完毕，全都被带到讲台周围，听讲武堂总办李根源讲话，站在排头的朱德发现总办的脸色十分严肃而阴沉。“同学们!”朱德听出总办今天讲话的声音有些异常：“法帝国主义已将滇越铁路修到了昆明，今天要在车站举行通车典礼。这是我们云南同胞，也是全中国同胞一个耻辱的日子，大家永远也不要忘记。我们是军人，肩负着守土卫国的重任。大家在学校应该努力学习，将来一定要雪耻救国。今天，停课放假一天，大家可以到车站去看一看。回来以后，每人写一篇文章，谈谈你们的感想。”

会散了，朱德和其他同学一样，紧皱眉头，心里好像压着一块大石头，十分沉重。

等朱德和同学们赶到火车站时，站台上下挤满了人。不一会，一列满载着法军士兵的火车驰进了站台。插在车头两边的法国的红、白、蓝三色国旗，在阴凉的微风中飘动着，乐队奏起了《马赛曲》。这时候，朱德怒火填胸心欲炸，唱起了岳飞的《满江红》：“怒发冲冠，凭栏处，潇潇雨歇。抬望眼，仰天长啸，壮怀激烈。”他身边的同学们也情不自禁地跟着唱起来：“三十功名尘与土，八千里路云和月。莫等闲，白了少年头，空悲切!……”

唱着，唱着，朱德只觉得脚下的土地在微微颤抖，心里像被毒蛇咬噬了一样感到绞痛，忍不住地哭了起来。他再也无法忍受这眼前的一切，咬着牙，流着泪，扭头向学校的方向跑去。

从那以后好几天，朱德一直沉默不语。无论上课、吃饭、睡觉，他怎么也抹不掉那一幅幅屈辱的画面。不久，他以《看滇越铁路通车后的感想》为题作文表达了自己的心情。此后，他时常默默地提醒自己：“学好本领，雪耻救国!”

不久，为了扩展新军的需要，从丙班学员中，挑选出 100 多名组成了

特别班，把原来需要学习 1 年的课程，压缩在 8 个月里突击学完。朱德由于学习成绩优秀，就同范石生、杨蓁、董鸿勋等被选拔入特别班。

1911 年 7 月，云南陆军讲武堂。主席台上方挂着“云南陆军进武堂特别班毕业典礼”会标。100 余名特别班学员肃立于礼堂中央。台上，列坐着云南显赫人物：云贵总督李经羲（注：原云贵总督锡良已调任东三省总督、热河都统）和他的僚属；新军十九镇的统制、协统、标统们。讲武堂总办李根源逐次点呼学员领取毕业证书。

“特别班毕业生金汉鼎！”李根源刚喊出口，金汉鼎上台，接过毕业证书后退回原位。……

“特别班毕业生朱德！”喊到朱德，朱德以洪亮的嗓音答应：“在！”并以挺拔有力的标准军人仪态走向主席台。

七十四标标统罗佩金悄声对三十七协协统蔡锷说：“这位就是讲武堂学员中有名的‘模范二朱’之一的朱德，四川仪陇人。”蔡锷赞许地点了点头。

朱德从李根源手中接过毕业证时，李根源笑了笑，讲：“朱德是我们讲武堂的优秀毕业生！你们可要知道，他为了进这个讲武堂，从四川步行数千里，还冒充云南人，险些被我除名……”

1911 年春，朱德（前左一）和云南陆军讲武堂丙班步兵科部分同学合影

蔡锷，原名艮寅，字松坡，出身于贫苦家庭，父亲是个裁缝。他幼年聪明异常，学习专心刻苦，曾有“神童”美称。后进入长沙时务学堂，师从梁启超，受其影响极大。1899 年，东渡日本留学。在日本士官学校学习期间成绩优异，与同期的蒋方震、张孝准被誉为“中国士官三杰”。回国后，先后在江西、湖南、广西督办军事学堂任职。1911 年 2 月，应云贵总督的邀请，到云南新军第十九镇第三十七协任协统，并兼任云南陆军讲武堂教官。

曾耳闻过朱德有关情况的蔡锷一听李根源的介绍，喜上眉梢，骤然更是对朱德产生了好感：“看得出来，朱德同学将来一定会有所作为。”

朱德见蔡锷很瘦削，那对相距甚宽的眼睛闪出逼人的气魄和潜力，双颊像女性，嘴角又显得严峻、刚强，心中油然升起几分敬意。听到蔡锷也夸奖自己，朱德立刻表露出谦逊的微笑，说：“学生只是为了救国救民，才下决心来云南学习军事。”

“说得好！说得好！中国要谋求独立自由，必须建立起强大的军事武装。”蔡锷很欣赏朱德的朴实和坦率。毕业典礼结束时，蔡锷还特别邀请朱德到他的住处去看看……

朱德很高兴认识蔡锷，并得到蔡锷的赏识。那一年，蔡锷只有 29 岁，只比朱德大 4 岁。朱德后来才知道，那时候蔡锷已经在进行他梦想中的大事了……

二、良师早逝

自从结识了蔡锷，朱德很快就被这位面颊清癯、表情冷峻、不苟言笑的青年将领所吸引。也许是出于对蔡锷那不平凡经历的兴趣，也许是出于对蔡锷那敏捷的思路和干练的能力的敬佩，他希望能有更多的机会接触到蔡锷。

一天，吃过晚饭，朱德来到讲武堂主楼旁边的一处院落，这里原是讲武堂第一任总办高尔登的住所。当时，蔡锷就住在这里。一踏入房间，只见蔡锷正在伏案疾书。朱德转身便走，听到脚步声的蔡锷放下笔，喊了一声：“朱德，你过来。”

坐下后，蔡锷问："曾国藩、胡林翼这两个人你知道不?"朱德点了点头，憨厚一笑。蔡锷接着说："这些天，我受镇统钟麟同委托，正在编写一篇训练部队的讲话稿。曾国藩、胡林翼这两个人虽然不是武将，但他们所讲述的兵家之事见地颇深，他们讲的治兵方法值得借鉴。我把他们著述中有关治兵的言论辑录下来，加了些按语。你看看。"说着，蔡锷把稿子递给了朱德。

朱德接过稿子，聚精会神地翻看起来。朱德很钦佩蔡锷对曾国藩、胡林翼有关治兵言论的精辟分析。

1911 年 8 月，朱德作为云南陆军讲武堂的第三期毕业生被分配到了云南新军十九镇第三十七协第七十四标第二营左队。于是，与第三十七协的协统蔡锷往来更是密切了。能分到蔡锷的手下，朱德十分高兴，暗下决心一定要在蔡锷将军的麾下带好兵，打好仗。从此，朱德开始了长达 60 余年的戎马生涯。

见习期满后，朱德被任命为左队司务长，授少尉军衔。司务长，在连队里除了管理军械之外，主要管的是全连百十号人的"吃喝拉撒睡"。这就为朱德接触士兵提供了一个好机会。平日里，他挑担上街买菜，在伙房里帮着伙夫兵挑水、洗菜、烧饭，样样都干。连队收操后，他常去士兵的宿舍查看，问寒问暖，拉家常，帮着战士写家信，深受战士拥护。

那时，云贵川一带盛行"哥老会"，又称"袍哥"，这是清末一种秘密民间结社。朱德在同乡的介绍下秘密加入过哥老会，常以袍哥的身份去做士兵工作，进行革命宣传，播撒革命种子。

10 月 10 日，一个激动人心的消息传到了云南，传遍全国。湖北新军中的革命党人在武昌举行了武装起义，为清王朝敲响了丧钟。

武昌起义的成功，鼓舞了全国各地的革命党人，他们闻风而动，纷纷举起推翻清朝统治的旗帜。云南革命党人在蔡锷、李根源等领导下，果断决定在 10 月 30 日（旧历九月九日）举行起义以响应。

接到起义通知，朱德所在的左队担任前锋区队，但区队官临阵脱逃，朱德就担负起前锋区队的指挥官，率领部队在茫茫夜色中向昆明城进发。

云贵总督衙门，坐落在昆明城南门内、五华山南麓，四周高墙壁垒，两道铁门紧闭。围墙内外都构筑有碉堡、工事，有卫队营、机枪连和辎重营防守，是一座城中之城，易守难攻。朱德带着左队还未靠近总督衙门，守敌的机枪已经响了，吐着火舌射向四方，根本无法靠近起义军，几次搭

梯子翻越围墙也未成功。

于是，朱德便到炮营请求炮火支援。“轰！轰！”在炮火的掩护下，朱德带着左队翻越衙门四周的高墙，打开大门，把躲藏在衙门各个角落里的巡防营士兵抓了起来。

“光复了！共和了！”重九起义成功了，昆明城沸腾起来。11月1日，云南军都督府成立，蔡锷被推为军都督。

“云南起义是重阳，下定决心援武昌。经过多时诸运动，功成一夜好开场。”后来，朱德为纪念辛亥云南起义，曾在《辛亥革命杂咏》中这样写道。

云南光复后，为援助四川革命党人，都督府派遣两个梯团入川。朱德随第二梯团任排长赴川，在此半年间，升任连长，授上尉衔。

1912年1月1日，孙中山在南京就任临时大总统，宣告中华民国成立。2月12日，清朝皇帝溥仪宣布退位，从而结束了清朝200多年的统治，也结束了2000多年来的封建专制制度。但是，清王朝宣布退位是以革命党人做出重大妥协让步换来的。在清帝国退位20多天后，孙中山被迫解职，由袁世凯继任临时大总统。3月10日，袁世凯在北平就职，组成大地主、大买办阶级专政的北洋军阀政府。

这年3月，成都、重庆两军政府合并，宣告四川统一。4月，援川军撤离四川，回到昆明。途中，朱德把自己节省下来的钱买了一匹马，但他自己一直走路，把马让给生病的士兵骑。5月，在昆明举行的援川军庆功会上，朱德因身先士卒，战绩显著，擢升为少校，并被授予“援川”和“复兴”两枚勋章。

之后，朱德先在滇军中训练新兵两个多月。8月25日，由同盟会联合其他4个政团组成的国民党在北平举行成立大会。朱德随之从同盟会会员转为国民党党员。尔后，朱德被调任讲武堂生徒队区队长兼军事教官，负责管理学生和教授射击教范、步兵操典以及野外演习等学科、术科。

那时候，许多人都很关心朱德这位年轻少校的婚事。有一天，滇军里的一位朋友悄悄走到朱德面前，神秘地一笑，说：“朱德，我妹妹来信了，她到昆明师范学堂读书去了，今年18岁。”

朱德瞄了对方一眼。他知道这位朋友出身于革命知识分子家庭，是积极参加维新运动的。不知是出于对朋友的关心还是触动了哪一根敏感的神经，他说：“能到师范学堂学习，不容易嘛！她叫什么名字？”于是，朱德

记住了一个叫“萧菊芳”的名字。

在朋友的巧妙安排下，朱德来到萧菊芳的家里。见到朱德时，萧菊芳对这位年轻英俊的少校颇有好感，羞答答地同他说了一席话。这在当时是相当“革命”的举动了。

在这次见面中，朱德感到萧菊芳是一个诚实和相当进步的姑娘。朱德还发现萧菊芳的一个秘密：没有缠足。这一大胆而又进步的行为又使朱德对她增加了不少好感，内心深处接纳了这位新派女性。

这年秋，朱德同萧菊芳结婚了。婚事是由萧菊芳的哥哥帮助操办的。当时，朱德的父母远在四川仪陇，他们甚至不知道朱德结婚的详细情况。不过值得说明的是，早在 1905 年 9 月，朱德曾在仪陇老家同一刘姓农家姑娘结婚。婚后，刘氏一直在家乡务农，从未离开过仪陇，后于 1958 年 2 月病逝。不过，因为当时是按封建习俗两个人“捆绑”在一起的，朱德从来不承认那段没有感情基础的婚姻。

婚后的一段时间里，朱德依旧住在云南陆军讲武堂，整日带兵操练，萧菊芳继续在师范学堂读书，住在学堂的集体宿舍。朱德和萧菊芳只有礼拜天这一天时间能团聚。这时候，他俩总是有说有笑，亲密无间。凭当时的地位，朱德完全可以在昆明找一套别墅住，可是朱德和萧菊芳没有这样做。多年以后，朱德曾经自豪地说：“这婚事并不是资产阶级的。”

1913 年秋，朱德回到原来的部队，升任云南陆军第一师第三旅步兵二团一营营长。次年初，朱德随部奉调滇越铁路沿线及边境的临安、蒙自、开远、个旧一带布防。9 月的一天，朱德得知一个名为方位的匪徒纠集 10 余人正藏匿在冷水沟一家店里，便立即领兵围剿。店中匪徒拒不投降，朱德命士兵放火烧店，匪徒见势不妙，才纷纷跳窗逃跑。匪首毙命，匪徒溃散，民众无不拍手称快。

在率部行军作战的风雨岁月中，朱德同萧菊芳在一起的时间就更少了。由于朱德在边境深山密林的剿匪战斗中屡建奇功，先后被提升为团副、团长。后来，在谈到这段历史时他说：“我用以攻击敌军而获得绝大胜利的战术是流动的游击战术，这种战术是我从驻在中法边界时跟蛮子和匪徒作战经验中得来的。我从跟匪兵的流动群集作战的艰苦经验中获得的战术，是特别有价值的战术，我把这种游击经验同从书本和学校得到的学识配合起来。”在滇南边境所度过的异常艰苦的两个寒暑里，朱德在特殊的地方、以特殊的方法、进行着特殊的战斗，他指挥作战的能力迅速提高。尽管朱德

当时在偏远的山峦丛林中作战，却依然关注着国家的命运和前途，内心为时局万分忧虑。

1915年5月，袁世凯与日本帝国主义签订丧权辱国的“二十一条”。12月12日，窃取了辛亥革命成果的袁世凯悍然宣布恢复帝制，改中华民国为“中华帝国”，自封皇帝，规定次年为“洪宪元年”。此时，正在蒙自的朱德预感一场风暴即将到来。

12月下旬的一天，朱德与一位老朋友邂逅。那人向他鞠躬行礼，顾不上寒暄，只是嘱咐他晚上务必到城外一小庙见面，随即匆匆离去。

晚上，朱德和几个反对帝制的军官来到城外的小庙里，来人取出一块碎布交给朱德，碎布上的字迹他是熟悉的，是蔡锷写来的，叫他按传令人的命令行事。来人告诉朱德，蔡锷已回到昆明，将于25日宣布独立，反对帝制，讨伐袁世凯。要他届时务必率部返回昆明，参加起义。朱德听罢，惊喜万分，终于盼到了这一天。

25日凌晨，朱德等遵照蔡锷的嘱咐，如期率领部队逐走反动军官，举行讨袁誓师大会，投入护国战争。

1916年元旦，护国军在昆明举行誓师大会，发布讨袁檄文，历数袁世凯“叛国称帝”等19大罪状，挥师北伐。护国军第一军分批进入四川。

1月22日，被任命为护国军第一军第三梯团第六支队支队长的朱德率部离开昆明开始北上四川。骑在马上，身后一支绣有“朱”字的黄底黑边三角旗迎风飘舞，朱德注视着行进中的部队，一股强烈的使命感驱使他要为再造共和去冲锋陷阵。

入川作战的护国军不到4000人，同号称拥有十几万人的北洋军在川南泸州、纳溪、叙府一带摆开战场。朱德的支队是后出发的，可是前头部队被敌军偷袭，从攻泸州转而退守纳溪，在纳溪城东的棉花坡一带高地阻击来势汹汹的敌军，形势万分危急。蔡锷急令朱德火速增援，接替董鸿勋的第三支队长职。于是，朱德率部星夜兼程赶赴火线，“枵腹遂行，未遑食也”，立即投入激战，将敌击退约二三里，巩固了阵地。

棉花坡离纳溪城约5公里，是城东郊一个制高点，泸州通纳溪的大路从这里经过，是两军必争之地。朱德将部队布防在棉花坡正面高地，同踞守红庙高地的敌军对峙。北洋军依仗械弹充足，用大炮昼夜不停地向护国军阵地猛轰。当时寒气袭人，朱德环视衣衫单薄的士兵们，高声道：“我们反袁是正义之师，他们是不义之师，怕他啥子人马众多，我们坚持战斗，

胜利一定是我们的！我们为保卫共和而战，生为共和的人，死为共和的鬼。不推翻袁贼，我朱德死不瞑目。”官兵们听罢，十分感动，纷纷表示要奋勇冲锋，顽强战斗。

1916 年夏，护国战争结束后，朱德在四川泸州驻防，担任护国军团长

朱德指挥部队以白刃战打退了敌人的一次次进攻，终于守住阵地。在反击战中，他采用“侧攻”战术，以一个营从正面用猛烈的炮火牵制敌人，将大部分兵力迂回到敌军侧面进行攻击，敌军遭到出其不意的打击，伤亡惨重，不得不丢弃了阵地。

朱德先是率部在主战场棉花坡一带山地同敌人进行了 20 个昼夜的争夺战，后又参加二次攻打泸州的战役。他的部队作战英勇顽强，常常以少胜多，出奇制胜。在激战中，朱德每天只能睡上四五个小时，他与士兵们同餐共宿，并肩作战。“滇南壮士集云溪，听铁马声中，三渠洪水开天地；翼北胸襟环纳带，看朱坪阵上，万里烽烟动古今。”朱德曾以这幅对联记颂着这场鏖战。

这时，身处战场的朱德得悉妻子萧菊芳已经怀孕。也许是想念丈夫，也许是钟情于丈夫的家乡，朱德出征后，萧菊芳毅然坐轿子来到泸州，在泸州租了一所小小的住宅。战事缠身的朱德，只有在战斗间隙前来探望。

就在护国军取得节节胜利之际，深居北平中南海的袁世凯已落到众叛亲离的境地。在内外交困的形势下，袁世凯被迫于 3 月 22 日宣布取消帝制。6 月 6 日，袁世凯于忧愤中一命归天。消息不胫而走。

朱德从护国军总司令部得到这一佳音后，立即召集部属开会，极其兴奋地告诉大家：“兄弟们，好消息。大局已定了。……袁世凯被一副‘二陈

汤'呜呼了!"

大家听到袁世凯死了，当然高兴。可啥子"二陈汤"？还没弄清是哪家郎中的药。朱德看出了大家是有点疑惑不解，他不紧不慢地解释："这'二陈汤'，本是中药里的一剂汤头方。我们讲的'二陈汤'，是指四川督军陈宧、陕西督军陈树藩和湖南督军汤芗铭，一个紧跟着一个宣布独立了。袁世凯眼看着大势已去，一气而西去!"朱德的幽默引起一阵掌声。

第二天，黎元洪宣誓继任中华民国大总统。当时，盘踞在泸州的北洋军惊魂失魄，朱德立刻挥师渡过长江，占领了北洋军的泸州要塞。朱德部入城时，"泸州人民又是放爆竹，又是挂旗，又是欢呼，又是高唱，盛情欢迎"。护国战争宣告结束。朱德后来曾说："打大仗，我还是从那时学出来的。我这个团长，指挥三四个团、一条战线，还是可以的。"

这年7月，蔡锷赴成都就任四川督军兼省长。8月因喉疾恶化，告假赴日本治疗。途经泸州时，蔡锷停留数日，期间常常把秘书和参谋长叫到床边，研究重建四川的规划。

几天里，朱德伴守在蔡锷的病床前，悉心照料着他所敬佩的恩师。尽管他知道蔡锷已患膏肓痼疾，性命难保。但是，他还是企望能通过他的照料，使蔡锷的病情好转。他们之间说话不多，但朱德却把对蔡锷的尊崇和爱戴倾注在细致入微的照料之中。

1918年2月，朱德（左）和孙炳文在四川泸州

8月下旬，蔡锷准备赴上海，再东渡日本治病。码头上，朱德握着蔡锷的手，依依难舍。蔡锷声音嘶哑地说："此次东瀛，费时又费钱，是否能够痊愈，难以逆料。古人说，武将不惜死，我能够看到护国战争的胜利，也算

满足了。”当载着蔡锷的江轮缓缓驶离泸州码头时，朱德久久伫立在码头上，他的心情异常的沉重……

11 月间，一个噩耗从东瀛传来。蔡锷一病不起，在日本福冈大学医院病逝，时年 34 岁。

“勋业震寰区，痛者番向沧海招魂，满地魑魅迹踪，收拾河山谁与问？精灵随日明，倘此去杳幽冥宋案，全民心情盼释，分清功罪太难言。”得知蔡锷病逝，朱德禁不住失声痛哭，悲哀之际，写下了这幅挽联以寄托对蔡公的思念，并长时间地陷入悲痛之中。

这时期陷入悲痛的朱德，几乎忘却了妻子。不幸的是，妻子染上了类似赤病的奇怪的热病，病魔无情地夺走了萧菊芳的生命。这使得朱德更是悲痛欲绝……

三、出国求学

1919 年 5 月 4 日，在古都北平爆发了一场轰轰烈烈的反帝爱国群众运动，革命浪潮迅速席卷全国，各界民众同仇敌忾，共同奏起一曲浩气长存的时代壮歌。

是年初，第一次世界大战的战胜国在巴黎近郊的凡尔赛宫召开了战后和平会议。会上，中国代表最初提出的取消列强某些特权的七项希望条件及废除“二十一条”不平等条约的要求均被无理否决，最后和会竟将原德国在山东攫取的一切权益转由日本接管。

消息传入国内，激起全国人民的强烈抗议。5 月 4 日下午，北大等十几所学校 3000 余名学生聚集天安门广场，喊出了“外争国权，内惩国贼”“废除二十一条”“誓死力争”“还我青岛”等口号。

大江南北、长城内外，群起响应，正义凛然、不畏强暴的爱国斗争从星星之火，渐成燎原之势。在泸州，各校学生也积极行动起义，举行罢课、游行、集会，抗议日本帝国主义无视中国主权的罪恶行径。学生们的这一爱国行动，很快影响到工、商各界，一场抵制日货的运动在泸州轰轰烈烈地展开。

五四运动的浪潮席卷中华大地，也激励着朱德。作为一个中国人，强

烈的爱国意识驱使他在这蓬勃兴起的浪潮中去寻求拯救中华民族的出路。

1920年1月初的一天，泸县中学的校长找到朱德，请他给学生们作一次讲演。朱德为学生们的爱国热情所感动，爽快地答应了这一要求。

第二天上午，朱德如约来到泸县中学。因校方已于前一天挂牌通知了全校学生，于是礼堂里早已挤满了人。有的人没有座位，就站在通道上聆听着朱旅长的演讲："……抵制日货，固然是爱国之举。但是，仅仅是抵制还不是根本的办法，还要提倡国货。依本人之见，办法有两个——一是合股开办国货贩卖所，销售我们自己的东西；一是开办自己的工厂，生产我们自己的东西。如果能够普及国货，日货自然就可以抵制了！"

朱德的演讲博得同学们的阵阵掌声。大家一致赞同朱旅长的爱国倡议，并称赞朱德热心公益事业，提倡平民政策，不愧是军界的出色人物。

随着五四运动的爆发，大量宣传新思想、新文化的书刊开始涌入泸州。朱德和孙炳文常常在一起学习、讨论各种问题。他开始把目光集中到寻求新的革命道路上。同时，朱德的内心是复杂的，既有对未来的向往，又有对现实的失望，既在为改造中国社会进行艰难的探索，又为找不到真正的出路而感到彷徨，他深深地陷入了苦闷之中。

8月初，朱德向好友孙炳文倾诉了自己心中的苦闷，孙炳文向朱德表示，他打算"去北平追随五四运动的领袖"。他告诉朱德，他的妻子任锐和李大钊是北洋法政学校的同学，辛亥革命时，他们在导师白雅雨的引导下，加入了"京津同盟会"，进行反清活动。朱德也表示尽早摆脱目前这种令人窒息的环境。他们经过长时间的讨论，决定在走上新的革命道路之前，应当先到外国去学习，研究外国的政治思想和制度。经过几天的彻夜长谈，最终他们约定，孙炳文先行北平，朱德则在料理完军中事务后，即到北平与孙炳文会合。

10月，各路川军为了驱逐滇军出川，齐集川南，向滇军发起猛烈攻击。这时滇军第二军赵又新部的参谋长杨森突然反水。形势急转直下，滇军一再败退，最后不得不放弃川南，退入贵州。唐继尧企图依仗滇军实力控制四川的美梦完全破灭。11月，滇军撤回云南，朱德率部驻扎在滇北昭通地区。

滇军回到云南后，顾品珍等积极策划"倒唐"，朱德表示赞同。1921年2月6日，朱德等将领联名致电唐继尧，逼迫唐继尧离开云南。唐继尧一见大势已去，立即于2月7日离开昆明，不久即去了越南。2月8日，朱

德率部进入昆明。

“倒唐”的目标既已实现，朱德向滇军总司令顾品珍提出辞呈，要求辞去军职、离开云南的请求。他的同事们和朋友们纷纷登门相劝，希望他能够留下来，共同整治云南。最后，朱德答应暂时留在昆明并被任命为云南陆军宪兵司令部司令官。不久，又兼任云南省催收铁路局借款处专员及复查锡务公司账项委员长。任职期间，他尽忠职守，彻底清理官僚和奸商拖欠铁路局的借款，惩治贪官污吏，为新政权的建设努力工作。

然而，云南的现实越来越使朱德感到失望，对新政权是否能够挽救战乱纷争的国家产生了怀疑。更使他感到不快的是，心胸狭窄的顾品珍掌权后，容不得别人对他有丝毫不恭的表示，即使是学生们暑假组织演出队，宣传新思潮的活动，也被他横加禁止。这促使他下决心离开云南。他找到金陵女子大学毕业的、当时在昆明育贤女子中学教书的教师许岫岚，向她学习英语，开始为将来出国做准备。许岫岚在晚年回忆说：“我当时是育贤女校英语教师兼教钢琴，学校在禹门寺内。我们的邻居李日垓（哲学家艾思奇的父亲）是蔡锷护国时期的秘书长，曾是我丈夫李沛阶的老师，经李日垓的介绍与朱总认识，并为他教了一年多英语。他家住在小梅园巷，离禹门寺不到半里地。他每天从住处来育贤女校，由我在课余时间教他，读的课本是初级英语，他学习刻苦，进步很快。”

1922 年元旦刚过，朱德即接到新的委任，他被任命为云南省警务处处长兼省会警察厅厅长。2 月 16 日，朱德还兼任云南省禁烟局会办。

这年春天，他接到继父朱世连在昆明病逝的噩耗时泪流满面……

朱德的伯父朱世连是个治家严谨、心地善良而有独到见解的农民，平时少言寡语。他身为长子，但无子嗣，他并没有如世俗人那样，以此为理由休妻，他仍然对妻子刘氏十分好，为了解决子嗣问题，于是在胞弟朱世林家的男孩中选一个，结果选中了老三。朱德在家中是处于上有哥姐，下有弟弟，“在大家庭中处于不上不下的地位，所以我不只是被压迫人民的孩子，就是在家里也是受到压抑的，既打杂帮助哥哥，又像个褓姆照顾底下的弟弟们”，朱德后来在延安向来访的史沫特莱这样忆及的。细心的伯父观察到：老三是聪明、爱劳动、爱学习、体贴长辈的人。他选中了老三后，对他十分好，爱他如同爱亲儿子一样。养母刘氏，甚是喜欢孩子，养母与生母关系亲如姐妹。

1922 年 3 月云南的政局出现了再次动荡。孙中山先生命令滇军出兵讨

伐北洋军阀，顾品珍将滇军调往宜良集中准备出发，云南边境一带出现空虚。而一直图谋称霸西南的“云南小皇帝”唐继尧觉得时机已到，秘密潜回云南，纠集旧部并收买土匪武装，从蒙自发兵向昆明进攻。顾品珍率部仓促应战，由于判断失误，战略上处于被动，在小河口竹园战役中被土匪武装吴学显所属之黄诚伯部击毙。顾部的杨希闵、范石生、蒋光亮等率其主力一部败退广西。

唐继尧一回到昆明，就下令四处搜捕忠于孙中山拥护北伐的滇军将领。3 月 27 日，对朱德发出通缉令，一定要捉拿朱德，以报他被驱逐了云南的一箭之仇。

滇军代理总司令金汉鼎从未见过这种惨败的局面，一筹莫展。他找到朱德商量，朱德再三为他打气。他们共同商定，先离开云南退到缅甸，再从长计议。行前，朱德将昆明水晶宫小梅园巷 3 号的居所房产及藏书赠与讲武堂的同学李云鹄，并嘱托李帮助照管他的家眷。

当年，朱德买下这房宅时，题名“洁园”。新中国成立后，云南省政府对“洁园”进行修缮后，拨给园通小学作附属幼儿园。对此，朱德十分高兴。这个幼儿园后来更名为昆明市第六幼儿园。“奇花独立树枝头，玉骨冰肌眼底收。且盼和平共处日，愿将菊酒解前仇。”这是朱德 1955 年 11 月到昆明市第六幼儿园看望教师和儿童时题写的《洁园赏菊》诗。

星夜，朱德和金汉鼎、刘云峰、唐淮源等带着一队人马，打算经楚雄、大理出境去缅甸。他们刚到安宁休息，没料想到罗佩金带着 40 多人的卫队和 20 多匹驮马也赶到了。患难中故旧相见，格外高兴。

突然，传来了驻楚雄的滇军司令华封歌倒向唐继尧的消息。这无疑对他们是一个沉重的打击。朱德说：“去缅甸是不可能了。看来只能北上了，这也是逼上梁山。”

罗佩金却认为往北去，一路险山恶水，盗匪出没，凶多吉少，就是能到了四川，那也是去送死。现在四川掌权的新军阀，是同滇军不共戴天的刘湘和杨森，此路是死路一条。并说：“华封歌是我的学生又是我的部下，看在我的面子上，他放大家一马，让出条路来，叫大家过去的。”

朱德笑了笑：“华封歌是个见钱眼开的人，他会把最后一个朋友出卖给唐继尧来换起高官厚禄的。你别做梦了！”朱德建议立即调头北上，渡过金沙江，沿着旧的马道穿过西康，到四川后就可顺江而下，去上海转广州，投奔孙中山先生。

各说各的理，意见很难统一。朱德最后非常感慨地说："人各有志。事到如今，只好分道扬镳了。但愿我们后会有期，能在云南这块土地上再次相见！"

于是，两人分手了，朱德一行日夜兼程，风餐露宿，疲于奔命。当罗佩金到达楚雄时，华封歌知道了朱德和金汉鼎等北上的路线后，为了向唐继尧求功邀赏，立即派出一营骑兵穷追不舍，并张贴榜文重金悬赏捉拿朱德、金汉鼎等人。

一场逃亡和追捕在滇北的崇山峻岭中进行着。这里山势险要，森林密布，只有一条蜿蜒崎岖的古道，是马帮贩运的山间小道，隐没在丛林和杂草中。逃亡者快马加鞭，日夜兼程，只盼早日甩掉敌人，进入安全地带；追捕者马不停蹄，星夜赶路，一心只想捉到朱德等人好去领赏。然而，他们高兴得太早了，却忘了正在追捕着的是滇军赫赫有名的高级将领，特别是朱德有着在云南边界跋山涉水、穿越丛林的丰富经验。几天了，他们连个人影也没有见到，气已泄了一半，但还得追下去。

朱德一行赶到金沙江畔时，突然受到当地土匪的袭击，刘云峰被劫，朱德等渡过金沙江后，所率百余人仅剩下60多人。就在这时，他们得知罗佩金被杀害的消息。原来，罗佩金不听朱德的劝阻，轻信华封歌不会亏待他这位原来的顶头上司，但他一到楚雄就被华封歌解除武装。罗佩金被捕后，设法逃往华坪，唐继尧指示当地土匪跟踪追捕，在双金坡将他处死。

过江后，在赶往盐边的路上，朱德等人又被号称四川边防军的一队人马截住。原来这是辛亥革命后川南一带拉起的一支农民武装，头领叫雷云飞，曾参加袍哥（哥老会）、反对清王朝的活动。他们在川西南金沙江畔几百里的范围内占山为王，打富济贫，同官府作对。朱德在辛亥革命前曾为进行革命串连秘密参加哥老会，也早知雷云飞是哥老会"龙头老大"，他俩以袍哥的一套规矩见面后，雷云飞立刻双膝跪地："久闻将军大名未曾相识，今日相见，算我雷云飞三生有幸！"

雷云飞把朱德一行接到乌拉山双龙村的山寨，按当地的风俗举行了庆典。杀猪宰羊，大摆宴席，300人出来作陪，好大的场面和气派。朱德与雷云飞同饮了结盟的鸡血酒，发誓"患难相顾，富贵同享，永世不忘"。席间，雷云飞恳求朱德留下，共图发展。朱德则说明他本人觉得国民革命已经无望，决心出国学习，寻求救国良方，另辟新路。

朱德和金汉鼎等几人，又经会理折转北上西昌、越西，过大渡河，翻

越终年积雪的大相岭，又经雅安、乐山、叙府，终于在5月中旬抵达南溪。这是一次悲惨的逃亡，但也是朱德走上新道路的转折点。眼前的现实和滇军的经历教育了他，逐渐懂得了在军阀混战、穷兵黩武的漩涡里，根本无法实现他当年投笔从戎、强兵救国的美好愿望，只能是为军阀们卖命当炮灰。他下决心同新旧军阀决裂。正如他自己所说："我是借着唐继尧的毒手，把同封建势力的关系彻底斩断了。"

回到南溪家中，朱德向亲友们倾述了劫后余生的经历，并决定出国，寻找救国救民之路。亲人们听到这个惊人的决定，如同当空响起了一声炸雷，一下都懵了，纷纷劝阻朱德。这时，唯有他的妻子陈玉珍支持他的决定，毕竟妻子曾参加过辛亥革命和讨袁护国运动，是一位思想进步的知识女性，她深知夫君从黑暗中冲杀出去，为的是追寻一条光明大道。

这时，朱德打算休息几天即顺江东下，从上海转往北平去找孙炳文。没想到，朱德突然接到杨森的电报，约他去重庆"叙旧"。考虑到此时已接任刘湘的川军第二军军长兼重庆警备司令之职的杨森，是自己的小同乡，同是四川顺庆府人，又是自己在顺庆府中学堂时的小同学，且在讲武堂与滇军共事期间交情不错，还考虑到如果不接受约请可能让自己或自己的家人的生命受到威胁，于是还是决定应邀赴会。送别时，陈玉珍依依难舍，含泪相送……

5月下旬，朱德这个可以说已没有一兵一卒的"败军之将"和金汉鼎乘船来到重庆，受到杨森的热情款待。见面后，龙门阵摆得海阔天空，最后杨森终于谈到了正题："朱德兄，四川需要你，川军也需要你，衷心希望你留在家乡助我一臂之力，把川军整饬成一支铁杆队伍。如何？"

决心不再与军阀为伍的朱德，婉言谢绝了杨森的盛情邀请，表示准备出国留学，去看看人家的革命是怎么个搞法。一听，杨森哈哈大笑："你真是奇人一个。我如果没记错的话，仁兄今年已三十有六了，还漂洋过海，像娃儿学话那个样子，跟着洋人呀呀学语，不太累了嘛！你到底图个啥子哟！"杨森极力挽留，也无济于事，只好表示希望朱德如果真有学成归来之日，重回四川，他一定虚席以待。

江轮缓缓离开重庆朝天门码头，向上海驶去。站在甲板上的朱德，感到特别的轻松，内心充满了一种无法抑制的喜悦。告别了巴山蜀水，出三峡、过汉口，经九江到南京，改乘火车，6天后抵达上海……

四、与周恩来晤面

朱德出生入死，拼杀勇猛，从低层军官发展为滇军名将。然而，他脱掉了军装，毅然绝然地离开了军阀部队。他在军阀部队中已经深深染上了毒瘾，他清楚，浸泡在这么个毒糜生活之中，自己肯定会彻底消蚀在无望之中。

船到上海，朱德避开繁华都市的喧嚣，在一位旧友的帮助下住进法国租界内的圣公医院戒鸦片烟。刚开始进入前期戒毒，朱德一直是靠鸦片入眠的，断了鸦片，顽强的失眠症开始发作，朱德以阅读来抵挡漫漫无眠之夜，他找来许多宣传进步思想的书刊。进入戒毒的攻坚阶段了，凭着对新生活的向往和追求，朱德背水一战，经过10天天旋地转、柳暗花明的戒毒煎熬历程，精神焕发地昂首走出了法国圣公医院大门，他感到如释负重，异常的轻松。

在朋友家住了几天后，朱德便迫不及待地登上北去的列车。途经南京，朱德顺路去探望他的老师、原云南陆军讲武堂教官李鸿祥。

李鸿祥，字仪廷，1904年考取官费留学日本，先进入振武学堂，毕业后又进日本士官学校。在日本期间，深受孙中山先生民族革命思想的启迪。1905年加入了同盟会。1909年回国后，被任命为新军第七十三标管带，并参与创办云南陆军讲武堂。李鸿祥，在讲武学堂主要讲授步兵科教程，教课之余，经常接触朱德，从此朱德与李鸿祥，建立了深厚的师生友谊。

1922年3月，唐继尧重回昆明复辟，实行暴政，到处抓人杀人。李鸿祥离滇乘车经滇越铁路到越南海防，又经香港到上海，寓居在上海霞飞路上贤坊。6月，朱德抵上海探望李鸿祥，李家里有人告知李鸿祥当时在南京的地址，朱德匆匆由上海到达南京和李鸿祥晤面。

金陵重逢，师生之谊倍感亲切。朱德向李鸿祥讲述了自己这些年来的经历，并且表示了要出国寻求真理的决心，深得李鸿祥的赞赏。

35年后，1957年2月，朱德重返昆明时，再次探望李鸿祥。这时，两人都是年过古稀的老人了。时任委员长的朱德说："日子过得真快啊！自从1922年在南京一别，已经35年了，从我到云南进讲武学堂算起，差不多半

个世纪，今天见到老师，心里非常高兴！我承蒙您推荐考进云南省讲武学堂，又受到您的教诲，这是我永远不会忘记的。我一直惦念您，今天亲眼看见您身体很好，我也就放心了。”两位老人打开了话匣，回忆过去，仿佛如昨。

兴奋之余，朱德即席挥毫赋诗两首七言绝句赠给李鸿祥：“忆昔重阳大义伸，而今始得告功成。英法势力杳然去，且喜国防有善邻。”“英侵法略视眈眈，革命当年秘密谈。制度更新歌乐土，彩云永是现滇南。”为表达感激之情，李鸿祥也奉和 3 首。

李鸿祥在世时，曾抚摸着那尊珍贵的乌铜马对儿子李光溪说：“这是玉阶（朱德的字）送我的，这匹英姿焕发的乌铜马象征着我们的友谊万古长存！”李鸿祥极为珍视，儿子李光溪也非常爱护，一直珍重保存，可惜在“文化大革命”中被“造反派”当做“四旧”抄走了。

1922 年 7 月初，朱德走出北平前门火车站，雇了辆人力车，找到宣武门（旧称顺治门）外的方壶斋胡同一所宅院。朱德的到来，使孙炳文欣喜万分，赶紧将朱德让进屋里。寒暄过后，他把自己的妻子任锐和连襟黄志烜介绍过朱德。

坐定后，孙炳文告诉朱德，他的好朋友李大钊去年参与组织了一个新党——中国共产党。这个党与国民党不同，是代表工人阶级利益，代表贫苦大众利益的，孙炳文说，这个党的党纲就是反对封建军阀鱼肉人民，反对帝国主义列强瓜分中华，号召劳动人民在共产党的领导下，夺取全国政权，实行无产阶级专政。朱德听后，当即表示，要去见李大钊，要求加入这样的先进政党。

很不巧，当他们赶到李大钊那儿，门上挂着锁，李大钊到南方去了。孙炳文说，我们要到欧洲去勤工俭学，要从上海走，我们可以到上海找另一位中共领导人，党的总书记陈独秀。

第二天，朱德随孙炳文和黄志烜游览了北平这座明清两代帝王的古都，也看到了这个古都到处充满着腐败。孙炳文向朱德介绍了北平的现状，特别提到了北平政府在直系军阀曹锟、吴佩孚的控制下，使中国陷入更加混乱的境地。朱德后来回忆说：北平政府不过是“一个弥漫着封建主义浓厚气味的幽灵政府——一个臭气熏天的粪坑，旧式的官僚和军阀在这里玩弄政权，大吃大喝，嫖妓女，抽鸦片，并且把中国待价而沽”。

不久，朱德到归绥（今呼和浩特）、大同和张家口旅行后，经过北平返

回上海，去找正在上海的中国共产党负责人陈独秀。恰好金汉鼎也到了上海，他对朱德说，孙中山最近从广州来到了上海，很想见一见滇军的将领。孙中山比朱德要大 20 岁，是他从青年时代起就十分景仰的革命先行者。于是，朱德随同孙炳文、金汉鼎在法租界的一幢寓所里见到了他仰慕已久的孙中山先生。“他是个非常谦虚、诚恳的人。”日后，朱德这样回忆。

这时，孙中山由于所依靠的粤军将领陈炯明在英帝国主义和直系军阀的支持下发动武装叛乱，被迫离开广州回到上海，他正在筹划如何夺回广州，重建共和政府。他打算借助滇军的力量，讨伐陈炯明，因此，希望朱德等能够重返滇军，助他一臂之力。

朱德虽然同情孙中山此时的处境，但是，10 多年的亲身经历使他对孙中山希望借助一部分军阀的力量去打击另一部分军阀的做法已不再相信。

朱德明确表示已决心出国学习。孙中山向他建议：“如果要出国学习，不如到美国去——美国科学发达，又没有封建背景，相反有许多进步的制度。”朱德诚恳地回答他：“我们愿意到欧洲是因为听说社会主义在欧洲最强大。当然欧洲国家也是一丘之貉，但欧洲已经出现了新的社会力量，也许对我们更有好处。另外，作为一个军人，还想亲眼看看欧洲大战的痕迹，学一学那次大战的经验教训。”孙中山颔首：“这个主意好。学成归来，仍然可以报效祖国嘛！革命前程远大，虽然各人选择的道路不同，但都是为了中华民族的复兴和强盛。好自为之吧！”

8 月下旬，朱德怀着极大的期望和孙炳文来到靠近公共租界的闸北区，费尽周折，终于找到那幢陈旧的简陋房屋。朱德轻轻地叩门，等待，又敲门，又等待。好一会，房门开了一条缝。朱德看到，门缝中有一张略显疲倦的黧黑的面孔，连忙礼貌地凑上前：“请问陈先生在家吧？”

在那张脸上，疑惑的目光上下打量着朱德，语调格外沉静：“你找陈先生有事？”朱德满脸含笑地说：“我是从云南来的，有重要事情要和陈先生谈，请你转告陈先生一下。”

门随即开了，朱德和孙炳文面前是一位穿着一身陈旧而笔挺的青色绸袍的中年人。他笑了笑，表示歉意，说：“我是陈独秀，你们请进。”

陈独秀原名庆同，字仲甫，1879 年生于安徽安庆。陈独秀少年时便痛恨八股，为敷衍母亲而去应考，却高中第一名秀才。进入 20 世纪后，陈独秀作为第一代赴日留学生，于 1901 年自费进入东京专门学校，即早稻田大学的前身，不久又进成城学校，即日本士官学校预备科。回国后，陈独秀

在上海、安徽等地参加反清革命运动，并创办民俗报刊，在当地曾是叱咤风云的人物，后办《新青年》杂志名扬全国。蔡元培闻其大名，特聘他任北京大学文科学长。1919 年五四运动中，陈独秀大力鼓动，被师生视为领袖，曾一度被捕。出狱后他在思想上转向共产主义，前往上海成立马克思主义研究会，成为共产主义小组的前身。1921 年中共召开“一大”时，正是由上海组织发起并通知各地代表到会。尽管陈独秀因受聘广东省教育厅长（后不到职）没有出席大会，只派包惠僧代表他参加，在缺席情况下被推举为中央局书记。“一大”闭幕后，陈独秀遂回上海主持中央工作。

朱德和孙炳文随着陈独秀穿过一段狭窄昏暗的过道，走进陈独秀那间零乱地塞满各种书籍的房间，陈独秀指了指书架旁两把旧藤椅和气地说：“请坐，不知你们有什么事情要同我谈?”

面对这位令人心生崇敬的共产党主要领导人，朱德一时不知道从何说起。他思考片刻，把自己报考云南陆军讲武堂，在滇军中担任旅长，参加护国战争和护法战争的前后经过都讲了出来，明确表示到上海来寻找共产党、要求加入共产党的愿望。

起初，陈独秀十分认真地听朱德讲述少年时期的贫穷生活，但当他得知朱德是滇军中的一名旅长时，脸色骤变，双眉蹙在一起。在一阵难耐的沉默之后，陈独秀说：“要参加共产党的话，必须以工人阶级的事业为自己的事业，并且准备为它献出生命。像你这样的旧军队的高级将领，需要长时间的学习和真诚的申请，要以工人阶级的世界观为自己的世界观。”

这时，朱德说：“尽管我是一名军阀部队的军官，但我的部队纪律严明的，是不骚扰百姓的，我愿意加入共产党。”

随后又是沉静，只听到墙上的法式挂钟在“滴嗒滴嗒”地快速走动，陈独秀对他的表态没有作任何正面的鼓励，只是久久沉默。朱德这时并不知道，陈独秀这个堂堂总书记，喜欢“以貌取人”。陈独秀站起身来，浓浓地吐了一口烟，仿佛要吐出郁闷，他踱着步，想着怎么打发走朱德。陈独秀心想，共产党就应该与鱼龙混杂的国民党迥然不同的，他多次与中共中央组织委员张国焘说过，共产党的队伍是要“纯而又纯”的。

…………

最后，朱德告辞出来，但他追求真理和进步的信念并没有动摇。他和孙炳文决定，按原计划到欧洲去，到马克思的故乡去。

“呜——”，汽笛长鸣。9 月初，法国邮轮“安吉尔斯”号离开上海吴

淞口，驶入烟波浩淼的大洋。朱德默默地与这座一度使他神往而现在又使他若有所失的城市告别。和朱德同船前往欧洲的除妻子贺治华和好友孙炳文之外，还有房师亮、章伯钧、李景泌等 10 多人。第一次换上西装革履的朱德，颇有些不自然。可以想见，在当时穿惯了戎装和中式长衫的朱德乍一换上洋人的衣装，也许在观念上也会发生一些变化。

轮船行驶在海上，水天一线，一望无垠，到处是白茫茫的一片，只有海鸥伴随着轮船，无忧无虑地嬉戏、追逐着。大海，对朱德来说，是陌生的、神秘的，在大山里长大的他只见过家乡有小河、嘉陵江，以及长江，但同大海比较起来，一切都变得那么渺小。

这天，朱德丝毫没有观涛的兴致，而是在苦苦思考着自己的理想和中国的前途。不多久，孙炳文走过来，轻轻地在朱德的肩膀上拍了一下，关切地问："你想家了?"朱德摇了摇头，两眼依然注视着那海天一色的神秘世界。

凭栏远眺，任海风吹拂，朱德对孙炳文说，"我有信心向共产党靠拢，既然选择了这条路，就应该毫无抱怨地坚持走下去，我要经受考验，一次又一次地争取，争取成为这个先进组织的一分子。"

孙炳文说，"中共旅欧支部的负责人之一是张申府，是他与李大钊、陈独秀创立了中国共产党北京小组，他是北京大学的哲学教授，现在应华法教育会之聘到法国出任大学教授，他在法国已经先后发展了同船去法国的天津的刘清扬、周恩来入党。听说，周恩来现在也是中国共产党旅欧总支部的负责人之一。我们到那儿，要先想办法找到张申府或周恩来等，可以向他们直接提出入党的要求!"

邮轮经过香港、西贡、新加坡，槟榔屿、科伦坡，沿着亚洲大陆的西海岸，横穿印度洋，经过非洲的东海岸，进入红海、苏伊士运河、地中海。和朱德同船出国的李景泌回忆说："这只船每到一个城市，停留的时间不等，有的停半天，有的停一天，有的停两天，甚至还比两天多的。我和朱德每到一个城市都要下船去耍一次，稀奇事确实见到不少，总算是大开眼界。"沿途的见闻使朱德感到惊奇，国外并不是如他在国内时想象的那么好。在南洋，许多从国内到这里谋求生计的人们过的依然是穷困不堪的日子。马路两旁，富人的花园、洋房同贫民的破屋陋棚形成鲜明的对照。殖民地民众充当"亡国奴"后的悲惨遭遇，给了他强烈的刺激。特别是看到非洲国家的黑人的生活状况后，使朱德痛感"世界上的悲惨的事情不单单

是在中国。”

经过 40 多天的航行，邮轮终于在法国南部的港口马赛停岸。当天，朱德和他的同伴换乘火车来到巴黎。

第一次世界大战刚结束后的欧洲，给予朱德的第一个印象是什么？法国虽然是战胜国之一，但到处也是一幅残破不堪的景象，衣不蔽体的乞丐很多，战争的恐怖和颓丧的情绪依然笼罩在人们的心头。这都是朱德在国内时没有完全想到的。

在巴黎停留期间，朱德和孙炳文住在一个中国商人的家中。房主青年时就漂洋过海，来到法国谋生，但他依然眷恋着自己的故土。因此一有空就请朱德他们介绍国内发生的事情。有时，房主也将一些巴黎的见闻说给朱德他们听。一天，房主告诉朱德，听说一些到法国留学的青年学生们组织了一个叫共产党的团体，闹起了革命。

说者无意，听者有心。朱德连忙追问这些人现在哪里，房主无法向他提供更多的情况，但答应帮助他们继续打听。第二天，房主就把朱德和孙炳文带到他的一位朋友那里。那人告诉朱德，这个组织的负责人叫周恩来，他已经去了德国柏林，恐怕一时还不能回来。同时，那人还把周恩来在柏林的住址写给朱德。

原来，1920 年 12 月，在法国勤工俭学的张申府受陈独秀的委托，组建巴黎共产主义小组。1921 年 1 月，经张申府、刘清扬介绍，周恩来光荣地加入了在巴黎的共产主义小组。这是中国共产党的 8 个发起组之一，周恩来也成为党的创建人之一。随后，周恩来开始酝酿建立旅欧青年的共产主义组织。为了节省费用，团结进步青年，周恩来经常奔波于德、法之间。1922 年 6 月，周恩来从德国赶赴法国，与赵世炎等在巴黎西郊的布伦森林中开会成立了“旅欧中国少年共产党”，后改名为“中国共产主义青年团旅欧支部”，周恩来任书记。7 月 9 日，在柏林成立了“中共旅欧总支部”，周恩来是主要负责人之一。

踏破铁鞋无觅处，得来全不费功夫。朱德的心中又燃起了希望之火。他和孙炳文决定，乘火车前往柏林。

10 月 22 日，朱德和孙炳文在柏林瓦尔姆村皇家林荫路找到周恩来的住址，心情十分兴奋。周恩来会不会也像陈独秀那样，把自己拒绝在革命的大门之外呢？一个多月过去了，与陈独秀见面的阴影还没有在朱德心中消散。迟疑之中，朱德叩开了房门，一个中等身材、面容清秀的年轻人出现

在面前。朱德说明了来意，年轻人热情地把他们引进房间。

"我就是周恩来，有什么事情需要我的帮助吗？"周恩来边作自我介绍，边沏茶："坐，快坐下来呀。慢慢说吧！"

朱德简直不敢相信，他眼前的这位年轻人就是周恩来。见周恩来热情而又诚恳，心中的疑云立刻消散了。他喝了一口茶，介绍说："我叫朱德，字玉阶。他叫孙炳文，字濬明。"

谈话中，朱德了解到周恩来才24岁，比自己小12岁，心底由衷地感到佩服——原来，在他心目中，共产党的负责人都是像陈独秀那般年龄的。

很快，谈话转入正题。朱德把自己为了寻找救国救民的道路，从云南找到上海、再找到欧洲的经历一古脑儿地说了出来。他传奇般的经历和坚强的意志深深打动了周恩来的心。周恩来细心地倾听，不时地在本子上记着。期间，孙炳文也表示想加入共产党。

朱德全部讲完后，周恩来沉默了一会儿，略加思忖，抬起头来，两道浓眉一挑，说，"大哥，你们还没有吃饭吧？如果没有，我们先一起吃饭再说。"

吃过饭，周恩来问清朱德、孙炳文他们居住的地方，表示有关入党的事，还要继续交流，并最终要征得张申府的同意。在接下来的6天中，周恩来天天与朱德接触，交谈，终于摸清了朱德的真实想法，知道他是舍弃了所有，一门心思要投入先进政党的怀抱。通过交流，周恩来发现自己与朱德情趣相投，都喜欢兰花和音乐，他们也交流对贝多芬音乐的感悟。周恩来对朱德有了好感，周恩来所交的朋友都是具备了共同的特点：乐观、热爱生活、不虚言假语的、实实在在的性格。

周恩来对朱德、孙炳文说，我们同意你们的入党要求，由我作你们的入党介绍人。朱德和孙炳文喜出望外，几乎都热泪盈眶："真的吗？"

周恩来马上对他们叮嘱道："在没有正式批准之前，我们可以接收你们为候补党员。根据目前的形势，你们不能对任何人说自己的中共党员身份，这事必须保密，不能公开……"

说完，朱德伸出自己的手与周恩来相握。紧紧相握的两双巨手——在粉碎一个旧世界，开拓一个新世界的伟业中起着决定作用的握手。这次历史性的会见，成为两位伟人半个多世纪风雨同舟、并肩战斗的起点。

这年11月，周恩来就朱德、孙炳文入党之事请示张申府，张申府一听就同意了。张申府与陈独秀不同，他认为只要要求入党，就要批准，没有

什么纯不纯的问题，英雄不问来路，不搞出身论，共产党组织正是需要大量新鲜力量的时候。同时，朱德按照党的指示，仍以国民党的身份进行社会活动。朱德后来回忆说："从那以后，党就是生命，一切依附于党。"的确，在经历了一番挫折后，他终于实现了自己梦寐以求的愿望。从此，在中国共产党员的名册上，又增添了一个光辉的名字——朱德；从此，朱德走上新的革命旅程，把自己的全部精力和才能毫无保留地献给了共产主义事业，直到生命的最后一刻。

五、两次被捕

初到德国，朱德遇到的最大的困难就是语言不通，既不能直接同德国人会话，又无法阅读德文的书籍，而当地所能看到的马克思等人的著作多是德文版的。因此，在柏林的半年时间里，朱德把主要精力放在顽强地学习德文上。这对已经36岁的他说来，是需要有很不寻常的决心和毅力的。

尽管如此，朱德并不把自己整天关在屋子里死啃书本。他买了一张柏林市区图，先用中文注明每一条街道的名称，每天带着它出去走一走。沿路遇到博物馆、学校、画廊、啤酒店、餐馆，或是准许他进去的工厂，都要去看看。他访问议会，游览公园，参观教堂，走访普通人的家庭。他还去看歌剧，听音乐会。那时的柏林，他在几个月内几乎就走遍了。朱德后来回忆这段生活时说："硬是走路，学德文也学得快，认识街道也快。"

"那时旅行还多带有军事的眼光，一过那里，一想就想到：这里要是打起仗来，应该怎么办呢？然后在脑筋中就慢慢设法布置起来了。""几个月后，我的德文程度就可以买东西、旅行、出街坐车了。这样一来，就比较舒服了。"阅读德文书，难度要比日常会话高得多，朱德没有退却，他经常一本词典在手上，一字一句地对照德文书硬啃。没过多久，朱德的德语水平就有了明显提高，一本德文版《共产党宣言》基本上也能读下来了。

1923年5月4日，朱德和孙炳文移居到德国萨克森州的哥廷根。哥廷根是个很小的城市，当时人口只有4万。那里有40多个中国留学生，其中四川人就有10多个。朱德住在文德路88号。这幢楼房的主人是一个曾在德皇军队中担任过将军的男爵，朱德选择住在这里就是为了可以请男爵向

他讲述第一次世界大战中的战例、战法。他很重视自学，买了许多德文的军事书籍来读，其中包括一套有关第一次世界大战历史的报纸汇编，共120本，潜心研究国外的军事历史。

朱德加入中共后，与部分留德人员在哥廷根有一张合影照，照片上有8个人，最左边的那位戴眼镜的是29岁的张申府，最右边的是表情拘束的朱德，而站在朱德身后的是孙炳文。后排正中，双手抱起，面上展露怡然自得笑容的是章伯钧。

参加每星期三举行的党小组会，是朱德在哥廷根的一项重要活动。党小组的成员有孙炳文、房师亮、高语罕、郑太朴等，后来又有邢西萍（徐冰）、阚尊民（刘鼎）。开会的地点，有时在哥廷根郊区，有时就在朱德的住处。朱德主持的座谈会不是正襟危坐的，往往与郊游踏青结合在一起，有时大家也骑着自行车，骑到那儿是那儿，边玩边学习边讨论，一般一出去就是半天。他们讨论的问题比较广泛，大家当时很纯，把理想描绘得十分美好，对社会主义有着强烈的向往之情。

1924年，朱德在德国哥廷根

那时，战败后的德国社会正处在严重动荡中，社会主义思潮广泛传播，马克思主义的书籍很容易得到。他们学习、讨论的内容是把马克思的《共产党宣言》、恩格斯的《社会主义从空想到科学的发展》、列宁的《帝国主义是资本主义的最高阶段》、梅林的《唯物史观》、以及布哈林的《共产主义ABC》等著作作为必读书。同时，还就《向导》《国际通讯》等刊物上登载的有关中国革命的文章进行学习。他们讨论的问题，有的是理论问题，如什么是社会主义？社会主义同资本主义有什么区别？社会主义制度具体是怎样的？有时在一起分析国际形势和各国革命运动的发展，认识到中国革命问题是同国际问题联系在一起的，这就使朱德的政治眼界更加开阔了。一个曾和朱德在一起听课的中国留学生回忆说："有次我去他家，还

看见过他在读《共产党宣言》。他常说马克思主义是真理，只有走共产主义的道路。他虽没有说自己是党员，但我们都知道他是。这是听柏林来的同学讲的，那时共产党是公开的。”

1924 年 3 月，朱德进入盖奥尔格·奥古斯特大学哲学系，专修社会学。大学里的课程并没有引起朱德多大兴趣，虽然他每天都去听讲，但是，他觉得更能得益的是党小组的活动。当时，党组织从事的社会活动主要是在学生会内。朱德担任过哥廷根中国留学生会的负责人。学生会最初没有固定的会址，也没有固定的开会日期。要开会，就临时通知，常常是在一家啤酒店的大房间里。

朱德平时沉默寡言，和其他中国留学生的关系很融洽。一个比朱德小 12 岁的中国留学生说：“我感到他待人诚恳，讲交情，生活节省不奢侈，和我们当学生的差不多，帮助学生油印传单就表现了他能刻苦的精神。”这个留学生还记得朱德曾对自己说过：“人就是要能够忍耐，不要急躁，做事要谨慎小心，不要骂人，要大度。”另一个在哥廷根帮助朱德补习过德文的中国留学生回忆说：“朱老总很勤俭、谦和，有识度，读书很用功，书上写满了注解。”

德国在第一次世界大战中战败后，以英国为主的协约国向德国勒索巨额赔款。在沉重债务的打击下，德国经济崩溃了，马克大幅度贬值，一度跌到 2.4 亿马克兑换 1 美元。德国资产阶级政府借机把经济危机转嫁给广大人民群众，通货膨胀使家庭主妇挎上一篮子纸币也换不来几片面包，饥肠辘辘的德国人民在痛苦和绝望中挣扎。朱德十分同情德国人民的这种处境。朱德在哥廷根时，正是德国马克急剧暴跌、物价飞涨之际，中国留学生后来曾用 5 美元就买下一幢楼房。

有一天，朱德忽然听说房主已到法院起诉，要求赎回这幢以 5 美元卖出的楼房，法院已送达传票。当时，一些学生感到很气愤。有的说：“买卖楼房是双方情愿的事，怎么能反悔？”还有的说：“给他马克吧，他要多少给多少，反正马克不值钱。”

朱德经过冷静的思考，主张无代价地把楼房退还给房主。他对大家说：“世界上哪有 5 美元买一幢楼的便宜事？德国经济崩溃，老百姓可遭殃了。帝国主义掠夺德国人民，反动政府搜刮本国人民，才使马克和美元的兑换出现天文数字。我们中国留学生要站在被压迫被剥削的德国人民一边，把楼房退还给原主。”朱德还表示，如果学生会不同意这样做，就由他出钱赎

这幢楼，再交给房主。朱德的一番话，引起了大家的深深思考，纷纷同意朱德的意见。

法院开庭那天，朱德和许多中国留学生都出庭了。学生会代表实际上是在法院进行慷慨激昂的演说，他们义正辞严地控诉了帝国主义野蛮的经济掠夺，公开声明中国留学生反对帝国主义的剥削，同情德国人民，当场宣布不要赎金，把这栋楼退还给房主。

中国留学生的举动使许多旁听的德国人非常感动，房主激动得不知说什么才好，一个劲地点头致谢。这件事轰动了整个哥廷根城。德国人知道退楼是朱德将军的主意后，纷纷竖起大拇指。

朱德回柏林后，德国在英美等国的支持下，经济开始回升，资产阶级政府的统治地位逐渐巩固。那时，德国共产党还是合法存在的。他们在恩斯特·台尔曼领导下坚持斗争，并且建立起自己的半军事性组织——红色前线战士同盟，把广大工人群众团结在党的周围。当时同朱德在一起的刘鼎回忆说，朱德在1925年夏天参观了有20万人参加的红色前线战士同盟检阅式、野营训练和巷战演习后说：这是人民武装的一次演习，一旦革命需要他们拿起武器，这就是一支强大的工人阶级军队。看来，革命要取得成功，要有人民的军队，还要有人民的支持。

为便于在中国留学生中宣传马克思主义，并联合其他中共党员与右派作斗争，朱德着手主编油印刊物《明星》，亲自撰稿、刻印和邮寄。在此后的数月内，他在中国留学生中做了大量的工作，争取了中间派，孤立了右派，把由右派把持的中国留德学生会变成了真正群众性的组织。

3月7日，朱德写信给已从德国到苏联的李季和陈启修，请求他们帮助联系赴苏联学习军事。在等待回信的日子里，朱德仍然以国民党驻德支部组织委员的身份开展工作。尽管朱德的年龄比较大，过去有过较高的社会地位，但他给其他留学生的印象是：谦虚、好学、朴实、平易近人。

朱德身在异国他乡，对中国国内的革命依然十分关注。1925年，朱德得知孙中山先生为了推进国民革命，抱病北上，于3月12日9时30分在北平东城铁狮子胡同5号因肝癌不治而溘然长逝时，心情非常悲痛。上海的第一次见面，竟然是他和孙中山之间的唯一一次会面。为了悼念孙中山这位伟大的革命家，朱德同留德的海外学子一起在柏林举行追悼会，用中文和德文发行了一本小册子，登载了孙中山先生的遗嘱，追述了孙中山先生几十年来为拯救中国所经历的艰难历程。

追悼会后，朱德和学生们一起举起旗帜和大标语，迈着庄严的步伐，高呼“打倒帝国主义”“废除不平等条约”等口号，举行了声势浩大的游行。当游行队伍到北洋政府驻德公使馆门前时，一些学生挺身而出，在街头举行演讲。一时间，追悼会变成了声讨会。在纪念活动中，朱德结识了邓演达。

邓演达，字择生，1895 年出生于广东惠阳一个贫穷的农民家庭，1919 年毕业于保定军官学校。1920 年初，邓演达应粤军参谋长邓铿之邀，到福建漳州统帅宪兵，从此成为孙中山的忠实追随者。11 月，邓铿组织粤军第一师，任该师参谋、独立营营长、工兵营营长等职，1922 年 5 月，参加孙中山组织的北伐。6 月，陈炯明在广州叛变，孙中山脱险退避上海，邓演达受一师革命军官推派，到上海面见孙中山，请示今后行动计划。1923 年春，孙中山重回广州组织大本营，自任大元帅，邓演达任第一师第三团团长，后负责大本营警卫。1924 年国共合作实现后，邓演达积极拥护孙中山的三民主义和三大政策，是黄埔军校筹备委员会七委员之一。5 月，黄埔军校成立时，邓演达任训练部副主任兼学生总队长。他尽力于革命任务的宣传和训练，对学生进行革命思想教育，深受学生爱戴。年底，受校长蒋介石排斥与打击，邓演达愤然辞职赴德国留学。

相似的经历使朱德和邓演达一见如故。他们时而在灯下谈信仰、谈主义；时而外出散步，到工人、居民中了解德国的社会状况。邓演达虽然比朱德年轻 9 岁，却由衷地钦佩朱德那充沛的工作精力。

当时和朱德同在德国留学的谢唯进回忆说，朱德“到柏林后被选为中国旅德学生会委员。当委员的每个礼拜日要在学生会值班，把图片、文件整理好，把会议室扫干净。有一次他值日，下午同学们去了，看见地上很脏，就说，老朱，你值日，地怎么这么脏。朱德同志说：我上午扫得干干净净的，现在又脏了，好嘛，我再扫一遍。”“朱德同志很朴素，不讲吃穿。他很会做四川菜，星期天他就穿着围裙给大家做回锅肉吃。”

4 月间，为了声援保加利亚革命者的活动，朱德和一些革命者在柏林一家咖啡店集会。到会的有三四十人，里面有很多不同国家的人。会开了不久，德国警察就闯进来，把他们都逮捕了。朱德被监禁了 28 个小时，经中国留德学生会多方设法营救，由中国驻德公使馆保释出狱。

5 月 30 日，上海发生了英国巡捕在南京路以排枪扫射游行学生、造成数十人死伤的“五卅惨案”。这个震惊中外的消息传到德国，激起留德学生

极大愤慨。朱德立刻在党内明确地表示："应放下一切工作，全力以赴投入这一运动。"学生会组织学生们包围并冲入中国驻德公使馆，公使魏宸组被迫在抗议书上签名。

"五卅惨案"的发生，也得到了德国人民的强烈同情。德国共产党组织的支持中国的活动前后延续了一个来月。6 月 18 日晚，德共在柏林市立陶乐珊中学的广场上组织演讲会，声援中国、南非和保加利亚人民的革命斗争。朱德带领在柏林的一些中国留学生应邀参加集会。数千名来自不同国家的留学主集结在广场上，不少人走上讲台发表演说。尽管下起了大雨，但是整个会场的气氛却十分热烈。当集会就要结束时，柏林警察当局突然出动大批警察冲入会场。据第二天的《柏林日报》报道："在这次平静进行的集会结束以后，刑事警察逮捕了 35 名外国与会者。"朱德也是被捕者之一。在大雨中，朱德等被捕者被押上敞篷汽车，被关进亚历山大广场旁的警察监狱。

警察的暴行引起德国各界的强烈反对。柏林的《红旗报》等报纸纷纷载文谴责柏林警察当局。工人团体的代表前往警察局，要求释放被捕的外国人。

在德国各界人士声援下，特别是在当时德国共产党领导人、国会议员、德国红色救济会负责人皮克的奔走下，朱德等经过短时间监禁，终于被释放。但是，中国公使已得知朱德是共产党员，不肯出面保释他。朱德的护照被德国警察当局扣留了。

几天后，朱德接到通知，他前往苏联的申请得到批准，近期内即可启程。这时，国际红色救济会帮了他很大的忙，替他办理了护照，并买了船票。

7 月 4 日，朱德带着 3 个装满书籍、地图和文件的箱子离开柏林，和李大章、林蔚、周唯真、杜基祥等 30 人一起乘船前往苏联。他后来回忆道："我从德国这样被赶出来，非常痛恨。不过，在这几年中间，脑筋思想都大大改变了。坐在帝国主义家里来看帝国主义倒是清楚一些。在研究马克思列宁主义方面也有很大的进步，我读过了很多这种书籍，在这休养时期、重新准备时期里，我把自己的思想、行动，都重新检讨了。现在想起来，那时的确是有很大的进步。"

朱德一行乘坐的轮船经过波罗的海前往苏联。一踏上苏联的国土，朱德立刻感受到一种友善、热烈的气氛。在列宁格勒，朱德和他的同伴们被

邀请到工厂、机关、学校去演讲、参观。

那时，列宁去世还不久，苏联还没有完全从内战造成的破坏中恢复过来，物质生活相当艰苦。有些同伴拿西欧的生活条件作比较，感到有些失望。朱德就告诉他们："在列宁格勒，可没有游手好闲的人。每日节省了多少钱，做了多少事！经济困难，那是因为刚在激烈内战之后。我们从这一点来看，社会主义是正在一点点搞起来。这一点看不穿，那是资本主义的眼光。"

不久，中共旅莫支部根据朱德的请求，同意他留在苏联进入莫斯科东方劳动大学学习，他在这里比较系统地学习了辩证法唯物论、政治经济学、军事学，还有中国和世界的经济地理等，理论水平得到进一步提高。几个月后，朱德参加了在莫斯科郊外一个叫莫洛霍夫卡的村庄举办的秘密军事训练班。40 多名来自法国、德国的中国革命者在这里接受军事训练，学习城市巷战、游击战的战术。教官大多是苏联人，也有来自罗马尼亚、奥地利等国的革命者。朱德当学生队队长。曾经同朱德在一起学习军事的刘鼎回忆说："教官在讲授军事课时，我们不懂的地方，朱德就帮助解释，因为他是有亲身体会的。对于游击战术的问题，他懂的多，理解得也透彻。"

在秘密军事训练班上，朱德经常用自己的军事知识和实践经验帮助大家学习使用机关枪、迫击炮等兵器，讲解如何利用地形、地物，如何保存自己、消灭敌人，如何侦察、如何袭击、如何进行街垒战和如何运用游击战术。教官曾问他回国后怎样打仗，他说："部队大有大的打法，小有小的打法。""打得赢的就打，打不赢的就走"，"必要时拖队伍上山"。对朱德的回答，只有所谓正规战争理论的教育的教官不以为然。其实，这是从中国实际出发的极为深刻的军事见解，它的正确性为后来的中国革命游击战争的胜利所证实。

1926 年，中国的政治局势发生了重大的变化。2 月下旬，中共中央在北京举行特别会议，认为："党在现时政治上主要的职责，是从各方面准备广东政府的北伐。"会议还决定建立中央军委，以加强党的军事工作。为了支持北伐战争，中共中央决定从苏联抽调一批军事、政治工作人员回国。5 月 18 日，朱德作为一个共产主义战士，和房师亮等一起，乘火车离开莫斯科，穿越西伯利亚到海参崴，再坐轮船，重返苦难深重而又正在奋起中的祖国。

在莫斯科，朱德遇到了先期赴苏的孙炳文。当朱德离开苏联向孙炳文

告别时，他没有想到这次分手竟是永诀。两年后，朱德在武汉见到孙炳文的妻子任锐时，才获悉孙炳文已经被蒋介石杀害了。听到这噩耗，朱德是什么心情自然不言而喻……

3 年半的国外生活，使朱德对于过去的中国革命为什么失败，现在的革命应该如何进行等问题有了新的认识，这种认识使他的人生旅途发生了重大的转变。他后来回忆说："认识了历史发展的规律，结合其他的研究和经验，我就找到了了解中国历史——过去和现在——的一把钥匙。"

第三章　朱毛会师

一、再返四川

火车行驶在横贯西伯利亚的铁路上。1926 年 5 月 18 日，朱德与欧阳钦、秦青川、章伯钧、房师亮等 20 多人踏上了返国的旅途。车窗外，晨雾遮掩下的山脉，形同一条巨龙俯卧在天际，朱德的心绪随着绵延起伏的群山，上下翻腾着……

近 4 年的国外生活，拓宽了他的眼界，他不但看到了西方资本主义的文明与腐朽，而且也看到了社会主义苏联的活力与生机。在马克思主义的教育影响下，他开始用新的眼光去观察世界的问题，观察中国的问题。同时，马克思主义的学习，帮助他解开了以往对中国革命为什么失败的困惑，使他坚定地走上一条伟大的道路——在中国共产党领导下进行无产阶级革命的道路。

漫长的旅途，令人感到心焦。自从朱德听到国内准备进行北伐革命的消息后，他的心就从未平静下来。他认真地回顾了自己参加辛亥革命、护国讨袁战争，乃至护法战争的经历，更加深切地体会到了这次回国的重要意义，他把希望寄托在即将开始的北伐革命上。

火车足足走了 14 个昼夜，终于到达铁路的尽头——海参崴。朱德一行就在这里乘船返国。谁知海上不能通航，他们只好停留下来。在苏方的安排下，他们住进了郊外的一处别墅里。在等了一个多月后，才搭上一艘海轮，经过日本，向上海驶去。

7 月 12 日，海轮驶入吴淞口。看到了祖国大陆，朱德的心情无比兴奋。

很快，在交通员的引导下，朱德一行来到远离闹市的一幢楼房里，见到了在中共中央军委负责组织工作的王一飞。

从当时秘密设在上海的中共中央军委机关里，朱德了解到：就在他到达上海之前的7月9日，国共合作下建立起来的国民革命军已正式誓师北伐。他们在“打倒列强，除军阀”的雄壮歌声中，向湖南迅速挺进。中国共产党人直接控制的国民革命军第四军独立团，作为北伐先遣队，早在5月初已在团长叶挺的率领下从广东进入湖南。接着，先后攻占湖南的醴陵和浏阳。7月11日，国民革命军进占湖南省会长沙。控制两湖的直系军阀首领吴佩孚那时正在直隶（今河北）长辛店督师，和奉军等一起，向原冯玉祥部西北军扼守的南口天险发动猛攻，一时无力南顾，因此，企图联合四川军阀，牵制并阻遏国民革命军继续向北推进。

位于长江上游的四川省，战略地位十分重要。四川军阀政治态度的向背，对北伐战争能否在长江流域胜利发展是一个重要的因素。因此，中共中央决定派得力干部入川，策动四川军阀易帜，并在可能的条件下建立自己的武装，配合北伐军在两湖的作战。

回到上海后，朱德再次见到了时任党中央执行委员会总书记的陈独秀。两人的会面颇具戏剧性，陈独秀没有想到坐在自己面前的竟是4年前被他拒绝入党的朱德。他细细地倾听着朱德向他叙述国外的经历。朱德后来回忆说：“我由苏回国，到上海见陈独秀接受任务。当时陈说有两件工作：一是去四川杨森处，杨当时要和我合作，向我们要人，我们如能抓住，可以迎接北伐；另一件是去广东，准备北伐。”朱德立刻表示：杨森曾同他在护国军中共事，他出国前杨森还许愿一定“虚席以待”，因而要求到杨森那里去。陈独秀同意朱德的请求，并要他在上海停留期间去一次南京，利用他在旧军队中的关系调查孙传芳部的兵力部署状况。

于是，朱德立即设法找到许多在上海的云南老朋友，向他们搜集有关军阀部队的情报。经他人介绍，朱德还与驻南京的孙传芳的参谋人员交往上了。为了搜集情报，有时朱德跟他们一谈就是好几个钟头。这些军官视朱德为老朋友、自己人，聊起来根本没有什么遮掩，想说什么就说什么，脱口而出。为了把情报弄得更准确，朱德专程去了一趟南京。通过多方面了解，终于把北洋军阀的全盘军事情况摸得一清二楚，顺利地完成了任务。

7月26日，朱德和秦青川以广东国民政府代表的名义同船离开上海，前往杨森的驻地——四川万县。

30 日，轮船抵达汉口。他们在这里下船后，看到码头、街口到处都是吴佩孚的北洋兵在盘查过往行人，如临大敌。朱德先与中共湖北区委取得了联系，而后又给杨森拍去一份电报，告知自己已从德国回来，几日后即到万县。很快，杨森复电表示欢迎，并暗喜自己又多了一名骁将。于是，朱德继续乘船西上。这时，天上下起了瓢泼大雨，江轮行驶得更慢了。行至宜昌，因洪水暴发被迫停留数日。

8 月 11 日，江轮终于在万县码头靠岸。一上岸，朱德就被杨森所派之人迎接到当地高级招待所——王家花园，杨森热情款待，好像朱德是他最亲切的朋友。其实，与杨森多次打过交道的朱德心里最明白，像杨森这样的人，没有谁是好朋友，他与其他军阀一样，谁给的钱多就跟谁，有奶便是娘。

当时，四川正处在军阀割据的状态中，刘湘、刘文辉、杨森、邓锡侯等各霸一方。杨森直接指挥的军队有枪支 2.7 万支左右，受他控制的军队共 10 多万人，盘踞在川东万县一带，拥兵自重，对时局的变化抱观望态度。杨森的心理状态颇为复杂：看到国民革命军北伐进展顺利，便派人向广东国民政府投诚，表示要加入国民革命军，又派人到北京找中共北方区委负责人李大钊，请调人到万县帮助他工作；他同吴佩孚又有较深的历史关系，此前不久吴佩孚刚任命他为四川省省长。朱德到达万县后，奉军和直鲁军攻占南口。原在直隶长辛店督师的吴佩孚准备率师南还，抵御国民革命军北伐。因此，杨森仍心存观望，态度并不明朗。

当朱德把国民党代表的证件递给杨森时，杨森满脸堆笑，连声说："好！好！我杨森也渴望参加国民革命事业嘛！"朱德深知杨森是善于投机取巧、朝秦暮楚的两面派，月前刚刚宣布就任吴佩孚委派的四川省省长一职，现在又说"渴望参加国民革命"。对于杨森的这一态度，朱德在心底打上了一个大大的问号。言谈之中，朱德不断地向杨森讲述北伐战争以来的革命形势，宣传孙中山的三民主义和三大政策。

"朱将军，国民党能给我多少钱？部队要有钱发饷呀！"杨森直截了当地提出了钱的问题。他以为朱德这次是给他送钱来了。为了钱，杨森几乎不择手段，在川东一带，他不但收老百姓的税，而且对所有的过境货物都收"过境税"。

"我并没有带钱来。"朱德说得很干脆，"我能向你提供的只不过是一个确定不移的事实，即我们这方面一定胜利。你如果不参加过来，坚持要打

我们，你就毫无前途。”

听朱德说得这么认真，杨森才相信广东国民政府真的没给他送钱来。朱德的话分量不轻，杨森不得不放在心里掂量掂量，他的思想斗争很激烈。北伐军能不能像朱德所说的那样取得全胜，他还要观望一下。国民政府没有给他钱，一旦他宣布效忠国民政府，吴佩孚就不再接济他，他杨森不干这种事。

8 月 25 日，正在中共北京地委工作的陈毅受中共北方区委负责人李大钊派遣随杨森的秘书长喻正衡（陈毅的留法同学）从北京来到万县。杨森见到陈毅后，毫不掩饰地说：“李大钊是我的知交，要我参加国民革命是可以的，但我是吴佩孚提拔起来的，不便背信弃义去反对他。”经过杨森的介绍，朱德结识了陈毅。两人一见如故，共同商议如何设法争取杨森易帜。

果然，正如朱德所说，这时北伐军势如破竹地取得一个又一个胜利。很快，北伐军的叶挺独立团在湖北咸宁汀泗桥击溃了吴佩孚的主力，吴佩孚自己爬上火车逃回武汉。杨森得到这一消息后，十分惊讶，心想：“汀泗桥是鄂南门户，粤汉铁路上的一道天险，易守难攻，吴佩孚亲自率领主力 2 万余人在这里固守，结果还是被突破了。怎么搞的？”杨森还是踌躇不决，他似乎还没有看到吴佩孚的末日，不过他也不敢贸然派部队去帮其盟友吴佩孚。

就在杨森寝食不安、坐卧不宁，盘算着如何应对眼前出现的局面之时，一件使他更恼火的事发生了。

8 月 29 日，杨森部官兵在云阳提取盐款及粮税各款后准备搭乘英国太古公司的商船“万流”号回万县。他们分乘两艘木船，准备押款登轮时，“万流”号突然启动加速，将木船撞沉于江中。据报告：“计损失银元 85000 元，连长、排长各 1 员，士兵 56 名，枪支 56 支，子弹 5500 发。”

英国轮船无视中国主权和有关规定，在江中任意加速行驶，撞沉中国船只、淹毙中国军民的事件本已屡见不鲜。杨森得知他的运饷船被撞沉一事后，虽然怒火中烧，却又无可奈何。他很清楚英国人是吴佩孚的靠山，吴佩孚对英国人都惧怕三分，他又何敢轻易得罪英国人。可是，人员葬身鱼腹，特别是巨额军饷沉入江中，又使他不甘心就此罢休。于是，就去找朱德和陈毅商量如何处理这一事件。

事件发生后，朱德也义愤填膺，于是同陈毅和杜钢百（杨森的同乡，清华大学研究院毕业，和陈毅一同赴川）进行商议。他们经过分析认为：

"北洋军阀的背后，都有帝国主义的靠山，所以反帝与反封建军阀是一致的。人民痛恨帝国主义，我们就要动员群众力量，迫使杨森转向广东政府，割断他和北洋军阀的联系。""最重要的是我们要广泛发动群众，领导群众，掀起一个像'五卅'那样的群众反帝政治运动。"最后，3人商定：由朱德出面做杨森的工作，陈毅负责动员民众，杜钢百携朱德的亲笔信赴重庆向中共重庆地委（即后来的四川省委）书记杨闇公汇报情况。

这时，杨森亲自到王家花园找朱德商量，朱德知道杨森内心正处于矛盾状态中，便抓住他的弱点，乘机出主意说："只有将肇事轮船扣留，提出赔偿要求，才有可能挽回损失。"

8月30日，当"万流"号驶抵万县时，杨森命令轮船检查长率领8名士兵前往检查，并询问在云阳肇事的经过。谁知停泊在万县港口的"柯克捷夫"号军舰也派全副武装的海军官兵登上"万流"轮，强行解除了杨森所属官兵的武装，还开枪打伤两名士兵，并让"万流"号离开万县上驶。

杨森更加愤怒，命令部队立即扣留英商太古公司的"万县""万通"两艘轮船，当"万流"号停泊在陈家坝码头时，杨森也派部队将其扣留，并向太古公司提出了赔偿要求。但是，谈判毫无结果。

针对这个事件，朱德对杨森和他的士兵进行反对帝国主义和爱国的宣传政策，掀起了一场群众性的反帝爱国运动。9月2日，朱德同陈毅在万县图书馆召开了有工人、农民、商人、士兵等各界代表50多人参加的会议。朱德在会议上慷慨激昂地说："帝国主义列强无视中国人民的生命财产，在我内河肆意横行，撞沉我船只，这不是一件小事，而是关系到国家主权的大事，只有打倒封建军阀，把帝国主义赶出中国，国家才会有真正的独立，人民才有真正的自由。"他号召各界民众联合起来，行动起来，抗议帝国主义的罪行。

朱德和陈毅还派人到重庆、成都等地呼吁声援，形成了一股震撼巴蜀大地的反帝惊雷。

然而，英帝国主义并不甘心。9月5日下午，3艘英国军舰强行靠近被扣英轮，企图用武力劫夺，遭到中国守军的抵抗。在激战中，英舰长达理被击毙。在下午5时左右，英舰悍然开炮轰击万县城区。

这时，正在寓所的朱德突然听到炮声，立刻赶往杨森司令部，敦促杨森封锁江面，予以还击。

但是，英舰凭借着火炮优势，对人口密集的万县城区连续炮轰达两个

多小时，使军民死伤千余人，房屋千余间被击毁，财产损失更不计其数。据万县海关的外籍人员报告："大火持续到第二天凌晨两点左右。"万县城内最繁华的南津街、陈家坝一带变为一片瓦砾，令人惨不忍睹。这就是震惊中外的万县"九五惨案"。

惨案发生后，杨森不知所措，还是请朱德拿主意。朱德立刻向杨森建议："速将惨案发生的前后经过通电全国各革命组织，并吁请北洋政府向英方提出严重抗议交涉，要求赔偿、惩凶、道歉，内伸民愤，外张公理，以重国权，而雪耻辱。"在朱德和陈毅的促使下，杨森向全国发出通电陈述"九五惨案"真相。

当天晚上，夜深了，朱德久久不能入睡，一直在思考着如何做好死难同胞的善后工作，如何使这一斗争的声势迅速扩大到全国乃至世界，如何迫使杨森转向广东国民政府等问题。第二天，朱德委派孙壶东（生于1901年，从小勤奋好学，因成绩优异考入北京大学历史系，后转入北京国立法政大学学习；参加过北伐战争。新中国成立后，历任川西行政公署民政厅厅长、四川省民委副秘书长、四川省政协常委等职）出面组织"万县九五惨案后援会"，一面做好死难同胞的善后工作，一面开展抗英斗争。并且向全国发出通电，呼吁各界给予支援，对英国进行制裁，以雪国耻。

为了声援万县民众的抗英斗争，9月9日，"万县惨案四川国民雪耻会"在四川巴县成立。18日，重庆市民6万多人愤怒集会，会后举行示威游行，当时又有10多万人举行火炬游行。接着，重庆的英美烟草公司华工宣布罢工，市民组织宣传队，四处进行宣传。四川各地纷纷成立反英组织，爆发较大规模的反英斗争。

全国各重要城市，如上海、北京、武汉、广州、天津、长沙、厦门、烟台、济南、芜湖等，相继成立各种组织，开展反英斗争。中共中央为此在《向导》周报发表告民众书，号召"民众起来，用自己的力量，使用一切方法对付这个强盗的帝国主义。"万县惨案极大地激怒了中国人民，全国掀起一场声势浩大的反对英帝国主义的群众运动。

就是全国反英斗争群众运动不断高涨之时，已经攻下汉阳、汉口的国民革命军，对武昌展开强大攻势。北伐军攻下汉阳、汉口并正在围攻武昌的消息传到了万县，迫使杨森不得不重新考虑自己的前途。他仔细分析了一下目前的局势，拨了拨心中的小九九算盘，觉得按照目前北伐军的发展势头来看，说不定将来的天下真是国民党的。他思忖再三，决定转向广东

国民政府。这一次，他主动向朱德表示愿意“效忠”国民党，也愿意把部队改编为国民革命军，并希望朱德到汉口为他具体操办此事。

朱德来到汉口，先是到中共湖北区委机关汇报工作。之后，找到国民革命军总司令政治部主任兼武汉行营主任、湖北政务委员会主任邓演达，向这位在德国留学时的老朋友谈了杨森要求接受国民革命军改编的问题。邓演达同意了杨森的要求，同时决定派朱德并让他亲自挑选一批政治工作人员，带回四川，在杨森的军队里建立政治委员制度。

在汉口期间，朱德还参加了旅鄂川人万县惨案后援会成立大会。在会上，朱德发表演讲时说：“此次开炮，兄弟亲与此役，英人之强横可笑，亦复可怜。他以为他的枪才可以杀人。我们川军这回也不客气，为正当防卫，还他几枪，彼此都有伤亡。不过人民无辜，为他杀得太多了。”“但是，我4万万民众为他打醒了！尽都知道帝国主义非打倒不可，总望军民一致团结起来。”郭沫若等人也在这次大会上讲了话。

9月24日，国民革命军总司令部委任杨森为国民革命军第二十军军长兼川鄂边防督办，朱德为党代表。由于第二十军政治部主任陈启修还在汉口办《中央日报》副刊而不能到职，委任朱德暂代军政治部主任一职。28日，朱德率20余名政治工作人员化装成商人或学生等离开汉口前往万县。

江轮抵达万县，已经得到消息的杨森早在码头上等候。他一面吩咐参谋长朱连元给政治工作人员安排住处，一面即陪同朱德来到南津街的宝隆洋行，这里已改作杨森的招待所。

朱德将委任状交给杨森，并催促他早日宣布就职。而杨森却极力回避就职一事，皮笑肉不笑地旧话重提：“朱将军，国民政府让你带多少钱来改编我的部队？”朱德淡然一笑：“我早对你讲过，没有钱呀！你也知道，国民政府正在进行北伐战争，面临严重的经费困难。”

杨森哪里知道，朱德当时拿的军饷，只是最低限度的生活费。过了片刻，朱德直截了当地说：“不错，你这部分官兵也需要粮饷。可你在川东收的捐税和田赋，完全能够维持最低限度的生活费。”

杨森原本企望有了国民革命军这个称号后可以得到军饷，现在一听他大失所望。同时，朱德向他提及，随行的政治工作人员来万县的主要任务是向官兵及民众宣传三民主义的主张，宣传北伐革命，使民众了解国民革命的意义，与军队团结一致，共同奋斗，完成北伐革命大业。杨森听后大吃一惊：“我的士兵不需要什么政治教育，道理很简单，士兵的职责就是接

受命令，哪怕战死沙场。这些文质彬彬的人，和士兵谈些与他们毫无关系的事，有什么用呢？”此后，杨森惶恐不安起来，竟然派出了暗探和特务去监视朱德和政工人员。

不久，朱德得到杨森派兵东下援吴的消息。原来，国民革命军攻占汉口、汉阳后，武昌仍在吴军手中，北伐军久攻不下，因此杨森对吴佩孚仍抱有希望。尽管对杨森此举早有所思想准备，但朱德对杨森这种出尔反尔的态度十分气愤。他当面质问杨森，并晓以大义，规劝杨森不要执迷不悟，因为吴佩孚的垮台只是时间早晚的问题了，对吴佩孚的任何幻想都是不能成为事实的，希望杨森尽早悔悟。然而杨森仍不为所动，仍要坚持观察一段时间再作抉择。最后，两人谈话不欢而散。

11 月上旬，进犯武汉的杨森部遭到国民革命军围歼，前敌总指挥曾子唯被俘。这才使杨森被迫派代表赴武汉“请罪”，并多次找朱德表示“悔悟”。21 日，杨森在宜昌通电就任国民革命军第二十军军长，同时将五色旗换成青天白日旗。但是在同一天，杨森又致电吴佩孚，表示他对吴的“忠诚”，充分暴露出他的反革命两面派的本性。

这一时期，中共中央加紧了在四川的工作，先后派吴玉章、刘伯承、欧阳钦等人入川，策反军阀部队，争取在四川打开军事斗争的新局面。11 月中旬，以杨闇公为书记，朱德、刘伯承为委员的中共重庆地方委员会军事委员会在重庆成立。刘伯承后来回忆道：“当时我们的策略：对四川军阀一面拉拢使之有利北伐进军，一方面培养自己的实力。所以在战略上是‘前面抵，后面拉’的办法。利用川军矛盾，在顺庆起义以为根据地，在泸州起义——互相策应。”会后，刘伯承赴泸州具体指挥工作，朱德返回万县继续进行争取杨森的工作。

杨森易帜后，在朱德的建议下，设立中国国民党第二十军党部，由朱德任主任委员（当时中国国民党四川省临时省党部常务委员是杨闇公等 3 人，执行委员还有朱德、刘伯承等 6 人，党部设在重庆，由国民党中央党部领导），并且在万县杜家花园建立第二十军军事政治学校。由朱德带到万县的政治工作人员卢振纲、文强、熊荫寰、江亚中、滕代顺、湛杰分别担任教育长和 5 个大队的大队长。朱德曾到校讲话，勉励学员说：“一个军人要有崇高品德的修养，要有坚强的革命方向，要为国家为人民做一些光辉事业。”

与此同时，朱德还通过政工人员加强对杨森部队的改造。朱德虽然担

任二十军党代表兼代政治部主任，但生活仍然十分俭朴。每天到杨森总部办公、汇报，都是身着布军服，手拿公文包，胸前佩着总部出入证，与一个普通的工作人员一样，徒步来去。他总是和蔼可亲地与人交谈，当面圆满地解决问题，使人心悦诚服地离去。这种作风在旧军队高级官员中是很少见到的，因而博得军内广大官兵的尊敬。

12 月初，沪顺起义在中共重庆地委军委领导下爆发了。1 日，袁品文、陈兰亭率部在泸州起义。3 日，秦汉三、杜伯乾率部在顺庆起义。5 日，黄慕颜率部在合川起义。刘伯承在顺庆就任国民革命军四川各路总指挥。

这时，国内的形势出现了新的变化。蒋介石竭力反对国民政府迁都武汉，企图在南昌另立中央，并开始同帝国主义、封建买办势力相勾结，准备公开反共。变色龙般的杨森看到蒋介石与武汉国民政府貌合神离的关系，开始与将介石派往四川的代表暗中来往，随时准备投靠蒋介石。同时，他和北洋军阀仍然保持着密切的关系。

而且，第二十军在政治工作人员的教育指导下出现新面貌，引起了杨森的疑忌，他担心长期下去，自己的部队将被分化瓦解。为了不撕破情面，杨森动了番脑筋，思来想去，最后决定以委婉的方式支走朱德。一天，他告诉朱德，称他最近正在考虑组织一个考察团去武汉，详细考察一下国民革命军的军事政治情况，希望对武汉非常熟悉的朱德能够任这个团的团长。对于杨森要把自己支走，朱德是早有思想准备的。因此，朱德很爽快地同意率团前往武汉。接着，以自愿报名的方法，成立了一个八九十名中下级军官组成的“军事政治考察团”。

12 月下旬，朱德率团乘“永丰”号江轮离开万县，脱离了杨森的部队……

二、参与领导南昌起义

朱德率第二十军军事政治考察团来到武汉不久，中共中央军委指示他利用原来在滇军时的声望和同僚等关系，选定国民革命军第三军为目标，到江西南昌着手创办军官学校，培养革命武装工作干部，以便从各方面展开革命活动。

那时，驻扎在南昌、九江、吉安、进贤一带的是国民革命军第三军朱培德部。1927 年 1 月初召开的北伐军军务善后会议后，第三军编为北伐军总预备队（后改为第五方面军）。朱德同这支滇军部队的高级军官们有着很深的历史关系。总预备队总指挥朱培德和师长王均、金汉鼎都是朱德在云南陆军讲武堂的同班同学，以后又长期在滇军共事，交谊很深。朱德还有一些旧部和老同事也在这支部队里。因此，他一到南昌，朱培德立刻委任他担任第三军军官教育团团长，并为他及家眷安排了住所——百花洲畔的花园角 2 号，一幢独门的二层小楼。不久，又委任朱德为第五方面军总参议。

1 月下旬，第三军军官教育团招生的消息一传开，慕朱德之名的滇军各部队的进步青年军官纷纷来报考。仅一个来月，即接收学员 1100 余人，编为 3 个营，地址设在永和门内的原江西陆军讲武堂。学员大部分是朱培德部的下级军官，编为第一、二营，共 700 余人；还有一个第三营，是学兵营，主要招收省内的中学生，也有一部分从上海来的北方宣传队队员，共 400 余人。教育团内的中下级军官和教官，除从第三军抽调外，还有随朱德来南昌的原二十军考察团成员以及原来在广州的第三军军事政治训练班的毕业生。他们在任职前，先经过测验，再到广场逐个考察军事实地指挥的能力，然后按照他们的实际成绩，分别委任连、排级职务。这种量才任用的做法，在当时军队中是少见的。

八一南昌起义纪念馆前的朱德雕像（余玮 摄）

朱德十分重视提高学员政治思想的进步和军事素质的提高。政治方面的课程，有孙中山在国民党“一大”重新解释过的三民主义，还有中国革命和世界革命问题、工人问题、农民问题和社会问题等。他们经常请国民

革命军总政治部副主任郭沫若和共产党人方志敏、邵式平、曾天宇等讲课，使学员们耳目一新，深受启发。在军事教育和训练方面，要求也十分严格。开学后不久，教育团就呈现出一派生机勃勃的新气象。

当年曾跟随朱德到南昌的徐震球回忆说：朱德平时“对学员非常关心，吃饭同大家一起在大食堂里，晚上查夜给学员盖被子。教育团实行说服教育，严禁打骂，军官、学员一律平等。星期六野外演习，往返五六十里，他有马不骑，让给体弱或临时生病的学员乘坐，自己同大家一起走路。回到团里大操场上，还要带领全团一起跑30分钟的步。在出操时，他亲自向学员作示范动作，耐心纠正学员做错的动作。真是诲人不倦，处处以身作则”。曾随朱德从万县到南昌担任军官教育团排长的莫湘回忆说：在这些日子里，“从未见他冒过火，发过脾气，一直是和蔼可亲地与人交谈，发觉到人的思想有问题时，总是旁敲侧击，循循诱导；见人行动上有错误的，总是明白指出，以理诲人”。

这时的朱德，一心扑在党的革命事业上，过着极为简朴的生活。他平时只穿一套粗布军服，裹一副粗布绑腿，穿一双旧皮鞋，有时还打赤脚穿草鞋。时任军官教育团排长的莫湘回忆说：朱德“上班总是夹个皮包走路，很少坐黄包车。他的住房只有简朴的床铺和一张旧方桌，几张木凳子，简单得像个旅店。他常因开会或工作忙，便买个烧饼充饥”。

军官教育团名义上虽然隶属于第三军，实际上是在中共中央军委和江西省委的直接领导下，成为培养革命人才的基地。在每个连队很快都秘密建立起共产党的小组，有的连党员达到学员的三分之一，参谋长陈奇涵担任党支部书记。一般工作人员也经常举行生活检讨会，开展批评和自我批评。当时江西的工农运动正在高涨，不少工人运动和农民运动的干部参加了教育团举办的短期训练班。整个教育团内呈现出浓重的革命气氛。

3月5日，军官教育团补行开学典礼。当时驻在南昌的国民革命军总司令蒋介石也来参加，打着孙中山的旗号来抬高自己，说：“国民革命军在各个战场上取得了决定性的胜利，本总司令甚感欣慰。当初，总理在世，一切由总理作主，现在总理已经过世，中正肩上的担子加重了……我们要作总理的信徒，总理在世，我们一切信赖总理，现在总理不在世了，我们必须选择一个作为我们信赖的中心……总理在世，一切服从总理，现在总理已去世，我们作为一个革命军人，就必须有一个服从的中心。”

蒋介石挥舞着手臂，情绪愈发激动起来。台上、台下的人听他说了半

本书作者余玮在八一南昌起义纪念馆寻访朱德的红色印记（熊莉娅 摄）

天，只有一个意思，就是要绝对服从他的领导。

就在蒋介石参加开学典礼的第二天，驻江西的新编第一师在蒋介石指使下，伙同反共的AB团分子杀害了江西省总工会副委员长、赣州总工会委员长陈赞贤。3月16日，蒋介石离开南昌时，强行解散原来由国民党左派掌握的国民党南昌市党部和江西省学联等民众团体。17日，到达九江的蒋介石唆使总司令部特务处处长杨虎纠合一伙流氓歹徒蓄意滋事，围攻国民党九江市党部、总工会，在市党部打死3人，在总工会打死1人。

这股反动逆流的袭来，激起江西各界民众的极大愤慨，南昌工人罢工3天表示抗议。3月18日，南昌市各界群众数万人在大校场召开追悼陈赞贤烈士大会，会后举行示威游行，要求江西省政府主席李烈钧主持公道，严惩杀人凶手。朱德带领军官教育团参加了游行，他对教育团的学员们说："反动派已屠杀我们的同志了，我们要准备出击。"30日，军官教育团配合南昌的工人纠察队，收缴了蒋介石留驻在牛行车站的宪兵团的枪支。

4月7日，朱培德就任江西省政府主席。9日，任命朱德为南昌市公安局长。不久，朱培德派朱德率军官教育团到赣东的抚州一带剿匪。朱德在出发前一再向全团人员阐明："要做到真正的成为一个革命的人，就要有个清醒的头脑，有个明净的眼光，有个坚定的信念。要能明辨是非，要能澄清曲直，要能分清敌我，还要站稳立场。如果是一贯欺压人民和剥削群众的反革命分子，哪怕口头甜如蜜，其心则是毒若剑，我们必须毫不留情予

以打击。若遇有权有势而有钱的人在咒骂他人时，则当多考虑之，多给予调查研究之。如系是阶级敌人诬陷穷人，则必予以惩罚而支援工农，支援穷人。”军官教育团在赣东活动了1个多月，平息了真正的匪患，农民运动迅速发展起来。

部队调回南昌前，朱德又派军官教育团的副官卓廉诗担任临川公安局局长，排长冉国平担任临川县农民自卫大队大队长。这些，不仅支持了农民运动，而且使军官教育团的学员得到实际战斗的锻炼，提高了军事指挥能力。

但就在这个时候，国内的政治局势已迅速恶化了。4月12日，蒋介石在上海发动了震惊中外的反革命政变。接着，在南京另立国民政府，同当时还保持着国共合作关系的武汉国民政府相对立。广州等地也大规模地捕杀共产党员和革命群众。到5月间，武汉地区的政治形势也越来越严重，反共活动迅速表面化，以汪精卫为首的武汉国民党中央和国民政府一步步向右转。

5月13日，原驻宜昌的国民革命军第十四独立师师长夏斗寅公然通电联蒋反共，并向武汉发动军事进攻。21日，国民革命军第三十五军第三十三团团长许克祥在长沙发动马日事变，收缴工人纠察队枪支，捣毁湖南省总工会、农会和其他革命团体，大肆捕杀共产党员和革命群众。朱培德一时在表面上还没有公开反对共产党，但也在5月29日下令“礼送共产党出境”，将各军、师中和南昌的一批共产党员礼送出江西省；6月6日，下令在江西全省停止工农运动。

正在赣东剿匪的朱德得知朱培德“礼送共产党员出境”的消息后，于6月中旬赶回南昌。此时的南昌街头，犹如一潭死水，往日那种勃勃生动的景象早已荡然无存。沿街墙壁虽被雨水冲刷，但仍能看清上面的字迹：“欢送共先生出境!”“制止过火的工农运动!”等。

回到南昌后，朱德即向当年和自己并誉“模范二朱”的老同学朱培德提出辞去公安局长一职，并且将军官教育团的第一、二营学员提前毕业，只留下第三营。毕业的学员大部分回到扩编的第三、九两军，其余分到赣江流域各县做工人运动和农民运动的工作。不久，朱德离开南昌，经九江转往武汉。

到7月初，局势更加严峻了，宁汉合流的趋势日见明朗。7月13日，中共中央排除了陈独秀的机会主义领导，推定周恩来、张太雷、李立三、

张国焘等重新组织了临时政治局，并发表了对政局的宣言，强烈谴责武汉国民政府背弃孙中山实行的三大革命政策，声明撤回参加国民政府的共产党员。国民党左派邓演达愤然辞职离国，宋庆龄宣布脱离武汉国民政府。15 日，汪精卫等控制下的武汉国民党中央正式宣布“分共”，公开叛变革命，提出“宁可枉杀千人，不使一人漏网”的血腥口号，在武汉地区进行疯狂的大屠杀。至此，第一次国共合作终于彻底破裂。

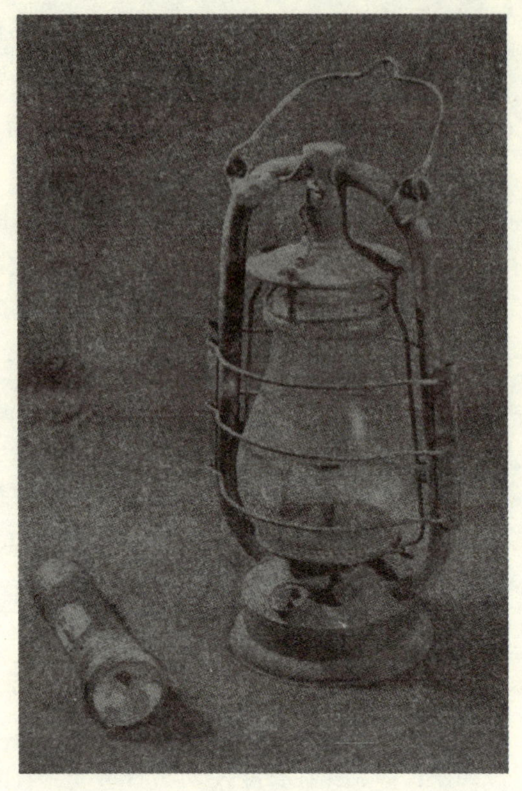

南昌起义时进行通信联络的手电筒和马灯

中国革命面临着威胁，迫使共产党人不能不毅然决然地拿起武器，武装反抗国民党的血腥屠杀政策。当时中国共产党所能掌握或影响的部队，主要有叶挺率领的国民革命军第十一军第二十四师、由原叶挺独立团扩编而成的国民革命军第四军第二十五师和贺龙率领的国民革命军暂编第二十军。这些部队由于准备东征讨蒋，正集中在江西九江一带。

这时，中共中央召开的扩大会议在武昌召开。会议做出了在南昌举行暴动的初步决定，并考虑到朱德在江西有便利的工作条件，对情况也熟悉，便派他先赶回南昌。

7 月 20 日中午，朱德乘江轮抵达九江。

21 日，朱德回到南昌，立刻投入紧张的暴动准备工作。他时而出入于民众团体，时而与驻军南昌的军官们举杯言欢，时而又带着警卫走街串巷，仔细观察每一座建筑特点。几天的工夫，他根据中央的要求，精心绘制了南昌市区的地图，并且整理出南昌驻军兵力部署的分布情况。

27 日上午，奉中共中央之命负责发动并领导南昌起义的周恩来在陈赓的护送下秘密来到南昌，当晚走进花园角 2 号的朱德寓所。周恩来的到来

使朱德又惊又喜，朱德急步上前，紧紧握住对方的双手。这时，感到异常兴奋的朱德意识到起义可能很快就要开始了。

朱德接过周恩来手上的黑皮包，递上一把纸扇、一杯清茶。两人早在德国柏林学习时，就结下了亲密的友谊。这次久别重逢，而且是在紧急的革命关头见面，分外亲切，有多少话要说啊！可是，朱德还没等周恩来喝上几口茶水，便迫不及待地向周恩来汇报起南昌的情况："目前，南昌城内外驻有朱培德的5个团和唐生智的1个团，加上一些零散的警卫部队，有万把人，武器装备尚好，有一定的战斗力。不过，前几天朱培德派人将南昌的军用物资全部运走……"朱德一边说着，一边摊开地图，依次向周恩来介绍着。

"好啊！朱德同志，你提供的情况很重要，你为党做了一件大事，不愧是一个很好的参谋和向导。"听着朱德的介绍，周恩来不禁称赞道。

朱德接着说："几个驻军团长都是死心塌地跟着朱培德的，很难争取过来。我们目前所掌握的只有军官教育团的一个营和几个直属连，加上公安局的一部分警察，只有几百人。"

周恩来微笑着告诉朱德，第十一军二十四师叶挺部和暂编第二十军贺龙部即日到达南昌，此外，第四军二十五师周士弟等部正在向南昌集结。起义兵力有3万多人，远远超过驻军部队，可以说，是稳操胜券。

朱德腾出宽敞的中厅，临时架起一架帆布行军床，就让周恩来住在这里。他把警卫员刘刚叫来，吩咐好好照顾周恩来的生活，服从他的命令。

此前，朱德出面租下了南昌市中山路洗马池的江西大旅社，作为领导起义的大本营。这是一座土木结构的五层大楼，大小有近百间房间，又地处市区中心，设立指挥部非常适宜。

当天晚上，在江西大旅社里，领导暴动的前敌委员会正式成立，由周恩来、李立三、恽代英、彭湃4人组成，周恩来任书记。会上，决定在30日晚举行暴动。

次日，又成立了南昌起义总指挥部，以贺龙为总指挥，叶挺为前敌总指挥，组成了以贺龙、叶挺、朱德、刘伯承、聂荣臻等为成员的参谋团，参谋长为刘伯承。根据规定，起义军在晚上佩戴白毛巾，白天佩戴红领巾作为识别标志，起义前一个晚上定下口令为"山河统一"。

正当起义的准备工作紧张地进行时，中央代表张国焘在30日早晨赶来南昌而险些让起义计划搁浅。在前委紧急会议上，张国焘坚持认为，根据

共产国际的指示精神，应该争取张发奎参加，否则不能举行暴动。周恩来等多数人认为，张发奎深受汪精卫的影响，是不会同意这个暴动计划的。双方发生了激烈的争辩。

31日，前敌委员会再次召集会议，又辩论了几个小时。最后，张国焘表示服从多数人的意见。于是，会议决定8月1日凌晨4时举行暴动。经过反复研究，前敌委员会决定分配给朱德一项重大的任务，要他利用自己特殊的身份和威望，在起义开始时想办法牵制住敌人的指挥官，保证起义的顺利进行。

当天下午，朱德向第三军第二十三团团长卢泽明、第二十四团团长萧曰文等发出邀请，希望他们带团副一起来赴宴。当时，驻南昌的1万名敌军中，这两个团是朱培德的主力，也是起义部队的劲敌。如果把这两个团的指挥官拖住，使其失去指挥，将对起义胜利十分有利。

敌团长卢泽明和萧曰文等几人接到请柬，一看是朱德将军的邀请，有点受宠若惊。萧曰文当时抓起电话与朱德通话："怎么好意思让你破费？这次该由小弟作东宴请。"朱德笑了笑："这次小聚就我自己作东吧，要不你下次？"

"饭后，我们摆摆'长城'？"萧曰文在电话中提议。朱德抢过话头，一语双关地说："搓麻将？这我早有安排，哈哈，你就准备把家底儿全输光吧！"

当晚，卢泽明、萧曰文等飘飘然地赶来赴宴。宴会设在城西大士院32号街口的嘉宾楼上，而敌人两个团的驻地都在城东，相距甚远。这也是朱德有意安排的，既然是调虎离山计，当然离得越远越好。

酒席上，猜拳行令，觥筹交错，持续了两个多小时，一个个喝得醉态百出。萧曰文已八分醉意，他对朱德说："旅座，朱大哥，在滇军里我最佩服的就是你，不但会打仗，不但留过学，对朋友还最讲义气！"朱德也装着醉意朦胧："不说这些，咱们今天儿喝他个痛快！你别装熊。"萧曰文打了个饱嗝："酒……是不能再喝了，我们还要搓麻将。"

这时，老式座钟指针在近9点的位置上。朱德又一语双关地说："时间还早啊！来，我们搓上几个回合。"说着摆开了麻将牌。

几个家伙都是牌迷，听说打麻将，早已乐不可支，纷纷嚷道今晚要趁酒兴好好玩几圈。朱德为稳住他们，故意输给他们不少钱，假装懊丧地说："今晚手气不好，不能再打了！"坐在旁边看热闹的蒋姓副团长早就手痒了，

自告奋勇地代替朱德参加摆"长城"。

这时，朱德的警卫刘刚悄悄告诉他："前敌委员会派人已送来'河山统一'的口令。"朱德知道，起义部署的一切在按原计划进行。

"发财!""东风!""一万!"……交替、轮番地呼唤着，赢家、输家轮流坐庄，几个牌迷进入牌阵如痴如迷。朱德冷静地在一旁观战。

正在酣战中，约莫快到了午夜时分，四圈麻将还没打完，突然传来急促的敲门声："快开门！快开门!"大门启开，闯进来的人慌里慌张地报告说："报告，刚才接到通知，说贺龙部有一个云南籍副营长赵福生密报，凌晨4时共党要暴动……指挥部命令各团立即采取应急措施，严加防范!"

一听"暴动"二字，几个团长一下惊呆了，不知所措，半晌还未回过神来。萧曰文知道这下可坏事了，马上对报告者大发雷霆："混账东西！你为何不早来报告?"来报告者感到实在委屈，但军情要紧而不敢申辩。

这时，喧闹的客厅一下子静了起来。几个团长与团副已变成热锅上的蚂蚁，在客厅里直打转转，面露惊恐的神色，难以镇定，预感大祸临头了。

朱德大吃一惊，但他马上镇定下来，装着若无其事的样子说："各位老弟，不必惊慌。在这多事之秋，蜚短流长，什么谣传没有？'暴动'呀，'起义'呀，天天都能听到，未必可信。各位都是从大风大浪里闯荡过来的，何必大惊小怪？天塌下来，有一颗脑壳顶着，怕什么！来来来，各就各位，打完这四圈，尽欢而散!"

"也许是谣言，不过还是谨慎为好。我们不过是芝麻大的官，万一今晚出了事，脑壳还不得搬家？……谢谢今晚的款待了！好在都在南昌，改天再聚吧!"卢泽明这一说，其他一些人都慌着脱身，推倒桌上的麻将牌，急着要走。

朱德本想把这些人再多留一段时间，现在看来，难以强留，遂打着哈哈送走客人。然后，他立即赶往江西大旅社。

夜很静，街道上昏暗的路灯下，可见匆匆赶赴战斗岗位的起义军和敌人的巡逻队。4点！还有几个小时。现在已暴露，只有改变时间，提前起义。

朱德走进参谋团办公大厅，大多数成员都在，周恩来也在场。大家神色十分严峻。原来，第二十军贺龙部的一位副营晚上失踪，已自下而上报告到这里。情况如何，大家正在推断。谁都知道此人一旦叛变的后果，但谁也不愿意事情已发展到最坏的程度。

“情况不妙！”朱德在多年的战争中已养成临危不乱的习惯，他简要把有关情况讲了出来，最后说：“看来，时间要提前。”

朱德提供的情况印证了事情的严重性。但提前确实不易，在这之前，周恩来签署的作战命令已下达各部队。如何改呢？有人担心。

“要变！要随变而变！”周恩来面色严峻，他赞同朱德的意见。随即，他询问了贺龙、叶挺等部的到位情况，召集大家商量起来……

参谋团经过研究，决定提前起义，改在凌晨2时起义。这是朱德最希望的事情。见大局已定，朱德便向周恩来、刘伯承提出回军官教育团。这时候，他感到应同部队在一起。

“朱德同志，你还是留在这里安全些。”周恩来说。周恩来的提醒是必要的：一旦敌人醒悟过来，马上会想到朱德今日的请客，若明白请客的含义，他是很危险的。然而，朱德坚持要回到军官教育团，说教育团的任务不重，不危险。

“砰！砰！砰！”8月1日凌晨2时，贺龙在指挥部的楼上举枪对空连放3枪，正式发出起义的信号。这震撼南昌、也震撼中国和世界的枪声，划破了南昌城的夜空。霎时间，整个南昌城枪声、炮声隆隆，火光闪闪，一片沸腾！

朱德跃出指挥所，率第三军军官教导团中尚未毕业的第三营“学兵”，参加了起义，担任预备队任务，对进贤门方面实施监视，并监视小花园敌军的一个团。

枪声仍然响着，但已经渐渐稀疏了。曙光映照着南昌，江西大旅社楼顶旗杆上的红旗格外醒目、鲜艳。到清晨6时，城里的国民党军队全部肃清，起义取得了成功。

赵福生混在俘虏群里，被本部官兵认出来了。押到贺龙面前，赵福生满面灰尘，不敢正眼看二十军官兵一眼。贺龙说：“赵福生，我贺龙有什么对不起你的地方吗？”

“军长……”赵福生呐呐。贺龙说：“这个地方的敌人由于得了你的通风报信，提前作了准备。本来一趟不费事的缴枪，变成了场激烈的战斗，我们伤亡了好多兄弟。你知罪不？”

赵福生头更低了：“我……我看到他们都是云南人……”贺龙一声怒喝：“云南人也有阶级！”随之，贺龙挥挥手，卫队把赵福生押到路边，毙了。

南昌城里的枪声变成了人们的欢呼声，市民们潮水般地涌向街头，敲锣打鼓，燃放鞭炮，欢庆南昌起义取得伟大胜利，欢迎成千上万的威武雄壮的起义军。

南昌起义向国民党反动派打响了武装反抗的第一枪，标志着中国共产党在反帝反封建的斗争中进入到一个新的历史时期，揭开了由中国共产党独立领导的、以革命的武装反抗反革命武装的中国民主革命的新篇章。

30 年后，朱德在纪念这一光辉的节日时，曾以喜悦的心情写道："南昌首义诞新军，喜庆工农始有兵。革命大旗撑在手，终归胜利属人民。"

三、死里逃生

南昌起义成功后，前敌委员会决定：起义军立即按中央原定计划撤出南昌，南下广东，实行土地革命，重建革命根据地，再来一次北伐，以统一全国。

起义部队仍沿用国民革命军第二方面军的番号，由贺龙兼代总指挥，叶挺兼代前敌总指挥，下辖第九军、第十一军、第二十军。其中，韦杵任第九军军长，朱德任副军长。

不料，韦杵因病赴武汉治疗，不在军内。起义军撤离南昌前，又改任朱德为第九军军长。朱德根据前委指示，一面着手组建第九军的指挥机构，一面整编参加起义的军官教育团，并吸收一部分铁路工人和青年学生，组成第九军教育团。

到广东去有两条路：一条是经平城、吉安、赣州然后沿人烟稠密地向南进；一条是走临川、瑞金经闽西入广东境内。起义军选择了后者。但不管走哪一条道，都有一种关系与朱德有联系，那就是吉安守军指挥官王均，临川守军指挥官杨如轩都是朱德在滇军时的老相识。为此，1927 年 8 月 3 日清早，起义军撤离南昌时，朱德被任命为先遣司令，他带着第九军教育团作为先遣队踏上南下的征途。

这些几个小时前才整合到一起的部队，现在整齐地站在军长的面前。参谋长冉国平不久前还是军官团的教官，现在站在全纵队的前头，向全军发出了"出发前进"的口令。

从南昌城出来，朱德按照总指挥部的指示下了一道命令："减少个人行装，多带武器弹药。"轻装后，部队加快了行军速度。穿着灰色军装、踩着千层底布鞋的朱德，背着一顶结实的竹斗笠，腰别一支小手枪，行进在这支队伍里。尽管天气炎热，他的衣服却穿得严严实实。他的大青马早已被送去驮伤员和武器了。

临川，旧称抚州，是起义军南下时经过的第一个重要城市。驻临川的北伐军第九军第二十七师师长杨如轩得知起义军要路过那里时，考虑到同朱德多年同窗和袍泽的关系，又"慑于革命声威，同时为了保全自己的实力"，便把部队撤到城外，悄悄地给起义军让出一条南下的大路。8 月 6 日，朱德率起义军先遣队到达临川，全城各界群众集结在大道两旁欢迎起义军，还为部队准备了凉篷和茶水。

起义军在临川经过将近一周的休整，于 12 日告别临川，挥戈南进，经过宜黄、广昌，直指瑞金、会昌。这时，蒋介石的嫡系部队钱大钧部两个师加两个团共 9000 人，已从赣州调往瑞金、会昌一带，准备拦击起义军。他的两个前哨团驻在瑞金以北 30 里的王田市。桂军黄绍竑部 10 个团也正赶来增援。面对这样的局势，起义军指挥部决定将第二十军的第三师拨归负责先遣任务的朱德指挥。

8 月 25 日，朱德率第二十军第三师的一个营，作为前卫营南下，在王田同钱大钧部两个团开始激战，坚持到贺龙率第二十军主力赶到，在第二天清晨将钱大钧部的这两个团击溃，乘胜进占瑞金。紧接着，又是一场会昌恶战。时任第二十军第三师教导团团长的侯镜如后来回忆这一段战斗经历时说："会昌战斗中，朱总指挥我们和钱大钧作战，就采用了游击战法。敌人退，我们跟着进；敌人驻下了，我们就从四面八方打冷枪，扰乱敌人，不让他们休息，这就是'敌退我进，敌驻我扰。"

会昌战斗结束后，前委讨论继续南下的路线问题。起义军原定计划是取道寻邬直下东江。这时，寻邬至东江一线已有对方重兵把守，而福建却是对方兵力空虚之地，进军阻力较小。加上在王田、会昌战斗后，起义军增加了许多伤员，取道寻邬，都是山路，运输困难，而经长汀南下，可以用船只运输伤员。于是，变更了原来的计划，改走福建长汀、上杭，沿汀江南下东江地区。

起义军越过闽赣边境的武夷山后，在 9 月 5 日开进长汀，对夺取东江的计划又进行了详细的讨论。当时，前委内部有两种意见：周恩来和叶挺

主张“以主力军由三河坝经松口取梅县，再经兴宁、五华取惠州，以小部分军力（至多两团）趋潮汕”。他们认为潮汕空虚，可以不战而得，如果主力先取潮汕再回攻惠州，过于迂缓，敌人有集中兵力攻击我军之可能。再一种意见“主张以主力取潮汕，留一部分兵力于三河监视梅县之敌，再经揭阳出兴宁、五华取惠州”。由于后一种意见得到共产国际军事顾问的支持，多数同志也渴望早日攻占潮汕，能得到休息，又能在沿海口岸得到国际的援助。所以，会上通过了后一种意见。这就形成了三河坝分兵的决策，使原来兵力已日益不足的起义军力量更加分散了。

1927年9月29日，毛泽东率部向井冈山进军途中，领导了著名的“三湾改编”，在部队中建立中共各级党组织和民主制度，把党支部建在连上，为建设新型人民军队奠定了基础。图为三湾士兵委员会的旧址

于是，由周恩来、贺龙、叶挺、刘伯承等率第二十军和第十一军的第二十四师，从处在粤闽边境的大埔乘船，经韩江顺流而下，直奔潮汕；朱德率领第十一军第二十五师和第九军教育团，共约4000人留守三河坝，以防敌军从梅县抄袭主力部队进军潮汕的后路。

三河坝在广东大埔县的南面，是一个位于三江口上的大镇子。10月初，钱大钧带领经过补充的3个师约两万人向三河坝扑来，他们用20多条小船，在半夜里偷渡。朱德早已将部队布置在滩头阵地上严阵以待，当敌船行至江心时一齐开火，将敌船大部击沉。第二天，起义军又给再次偷渡的敌军迎头痛击。第三天拂晓，江面上浓雾弥漫，敌军以大批船只在密集炮火的掩护下分多路强渡，终于夺去一部分滩头，形成对起义军两面夹击，

双方又激战了一天。

入夜，朱德考虑到掩护主力的任务完成，遂率部趁雾色无声无息地撤出战斗，南下去会合起义军主力。临出发时，官兵们掩埋了战友的尸体，背着枪一步一回头地离开了他们战斗过的地方。进至饶平县时，与从潮汕撤退下的起义军余部约200人相遇，才知主力部队已失败。

主力失败的消息石破天惊，从三河坝撤出的部队一下如同炸了锅一般。许多人心情沉重，思想混乱，一些指挥员也处于不知所措的境地。此时，朱德所率的第九军教育团及第十一军第二十五师已成为一支孤军，弹尽粮绝，四面受敌，与起义军的领导机构前敌委员会失去联系，又失去方向，处境极端险恶。

朱德同几个主要领导干部研究后，决定部队必须尽快离开这里，甩开敌人重兵，摆脱险恶的处境，否则将有全军覆没的危险。10月7日上午，朱德在茂芝的全德学校召开全体军官会议，研究下一步该怎么走。

朱德介绍了起义军主力在潮汕失利的情况后，断然决然地说："我是共产党员，我有责任把'八一'南昌起义的革命种子保留下来，有决心担起革命重担，有信心把这支革命队伍带出敌人的包围圈，和同志们团结一起，一直把革命干到底!"经过热烈讨论，与会人员一致通过了朱德提出的"隐蔽北上，穿山西进，直奔湘南"的决策，去敌人力量薄弱、群众基础较好的湘赣边界找"落脚点"，开展游击战。

朱德率领这支部队离开茂芝后，一路急行军，经麒麟岭，过闽粤交界的柏嵩关，进入福建，再沿闽粤边界北上。10月16日到福建武平时，部队还有2500余人。这个行动很快就被敌人发觉了，他们立刻派钱大钧部一个师紧紧尾追。起义军击退了追敌，但本身又受到很大伤亡和散失，只剩下1500多人，立刻向西北转进。

当到达闽赣边界的石经岭附近的隘口时，朱德亲自带领几个警卫人员，从长满灌木的悬崖陡壁攀登而上，出其不意地在敌人侧后发起进攻，抢占了反动民团据守的隘口，带领部队进入赣南山区。这次战斗，朱德给官兵留下的深刻印象是："宽宏大度、慈祥和蔼的长者"和"英勇善战、身先士卒的勇将"。

10月下旬，起义军余部到达江西安远县天心圩时，只剩下1000余人，师、团级政治干部只剩下陈毅一人——不少官兵相继离队，有的甚至带着一个排、一个连公开离队，有的还在继续传染失败情绪，要求解散部队。

部队有顷刻瓦解之势，南昌起义留下的这点革命火种，有立即熄灭的可能。

在这样的危难关头，朱德沉着镇定地在天心圩进行了初步整顿，召集全体人员大会。在这次大会上，朱德发表了一篇激动人心的讲话，他说："大家知道，大革命是失败了，我们的起义军也失败了！但是我们还要革命的。同志们，要革命的跟我走；不革命的可以回家！不勉强！""但是，大家要把革命的前途看清楚。1927 年的中国革命，好比 1905 年的俄国革命。俄国在 1905 年革命失败后，是黑暗的，但黑暗是暂时的，到了 1917 年，革命终于成功了。中国革命现在失败了，也是黑暗的，但黑暗也是暂时的。中国也会有个'1917 年'的。只要保存实力，革命就有办法。你们应该相信这一点。"

在天心圩整顿中，一些意志不坚定的人离队了，但留下来的却更加坚定了。经过天心圩的整顿和以后行军途中的思想政治工作，部队的情绪有了转变，开小差的减少了。

10 月底，朱德率部到达赣粤边境的大余地区。正如朱德同志所预料，国民党新军阀各派之间矛盾重重。这时候，继宁汉之战后，又爆发了粤系、桂系、湘系军阀的混战。他们忙于互相争夺，不得不暂时放松了对起义军的追击。朱德、陈毅便利用这个间隙，又领导部队进行了一次整顿和整编。

当时，这支由不同兵源组成的部队，已经七零八落，不成建制。原来的军、师都成了空架子，已不能适应新的情况。站在队伍前面，朱德望着一个个衣衫褴褛、面黄肌瘦的官兵，心情十分沉重。但是，他知道剩下来的七八百官兵都是淘汰泥砂后的真金，是全军的精华，是宝贵的革命火种。这次整编，取消了"军、师、团"建制，从实际出发，把部队改编为一个纵队，共组成 6 个步兵连和 1 个迫击炮连、1 个重机关枪连。为了缩小目标，便于隐蔽，部队取用"国民革命军第五纵队"番号，朱德化名王楷任司令员，这是从朱德的号"玉阶"二字演化而来的。同时，陈毅任指导员，王尔琢任参谋长。

这次整顿和整编是全面的。经过这次整顿，重新登记了党、团员，调整了党、团组织，成立了党支部。在整顿党团组织中，还选派了一些优秀党员去基层担任指导员，从而加强了党对部队的全面领导。

11 月初，部队来到湘、粤、赣三省交界的山区江西崇义县西南的上堡。当时，湘、粤军阀之间重新开战，无暇顾及起义军余部。朱德抓住这一有利时机，又一次进行了整训。

上堡整训，“首先是整顿纪律，那时就规定了募款和缴获的物资要全部归公。其次是军事训练，每隔一两天上一次大课，小课则保持天天上。为了适应客观要求，当时已提出了新战术问题，主要是怎样从打大仗转变为打小仗，也就是打游击战的问题，以及把一线式战斗队形改为‘人’字战斗队形等”。

经过了“赣南三整”，部队的状况得到了显著的改善，但仍面临着许多严重困难，特别是给养和弹药无法解决。当时，已近隆冬，起义军官兵仍然穿着单衣，有的甚至穿着短裤，打着赤脚，连草鞋都没有；无处筹措粮食，官兵常常饿肚子；缺乏医疗设备和药品，伤病员得不到治疗；部队的枪支弹药无法补充，人也很疲乏，战斗力越来越削弱。如何克服这些困难，保存这支革命力量，就成了摆在朱德面前急待解决的重大课题。

起义军在江西崇义县上堡整训时，朱德从报上意外地看到国民革命军第十六军已从广东韶关移防到同崇义接邻的湖南郴州、汝城一带。他同陈毅商量后，便写信给云南陆军讲武堂的同期同班同学、第十六军军长范石生，希望同他们合作。

朱德给范石生的信发出去约半个月后的一天，国民革命军第十六军的一位韦姓军官化装成挑夫，奉范军长之命送来了复信。朱德打开一看，高兴得不得了，原来上面写：“春城一别，匆匆数载。兄怀救国救民大志，远渡重洋，寻求兴邦救国之道。而南昌一举，世人瞩目，弟感佩良深，今虽暂处逆境之中，然中原逐鹿，各方崛起，鹿死谁手，仍未可知。来信所论诸点，愚意可行，弟当勉以为助。兄若再起东山，则来日前途不可量矣！弟今寄人篱下，终非久计，正欲与兄共商良策，以谋自立自强。希即在驾汝城，到曰唯处一晤。专此恭候。”

望着范石生熟悉的签名，朱德心中荡起一阵喜悦：“难怪中山先生把他誉为‘军中一范’。山穷水尽疑无路，柳暗花明又一村。”他一边让人好好款待范部的信使，一面找陈毅等商量。

11 月 20 日，朱德受党组织的委托，带着一个卫队从崇义的上堡出发，去汝城同曾曰唯谈判。在途经汝城县壕头圩后，天色很暗了，于是在一座祠堂里住了下来。朱德命令卫队布置岗哨，封锁消息，以免惊动附近的何其朗土匪武装。他和警卫员就住在祠堂后院伙房旁边的一间小屋里。

“叭！叭！”半夜间，两声清脆的枪声，打破了山村的宁静。卫队的同志操起家伙直奔祠堂外制高点，祠堂里只剩下朱德和警卫员。这时，不知

从哪摸上来的一股土匪，撞开了祠堂大门。吆五喊六地向后院冲来。

这时，朱德已来不及隐蔽，他急中生智，侧身走进厨房，随手拿起伙夫的围裙系在腰上，就往外走。几个土匪迎面拦住他："快说！朱德在哪里?"朱德指了指后面的房子："在后面。"

几个匪兵顺着所指方向一窝蜂地追去。可有个提着手枪的小头目，满脸奸笑，仍很不放心地继续盘问："你是干什么的?"朱德把双手的手掌在围裙上擦了擦，带着几分窘迫，很不好意思地回答："我？是个伙夫头。"

小头目左看右看，还是不放心，把他拉到油灯下，仔细瞧了一遍，只见他穿得破破烂烂的，满脸胡茬子，像有五六十岁，身上的旧军衣早已洗得发白，腰上围着条脏里吧叽的破围裙，脚上还穿着一双草鞋，也就信以为真了。

这个小头目急忙撇下朱德，扭头盘问起警卫员。朱德生怕警卫员露了馅，随即拔出手枪对准小头目，小头目脑袋开花，栽倒在地。朱德同警卫员打开后窗，纵身跳出，顺着枪声去找部队。

被打死的小头目，正是土匪何其朗的小舅子朱龙奴。他是奉其姐夫之命来捕捉朱德的。原来，当朱德带着小分队路经濠头圩附近的白村时，走漏了消息，被伪乡长何曾智知道了。这时，蒋介石悬赏通缉朱德的告示到处可见，他觉得这可是个领赏的机会，就给何其朗报信。何其朗便把这一能领赏的美差交给其小舅子朱龙奴，让他带200民团前往捕捉朱德，没想到……

这次经历后来传播很广，朱德也因此得了一个"伙夫头"的称号。

到汝城后，朱德同曾曰唯进行了两天的谈判。在谈判中，朱德提出3个条件："我们是共产党的队伍，党什么时候调我们走，我们就什么时候走；给我们的物资补充，完全由我们支配；我们内部组织和训练工作等，完全照我们的决定办，不得进行干涉。"最后，双方达成协议：同意朱德提出的部队编制、组织不变，要走随时可走的原则；起义军改用第十六军四十七师一四〇团的番号，朱德化名王楷，任四十七师副师长兼一四〇团团长（不久，范又委任朱为第十六军总参议）；按一个团的编制，先发一个月的薪饷，并立即发放弹药和被服。

在朱德同曾曰唯谈判进行到尾声时，范石生赶到汝城，与朱德见面。同学之谊、坎坷之路、未来之计都成为他俩的话题。最后，范石生建议，朱德部以第十六军四十七师一四〇团名义进驻湖南资兴。朱德认为可行。

当天范石生在汝城城外储能小学召开了全军尉级以上军官会议。会议开始，就是范石生讲话："弟兄们，我今天很高兴地告诉你们，我们十六军又添人增丁了。"他指着朱德，"这位就是新到任的第四十七师副师长兼一四〇团的团长王楷将军！"

接着，介绍了王楷少小习武，出身于云南讲武堂，供职于护国军，后留洋研究世界各种战法，并告知部下："王将军是我滇军之前辈、范某的义兄。今后，弟兄们服从王将军就是服从我范某！"在座各位官佐伸长脖子看看军长如此尊重和抬举的这位神秘人物，一些当年滇军中的部下更疑惑：这个王楷怎么那么像大战棉花坡的朱旅长呢？

掌声和议论一直不断。轮到朱德讲话："弟兄们！我叫王楷，也叫朱德。"一开口，台下的掌声便爆响起来。他这么说，一则是知道范部许多师团官佐都是在滇军有过接触的部下，二则他是个实在人，隐姓埋名非他性格所为，是不得已而为之，于是他只有跟大家实话实说。

部队驻防资兴，最终得到一次难得的休整。官兵们先是领到了一个月的薪饷，"继而每人配发了枪支，步枪每支配发了200发子弹；机枪配了1000发；损坏的枪支，军械部门给予了修理"。最重要的是有了冬装，还有毛毯、背包带、绑腿和干粮袋等，起义军余部顿时又活鲜起来，许多见朱德把胡子刮了。

1928年初，蒋介石在范石生部安下的钉子丁煦弄清南昌起义军余部隐蔽在范石生部队里，且朱德已化名隐藏其中，立即报告了蒋介石。蒋介石得知后，气得火冒三丈。很快，一封密电从蒋介石处发往广东李济深。当时，范部属于广东政府李济深管辖。尽管蒋李之间也有矛盾，但双方对共产党的态度是一致的。李接电后不敢耽误，马上电告范石生，说是转达蒋总司令的命令，要他迅速解除起义军的武装，逮捕朱德。同时，派出方鼎英部的第十三军从湖南进入粤北，监视起义军和范石生的动向。

范石生接电后，不忘旧谊，信守协议，立刻写信派秘书杨昌龄前往犁铺头，告诉朱德，劝他立刻离去，还送来几万元大洋。他在给朱德的信上说："'孰能一之？不嗜杀人者能一之'……最后胜利是你们的，现在我是爱莫能助。"

在这万分紧急的情况下，朱德必须立即率部脱离险境。他最初准备按照广东省委的意见，去东江同广州起义的余部汇合。但部队刚到达仁化，突然发现国民党第十三军的部队正沿浈水开往仁化东面的南雄，切断了起

义军前往东江的去路……

四、大败许克祥

队伍停下来。向何处去？再次成为中心的话题。依照中央来信，湘南桂东、粤东海陆丰都是目的地。但哪里是合适的呢？

有许多建议，朱德认真听着、想着。

“到乳源（现属乐昌）的杨家寨子，我在那里有关系，我可以带路。”说这话的是龚楚，字福昌，又名龚鹤村，1901 年 11 月出生于广东乐昌县长来镇长来村，1917 年入粤军当兵，次年考入广东韶关滇军讲武分校，后在粤军任排长、连长，1923 年起在程潜部任参谋，1924 年加入中国社会主义青年团，翌年 6 月转入中国共产党；后回乐昌县开展农民运动，组建农民武装；1927 年率农军参加南昌起义。起义军南下失利后，他回到家乡乐昌县。朱德部进驻仁化后，他又来到朱德部。后来，龚楚一直跟随朱德上了井冈山，曾任第二十九团党代表等要职。1935 年叛变投敌，成为“红军第一叛将”。

朱德回忆这段历史曾说：“我们计划去湘南找一块根据地。”但到达湘南边界，龚楚的建议起了作用，因为杨家寨子是粤北山区的一个小镇，在逶迤险峻的南岭的南侧，从这里翻过一座大山，就到了湖南。

仔细询问了杨家寨子地形、社情，朱德知道杨家寨子与湖南的宜章只有一山之隔，有 300 多户人家，山中有一处不多见的平坝，而且有党组织活动，他和陈毅下决心前往。

三九隆冬，大雪纷飞。龚楚带领起义军穿过岭南大瑶山的茫茫林海，于 1928 年 1 月 5 日向杨家寨子开进。

杨家寨子有个外来人，名叫杨子达。他本是湖南宜章人，曾任中共宜章县委委员、县农协委员长，因“马日事变”后成为宜章反动派通缉的“案犯”，避居到这个杨姓族人聚居的地方。杨子达得知朱德率部即将抵达杨寨子，便利用宗族关系，说通族长组织了 10 多名群众，顶着严寒前往村外三四里的柞树坳去迎接。

很快，他们远远地看见朱德、陈毅率领的队伍来了，作为部队前导的

军旗上直写着：国民革命军第一四〇团。“快看啦，大部队开来了！”“快放鞭炮！”在“噼噼啪啪”的鞭炮声中，由朱德率领从韶关辗转而来的这支革命队伍开进了杨家寨子。

杨家寨子的乡亲用滚烫的热情、大碗酒茶招待了这支部队。是夜，部队在坝中点上篝火，乡亲们送来米酒和腊肉，山坳里洒满浓香。朱德烤着篝火，喝着米酒，吃着香喷喷的腊肉，同杨子达及老农会骨干们谈论着湖南革命的大好形势：“在湘南发展革命活动有两个重要的有利条件——第一，南京政府同原来盘踞两湖的唐生智部的战争正在进行。唐生智本人虽已通电下野，南京政府组织的‘西征军’已占领武汉，但唐的余部3个军退入湖南，‘西征军’正分路进逼长沙、岳阳，大战即将爆发。双方对峙的兵力集中在湖南北部，一时都无力顾及其他方面，湘南空虚。桂军黄绍竑部也正同粤军张发奎部在粤西相持。这正是发动起义的大好时机。第二，湖南的农民运动在大革命时期基础很好，北伐军首先从那里经过。大革命失败后，地主进行反攻倒算，农会受到严重摧残，但潜在力量还很大，原来在国民革命军和城市中的不少湘南籍共产党员和革命分子在政变发生后被迫返回家乡，在本地工农群众中已做了许多工作，容易一呼而起。这又是发动湘南起义的良好群众基础。”

听着听着，大家心里暖烘烘的。杨子达更是热血沸腾，高兴得连敬朱德两碗酒：“朱将军，明天我就去找宜章组织联系，我们争取让宜章先组织起来！”两个大碗碰到一起……

正喝着，突然一阵骚动，传来马嘶声。很快，一位身强力壮的汉子跃马而下站在面前，他身着呢料，脚穿马靴，满身透着豪爽和英武之气。“来来来，给朱将军介绍一下这位好汉少海，姓胡。”杨子达扬起另一只手，“这位将军姓朱名德。”

打过招呼，朱德才知道胡少海的来历。胡少海，又名胡鳎。家是湘南宜章县的富户，父亲是宜章的豪绅。兄弟6人，他排行老五，乡亲们都称他为“五少爷”。他虽然出身豪门，但上学读书时受到进步思想的影响，放弃了“嗣承祖业”的士绅少爷生活，投身于民主革命，在程潜部李国柱旅当一名下级军官。后来进了程潜办的“建国援鄂军讲武堂”，毕业后在程潜部任营长。“四一二”政变后，蒋介石大肆屠杀共产党人和爱国志士。他遭到怀疑，只得带领部分湖南籍士兵，离开部队，躲到杨家寨子，以贩马作掩护，领导着一支农民武装，打富济贫，秘密进行革命活动。后来，同中

共宜章县委的杨子达、高静山取得联系，在党的领导下开展革命工作。

“朱将军，我听说你们大闹南昌的事情，可佩！可敬！”胡少海当即表示，人马随朱将军分派，并让人牵来一匹高头大马，送给朱将军当坐骑。

“一起革命！革命到底！”朱德同胡少海把手握在一起。从此，“胡家五少爷”一直跟随朱德冲锋陷阵，直到1930年任红二十一军军长时牺牲于福建。

第二天，杨子达差交通请来湘南特委所属的宜章县委书记胡世俭。胡世俭详细地向朱德、陈毅汇报了宜章的敌情：“城内没有正规部队，只驻有邝镜明的500名民团，同外界没有通讯联系。这是有利条件，但宜章是座石头城，易守难攻。”

“请大家谈谈，看湘南暴动这把火如何从宜章点起来?”朱德动员大家献计献策。讨论时，有的人认为民团不堪一击，主张强攻；有的人建议引蛇出洞，把敌人诱出城来歼灭；有的人提出组织一支小分队，装扮成赶圩场的群众，混进城去，来个里应外合；还有的主张兵临城下，把宜章围个水泄不通，限期令对方投降。

朱德默默地听完大家如何攻取宜章的主意后，合上笔记本，十指交叉揉搓了好一阵。那深邃、睿智的目光，那成竹在胸的浅浅笑意和神态，都显出他对革命的坚定信念和对即将实施的湘南行动计划的信心。他告诉大家：现在条件比较有利，一是军阀正在湘北酣战，湘南地区敌人势力比较薄弱；二是时近年关，地主劣绅逼租逼债更加厉害，贫苦农民和地主劣绅间的矛盾更加尖锐；三是起义军经过了补充和休整，战斗力大大提高。

说到这里，朱德便站起来，一边踱步，一边思索，突然，他转过身来面向大家，说：“我们这里不是有一个胡少海吗？他出身豪门，参加革命后没有公开地参加过本乡本土的阶级斗争，身份尚未暴露。我看有一着棋可由这位宜章有名的‘五少爷’来走。”朱德说：“起义的时机虽然成熟了，但是，由于宜章城易守难攻，起义行动决不能强攻，只能智取。”于是，朱德把自己考虑好了的智取宜章的计划在会上作了具体部署。

最后打着手势，朱德风趣地说：“……先来一个‘请君入瓮’，然后再‘瓮中捉鳖’。”大家齐声叫好，都感到这是条“周郎妙计”，走的是一着妙棋。朱德对胡少海说：“这出戏由你唱主角，我只是个导演，戏可一定要演得像真的一样，演好演活，不能有任何破绽。”

很快，一封盖有国民革命军第十六军一四〇团关防的公函递到了宜章

县县府衙门。县长杨孝斌打开公函一看，原来是本县富豪之子胡少海以国民革命军范石生第十六军一四〇团团副的名义写给他的信，信中告诉他：国民革命军第一四〇团奉范石生军长之命，即将移防宜章，以“协助地方维持治安”，本团先遣队由团副胡少海率领将于 1928 年 1 月 11 日进驻宜章县城。杨孝斌看完了这份公函，觉得胡少海荣归故里，并且又是带部队来维持家乡地方治安的，理应热烈欢迎。于是，他把县参议长、团防局头目、警察局长，还有商会会长以及各界士绅等所有在县城里的头面人物都找来，商量如何迎接即将进城的团副胡少海及其带领的先遣队。

1 月 11 日，天气晴朗。宜章打开城门迎接胡少海“荣归故里”。县里的头面人物都到南门外迎接。先遣队入城后，立即布哨，换下了团防局的哨兵，把宜章城的交通要道全部掌握在自己手中。然后，向朱德发出一封密信，告诉他一切都很顺利，可以按原计划进行。

1 月 12 日，正午过后，朱德、陈毅、王尔琢带着起义军开进宜章城。在一四〇团司令部的临时驻地宜章县女子职业学校开会研究行动方案。胡少海汇报说，根据各方面的情况判断，当地官员、士绅还蒙在鼓里，只是对部队进驻宜章的目的有着种种猜测，事不宜迟，应该及早动手。朱德问宴请各界的事安排得怎样了？胡少海说，他已向县长杨孝斌提出，杨孝斌说那样使不得，不能反主为宾，王楷团座一到，就为各位接风洗尘。朱德说：“那我们就借水行船吧！你杨县长要给我省下这顿饭钱，那我们就不讲客气了啰！”

这时，朱德突然想起 5 个月前在南昌起义即将爆发的千钧一发之际，他曾奉命宴请敌军的几名团长，从而获得叛徒告密的情报，促使我方提前几个小时起义的故事，心中暗自好笑：“看来我这一生怕要与‘鸿门宴’结下不解之缘了，有意思，有意思。”

宴会在县参议会的明伦堂里举行。酒过三巡，大厅里进来一个跑堂的，一声长叫：“鱼，——来啦！”这是约定的信号，说明一切都已准备停当。

鱼上桌的那一瞬间，朱德站起来，“哐”一声把盛满酒的杯子往地上一掷，全场顿时哑然无声。门外立刻冲进 10 多个卫士，把枪口对着那些官员和士绅。被突如其来之事弄得莫名其妙的杨孝斌，大着胆子结结巴巴地望着朱德、胡少海说：“你……你……你们是什么人？”

这时，朱德走出座位，面带几分微笑：“委屈各位了。”很快，他又一拍桌子，厉声宣布：“我们是中国工农革命军！我就是朱德！”这一晴天霹

雳，吓得那些在座者魂不附体，目瞪口呆，面如土色。随后，朱德表情肃正：“在座的可以说都是贪官污吏、土豪劣绅。你们作威作福，糟蹋乡里，反对革命，屠杀工农，十恶不赦，是劳苦大众的罪人。现在把你们统统抓起来，听候公审！”杨孝斌听了朱德的话，知道上当了，耷拉着脑袋再也不敢作声。

几乎在同一时间，陈毅、王尔琢指挥起义军以迅雷不及掩耳之势，解决了驻在城东“养正书院”的团防局和警察局，俘虏了400多人，缴枪300多支。

“起义了！暴动了！”年轻人拿起了梭镖，妇女们抱着孩子，老年人倚门扶杖，彼此奔走相告。不一会，消息就传遍了全城和四郊。城里的工人（特别是盐卡上的搬运工人）、农村中的贫苦农民，成群结队地前来参加斗争。凡参加的人，都在颈上挂起约一寸宽、两尺长的红布带子作记号。革命的浪潮很快就席卷了全县。

接着，朱德下令打开监狱，放出被捕的革命者和无辜群众；打开粮仓，把粮食分给贫苦的工农群众。顷刻之间，宜章城里一片欢腾。

1月13日上午，中共宜章县委在城内西门广场召开群众大会。会上，朱德根据广东省委的指示，郑重宣布起义军改名为“工农革命军第一师”，朱德任师长，不再用“王楷”化名，陈毅任党代表，王尔琢任参谋长，蔡协民任政治部主任。在这里，第一次举起了镰刀斧头的红旗。朱德号召大家组织起来，打倒当地军阀势力，实行“耕者有其田”，大会接受群众意见，经公审后处决了罪大恶极的宜章县长杨孝斌、原县长黄得珍等。

朱德智取宜章的消息不胫而走。这在当时成为中国南部特大新闻。当时控制着广东的李济深密令曾经发动“马日事变”的刽子手许克祥，带着他的独立第三师“即日进剿，不得有误”。许克祥接到命令后得意扬扬地说：“老子用6个团同朱德的1个团去较量，吃掉他绰绰有余！”立刻带着全师人马，从广东乐昌日夜兼程北上，想去扑灭湘南起义的烈火。

这一着，早在朱德的预料之中。宜章县委派谭新到工农革命军驻地长村，向朱德、陈毅汇报许克祥正进兵岩泉圩、屯粮坪石镇的情报后，朱德陷入了深思。

“一定打赢这一仗！”“活捉许克祥，为‘马日事变’死难烈士报仇！”尽管兵力上处于劣势，但大家一听说要打发动“马日事变”的死对头许克祥，工农革命军的情绪十分高涨。他们高唱：“梭镖亮堂堂，擒贼先擒王；

打倒蒋介石，活捉许克祥。”

“要打！可得想个具体的打法！”在司令部里，朱德同当地县委领导和第一师的部分负责人共商办法。有人认为目前部队装备也不很差、士气又高，再加上农军配合，同许克祥交战有五六分把握获胜。“五六分把握，才刚够一半。打败了呢？那不是前功尽弃了吗？”朱德转而问：“胡世俭同志，附近可有什么地方能隐蔽部队？”胡世俭想了想，说：“有啊，圣公坛一带大山莫说隐蔽一个团，一个师也行，而且迂回也方便，也有群众基础。”

一个方案很快在朱德脑海形成：许克祥得打，而且要打得必胜。南昌起义没有同当地农民结合，是个教训。退不是出路，再退，就没有这样的群众基础了。这一仗要同当地党组织和群众一起打。

朱德对情况作出分析：“的确，敌人有不少优势，我们不能低估。他兵力数倍于我，武器装备精良，后方实力雄厚。在这种敌强我弱的情况下，决不可采取南昌起义后那种死打硬拼的方法，同敌人拼消耗。应该有勇有谋，灵活机动，扬长避短。我们要用游击战和正规战结合的打法，去战胜敌人。”大家同意朱德的分析，决定避实就虚，诱敌深入，主动撤退，寻找有利战机。

大年三十的前一天晚上，朱德、陈毅率部主动撤出宜章县城，准备经梅田、浆水、碕石，转移到离宜章县城西南约 80 里的黄沙堡、笆篱、圣公坛一带山地集结。第二天，部队经过碕石村，受到当地村民的热烈欢迎，并在这里过了一个热热闹闹的春节。朱德还在军民大会上讲话，进一步鼓舞士气：“我们要干，手里没有枪的，可以用梭镖，5 支梭镖可抵 1 条枪，5 支梭镖可以换 1 条枪。”他还勉励大家：“一切为着穷人翻身而战，一切为着世界大同而战。”

部队开进黄沙堡、笆篱、圣公坛一带山地后，在这里一面发动群众，一面争取时间进行休整，待机歼敌。就在部队休整期间，朱德打听到有一支由青年农民王光佑率领的农民自卫武装，认为只要对这支“绿林”武装从思想上进行开导和指引，是很有可能把它争取过来，成为一支革命的武装力量。朱德将自己的想法和宜章县委商量，得到了支持。于是，宜章县委委派毛科文去做王光佑的工作，朱德还请王光佑的好友、胡少海的岳父李以楠去联系和疏通。之后，朱德又亲自到后来被当地人称为“小井冈山”的圣公坛找王光佑谈话，向他宣传穷人要打倒土豪劣绅和要翻身闹革命的道理。在朱德和宜章县委的帮助和教育下，加以亲眼目睹工农革命军纪律

严明、爱民保民的种种事实，王光佑决定接受工农革命军的改编。于是，这支农民自卫武装被改编为工农革命军后防营，王光佑被任命为营长。

当许克祥率部气势汹汹地扑到宜章时，工农革命军早已退入圣公坛一带的深山中隐蔽起来了。许克祥找不到朱德的部队，以为是被吓跑了，甚至还高兴得狂叫："朱德被吓跑了！"更加骄傲与麻痹的许克祥将教导队和补充团留在坪石镇，亲率两个主力团进到岩泉圩一带，而把另外两个团在坪石、长岭、武阳司、栗源堡一线摆开，继续搜寻工农革命军。但他得到的报告却是"共军去向不明"，"朱德无影无踪"。

敌军的一举一动都迅速报到朱德这里，朱德判断，歼灭许克祥部的条件已经成熟。他和陈毅、王尔琢等连夜制定作战方案，决定兵分两路：一路由熟悉地形的胡少海、谭新带领，迂回敌后，阻击增援之敌，截断岩泉圩敌军的退路；另一路由朱德、陈毅率领精锐，直捣岩泉圩，消灭许克祥的两个主力团。

1 月 31 日，工农革命军向岩泉圩悄悄进发。这完全出乎许克祥意料之外。一个土豪赶到岩泉圩向他报告说：朱德的部队到了百岁亭，离这里不到 5 里地。许克祥大发雷霆："你这是造谣惑众，扰乱军心！朱德早吓跑了，一定是几个梭镖队在捣乱，怕什么？就是朱德来了，老子两颗炮弹就把他轰跑啦。"

早晨 7 点钟，冬天的太阳刚刚升起。岩泉圩上传来声声哨音，许克祥的部队正在开饭。工农革命军突然以迅雷不及掩耳之势冲进岩泉圩，前来助战的农军也在四面山上摇旗呐喊，燃放鞭炮。胡少海、谭新领着另一路兵马，又从侧后杀入，前后夹击。许克祥腹背受敌，无法招架，仓皇而逃。

岩泉一攻下，立刻传来朱德的命令：乘胜追击，不给许克祥有喘息的机会！工农革命军汇成一路，集中兵力，以最快的速度向坪石挺进。许克祥仓皇应战，部队乱作一团。工农革命军在朱德指挥下，一进入坪石，就猛打猛冲，穷追不舍。

许克祥向广东方向逃窜，逃至长岗岭，然而朱德早在长岗岭伏下刚刚收编的农民武装王光佑部。两部夹击，许克祥再度向坪石方向逃窜。坪石地处狭长谷地，许克祥逃到坪石就犹如钻进竹筒的老鼠，只能一股劲地顺着竹筒往前没命地跑了。跑到武水渡头，许克祥顾不得体面，随便抓过一套便衣换上，划一条小船渡河而去。追到乐昌河边，工农革命军拾得许克祥军服一套。

除了没抓到许克祥是个遗憾外，朱德对这次战斗相当满意。许克祥部下官兵1000余人成了他的俘虏，3里长的坪石街道上到处摆满了缴获的步枪、机关枪、迫击炮、弹药等军事器材。其中步枪2000余支，迫击炮、过山炮30多门，马13匹，还有几十挑子银元。先得范石生资助，又有许克祥“惠赠”，朱德的底气更足了。坪石大捷后，“许送枪”的“雅”号不胫而走。尝到了胜利果实后，朱德乐滋滋地说：“‘许送枪’帮助我们起了家。”

战士们打趣地说：“‘许送枪’给我们送来这么多武器弹药，我们还来不及打收条，他就溜了！”朱德幽默地说：“是啊，只好等到他下次送时一块补了。”说完和战士们痛快地哈哈大笑起来。

如果说宜章的年关暴动点燃了湘南大暴动的导火索，那么，坪石大捷就是一阵恰到好处的东风，使这根导火索越燃越快。湘南各地农民群众在当地党组织的领导下，纷纷揭竿而起，武装斗争的烈火迅速燃遍湘南大地。

中共郴州县委得知朱德、陈毅率领南昌起义军余部占领宜章后，立刻召开会议，决定请朱德率部进入郴州支援起义。县委书记夏明震用明矾写了一封密信交给良田区委，让他们派人送到宜章。朱德看到郴州县委的来信后，知道郴州存在着一支红色游击队，非常高兴，立刻拨出步枪100余支，让他们把红色游击队武装起来。

坪石大捷后，胡少海等率农军返回宜章，朱德决定把宜章独立团改编为工农革命军第三师——师长由胡少海担任，副师长是陈东日，党代表是龚楚，留守宜章并监视坪石、韶关方面的敌军动态。朱德、陈毅指挥工农革命军第一师北上，直逼郴州。

2月4日，朱德率领工农革命军开到宜章、郴州之间的良田镇，得知有两个营国民党军队驻守在大铺桥（又名大福桥）一带。驻守在这里的两个营是国民党第三十五军军长何键刚刚组建起来的，6个连队都是些从小学和中学征召来的学生，被编成训练队，准备作军官。朱德组织大家讨论作战方案时，有人主张对这些毫无战斗力的敌军，采取突然袭击，一举加以歼灭，自己不会造成多少伤亡；也有人主张用政治攻势，争取他们站过来。大家七嘴八舌的……

朱德听完大家的争论，指着一把雕有“武松打虎”图案的太师椅，打趣地问大家：“武松为什么打虎？”有人回答说：“不打虎，老虎就要伤他。”他又指着另一把雕有“苏武牧羊”的太师椅问大家：“苏武为什么不打羊

呢?”笑声中，有人回答：“羊又不咬人。”

朱德接着说：“大铺桥这一仗，正像这两幅图案，有‘虎’也有‘羊’。对‘虎’——那些顽固的反动军官，我们学武松，要坚决地打，不然就过不了景阳冈。对‘羊’——那些学生兵，我们要学苏武，耐心地去把他们牵来。打虎才能牵羊，只有把‘虎’打死了，打伤了，‘羊’才能得救。”大家都同意这个“打虎牵羊”的方案。

大铺桥战斗，按照预定方案进行得很顺利。一阵枪响后，学生兵根本没有抵抗的能力。工农革命军立刻喊话：“弟兄们，我们是工农革命军，是穷人的队伍。穷人不打穷人，士兵不打士兵！欢迎你们参加革命！”敌军的团长威胁学生兵开枪还击，并且举枪打死了几个不愿还击的士兵。这时，一阵排枪把这个团长打倒，滚到水沟里了。“虎”打死了，“羊群”大乱，部队完全失去控制。朱德趁势下令吹起冲锋号，把包围圈越缩越小守军除一小部分逃散外，大部分都缴械投降。后来，被俘学生兵被送到宜章去学习，多数人自愿参加工农革命军，小部分要求回家的还发给了路费。

拿下了大铺桥后，郴州城里原来驻防的何键的正规部队 5 个连便弃城而逃了。2 月 4 日傍晚，工农革命军擎着绣有镰刀斧头的红旗，开进了郴州。全城老百姓喜气洋洋地站在街道两旁，燃放鞭炮，敲锣打鼓，热热闹闹地欢迎朱德、陈毅率领工农革命军进城。

2 月 5 日，朱德、陈毅参加郴州县委扩大会议。会上，决定调整充实县委的领导班子，一起部署全县的起义活动，决定以郴州农民自卫军和工人纠察队合编为工农革命军第七师，邓允庭任师长。

2 月 10 日，朱德率领工农革命军第一师主力离开郴州继续北上，向耒阳挺进。陈毅留守郴州，准备向东北侧击永兴。

这时，关于工农革命军和朱德的种种传说，已很快传到耒阳。中共耒阳县委的机关报《耒潮》，公开刊登工农革命军快到耒阳的消息。耒阳城里的国民党正规部队撤到衡阳，县长也溜走了。

2 月 15 日，工农革命军进入耒阳的公平圩。16 日凌晨，占领灶市街。朱德听取耒阳县委汇报后，决定：工农革命军第一师主力正面进攻桌子坳之敌，抽出一个主力连队配合农军攻城。担负攻城的部队，先隐蔽在城外的树林里，观察动静，相机而动。由耒阳县委委员邓宗海、刘泰身藏短枪，带领几十名农军，打扮成卖猪肉、蔬菜、柴草的，装作去赶圩场，骗过团丁的盘查，从北门混进城去，同城内接应的地下党员一起解决把守城门的

敌兵。朱德对参加会议的干部说："这是一个完整的战斗计划，部队要与农军密切配合，发挥各自的特长，迅速拿下耒阳，以减少不必要的伤亡。"另外，他还特别叮咛："耒阳是座古城，是蔡伦的家乡，要认真保护。这样，才对得起我们的祖先，才对得起我们的后代。"

攻打耒阳，进行得很顺利。2 月 16 日凌晨，攻城部队隐蔽在北门外的树林里，化装后的农军闯过团丁的盘查，进入北门。几声枪响后，埋伏在城外的农军和工农革命军 3000 多人扑向耒阳北门。天亮前后，朱德带着工农革命军主力，向驻守在城南桌子坳的挨户团常备队发起猛烈攻击。开始时，他们还想顽抗，后来看到城里火光冲天，无心恋战，迅速溃散了。

2 月 19 日，在杜陵书院召开耒阳县第一次工农兵代表大会，耒阳县工农兵苏维埃政府正式成立，刘泰任主席。不久，朱德根据中央和广东省委指示的精神，在耒阳组建了工农革命军第四师，由邝鄘任师长，邓宗海任党代表。

1928 年 2 月 17 日，也就是耒阳被攻下的第二天。灿烂的朝阳仍像往日一样，把绚丽的阳光抹上耒阳城。耒阳群众大会召开，欢迎朱德领导的工农革命军第一师，街口响起了噼辟啪啪的鞭炮声。街上出现了三五成群的手持小红旗的妇女，领头的那位就是耒阳县女界联合会会长伍若兰。每一个街角，每一棵树旁，每一堵墙下，都有人在那里贴标语，旋即就有一群群人跑过来观看。此时此刻，"欢迎工农革命军"的呼喊声，如同江河中的波涛此起彼伏，耒阳的街巷成了欢乐的河流。

紧接着，一面鲜艳的红旗越飘越近，嘹亮的歌声也越飘越近："一杆红旗，哗啦啦地飘。一心要把，革命闹。盒子枪、土枪，卡啦啦地响，打倒那劣绅和土豪！……"这正是工农革命军最爱唱的歌！

"革命军进城啦!""革命军进城啦!"大伙儿望着身穿灰军装，臂缠红带、扎着绑腿的工农革命军，高举镰刀斧头的红旗，浩浩荡荡向耒阳城开过来。

这时，站在欢迎人群前列的伍若兰不由地睁大了眼睛，踮起脚尖观阵。她终于发现，领头的一位年纪约莫四十一二岁的军官，身穿打了不少补钉的灰色粗布军服，脚穿一双草鞋，背上背着一个斗笠和一个公文包。斗笠的细竹片，已被雨水浇得溜光。由于日夜行军打仗，生活环境非常艰苦，军官粗壮的身躯显得黑瘦了些，四方脸庞上，连鬓胡子毛楂楂的；一双炯炯有神的眼睛，闪烁着慈祥而又深邃的光芒，给人一种威武和亲切的感觉。

伍若兰指着这位军官模样的中年人，直言问身旁的县委书记邓宗海："他莫非就是那个名扬湘南边界地区的朱德吧？""对，对。"邓宗海连声说，"他就是朱德，现在是工农革命军第一师师长。"

两天后，耒阳县第一次工农兵代表大会选举成立了耒阳县工农兵苏维埃政府，刘泰任主席，徐鹤、李树一任副主席。伍若兰万万没有料到，这天刚刚刚吃罢午饭，刘泰忽然进门，没有寒暄，劈头就说："兰妹子，朱师长请你去。""请我？"伍若兰有点不相信自己的耳朵，愣怔片刻以后，才和刘泰一起走进了朱德居住的祠堂里。

发现伍若兰进来，朱德向伍若兰微笑着点点头，表示欢迎。伍若兰坐下的时候，邓宗海向朱德介绍说："她叫伍若兰，1903 年出生于耒阳城郊九眼塘一个书香世家，毕业于衡阳湖南省立第三女子师范学校，1925 年秋加入中国共产党，一直做青年运动和妇女运动的工作，曾任共青团耒阳县地方执行委员会宣传部长，现在是耒阳县女界联合会会长。她可是我们这一带有名的才女哩！"邓宗海还强调："1927 年 5 月'马日事变'后，伍若兰同志被耒阳县政府当局悬赏通缉。但她坚持在当地斗争，化装为村妇，四乡联络同志。9 月，我被湖南省委派回耒阳，她协助我等重建了中共耒阳县委。今年 2 月 16 日，伍若兰与我等率领耒阳农军，配合你朱师长率领的工农革命军第一师攻克耒阳县城。她的贡献真是多多！"

"好啊！革命的才女！"朱德握着伍若兰的手，笑逐颜开："听说祠堂门口的对联是你写的，我记得上联是'驱逐县团丁'，下联是'喜迎革命军'，横批是'赤遍耒阳'，对吧？"

"对的。"伍若兰高兴地回答。"你写得不错嘛"，朱德诙谐地说，"笔力好，内容也好。不愧出自才女的手笔罗！""我没写好，请师长多指教。"伍若兰嗫嚅道。"你是啥时候从衡阳女三师毕业的？"朱德问。伍若兰答："去年夏天。"……

伍若兰没有想到，这一次造访终是一段传奇姻缘的开始。

不久，工农革命军需要一些熟悉当地情况的同志随军做宣传工作，任耒阳县女界联合会会长的伍若兰被调到工农革命军第一师政治部。

朱德当时孑然一身，战斗又如此频繁、残酷、紧张，善良纯洁的伍若兰觉得应该有个人来帮助照顾朱德的生活，使他有更多的精力投入战斗，便大胆与家人商量，冲破了传统观念的束缚，毅然决定和朱德结为夫妻。

第一次约会中，朱德向伍若兰讲了自己的经历，然后吐出了自己的肺

1964 年 6 月 11 日，朱德在北京和共青团九大代表徐学惠（右一）、侯隽（右二）、吕仙仙（右三）交谈

腑之言："若兰，对于你，我从看到祠堂门前那副对联之时起，就产生了好感。你是一个很有才能的女子，又信仰马克思主义，和我志同道合，我愿意和你一起革命，一起生活，你也愿意吗？"伍若兰望着面前直爽而敦实的朱德，顾不上羞涩，很爽快地说："朱师长，只要你不嫌弃，我愿意同你一起生活，一起行军打仗，永远也不离开你。"

3 月的耒阳，春江水暖，草木葱翠，生机勃勃的山野洒满了阳光，干练自强、年方 25 岁的伍若兰在朋友的陪同下，来到朱德的驻地水东江的杜陵书院，举行了简朴而热闹的婚礼……

五、与毛泽东会师井冈山

1927 年 10 月底，朱德带着南昌起义军余部在赣南千里转战寻找"落脚点"，到了信丰后，赣南特委派人联络时，说到毛委员率领秋收起义部队开始上井冈山建立革命根据地的消息。朱德听到这个消息，非常兴奋地说："我们去找毛委员！" 11 月上旬，朱德率部在江西崇义山区的上堡整训时，一个偶然的机会，在敌人报纸上看到毛泽东在井冈山一带活动的消息，无

不高兴，对陈毅说：“我们去找毛泽东，他确实在井冈山上！”陈毅说：“要找毛泽东，我看有一个人去联系最合适。”“谁?”朱德问。“毛泽东的亲弟弟毛泽覃就在我们这里。”陈毅说。

朱德喜出望外，立即派毛泽东的胞弟毛泽覃上山找毛泽东。

毛泽覃，号润菊，1905 年生，湖南湘潭县韶山冲人。受长兄毛泽东的影响，1921 年在长沙加入中国社会主义青年团，后到常宁县水口山等地从事工人运动。1923 年 10 月转入中国共产党。1925 年秋赴广州，曾在黄埔军校政治部和广东区委工作。1927 年春，到武汉国民革命军第四军政治部任书记。

井冈山时期的朱德

毛泽覃原来准备参加南昌起义，但中途受阻未能赶上，遂南下赶起义大军，一直追到临川，才见到周恩来，参加了起义军。他被安排到叶挺为军长的十一军二十五师政治部宣传科任科长，随部队转战于广东的潮汕地区。起义部队在广东潮汕遭到敌人围攻后，毛泽覃随部队转移，最后和朱德、陈毅所率的从三合坝撤下来的部队会合。

毛泽覃接受任务后，化名覃泽，穿一身国民党正规军军官的制服，顺利地通过一道道关口，由湖南资兴来到茶陵坑口。坑口是茶陵与江西宁冈的交界之处，工农革命军占领茶陵后建立了红色政权，并派了一个连驻扎坑口维持地方治安。毛泽覃机警地找到这个连的驻地，连长陈伯钧立即派人送他上井冈山。

毛泽覃终于在宁冈县茅坪见到了大哥毛泽东，兄弟二人内心的喜悦自然不言而喻。毛泽覃详细地向毛泽东介绍了朱德所部及其行动的情况，并转达了朱德的问候以及两支部队会合的意向。毛泽东决定派出专人去同朱德联系，欢迎两支部队联合起来，共同对付敌人。以后，毛泽覃就留下来，参加了井冈山革命根据地的斗争。

就在此时，张子清、伍中豪带着秋收起义部队的工农革命军第一师第一团第三营在江西上饶一带游击时，与朱德率领的南昌起义余部会合了，那是 1927 年 10 月下旬，毛泽东带着秋收起义部队在井冈山麓的大汾遇到地主武装的袭击，队伍被打散。张子清、伍中豪因地形不熟到了上饶。他们向朱德介绍了毛泽东领导的秋收起义部队和井冈山的有关情况。

不久，两个陌生人来到广东韶关的犁铺头，急匆匆地走进了朱德的司令部。只见其中的一位西装革履，一副富商派头。陈毅一见此人就大笑起来，同时招呼："哎呀，何坤，过去相会在巴黎，今天见面在犁头铺，有点感想吧？你怎么到这里来了呢？"原来，此人叫何坤，后改名何长工，他和陈毅是法国勤工俭学时的老相识。

井冈山会师（油画）

何长工说："我现在改了名，叫何长工，从井冈山来。毛泽东派我来找寻南昌起义的部队，我从井冈山到长沙，从长沙到广州，奔波了两个月，才找到你们。你们的警卫真厉害，把我当假洋鬼子捆起来，幸好碰到蔡协民，才给我松了绑。"

正说得热闹，朱德走了过来。听说是毛泽东派来联络的，朱德忙伸出手来，紧紧地握住何长工的手表示欢迎。寒暄几句后，朱德问何长工："你以前干什么工作呢？"

"秋收起义时，我当连党代表，大革命时期是湘西农民赤卫队总指挥。

蔡协民是华容县委书记，所以我们认识。”何长工指指身后陪同前来的蔡协民，好像是要证明一下自己身份似的。

朱德乐呵呵地听完何长工的自我介绍，便急切地询问起毛泽东的近况。一个多月前，朱德从张子清处了解到毛泽东的一些情况，这次见到何长工，他问得更细致了——问秋收起义、广州起义的情况，问井冈山的地形环境怎样，问群众多不多、群众基础如何，问物产怎么样，等等。听完，朱德带着满意的神情和称赞的口吻说：“我们跑来跑去，就是要找一个落脚的地方，毛委员选的这个地方好。我们到那里去会合。”

先后听完张子清和何长工介绍毛泽东和井冈山的情况，朱德不论对毛泽东个人还是他率领的部队的近况都有了更多的了解。他心里暗暗佩服毛泽东的胆略和才华。

到了1928年3月，正当湘南起义方兴未艾之时，桂系与湘系军阀之间的混战结束了，湘粤军阀根据南京国民党政府的命令纠集了7个师，从湖南衡阳和广东乐昌两个方向南北夹击，进逼湘南。此时，湘南的革命力量，正规部队只有朱德和陈毅率领的一个师，各县虽有农军数万，但都没有经过正规训练，而且武器装备几乎只有梭标和大刀，枪支很少。

更不利的是：在湘南苏维埃区域内，这时出现了“左”倾盲动主义的错误。湘南特委书记陈佑魁认为：“中国文化落后的农民，要他们出来革命，只有一个赤色恐怖去刺激他们，使他与豪绅资产阶级无妥协余地”，要求到处进行烧杀，严重脱离了农民群众。为了保存工农革命军，避免在不利的条件下同敌人决战，朱德当机立断，做出退出湘南、向井冈山转移、同毛泽东会合、实现武装割据的重要决策。

这时，湘南特委派代表周鲁到井冈山，贯彻执行临时中央政治局扩大会议决议和湖南省委的指示，指责以毛泽东为书记的前委“工作太右”、“烧杀太少”，宣布中央给毛泽东以“开除中央临时政治局候补委员”和“撤销现任省委委员”的处分；取消前委，成立师委，以何挺颖为书记，毛泽东改任师长。并命令工农革命军离开井冈山，去支援湘南暴动。毛泽东下山后，没有径直去湘南，而是在湖南酃县中村待机，一面就地整训部队，一面发动群众；同时，派毛泽覃带着特务连去湘南同朱德联络。

到了3月下旬，毛泽东得知朱德、陈毅率领的湘南起义部队遇到广东、湖南“协剿军”的夹击，在湘南难以立足时，便决定兵分两路，赶赴湘南，接应和掩护湘南部队撤退。毛泽东率工农革命军第一团向桂东、汝城前进；

何长工、袁文才、王佐率领第二团从井冈山大井出发，向资兴、郴州方向前进。

3月29日，朱德率领部队完成了转移的准备，在耒阳敖山庙整装待发。他在指挥部门前的大坪上作动员，说："这次进入湖南取得了很大胜利，广大农民已组织起来了。各县都有了自己的工农武装，贪官污吏、土豪劣绅威风扫地，广大农民扬眉吐气，但是，国民党反动派不甘心他们的失败，他们还要卷土重来，我们要百倍警惕，要选择更有利的地点、时间消灭更多的敌人，革命道路是漫长曲折的，同志们要树立不怕苦，不怕死，敢于斗争，敢于胜利的精神。我今年已经42岁了，你们还年轻，我都不怕，你们更要不怕苦，要将革命进行到底。"朱德的讲话，被阵阵掌声打断。部队出发时，附近的工农群众站在大道两旁送行，依依不舍之情在战士、群众中间传递。

朱德每到一个地方，只要部队一休息，他总要找一些老百姓来问一问，谈一谈。不管老人、小孩，他都能与之拉开话匣子。人多了，他就站在高处讲。从敖山庙来到附近的芭蕉坪，他对当地赤卫队员讲话时说："不要看我们人少，但我们一定会胜利，这是因为革命的同情者是多数。地主、富农等剥削者总是少数。"在讲到怎样打仗时，他说："我们不能光硬打，硬打要加巧打，要灵活，打了就走，不要贪多。"

在毛泽覃带领的特务连接应下，朱德、王尔琢率领的工农革命军第一师主力和耒阳新成立的第四师、宋乔生领导的水口山工人武装，经安仁、茶陵到达酃县的沔渡。不久，唐天际带领的安仁农军也赶来会合。

正在郴州的陈毅接到朱德关于向井冈山转移的通知后，立刻组织湘南各县的党政机关和湘南农军转移，在资兴与从井冈山下来的由何长工、袁文才、王佐率领的工农革命军第二团会合。不久，黄克诚带着永兴的800农军也赶到资兴的彭公庙。

毛泽东知道湘南起义军正向湘赣边界转移的消息后，4月6日离开桂东沙田，向汝城进发，以牵制敌军，掩护湘南起义军转移，随即攻占汝城。4月中旬，毛泽东率领队伍到达资兴县的龙溪洞，同萧克领导的宜章独立营500多人会合。这是第一支同毛泽东亲率部队会合的湘南起义军。

湘南特委机关随同陈毅带领的起义部队和农军撤出郴州后，新任特委书记杨福涛和湘南团委书记席克思坚决反对上井冈山。部队到资兴的彭公庙后，杨福涛就提出要同大部队分手，带着特委机关回衡阳去。为了说服他们放弃回衡阳的主张，在彭公庙召开了湘南特委和军队负责人的联席会

议。会上，大家再三劝说，但没有能说服杨福涛。

4月中旬，陈毅带着工农革命军第一师主力一部和湘南农军第三师、第七师以及何长工、袁文才、王佐带领的第二团一起到达酃县，和朱德率领的主力部队汇合。何长工去见朱德，朱德非常关切地问他："毛泽东同志什么时候能到?"何长工说："两天左右可能会到宁冈。"

随后，何长工率第二团赶回宁冈，为朱德部队安排住处，准备粮食，欢迎两军会师。

4月24日前后，朱德、陈毅率领着湘南起义军主力工农革命军第一师和湘南农军1万余人，从沔渡经睦村到达井冈山下的宁冈砻市。不久，毛泽东在酃县一带完成了阻击敌人，掩护朱德率部上山后，也回到了砻市。

砻市的老百姓听说朱将军来了，高兴地互相转告着。当时，天还没亮，大家就开始准备欢迎朱德和他率领的队伍。贴标语，腾房子，准备慰劳品。大家议论着，他们心目中的朱德一定骑着高大膘肥的栗色马，穿着军官的服装，威风凛凛……可队伍里始终没有出现这样一位军人。

人们寻找着，猜测着。原来朱德就在队伍中，只不过他不是大家所传说的那个样子，声名赫赫的朱将军却一副普通战士的装束：一身灰色军装，腰扎皮带，打着裹腿，戴着平顶帽，左肩右斜地挎着一支短枪。难怪大家找不到朱德呢。最后还是凭着他那一口四川话及特殊的和气风度，人们才认出了他是朱德，立刻欢呼声四起："欢迎朱将军!"

到砻市后，朱德把满脸的胡须刮得干干净净，换上了一套洗得发白的灰布军装，接着把绑腿打得结结实实……警卫员见了，笑着说："好久没见过你这样打扮了。"朱德兴奋地说："今天可不比平常，要见毛委员哩。"

毛泽东一到砻市，得知朱德、陈毅住在砻市的龙江书院，顾不上一路征尘，立即带领主要干部向龙江书院走去。朱德听说毛泽东来了，赶忙与陈毅、王尔琢等出门迎接。

远远地看见朱德，何长工便热心地向毛泽东介绍说："站在前面的那位，就是朱德同志，左边是陈毅同志，朱德同志身后的那位是王尔琢同志。"毛泽东会意地点点头，说："我前不久与朱德同志见过一面，很短暂的一面。"说完，毛泽东微笑着向他们招手。

毛泽东远远地打量着朱德，只见他肤色黧黑，饱经风霜，看起来比实际年龄老得多。朱德注视着毛泽东，只见他长发后梳，面庞清秀，身材高大，穿着军服，却不戴军帽，也没有扎皮带佩手枪。

毛泽东一行快走近书院时，朱德抢先几步迎上去，毛泽东也加快了脚步，早早把手伸出来。不一会，他们的两双有力的大手、两双扭转乾坤的巨手紧紧地握在一起了，使劲地摇着对方的手臂，动作传递出的信息是那么热烈，又是那么深情。旁边目睹这一历史时刻的不少人欢喜得流出了眼泪。

从此，"朱毛"的名字便紧紧地联系在了一起，朱毛在中国革命和建设中长达48年的友谊也由此开始。中国共产党的历史和中国人民解放军的历史上，记载下了这次历史性会见，中国革命从此翻开了辉煌的一页。

毛泽东和朱德走进书院大门，登上楼梯，一起走入二楼一间宽敞的作为会议室的大房间。毛泽东把带来的干部向朱德一一作了介绍，朱德也把所率部队主要干部向毛泽东作了介绍。朱德请大家在几张书桌拼成的会议桌前坐下，毛泽东坐在左边，朱德坐在右边，两人正好面对面，其他干部也分别落座。

很快，井冈山的干鲜果实和清香绿茶送了上来，毛泽东作为主人，也因为朱德年长，处处敬着朱德为先。

毛泽东带着称赞的口吻说："这次湘粤两省的敌人，竟没有整倒你!"朱德半认真半是谦虚地说："我们转移得快，也全靠你们掩护。"

确实，总算把这支部队带出来了，这对朱德来说是个过程艰难但结局圆满的任务。在南昌那时，连他自己都没想到，会是他，把铁军最后的残部保留下来，把一个军队的命脉延续下来。

毛泽东兴奋地说："我们可以编成一个军了。"朱德说："是的，足够编一个军了。"

见面时的气氛非常热烈，毛泽东感慨："这次两军会师，可谓开工农革命军之先例。当年刘、关、张桃园结义时，那才几个人？如今我们安营扎寨在井冈山可叫兵强马壮。"

言谈间，朱德只感到毛泽东洒脱磊落，智慧过人，而且朝气蓬勃，意气风发，不觉被毛泽东感染了，感觉自己顿时年轻了许多。

最后，毛泽东提议："趁着'五四'纪念日，兄弟部队和附近群众开个热闹的联欢大会，怎么样？两方面的负责同志和大家见见面。"朱德微笑着表示赞成。毛泽东用目光找到靠边的何长工，叮嘱道："你负责大会的准备工作，要多动员些群众来参加。"

第二天，在龙江书院的文星阁召开了两支部队的连以上干部会议，讨

论了工农革命军第四军成立与人事安排等一系列重大问题。

在讨论两军会编后取什么番号时，朱德想到北伐战争时号称“铁军”的叶挺部队。叶挺独立团誓师北伐后，一路势如破竹，屡战屡胜，屡建奇功，后来发展成为二十四师、二十五师，叶挺所在的国民革命军第四军被誉为“铁军”。他说：“第四军有着光荣的历史，在全国享有崇高的荣誉。当年叶挺独立团的老底子都在我们这里，我看会编后部队沿用第四军的番号，表明我们继承北伐军的光荣传统，把革命进行到底！”朱德的提议得到大家的拥护，一致同意会编后的部队改称为工农革命军第四军。

当讨论到军长人选时，一开始就有人提出由朱德任军长。说他资历深，威信高，又有丰富的战斗经验，善于带兵打仗，早年进入过云南讲武堂，参加过云南起义、护国讨袁，还在苏联学习过军事，又参加了南昌起义和湘南起义，担当四军军长最合适。

朱德一听急了，说：“我建议大家推选一位更年轻，精力更充沛的同志出任。”但他的意见没有得到支持，大家一致同意他出任军长、毛泽东任党代表、王尔琢任参谋长。

接着，工农革命军第四军党第一次代表大会召开，选举毛泽东、朱德、陈毅等 23 人组成第四军军委，毛泽东任军委书记。

5 月 2 日，毛泽东以第四军军委书记的名义，写报告给江西省委和中共中央，概括地介绍了两军会师和部队合编的情况说：“前湘特决定朱毛两部合编为第四军，指定朱任军长，毛任党代表，朱部编为第十师，毛部编为第十一师，湘南各县农军编入两师中。朱兼十师师长，宛希先任党代表；毛兼十一师师长（本任张子清，因他受伤毛兼代），何挺颖任党代表；另一教导大队，陈毅任大队长，机关炮略备。”两师下辖 6 个团，番号自第二十八团至第三十三团，全军约万余人。

5 月 4 日，天刚亮，人们就从四面八方涌向砻市，参加会师大会。会场就设在龙江西岸的河滩上，人们用几十只禾桶和门板搭起主席台，上面用竹竿和席子搭起一个凉篷。主席台的两边挂着许多彩旗和标语。战士们迈着整齐的步伐走进会场，宁冈、遂川、永新、酃县等地的农民群众，扛着梭镖，举着红旗和标语小旗，川流不息地走进会场，人头攒动，汇成了欢乐的海洋。

这一天，云淡风轻，阳光明媚，远近山坡上杜鹃花开得一片火红，龙江两岸的田野里，黄灿灿的油菜花散发出阵阵浓香。

上午10时左右，毛泽东、朱德、陈毅、王尔琢和根据地党政军各方面的代表登上主席台，陈毅宣布庆祝大会开始时，几十名司号员奏起军乐，鞭炮齐鸣。陈毅首先宣布了四军军委决定，两军会合后改编为中国工农革命军第四军，军长朱德，党代表毛泽东，参谋长王尔琢。

接着，朱德在一片热烈的掌声中走上台。自行伍起，养成了说话简练的习惯，他走到讲台前向大家行个军礼，高声喊道："我们党领导的两支革命武装的会合，意味着中国革命的新起点。参加这次胜利会师大会的同志，一定都很高兴。可是，敌人却在那里难过。那么，就让敌人难过去吧。我们不能照顾他们的情绪，我们将来还要彻底消灭他们呢！这次胜利会师，我们的力量大了，又有井冈山作为根据地，我们就可以不断地打击敌人，不断地发展革命。"最后，他希望两支部队会师后，加强团结，提高战斗力。并向群众保证：红军一定保卫红色根据地，保卫群众的利益。他的话音刚落，就响起了热烈的掌声。

在这个难忘的日子里，毛泽东麾下的不少将士第一次目睹了朱德的风采。在此之前，许多人都知道朱德的大名。他的敌人把他看成是危险的威胁，他的同志把他看成希望的明星……对工农革命军战士来讲，朱德无疑代表着争取革命胜利的希望和力量。

紧接着，毛泽东讲话，他着重分析了两军会师的历史意义和光明前途，还在会上宣布了红军的"三大任务"和"三大纪律六项注意"。

参谋长王尔琢在会上就搞好军民关系的问题讲了话。各方面的代表也相继讲话，大家都热烈祝贺两军胜利会师和四军的成立。

会场上响起了山呼海啸般的欢呼声，士兵和老百姓跑上台去，抬起毛泽东、朱德、陈毅等军政首长，绕场欢呼一周，气氛甚为热烈。

朱毛会师后组成的中国工农革命军第四军，成了当时中国共产党领导的一支最强大的革命武装。会师后，使井冈山根据地的军事力量一下子猛增了5倍以上，特别是朱德带上山的部队原有北伐劲旅叶挺独立团的基础，战斗力较强。他们荟萃井冈，如虎添翼。

5月25日，中共中央发布《军事工作大纲》，规定"在割据区域所建立之军队，可正式定名为红军，取消以前工农革命军的名义"。从此，中国工农革命军第四军改名为中国红军第四军，简称红四军。

"红军荟萃井冈山，主力形成在此间。领导有方在百炼，人民专政靠兵权。"为了纪念这次具有伟大历史意义的会师，朱德曾如是赋诗道。

第四章　赣闽苏区

一、向赣南闽西进军

江西国民党军在井冈山的“进剿”屡战屡败，不仅使湘赣两省当局手忙脚乱，惊惶失措，就连国民党政府也深感形势严重，大为震动。1928 年底，张学良通电全国，宣布东北易帜，“北伐”战争已经结束，国民党统治暂时处于稳定时期。蒋介石接二连三地电令湖南省主席鲁涤平和江西省主席朱培德，要他们尽快组织对井冈山根据地的第三次“会剿”。

不久，国民党当局任命何键为“会剿”总指挥兼湖南省“剿匪”总司令，金汉鼎为副总指挥兼江西省“剿匪”总司令，集合 6 个旅 3 万兵力，在 1929 年 1 月初从永新、莲花、茶陵、酃县、桂东、遂川等地，分 5 路进攻井冈山。

1 月 4 日，中共红四军前委在井冈山宁冈柏露村召开有红四军军委、红五军军委、湘赣边界特委、各地方党组织以及红四军、红五军代表共 60 多人参加的联席会议。为了便于统一指挥，会议决定红四军与红五军合编，将红五军改编为红四军第三十三团，由彭德怀任红四军副军长兼第三十三团团长，滕代远任红四军副党代表兼第三十三团党代表。在研究如何打破敌人的“会剿”时，会议认为“在目前时局之下，湘赣会剿的环境中，只是消极的抱定保守边界政权还不够，须要建立一个积极的政策”来打破敌人的进攻。“决定四军大部出发赣南，五军（四军之三十三团）守山移动目标，转攻敌人之后，使敌人穷于应付，不能实现其两省会剿之计划。企图围魏救赵，影响边界，以解井冈山之围。”

1 月 14 日，毛泽东、朱德率领红四军军部直属部队和第二十八团、三十一团 3600 多人，从井冈山的茨坪和小行洲出发，向赣南出击，正式拉开了创建中央革命根据地的战幕。

一场罕见的大雪，给赣南的群山披上了银装，也给部队的行军造成了很大的困难。雪水的融化，使道路变得泥泞不堪。战士们浑身上下湿成一片，他们当中许多人只穿着单薄的衣服，有的人连鞋子都没有，打着赤脚行军。很多人的脚冻裂了口子，痛得钻心，但还是坚持行军。

红军沿着罗霄山脉的左侧偏江西的一面打出去，每天行军五六十里，每每经过村镇、县城就张贴《红四军司令部布告》，走一路点燃一路火种，很快打破了几条封锁线。一直向南走，沿着上饶，在占领崇义城之后，又于 1 月 22 日攻克了大余县城。这时，何键弄清红四军主力的动向，立刻从“会剿”红军的 5 路人马中，抽调第一路李文彬部和第五路刘建绪部共 4 个旅，前往大汾、左安等地堵击，并尾追红军南下，使初下赣南、对这里人生地不熟的红四军主力遭到巨大困难。

大余县比较富庶，街道整齐，铺子很多，前委决定在这里筹粮筹款。第二天傍晚，赣军两个旅尾追到此。因刚到大余一天，群众还没有组织起来，红军耳目不灵，不知道敌人已经迫近，于是仓促应战。

毛泽东和陈毅组织部队突围，朱德率特务营掩护撤退。脱险以后，朱德和毛泽东在距大余 40 里地的杨眉收集整理部队，才发现第二十八团团长何挺颖、独立营营长张威等 200 余人都在激战中英勇献身。

二十八团有 1900 多人，战斗力最强，是红四军中有名的“钢铁团”，不能群龙无首。毛泽东、朱德思虑再三，决定由林彪接任红二十八团团长的重任。

为了尽快甩掉敌人，毛泽东和朱德决定连夜出发，仍由朱德率特务营殿后。指战员们不顾激战后的疲劳，立即上路，赶了二三十里地后才在一个山沟里宿营。为了不暴露目标，部队没有生火做饭，大家饿着肚子等到天明。

第二天拂晓，部队又以急行军的速度出发，一口气跑了 90 里，傍晚来到广东南雄县境的乌迳。部队没敢进村，就在野地里做饭吃。

毛泽东没有见到朱德，连忙问：“朱军长还没有来吗?”“没有。”“怎么回事?”“不知道。”毛泽东有点急了：“会不会出事?”没有人回答。

“毛委员，要不要派人去迎一迎朱军长?”语音刚落，一群战士围了上

来，“我们去！我们去迎！”毛泽东没有答应。他让大家安静下来，再稍等一会儿。

茫茫夜色中终于传来一阵阵嚓嚓嚓的脚步声，声音越来越大。“是朱军长，是朱军长回来了！”有人欢快地喊道。毛泽东急步上前，紧紧地握住朱德的双手：“你可回来了！大家都在为你着急，再不回来，我就要带着部队找你去了。”朱德笑呵呵地安慰着大家：“不会有事，不会有事。”

部队刚把饭吃完，就在村外的田坝上露营了。不料，敌军紧追不舍。朱德刚刚照料部队休息，就接到当地党组织派人送来的报告：“大股敌军已到达离这里只有几里路的村庄。”朱德立即命令部队迅速转移，出发时连军号都没吹。当敌人发起进攻时，已不见红军的踪影。

离开乌迳后，红军先到南雄的界址，再折入江西信丰县境，每日平均急行 90 里以上，“沿途经过山岭皆冰雪不化，困苦加甚”，来到安运。

2 月 1 日夜晚，红四军进入赣粤闽边界的寻乌县境，在项山的圳下村宿营。第二天早晨，追兵两个旅 4 个团把圳下村团团围住，发起猛烈进攻。

第二十八团团长林彪放弃担任后卫的责任，拉起部队就走，使毛泽东、朱德和军直机关陷于非常危险的境地。在这危急时刻，朱德带领独立营担任后卫，吸引敌人，掩护毛泽东带领军部机关乘晨雾突出重围。朱德手提机枪，领着众人左冲右突，拼命战斗，且战且退，跑出十几里地，最后身边只剩下 3 名战士。

伍若兰在突围中身负重伤后而落入敌人魔掌。敌人马上把活捉伍若兰的消息电告蒋介石，蒋介石立即回电：“软硬兼施，为我所用。”于是，敌人对她施以严刑逼供，妄图得到重要机密。敌人威胁说：“你不怕死吗？”她昂然答道：“共产党人从来不怕死，为人民解放斗争而死最光荣！”敌人又诱她同朱德脱离关系，伍若兰斩钉截铁地说：“如果要我同朱德脱离，只怕是日头从西边出，赣江水倒流！”敌人想尽办法，但一切都无济于事，赣州敌首如实地电告蒋介石：“软硬兼施，伍难为我所用。”蒋介石遂回电：“斩首示众！”

这年 2 月 12 日，年仅 26 岁的伍若兰被绑赴赣州卫府里刑场被无计可施的敌人处决。行刑后，敌人又灭绝人性地将她的头割下，吊在一个架子上面，用大字写上“共匪首领朱德妻子伍若兰”，沿江示众。最后，还将她的头颅送到长沙，悬挂在城门上示众以恐吓革命群众。

几天后的一个晚上，朱德正独自坐在油灯下默默思考着什么。突然，

毛泽东来到房间，拿着一张报纸走过来，沉默地递给朱德。只见报纸上赫然印着“伍若兰英勇就义于赣州”的消息，一时朱德的眼窝溢满了泪珠，似乎他早就预料到了这个结果。

毛泽东点燃一支烟，沉重地说：“若兰同志是党的好战士、人民的好儿女。她就像井冈山上的兰花一样，坚忍不拔。”朱德紧紧握住报纸，遥望着溶溶月色下山岩上盛开着的兰花，情不自禁地喊了一声：“若兰，我的好妻子！……

朱德一生酷爱兰花，也许其中就包含着对品格高洁、英勇就义的伍若兰的思念。

朱德与身边工作人员在栽培兰花

再说，红军脱离险境后，立刻冒着大雪向东北方向翻越过几座大山，到达闽粤赣3省交界的罗福嶂。在这里休息一天后，探知国民党军队正在会昌集结，于是红四军“拐了一个弯，一下又折回头，插到江西瑞金”。

他们打下了瑞金城，很快又撤出瑞金。部队开到瑞金城北20里的大柏地、隘前一带。大柏地东西两边峰岭相连，树林茂盛，中间是一个凹形狭长地带，只有一条小路通往外面。毛泽东和朱德一见这样的地形，决定集中兵力埋伏在这里伏击追敌。这时，正是农历除夕之夜。赣军刘士毅部，在项山战斗后，对红军紧追不放，一直跟在红军后面，仅差一天路程。于是，“杀敌过新年”成了战士们的战斗口号。

2 月 10 日，尾追而来的刘士毅部进入红军的伏击区，朱德亲自指挥部队发起攻击，带队冲在前头。激烈的战斗持续到 11 日，红军歼敌两个团的大部，俘敌 800 余人，缴枪 800 余支，还缴获了不少的火腿、腊肠、香烟和美酒。红军战士们可高兴了，指战员们快快活活地过了一个春节。

大柏地战斗后，整个局面顿时改观。红四军士气大振，后面再没有尾追的敌军，就在 2 月 13 日进占宁都，筹款、买布、补充给养。接着，向吉安、兴国、永丰交界的东固靠拢。

东固，离吉安县城很远，处于数县交界的边境，地形险要，周围都是崇山峻岭。在这里，有着原中共赣西特委秘书长李文林等与段月泉领导的江西红军独立第二团和独立第四团。这两支红军队伍，是在暴动农民组成的游击队的基础上逐步发展起来的。2 月 22 日，朱毛率部来到这里，即与红二团、红四团会合。

在东固会师大会上，毛泽东发表了讲话，并热情赞扬了红二团、红四团和东固人民在革命斗争中所取得的重大成就。朱德在讲话中说："国民党反动派天天说打朱、毛，可是朱、毛越打越多。你们都成了朱、毛。"大家听了都大笑起来。

红四军经历了一个多月脱离根据地的艰苦转战后，来到东固才获得一个休整的机会。可是，不久，一直尾追红军的赣军李文彬部赶到东固，吉安的金汉鼎部也对东固采取攻势。毛泽东、朱德、陈毅研究后，"乃决定抛弃了固定区域之公开割据政策，而采取变定不居的游击政策（打圈子政策），以对付敌人之跟踪穷追政策"。

这时，闽西的龙岩、平和、上杭、永定一带群众，在郭慕亮、张鼎丞、邓子恢等领导下，已经建立了工农武装，开辟了小块的游击根据地，有着很好的群众基础。同时福建没有国民党的嫡系部队，几支地方军阀的战斗力都不强，中共福建省委的同志便建议朱毛红军到闽西休息一段时间。

为了甩掉敌人，朱德、毛泽东同意了这一建议，率红军于 2 月 25 日离开东固，掉头向东，经水丰、乐安、广昌、石城，向闽西进军。

3 月 11 日深夜，红四军进入福建长汀县境内，第二天到达四都。当晚，驻守在长汀的福建省防军第二混成旅旅长郭凤鸣派团长卢新铭带领一个补充团赶到四都。13 日凌晨，向红军进行偷袭，遭到红军有力还击，敌军溃散。继而，朱德发出命令："追！不让敌人中途集结！"红军穷追猛打，一直把敌军追击到离长汀城 15 里的长岭寨下。

长岭寨山岭绵延十几里，山高林密，毛竹、杂草丛生，地势十分险要，被称为“长汀的天然屏障”，要攻克长汀，必须先拿下长岭寨。

3月14日晨，红四军分兵3路向长岭寨发起总攻，第二十八团和三十一团担任主攻，特务营迂回敌后，抢占长岭寨以北的乌石岭，切断敌人退路。此役歼敌2000余人，郭凤鸣中弹受伤，在逃跑途中被红军击毙。

战斗结束时，朱德大步向负责敌后的特务营营长毕占云走去，还未等毕占云报告战况，就笑眯眯地说：“郭凤鸣给打死了。”毕占云感到有些突然：“怎么？这样快呀！”朱德拍了拍毕占云的肩膀说：“真的！随后就抬下来。老乡们还要求在城内示众他3天呢！”

当天下午，红四军乘胜占领长汀城，缴获各种枪支500多支、迫击炮3门、炮弹百余发，并夺取了一个拥有新式缝纫机的军服厂和两个兵工厂。

进入长汀后，朱德会见了当地的福音医院院长傅连暲。采纳傅的建议，在红军中普遍接种牛痘，防止天花蔓延，后来，傅连暲率领医院中许多医务人员参加了红军，组成红军中的医疗队。

为了便于开展游击战争，前委对红四军进行了整编，将原来的团改为纵队。全军编为3个纵队：原第二十八团大部为第一纵队，司令员林彪，党代表陈毅；原军部直属的特务营和独立营加上原二十八团的一部分合编为第二纵队，司令员胡少海，党代表谭震林；原第三十一团改为第三纵队，司令员伍中豪，党代表蔡协民。军长是朱德、党代表是毛泽东。

一个傍晚，太阳已经落山，正在升起的暮霭渐渐笼罩了长汀城。朱德像往常一样走出住所，到近处散步。微风吹来，送上缕缕凉意，他伸手扣上颈下的扣子。这时，走来一位红军女战士，她就是曾志。

曾志看到朱德在踱步沉思，猜测他可能还在为失去妻子伍若兰而难过，心里不由得同情起来，走上前说：“朱军长，您在散步呀？”

曾志是伍若兰在湖南第三女师低两级的校友，而今是红四军的民运股长，所以同朱德很熟悉。听到有人打招呼，朱德转过脸，一看是曾志，便问：“你到哪里去？”曾志答：“刚吃过饭，随便走走。”

“今天宣传怎么样？”朱德想转移自己的思路，赶忙换了个话题。曾志似乎也意识到了这点，回答道：“群众的情绪很高，不少青年人都要求参加红军哩！”

“好呀！”一说到青年人参军，朱德的语调顿时变得兴奋起来，“我们是人民的军队，只要替群众办了好事，他们是会拥护和支持的。”曾志凝思

了一会，说："朱军长，到我们那里去坐一会吧。"这个邀请出乎朱德的意料之外，他猛地一愣，很快又镇静下来，点了点头："好吧，到你们那里去看看。"

曾志和一些女战士住在一起，是一间装饰很好、但并不宽敞的房间。当朱德在曾志的引领下走进房间时，女战士们都站了起来，欢迎自己尊敬的朱军长。朱德忙说："都坐吧，各人照干各人的事情，是曾志让我来坐坐的。"

女兵们都坐在各人的床边，显得有些拘谨。"怎么都不讲话了？"朱德扫视一遍后，说："刚才进门时还听到你们在这里蛮热闹的嘛，我一来都变成了哑巴！"

"你是军长，她们有点怕你。"曾志说。朱德扬了扬浓眉，说："敌人怕我，你们怕我干什么？还不是两个眼睛一张嘴巴。"幽默的话语，逗得女战士们"哧哧"地笑起来。其中，一个女战士笑着说："朱军长，你真有意思。"

朱德边听边用目光扫了一下坐在中间的这个高大健壮的女战士。她没有绰约动人的风姿，但她那黑里透红的脸蛋闪耀着青春的光彩，特别是那双在长睫毛覆盖下带着泼辣神情的大眼睛，像黑宝石，闪闪发光；如清澈的泉水，莹莹透明。朱德不禁问："你是哪里人？"这位女战士说："江西万安县罗塘湾。"朱德接着问："叫什么名字啊？"曾志抢答："康桂秀。"朱德又问："今年多大了？"这位女战士害羞地答："17 岁。"

朱德这才知道，坐在他面前的这个叫康桂秀的女兵，原来是个地地道道的红小鬼，便问她怕不怕流血牺牲之类的话，康桂秀用浑厚稔熟的江西万安口音斩钉截铁地回答："报告军长，怕死就不出来当红军了！"朱德夸奖道："好，回答得很好嘛。"

接着，女战士们同朱德谈开了，无拘无束。过了一会儿，曾志犹豫了一下，谨慎地说："朱军长，若兰大姐牺牲了，再给您介绍个女战士吧？"

一提到伍若兰，朱德的心头猛地一紧，仿佛在他未愈的伤口上又撒了一把盐，痛得发抖。但他知道这是对他的关心，随便说一声："好嘛。"

曾志先是看到朱德沉默，以为自己的话刺痛了他，有点儿内疚，接着听到朱德没有反对，就用目光悄悄地扫了一遍在坐的女战士们，在康桂秀的身上停留的时间最长。

17 年前生于江西万安县罗塘湾塘下村的康桂秀，是一个善良贫苦渔民

的女儿，因打鱼生活漂泊不定，当她出生才40天时，就被父亲康定辉送给大禾场村罗奇圭家做望郎媳（即童养媳）。在当地，先找个媳妇，以便这望郎媳能望来个儿子，是千百年来传下的风俗。然而，这个望郎媳没有给罗家望来“郎”。后来，养父养母逼迫她出嫁。那时，康桂秀已经见过一些世面，懂得一些道理。她对养父母果断地说过：“我的婚事不要你们操心，我自己的事我自己做主！”不久，康桂秀远走高飞当了红军。这件事，在她的家乡传为佳话，广为流传。1926年，康桂秀参加共产主义青年团（后来转党），并在妇女协会工作，1927年参加万安暴动，1928年参加红军上井冈山。

凭着少女的敏感，康桂秀发觉了曾志的目光，脸上有些发烧，心跳也加快了。她站起身来，悄悄地走出了房间。除了曾志，其他人并没有发现康桂秀的异常表现。

朱德不愿在这些女战士们面前谈论这个问题，又与大家寒暄了几句，就回到了他的住所。

一天晚饭后，康桂秀刚回到住处坐下，曾志就走了进来，坐到了她身边，还亲切地拉着她的手，仔细地打量着她，康桂秀被看得怪不好意思的，她暗自寻思：这位曾大姐，过去总是说说笑笑的，今天这是怎么了？

“有事吗？曾大姐。”康桂秀小声地问。曾志没有回答，依旧打量着她，过了一会儿才问：“桂秀，你看朱军长这人怎么样？”康桂秀不假思索地回答：“军长，人很好的。他带领部队打仗，英勇善战，不怕牺牲，对士兵还特别和蔼可亲的。”

“我是说，我是说……”曾志仍打量着康桂秀，“你个人对朱军长的印象如何？”康桂秀说：“军长就是军长，个人可不能随便瞎议论。”曾志说：“不，不。我们红军讲究官兵一致，民主平等，对谁都可以讲讲的。你只管说，没什么关系。”

康桂秀说：“他这样的军长可真少见。我们家乡的那些挨户团团长，一出门就地动山摇，前后的保镖、随从一大帮子人，可够威风的。而我们的朱军长，虽是个那么大的官，能打仗，又留过洋，有学问，可一点官架子都没有，每次见着我们这些小兵都有说有笑的。”曾志问：“如果要你同他结婚，你愿意吗？”康桂秀马上惊住了，变得很严肃：“你又在瞎凑合，前几天我没有怪你用异样的眼光着看我的，今天你怎么又……”

曾志亲切、温和地说：“你放心，朱军长是个好人。这几个月你也看到

了，他对若兰大姐多好，感情多深呀。若兰大姐牺牲后，朱军长精神上很痛苦的。你和他结婚后，可以从生活上帮助他，给他很大的安慰。”

康桂秀起先是低着头，摆弄着自己的衣角，过了好久才说：“可我不像伍大姐。人家伍大姐能打仗，又有文化，字写得那么漂亮，还能讲那么多的道理。我……”

“你也可以学，可以进步呀。”曾志最后说：“当然，这事还得你自己拿主意，我现在有些事先出去一下，你再认真考虑考虑我的意见吧。”

曾志走后，康桂秀的心里怎么也平静不下来，当晚，她翻来覆去睡不着。

结婚，对一个女孩子来说，是重大的终身大事。康桂秀随红军上井冈山前，养父养母曾逼迫她出嫁，她曾说过：“我自己的事我自己做主!”如今，自己的这件终身大事真要她自己做主了。可这个“主”怎么做呀?

不错，朱军长是个好军长、好领导。可好军长、好领导与好丈夫是两码事。自己与他的差距实在太大了——论年龄，我还不满 17 岁，他已是 43 岁的中年人；论水平，我思想幼稚，理论、文化知识都很差，现在也才粗通文字，他早已是个成熟的军事家；论地位，他是军长，我不过是个红军女战士。这样大的差距……

康桂秀几乎一夜没有睡着，但第二天早晨起来吃过饭，她照样去做宣传群众、组织群众的工作。

尽管康桂秀拒绝了曾志的建议，但是，当朱德亲自找她进行了一次深入的交谈之后，她被朱德的经历深深地打动了，也被朱德的人品所吸引。朱德说：“虽说我们彼此有些差距，但如果能走在一起，我会好好帮助你，你也可以给我许多帮助。我们会成为很好的革命伴侣，你能答应我吗?”

康桂秀被朱德十分真诚、十分恳切的话所感动。她抬起头，只见朱军长正两眼紧紧盯着自己，样子是那样赤诚，那样憨厚，那样朴实，她的心开始动了，红着脸，低头坐着。

朱德像讲故事一样平静地叙说着自己的经历，康桂秀静静地倾听着。康桂秀的心底渐渐涌上了一股暖流，但她毕竟还是个少女，少女的矜持使她不愿说什么。

朱德说：“看来你是不好意思回答。能不能这样，只要你不表示反对，不摇头，就表示同意，可以吗?”康桂秀一动也不动，没有任何表示。

“那么，我再问一遍，你能答应同我结婚吗?”朱德问后，康桂秀仍然一动也不动，没有任何表示。朱德的脸上露出了喜色："那么，你答应了。"康桂秀脸颊绯红，终于微微地点了点头。

就是这微微的一个点头，决定了她一生的命运；就是这微微的一个点头，开始了她与朱德长达近半个世纪的相随相伴的情缘。

后来，康克清回忆说："我同朱老总在结婚前，没有谈情说爱。我们相互间的真正了解、相互体贴和爱情是在结婚以后发展起来的。他在思想、政治、理论、文化和工作上给了我多方面的帮助，我以后的许多进步，都同他的帮助和熏陶分不开。我能给予他的却很有限，多半也只是生活上的照料和帮助。在结婚的当天晚上，我对他说：'我有自己的工作，还要抓紧时间学习，希望你在生活上不要指望我很多。'他不但支持我，还说：'干革命就不能当官太太，当官太太的人就不能革命。我有警卫员照顾，许多事我自己都能干，生活上的事不用你操心，你只管努力工作、学习吧！'"

攻克吉安的第二天，吉安周围成千上万的工农群众手举红旗，兴高采烈地涌进城内。城内的工人和贫苦群众也纷纷走向街头，欢迎红军入城。

这时，身为第一方面军总部特务团三连指导员的康桂秀为自己改了一个名字。其实，早在参加红军后，她一直觉得"桂秀"这个名字太女孩子气。如今，当了连指导员而领导着一个连的男兵，仍然叫这个名字，更觉得不合适。在吉安遇到当年万安游击队的负责人、带领她投奔井冈山参加红军的刘光万，就对他讲了自己的想法。?

刘光万一听，说："好！这名字改一改好！"他想了一会儿就说："那你就改名叫康克勤吧。勤俭的勤，意思就是要克勤克俭，既勤劳又节俭。"康桂秀想了想，说："这个名字不错，好听，只是勤字笔画多，写起来费事。我又觉得一个人光勤快还不够，还应当对自己要求更高一点。这样吧，把勤字改做清字，写起来比较省事，而且表示我在清清白白地做人，沿着一条清清楚楚的正确道路前进。你看怎样？"刘光万连连点头："太好了。那你改名叫康克清吧！"?

当晚，她与朱德讲起改名的事，朱德表示同意，而且笑着说："好嘛，这名字的改动，说明你思想上又成熟一些了嘛。"?

第二天，她就按照规定的手续，把改名字一事向组织上打了一个报告，组织上同意了。从此，她就不再叫康桂秀。也正是康克清这个名字，伴随着她行进在漫长的革命道路上，伴随她一直走到人生的终点……

二、独撑困局

1929年4月1日，朱毛红军离开长汀，翻过武夷山，回师瑞金。4月2日，彭德怀、滕代远率红五军（原红四军第三十三团）赶到瑞金与红四军主力会合。红五军本来留守井冈山，在比红军多三四十倍的5路强敌的进攻下，彭德怀率领红军苦战了7天7夜，打退了敌人几十次进攻。鉴于敌众我寡，为保存有生力量，彭德怀率500余人向赣南突围，于3月底到达瑞金。

4月3日，前委在瑞金接到中共中央在2月7日发出的《给润芝、玉阶两同志并转湘赣边特委信》（即“中央二月来信”）。这封信受到共产国际书记处书记布哈林的影响，加上2月初对红四军的情况不很了解，因而对红军的行动策略提出了错误的主张。布哈林1928年7月在中共“六大”上所作的报告“对中国苏维埃、红军运动的估计是悲观的。他认为只能分散存在，如果集中，则会妨害老百姓利益，会把他们最后一只老母鸡吃掉，老百姓是不会满意的。他要高级干部离开红军，比方说，要调朱德、毛泽东同志去学习”。

来信要求前委“应有计划地有关联地将红军的武装力量分成小部队的组织散入湘赣边各村中进行深入的土地革命”，“采取这一避免敌人目标的集中和便于给养与持久政策”，认为这样做是为了保存武装力量，避免被敌人消灭。来信中还提出“中央从客观方面考察和主观的需要，深信朱毛两同志在目前有离开部队的必要：一方面朱毛两同志离开部队，不仅不会有更大的损失，且更便于部队分编计划的进行，因为朱毛两同志留在部队中，目标既大，徒惹敌人更多的注意，分编更多不便；一方面朱毛两同志于来到中央后，更可将一年来万余武装群众斗争的宝贵经验，贡献到全国以至整个的革命。”

4月5日，红四军前委在瑞金举行会议，讨论中央来信，毛泽东、朱德都不赞成中央来信中提出的红军的行动策略，不赞成红军分散成小部队，更不赞成主要领导人离开部队。

会议还决定红五军和红四军第三十二团改编为红四军第五纵队，湘赣边界赤卫队改编为红四军第六纵队。彭德怀以红四军副军长名义指挥这两

个纵队。

根据大家的讨论，会后由毛泽东起草了前委致中央的信。信中指出说：中央来信“对客观形势及主观力量的估计，都太悲观了。“中央要我们将队伍分得很小，散向农村中，朱毛离开队伍，隐匿大的目标，目的在于保存和发动群众。这是一种不切实际的想法。以连或营为单位，单独行动，分散农村中，用游击的战术发动群众避免目标，我们从 1927 年就计划过，而且多次实行过，但是都失败了。”复信就红军在敌强我弱的情况下，实行武装割据采用的行之有效的游击战术做出了概括。并在分析南方数省的形势后，提出要创造革命根据地，造成巩固的赤色区域，夺取江西全省以促进全国革命高潮的到来，直至夺取全国的革命胜利。

关于朱毛离开的问题，回信说：“中央若因别的需要朱、毛二人改换工作，望即派遣得力人来。我们的意见，刘伯承同志可以任军事，恽代英同志可以任党及政治，两人如能派得来，那是胜过我们的。”

形势在发展，中央的认识也在变化。4 月 8 日，中央发出经周恩来修改过的给毛泽东、朱德的指示信中，不再坚持要朱毛离开红四军，只是“希望派一得力同志前来与中央讨论问题”。

瑞金会合后，因为蒋桂战争正在激烈地进行，瑞金周围没有敌情，部队得到一段从容休整的时间。朱毛红军趁赣南兵力空虚的机会，分兵发动群众，打土豪，打土围子，分田地，发展地方武装，建立红色政权，迅速扩展革命根据地。同时，彭德怀率原红五军回赣江以西，恢复井冈山革命根据地。

4 月 30 日，朱德、毛泽东指挥红四军第一、二纵队，向凭借城高墙厚对抗红军的宁都城守发起了强攻。经过两天激战，红军全歼守敌一个团，活捉敌团长雷世琮。这个雷世琮曾叫嚣要把朱德的头挂在宁都的城墙上，几个红军战士将这个又矮又瘦、萎靡不振的家伙押到朱德面前，朱德喝道：“有 30 个小老婆，还夸海口要挂我人头的就是你啊！”雷世琮吓得缩成一团，狼狈地低着头，唯唯诺诺，无言以答。

朱德接着说：“听着，本应该枪毙你，但只要你服从命令，可以饶你一命。你在石城的家里存有许多步枪、机关枪、军需、银元和大米，你给家里写封信，把这些东西运到我们这里来；另外我们有一张药品单子，你想办法派人到大城市里去买，只要把这些事情都办到了，我们就放了你。”

雷世琮一听有活命希望，答应马上写信，让他的勤务兵送到家里。几

天后，大批的物资就从石城运到了宁都。不久，红军所需的药品也送了来，红军履行诺言，放了这个雷世琮。

从4月开始，红四军在赣南活动、转战一个多月，建立了于都、兴国、宁都3个县级革命政权，初步形成了赣南工农武装割据的局面。

5月中旬，蒋、桂争夺两湖的战争以桂系失败退回广西而告终。江西的国民党军回防，而闽西方面的国民党军赴广东参加粤桂战争，福建显得比较空虚。朱毛决定再次入闽。

5月19日，毛泽东、朱德率领红四军从瑞金县武阳越过武夷山，进入闽西。23日，红军歼灭敌两营攻占龙岩，当晚撤出。25日占领永定，建立起以张鼎丞为主席的永定县红色政权。

6月3日，红军再克龙岩，建立以邓子恢为主席的龙岩县革命委员会，这是闽西第三个县级红色政权。接着，红四军分3路进攻上杭白砂，横扫上杭旧县、才溪和南阳，在这里，将闽西长汀、永定、上杭、龙岩4县的地方武装改编为红四军第四纵队。

正在广东参加军阀战争的陈国辉，系原驻龙岩的福建省防军混成第一旅旅长，得知老窠龙岩再次被红军占领，大为震惊，日夜兼程地由粤回闽。红四军得悉后，决定暂时撤离龙岩。陈国辉误以为红军不敢同他交锋，必定要退回赣南。于是，便和反动官吏、土豪劣绅、还乡团为龙岩“失而复得”大搞“祝捷”，游行3天。

正当他们得意忘形之时，朱德和毛泽东率领在连城县新泉休息了几天的红四军又秘密返回，分三面包围了龙岩城。6月19日拂晓，红军发起攻城战斗。打进城后，展开激烈巷战。陈国辉部大多是土匪出身的亡命之徒，死守一屋一巷。为了避免不必要的伤亡，朱德命令红军避开正面，从敌背后、侧面“挖墙掏洞”，一个一个地夺取敌人据守的房屋、院落，并以政治攻势迫敌投降。陈国辉见大势已去，带着少数亲信化装逃出。

红四军前后3次攻占龙岩，合计消灭陈国辉部主力2000余人，共缴步枪900余支、迫击炮4门、水机关枪6架、手机关4架。第三次攻占龙岩城后，初步形成了以龙岩、永定、上杭为中心的闽西根据地，建立了以邓子恢为主席的闽西苏维埃政府。正如民歌所唱：“打倒土豪分了田，扩大红军建政权；汀江两岸都红遍，红山红水红满天。”

这时，中央派来了曾在苏联学过军事的刘安恭，前委便让他担任了军委书记一职，同时兼任红四军政治部主任。刘安恭上任后，机械地搬用苏

联红军的一些作法。

5月底，红四军前委在福建永定县湖雷召开会议讨论分歧意见。刘安恭与林彪成为两种对立意见的代表人物，展开了激烈的争辩。

刘安恭等要求成立军委，认为“既名四军，就要有军委”，建立军委是完成党的组织系统。他们还指责前委“管得太多”，“权力太集中”，不但“包办了下级党部的工作”，还代替了“群众组织”，甚至攻击前委领导是“书记专政”，有“家长制”的倾向。很明显，刘安恭的矛头主要是指向毛泽东。

林彪等人则针锋相对地提出，现在红军只是一支4000多人的小部队，又处在频繁作战、游击动荡的环境之中，领导工作的中心还在军队，“军队指挥需要集中而敏捷”，由前委直接领导和指挥更有利于作战，不必设重叠的机构。林彪说，如果在前敌委员会之下、纵队委员会之上再插入一个军委，人也是这些人，事也还是这些事，一层层议，一层层往下传，这实际上是一种只看外表不重结果的形式主义，这些形式主义者的要害在于试图成立军委，与党分权。

两种意见争执不下。红四军移师福建上杭白沙，准备在6月8日召开前委扩大会议，出席者扩大到连以上干部。

白沙会议召开前3小时，林彪派人飞马给毛泽东送了一封信。他在信中说：“现在四军里实有少数同志的领袖欲非常高涨，虚荣心极端发展。这些同志又在群众中是比较有地位的。因此，他们利用各种封建形式结成一无形的结合派，专门吹牛皮攻击别的同志。这种现象是破坏党的团结一致的，是不利于革命的，但是许多党员还不能看出这种错误现象起而纠正，并且被这些少数有领袖欲望的同志所蒙蔽。”另外，林彪还用了“政客手段”“卑污行为”“阴谋”等语言，矛头直指朱德。

会议开始时，毛泽东公开了林彪的信，一下子将林彪推向了风口浪尖，置于众目睽睽之下。林彪也不含糊，索性尖锐到底……

白沙会议虽然撤销了军委，但争论范围还在继续延伸。刘安恭散布了许多挑拔离间和攻击毛泽东的言论，硬说红四军中有拥护中央派和反对中央派。少数人还有意将党内分歧意见散布到一般战士中去。这种言论极大地紊乱了指战员的思想。毛泽东萌生离开前委的想法。

林彪看出了毛泽东的矛盾心理，白沙会议刚结束又给毛泽东写了一封信，请江华转交。江华后来回忆说：“当天夜里，林彪给毛泽东同志送来一

封急信，主要是不赞成毛泽东同志离开前委，希望他有决心纠正党内的错误思想。”

为了搞清问题，红四军前委要求朱毛两人提出书面意见，详细陈述自己的观点。6 月 14 日，毛泽东写了《复林彪同志信》；15 日，朱德写了《答林彪同志谈前委党内争论的信》。毛泽东的信从历史和环境两方面说明了红四军内部存在的问题和争论的原因，列举了“个人领导与党的领导”、“军事观点与政治观点”“流寇思想与反流寇思想”“形式主义与需要主义”“分权主义与集权”等 14 个问题，认为党对军队的领导是红四军目前存在的关键问题。在信中，他阐述了反对军委与前委并立的 4 点理由：一是分权，不能集中领导；二是重复，毫无必要叠床架屋；三是危及党领导一切的最高原则；四是动摇了前委在组织领导上的威信。毛泽东希望党组织批准自己到莫斯科学习的请求。朱德则认为，在红四军中，确实出现了党的组织替代群众组织、忽视基层工作的缺点，形成了书记专权的沉闷现象，这在一定程度上打击了广大群众的积极性和主动性。

6 月中旬，《前委通讯》第 3 期将《林彪致毛泽东的长信》、《毛泽东复林彪同志信》和《朱德答林彪同志谈前委党内争论的信》一并刊印出来，让各种意见公开亮相，于是争论也进一步公开化。在四军中和根据地内，人人都可以对毛泽东、朱德说长道短，而且争论的内容也远远超出了前委与军委关系这一范畴。

6 月 22 日，中共红四军第七次代表大会在龙岩中山公园公民小学召开。到会的各前委委员、各纵队司令员、支队长、党代表和士兵代表，共计四五十人。

会议认为，毛泽东是前委书记，对争论应多负些责任，给予党内“严重警告”处分。同时，给朱德“口头警告”处分。会议对刘安恭、林彪也作了批评。

毛泽东、朱德、林彪、刘安恭、伍中豪、傅柏翠等 13 人被选举成新的前委，陈毅被当选为新的书记。

散会后，朱德走在回来的路上，有人提醒他：林彪别有用心！朱德不由得想起了一些往事：从湘南起义前后，林彪就引起了自己的注意，且之后有意培养这个年轻人。可能是下井冈山后，在前不久的那次项山突遭敌人袭击时，林彪本是后卫，没有掩护军部却拉着部队走了，事后自己曾批评过他让他一直耿耿于怀吧？朱德想到这里，暗自笑了笑。

朱德考虑比较多的是同毛泽东的一些误会：要说有不同意见，那都是人的个性差异派生出来的一些主观、独断的问题，其实我们在党领导军队的问题上没有根本的分歧。同为红四军的领导，自己确实感到在一些具体问题上难以处理。不论如何，尽管我们的意见相左，但我们仍然是心心相印的。

会后，即7月8日，毛泽东离开了他一手拉扯大的红四军，到闽西上杭蛟洋养病并兼做调查研究、指导地方工作去了。

7月中旬，当闽、粤、赣3省国民党军队以约2万兵力向红军发动“会剿”时，已经率领红四军到连城新泉发动群众并准备反“会剿”的朱德和陈毅，专程赶往上杭蛟洋，与正在这里的毛泽东等一起举行前委会议，制定反“会剿”计划。决定把红军“分成两支队伍，毛泽东率领一支留在闽西骚扰敌军，朱德率领另一支开展大规模牵制战，深入敌区，直到沿海，以切断敌军主要补给线，至少要压迫福建军队离开苏维埃根据地”。之后，陈毅根据中共中央关于要红四军派一得力同志前往中央汇报工作的指示，经厦门转道香港赴上海。陈毅走后，朱德代理红四军前委书记，红四军这个摊子实际上就留给他一个人支撑。

盛暑季节，朱德率领红四军第二、三纵队远征闽中，以吸引敌军的进攻目标；而第一、四纵队转战闽西，坚持斗争。8月5日，朱德率部占领宁洋，缴了守敌的枪，然后乘胜追敌，于8日攻占漳平。8月21日，攻大田不克，回师闽西。8月29日，朱德在漳平县溪南与闽军相遇，歼敌1个团，击毙敌副团长。8月30日，在漳平歼敌1个营，再克县城。9月6日，重占龙岩。短短一个月，朱德率领的两个纵队出击闽中，连获胜利。至此，赣粤两省敌军各自撤退，对闽西根据地的第一次“会剿”被打破。

9月上旬，红四军的4个纵队在白沙会合。这时，朱德根据闽西特委和上杭县委的要求，准备在中秋节前后集中兵力攻下素有“铁城”之称的上杭。卢新铭的福建省防军第二混成旅盘踞在这里。9月19日，朱德率红四军和地方武装1万余人秘密向上杭运动，并亲自登上山头观察地形，做出战斗部署，决定待夜深人静时，涉渡汀江。

21日凌晨，朱德发起总攻命令。红军主力部队趁凌晨能见度低由当地赤卫队带路，从汀江上游水浅处渡过汀江。第一纵队攻西门，第二、三纵队主攻北门，第四纵队在赤卫队配合下攻东门，另一部分赤卫队佯攻南门。战斗打响时，卢新铭部还蒙在鼓里。赤卫队乘着竹筏划过汀江，用机关枪

和土枪进行轰击，同时在洋铁筒里燃放鞭炮。卢部分不清真假，只得扼守城池，胡乱放枪。当第一纵队的炮火把守军的主力引到西面后，第二、三纵队立刻在北门发起猛攻。朱德在北门外一个小高地上指挥作战。红军战士架起云梯，翻入城内。当卢新铭发觉中计，调兵增援北门时，北门已被突破，红军战士和赤卫队员蜂拥入城。朱德也随军进入上杭。这次战斗，除卢新铭带着十几个贴身警卫从南门冲出重围逃走外，城内守军全部被红军俘获。20 日，朱德在县衙门前的广场上主持召开了上杭军民祝捷大会。

打下上杭，为红军争得了又一个休整的机会。红四军人数发展到 7000 多人，每个纵队由两个支队发展为 3 个支队。

9 月下旬，朱德在上杭城太忠庙主持召开红四军党的第八次代表大会。召开这次会议的本意，是想解决“七大”所没有解决的一些争论问题。但是，由于前委领导不健全（陈毅已去上海向中央报告工作尚未回来，毛泽东在闽西特委所在地蛟洋养病），会议又没有做好必要的准备，在事前不能拿出一个意见，就让大家讨论。结果，会议开了 3 天，参会人员七嘴八舌，毫无结果。

会议期间，大家都感到毛泽东离开后“全军政治上失掉了领导的中心”，朱德表示欢迎毛泽东回前委工作，说：“大家都说朱毛红军，朱离不开毛，朱离开了毛过不了冬。”于是，由彭祜、郭化若起草了一封信派人送去，请毛泽东回前委工作。但毛泽东回信推辞，说：“红四军党内是非不解决，我不能随便回来；再者，身体不好，就不参加会了。”

这时，两广军阀混战爆发。中共中央和福建省委先后致信红四军前委，要红四军全部开进广东东江地区，帮助东江扩大红色区域，“使闽西、东江联成一片”。于是，朱德于 10 月中下旬率红四军主力进军东江。攻打梅县时，部队受到一定损失。这时，粤军对红四军形成合围之势，朱德决定撤回闽西。

10 月 22 日，陈毅从上海经香港到达广东梅县的松源，回到前委机关。陈毅带来了在周恩来主持下、由陈毅起草的《中共中央给红军第四军前委的指示信》（即中央“九月来信”）。中央来信和周恩来的口头指示指出：红军正处于同敌人搏斗的环境中，主要精力应是对付敌人，而不能放任内部斗争，对朱德、毛泽东要顾及他们政治上责任的重要，维护他们的威信，并明确指出朱、毛仍负责前委工作，毛泽东仍任前委书记。朱德表示坚决拥护中央指示，他和陈毅致信在上杭休养的毛泽东，请他立即回红四军主

持前委工作。

11月23日，红四军重新攻占长汀城后，朱德主持前委开会，会议决定促请毛泽东速回主持工作，并派部队去迎接。26日，离开红军主力近5个月的毛泽东从上杭蛟洋来到长汀，与朱德、陈毅会合。

从此，朱毛的手重新握在一起。同天，毛、朱、陈在一起召开了一次团结民主的前委扩大会议。此后，从白天到深夜，朱毛经常促膝交谈，商量着如何加强红军的建设，如何开好红四军“九大”。看着他们亲密无间的样子，好像他们之间从来也没有存在过芥蒂。

12月3日，毛泽东、朱德率领红四军进驻连城县新泉，进行政治、军事整训。毛泽东十分重视对党内情况的调查，多次召开各级党组织书记、组织委员、宣传委员和各级党代表的会议，还带领一些干部到周围农村进行社会调查，为起草红四军“九大”的决议准备丰富的材料。朱德负责军事整训，他克服各种困难，举办了基层军事干部训练班，亲自上课，言传身教，开展军事技术、战术训练。他还主持制订了红军的各种条例、条令等法规，为克服红四军内的各种错误倾向和提高战斗力，也为开好红四军党的“九大”创造了条件。

在新泉整训期间，前委得知国民党又调集闽、粤、赣3省兵力，仍以金汉鼎为总指挥，部署对红四军和闽西苏区的第二次“会剿”。12月中旬，金汉鼎部再占长汀，向连城新泉一带逼近。前委为了集中力量开好“九大”，决定留下一部分部队在新泉一带警戒从江西来犯的敌军，其余部队向苏区中心后退一步，以便安全地举行“九大”。

红四军的领导机关这时移驻上杭的古田镇。古田是上杭县北部的一个大集镇，也是上杭、龙岩、连城3县交界的地方，有3条大道与外界相通，地势险要，易守难攻。这里的群众发动得比较好，已建立起苏维埃政权，有很好的群众基础。

12月28日，红四军党的第九次代表大会在古田镇廖氏宗祠召开。虽是隆冬时节，会场里却热气腾腾。120多人聚集在这里。大会秘书长陈毅主持会议，毛泽东代表前委在会上作了关于红四军第九次代表大会决议案的报告，朱德作了军事报告，陈毅传达了中央“九月来信”和中央关于反对托陈取消派的决定，还作了废止肉刑和枪毙逃兵的报告。代表们热烈讨论了中央“九月来信”和会议的各个报告，共同总结经验教训，进一步统一了思想认识。这次代表大会选举出新的前委，毛泽东重新当选为前委书记，

朱德、陈毅、罗荣桓、林彪、伍中豪、谭震林等11人当选为前委委员。

当古田会议正在进行的时候，蒋介石调集闽、粤、赣3省军队对闽西革命根据地进行的第二次“三省会剿”已步步进逼。参加这次“三省会剿”的军队共14个团，在金汉鼎统一指挥下，分3路向闽西革命根据地进犯。

当福建敌军先头部队进抵离古田仅30里地的小池时，红四军前委决定向敌后转移。1930年1月5日，朱德率领红四军主力第一、第三和第四纵队先出发，从古田经连城、宁化北进，挺进江西。毛泽东率领红四军前委和第二纵队掩护主力转移后北进。

一天傍晚，阵阵北风卷着稀稀落落的雪花，满天飞舞。朱德穿着与战士一样的灰色旧棉袄，打着绑带，穿着草鞋，带着警卫员笑容满面地走进所宿营的村里一栋土墙矮屋里。屋里有一位白发苍苍的龙姓婆婆和她七八岁的孙女桂香，正坐在火盆边烤火。老人有一点聋，说话大声一点才能听得见，村里人有时叫龙婆婆为“聋婆婆”。老人其他的亲人都被白匪杀害了，与孙女过着拮据的生活。

龙婆婆见两位红军进屋，便招呼他们坐下烤火。朱德把桂香抱在怀里，一面抚摸着她稀疏的头发，一面打着手势和聋婆婆“攀谈”。

过了一会儿，朱德走进厨房，看见锅灶冷冰冰的，两只缺了口的破瓦缸里一点水也没有。于是，他挑起水桶往外走，不多时瓦缸满了。随后，朱德默默离开了。龙婆婆很感激，想了想，从床铺下的箩筐里取出母鸡刚下的几个鸡蛋，用红布包上，带着孙女要把鸡蛋送给刚才挑水的红军。

离家龙婆婆不远处的小祠堂，就是红军的临时厨房。“小同志，你们那个‘老伙夫’在这里吗?”龙婆婆见一个红军炊事员正忙着切菜，便这么问了句。小炊事员听了沉思了一会说：“我们这都是年轻的小伙子，哪里有什么‘老伙夫’?”他见婆婆听不清，又做了一番手势。

龙婆婆焦急地看了看屋里的人，确实没有那个到自己家去的人。这时，朱德的警卫员端个木盆进来打水，被机灵的桂香看见了，高兴地喊，且拙笨地打着手势：“奶奶，那个帮助挑水的‘老伙夫’就是跟这个叔叔一块来的。”于是，桂香扯住警卫员衣袖，说：“叔叔！您帮我去找给我家挑水的伯伯……”正在这里，朱德笑盈盈地走进厨房，桂香一个箭步扑了过去，喊道：“老伯伯!”

龙婆婆回头一看，正是自己要找的“老伙夫”，便连忙把红布包着的鸡

蛋塞到他手里，说："同志，山沟里也没有什么好吃的，几个蛋，请收下吧！"可是朱德说什么也不收，边说"谢谢您，您老人家自己留着吃吧"，边把鸡蛋塞回来，含笑走开。

龙婆婆有些生气，转身对红军炊事员说："你们这个'老伙夫'真客气，看我这老婆子不起……"没待她说下去，桂香已经从警卫员那里知道"老伙夫"是谁，连忙尖着嗓子在她耳朵叫着："奶奶，那个伯伯不是伙夫，他是朱军长！"

老人又惊又喜，问小炊事员："他真的就是井冈山下来的朱军长!?"小炊事员肯定地点了点头。龙婆婆一听说替她挑水的是朱军长，心里久久不能平静。她自言自语：啊！难怪他这样爱护穷人！

1月16日，朱德率部攻占石城以北的广昌县城。攻占广昌后，已有可能继续向北推进，再克南丰、南城、抚州，逼近南昌。但由于红四军的目标是尽快打通闽、赣、粤3省的联系，并同中共赣西特委、江西红军第二和第四团会合，朱德决定不北上进攻南丰、南城、抚州，而是向西开赴宁都的东韶地区，准备在这里小憩两日后，再部署下一步的行动，这时，毛泽东也率领红四军前委和第二纵队经连城、清流、宁化、归化县境，西越武夷山到达广昌，在1月24日来到东韶地区，同朱德率领的红四军主力会合。

朱德、毛泽东率领红四军离开闽西进入江西后，参加"三省会剿"的国民党军队顿时失去了目标。闽军发生内讧，纷纷撤离闽西；赣军因后方受到威胁，把主力撤回赣南；粤军见闽军和赣军都已撤走，也随着撤离闽西。闽西的地方红军乘机反攻，收复龙岩、永定等县城。国民党军队对闽西革命根据地的第二次"三省会剿"就一无所获地被粉碎了。

2月6日至9日，红四军前委和赣西特委、红五军军委和红六军军委在吉安县陂头村举行联席会议（即"二七会议"），讨论扩大苏维埃区域，深入土地革命、扩大工农武装等任务。

冰天雪地，天气奇冷，可会场上人人心里却是热乎乎的。会议决定组织"共同前委"，红四、五、六军各成立军委，受"共同前委"领导。毛泽东为前委书记，朱德等5人为常委，朱毛并肩担起了领导红军和地方党的重任。会上还决定成立红军第六分校，由朱德任校长、毛泽东任政治委员。

"二七会议"刚结束，朱德、毛泽东立刻率领红四军由藤田地区向吉安

推进，同黄公略率领的红六军会合，准备先占吉水，后取吉安。

蒋介石得知朱毛红军逼近吉安，急忙命令成光耀旅死守吉安，金汉鼎部伺机占领宁都，湘军朱耀华旅开至乐安，戴岳旅在南丰、乐安之间集结。同时，急调湖北的唐云山部独立十五旅匆匆赶到江西，在2月20日到达吉水县城至乌江镇一线。国民党军队对红军形成包围圈，形势骤见严重。

朱德、毛泽东分析了这一态势后，认为红军不宜继续向北推进。吉水地处乌江北岸，不易涉渡。这一带又是当地地主掌握的会道门武装红枪会活跃的地区，红军不便在此作战。于是决定放弃原来攻占吉水的计划，改为诱敌深入、相机歼敌，将全军撤至富田休养待机。唐云山部发现红军向富田撤退，不知是诱兵之计，当其他各路国民党军队还在原地未动时，便孤军深入，分3路向富田冒进。2月24日，朱德、毛泽东指挥红四军，在红六军第二纵队配合下，开始投入战斗。他们以一部兵力从侧后迂回，牵制右路和中路敌军，集中兵力向进至水南的左路敌军发起猛烈攻击。这次战役歼灭唐云山独立第十五旅大部，旅长唐云山被击伤，俘虏1600余人，缴获大量武器。朱德非常高兴："正在需要枪的时候，又阔起来了，人也得到了补充，迫击炮什么都有了。一方面我们得到了会合，一方面又有人送来这么多财富。"

红军军事的胜利促进了赣西南革命形势的迅猛发展。这时的赣西南，围绕赣江流域，横断江西半壁，纵横数千里，包括30多个县。3月29日，赣西南特委组成。同时，赣西南苏维埃政府宣告成立，曾山为主席。

打垮唐云山部以后，朱德、毛泽东率部乘虚移师兴国。到兴国后，又得悉原驻赣州的金汉鼎部已全部调往福建去打地方军阀卢兴邦，赣州空虚。朱德、毛泽东于是决定留红六军第二纵队在兴国发动群众，红四军准备乘虚攻打赣州。但进攻赣州的战斗开始后，才发现得到的情报并不准确。守军闭门拒守，红军缺乏攻城的重武器，久攻不下，只好作罢。

赣州一战后，毛泽东、朱德发布通告："赣南、闽西空虚，给我们以争取群众，打通3省联系的好机会。"于是，红军按计划在赣西南分兵发动群众，全面开展土地革命。同时，红军也不失时机给敌人以打击。

这时，闽西革命根据地的革命形势有了很大的发展：成立了闽西苏维埃政府，由邓子恢担任主席；组建了红十二军，由伍中豪（后改罗炳辉）任军长，邓子恢（后改谭震林）任政治委员；普遍地分配土地，深入土地革命，同样取得了显著的成绩。

这年5月，鉴于蒋介石同阎锡山、冯玉祥之间的中原大战全面爆发，无力顾及南方各省，福建的地方军阀张贞、卢兴邦、刘和鼎之间又正在自相火并，红四军主力决定按原定部署第三次入闽，打通闽赣之间的联系，并取得经济给养的补充。

5月30日晚，月牙在蓝湛湛的夜空慢慢游动，山野一片雾蒙蒙的。在营房前草坪上，红军总部直属工兵连的战士们在编草鞋闲谈。这时，一个高大的人影走了过来。不知是谁喊了一声："朱军长来啦！"于是，战士们蜂拥而上，把朱德围在中间。朱德微笑着，问战士们："今天是什么日子？"这一问，大家便不解地望着朱德，默默思忖起来。片刻，有人回答："今天不是5月30号吗？"朱德点了点头："对，旧历呢？"这时有人说："旧历今天应该是五月初四。"朱德笑了笑："对！明天就是我们传统的端午节了，大家想想办法，开开荤，改善改善伙食吧？"

战士们听了都默默不语，大家都在想："白匪封锁这么严，左村右庄的鸡鸭牛羊几乎被白匪抢尽了杀光了，在山沟里连豆腐都吃不上，哪能吃上荤腥呢？"朱德猜透了大家的心思，笑吟吟地说："吃不上鸡鸭鱼肉没有关系嘛，我们可就地取材，搞些现成的荤腥来改善伙食嘛。"

这么一提大家都思索起来，有的提议捉野鸡，有的提议猎山猪，但这些意见都不切合实际，因为当时红军的弹药少，而且鸣起枪来容易惊动白匪。最后，通讯员徐达桂说："那么捡田螺行吧？"这一提议获得全体战士同意，朱德也点头并笑了。

第二天天没亮，太阳还躲在深山背后，朱德便随红军战士提着竹篓，有说有笑地下田去了。没用多久时间，就捡了一大堆田螺。会餐时，朱德看了看大家，说："同志们，我们还少点什么？"徐达桂说："酒！"朱德点点头："是呀，没有酒怎么行呢？"说完，他在徐达桂耳边轻声说了几句，徐达桂笑着点了点头，马上跑到伙房，不一会儿提出一桶"酒"来，给每人倒了一碗。大家一喝，原来是茶，都笑了起来。这时，朱德说："过去有首古诗，里面有一句说'寒夜客来茶当酒'，看来茶能当酒的。"战士们一边喝着，一边说："能当，看来这比杏花村的酒足饭饱还美呢。"朱德和战士们一起边吃边聊，热闹到午后才散。

6月的赣南，骄阳似火。红四军全体指战员头顶烈日，在朱德、毛泽东率领下，由寻乌出发，向闽西开进。他们一踏上闽西的土地，便在上杭官庄击溃刚在兵变中脱离金汉鼎部的周志群新编第十四旅，占领武平、长

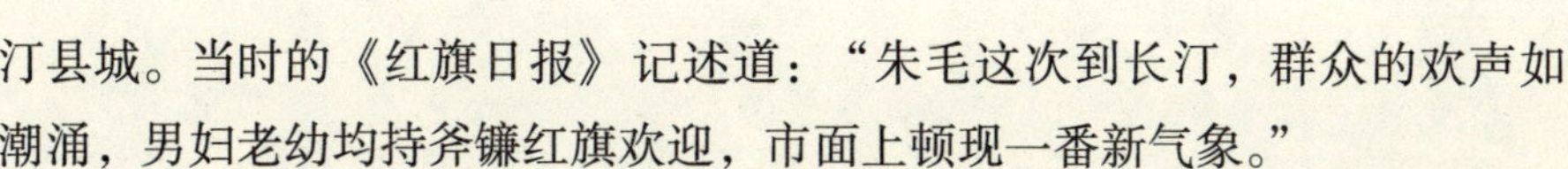

汀县城。当时的《红旗日报》记述道："朱毛这次到长汀，群众的欢声如潮涌，男妇老幼均持斧镰红旗欢迎，市面上顿现一番新气象。"

朱德、毛泽东率领红四军历时半年的转战，扩大了赣南、闽西革命根据地，并把这两块赤色区域连成一片，为以后中央革命根据地的建立奠定了坚实的基础。同时，在转战中，发展了红军和地方武装力量，为以后实现由以游击战为主向以运动战为主的战略转变创造了有利的条件。

第五章　战略转移

一、亲经五次“反围剿”

1930 年 10 月，蒋介石在中原大战中取得对阎锡山、冯玉祥的胜利后，立刻调集 10 万兵力，组织对红军和苏区的“围剿”，企图在 3 ~6 个月内消灭红军。这时，朱德非常注意搜集并仔细阅读国民党方面的档案和当时的各种报刊，认真分析时局变化的动向，常常拿着一支笔，一边阅读，一边详加圈注。经仔细研究和分析，他认定蒋介石必定要调集军队向革命根据地大举进攻，一场大战已迫在眉睫。

10 月 13 日，毛泽东、朱德在吉安召开会议，讨论红一方面军今后的行动计划。这时，中共中央六届三中全会虽已纠正李立三的“左”倾错误，但由于军事封锁和交通阻隔，全会的精神还没有传达到江西苏区和红一方面军中来，加上少数领导干部仍坚持应按照中央和军委 8 月初的指示，要求攻打南昌、九江。会上发生了争论。根据毛泽东的提议，会议最后通过了一个灵活的方案，决定先向吉安以北、南昌以南的袁水流域推进，在这里发动群众，筹措给养，并等待战机。这个灵活的方案为大家所接受。

10 月 17 日，朱德、毛泽东率领红一方面军总部到达峡江。这时，侦察员送来情报，敌人有 6 个师开到南昌，准备向红军方向推进。

当晚，朱德在峡江县城出席由毛泽东主持的红一方面军总前委扩大会议。会议开了一夜，在讨论红一方面军的行动问题时，展开了激烈争论。争论的中心问题是：是否继续攻打中心城市和交通要道？把即将开始的反“围剿”的战场摆在哪里？

朱德、毛泽东根据会议讨论的意见，没有立刻命令部队东渡赣江，而命令红一军团继续向袁水流域开进，向红三军团靠拢。

10月下旬，国民党军队已经咄咄逼人，形势十分严峻。红一方面军关于下一步的行动方向和战略方针的争议必须尽快结束，否则必将陷于被动。

10月25日，朱德、毛泽东率领红一方面军总部到达新余县的罗坊，立刻在这里召开红一方面军总前委和江西省行动委员会联席会议 。会议上，毛泽东急切地指出："在强大的敌人进攻面前，红军决不能去冒险攻打南昌"，"必须采取'诱敌深入'的作战方针，选择好战场，创造有利条件，充分依靠人民群众，实行人民战争，把敌人放进来，才能集中力量消灭敌人。"朱德指出在强大的敌军已经在南昌、九江周围集结的情况下，决不能冒险去打南昌、九江；只能实行"诱敌深入"的作战方针，东渡赣江，在革命根据地消灭敌人。

经过毛泽东、朱德的耐心说服，会议对打不打南昌、九江的问题达成了共识。但是，在什么地方同敌人作战？也就是反"围剿"的战场摆在赣江以东还是赣江以西？大家仍有不同意见。彭德怀坚持在政治上以朱毛为旗帜，对集中统一红军的意见起了重要作用。最后，大家终于统一了认识，接受毛泽东、朱德的意见。10月30日，会议正式通过两个军团一起东渡赣江、"诱敌深入"的作战方针。

红军主力部队于11月初东渡赣江，而敌军还以为红军仍在赣江以西，以8个师的兵力扑向红军的原驻地，于是扑了个空。

国民党军队发觉红军主力已东渡赣江，立即改变部署：留下第三纵队在赣江西岸，而以主力第一、第二纵队尾随红军主力东渡赣江，企图在赣江东岸寻找红军主力作战。朱德、毛泽东认真分析形势后认为，红军刚转入运动战，必须慎重初战，不在没有十分把握的情况下同敌人决战。他们把红军战略退却的终点选定在革命根据地的中部宁都县黄陂、小布一线，在此隐蔽待机。

11月28日，朱德、毛泽东率领红一方面军总部和总前委机关来到黄陂。中共宁都县委、县苏维埃政府和黄陂区委、区苏维埃政府以及当地群众，搭起一座彩门，彩门两边用"黄陂"二字题写了对联："黄虎出林啃白犬，陂水入潭养赤龙。"当朱毛率部走来时，夹道相迎的群众中锣鼓、唢呐、鞭炮齐鸣，黄陂、小布顿时欢腾起来……

来到黄陂、小布后，朱德不仅经常找地方干部和群众谈心，了解地方

工作的情况和人民群众的疾苦，而且同红军战士打成一片。有个刚参加红军不久的小通讯员一次在打草鞋时，因为没有掌握好打草鞋的技术，手里拿着黄麻和破布，怎么摆弄也编织不好。他又急又气，拿起棍子在不成形的草鞋上乱打乱敲，嘴里气呼呼地说："打草鞋！打草鞋！"这时，忽然听到背后有笑声，扭头一看，原来是朱德站在那里。朱德走向前去，对小通讯员说："小同志，别着急，来，我来教你。"说着弯下腰去，指点这位年轻战士打草鞋……

这时，蒋介石下令将国民党"围剿"军队分为 8 个纵队向中央苏区的中心区域发起全线进攻。

为了打好反"围剿"第一仗，12 月下旬，克服了分裂危机的朱毛红军和根据地群众在小布河畔的树林里召开了军民誓师大会。临时搭起的主席台两侧，挂着毛泽东写的一幅对联："敌进我退，敌驻我扰，敌疲我打，敌退我追，游击战里操胜算；大步进退，诱敌深入，集中兵力，各个击破，运动战中歼敌人。"

誓师会上，毛泽东和朱德先后讲话，号召全体军民努力杀敌，勇敢冲锋，粉碎敌人的"围剿"，保卫土地革命，保卫革命根据地，保卫家乡，保卫工农的天下。

12 月 24 日，朱德、毛泽东得到情报：在源头的国民党军队谭道源师，正在大量拉夫，准备向南进犯小布。朱毛决定先打谭师。作战部队按原计划进入设伏阵地。等了一天，敌人没有影儿。第二天，又设伏一天，等到天黑，敌人还是没来。原来是敌人得到消息，知道小布有红军的埋伏，走到半道又撤了回去。

这时，又探得张辉瓒师正向龙岗方向推进。于是，朱毛决定暂时不打谭道源师，先打张辉瓒师。

当晚，朱德和毛泽东彻夜不眠地思考着歼敌的各种方案。第一仗选在什么地方打，两人趴在摊开的地图上，用铅笔指点着，仔细地琢磨着……

很快，传令兵将命令送至各军，接到命令的指战员们信心十足地作好了战前准备。朱德来到红三军宣布作战任务时，说："谭道源溜了，张辉瓒来了。运动中歼灭敌人的时机已经到来。你们红三军担任正面攻击。希望同志们努力打！要初战必胜。好好打！"他扫视一下队列问："有没有信心？"队列中爆发出响亮的回答："有！""坚决打垮张辉瓒！"

天公好像是想掩护红军的行动，30 日拂晓，龙冈地区漫天弥雾。红军

按朱毛命令，在黎明前悄悄地进入了黄竹岭等阵地。朱德、毛泽东登上设在一个山头上的临时指挥所，看到“雾满龙冈千嶂暗”的景象，毛泽东兴奋地对朱德说：“总司令，你看，真是天助我也！三国时，诸葛亮借东风大破敌兵。今天，我们乘晨雾全歼顽敌啊！”

张辉瓒部吃了早饭，晃悠悠地从龙冈出发，向东前进。在张辉瓒眼里，朱毛不过是泥腿子首领；在他的经过正规军事训练、武器装备又好的部队面前，装备极差的红军并不可怕。于是，张辉瓒漫不经心、毫不在意地往前闯。张辉瓒的先头部队靠近黄竹岭时，旭日东升，云雾散尽。早已埋伏好的红军，居高临下，向敌人发起进攻。

战斗从上午 9 点打响，到下午 3 时，将张部四面包围，张辉瓒部成了瓮中之鳖。下午 4 时左右，朱德下令发起总攻击。敌人无从招架，溃不成军。黄昏时分，战斗全部结束。全歼张辉瓒的第十八师师部和两个旅近万人，缴获各种武器 9000 余件，还缴获电台等其他军用物资。

战斗告捷时，朱德和毛泽东从黄竹岭阵地走下山来。阵地前，战士们正喜气洋洋地打扫战场，有的收集枪支弹药，有的押送俘虏，有的挑着银元担子。朱德和毛泽东看着这一切感到由衷地高兴。这时，前边传来了呼喊声：“捉住了张辉瓒！”毛泽东对朱德说：“走，到前面去看看。”警卫员在后面牵着马，跟着朱毛来到龙冈的大坪。

在一片开阔地上，俘虏们正在站队，缴获的枪支弹药堆成了小山。毛泽东让他的警卫员去找押俘虏的同志，把张辉瓒带到司令部。不一会儿，两名红军战士押着身着笔挺的卡叽军装、脚蹬黑得铿亮的长筒皮靴的张辉瓒过来了。

张辉瓒原来在湘军混事多年，认识毛泽东。看到毛泽东和另一个同样穿着破旧、但气宇轩昂的军人并肩站在一起，便猜想是朱德。他不失风度地向朱毛鞠躬行礼，并招呼说：“润之先生，久违了。”那声音像是遇到老朋友，很是亲切。

“这是朱德总司令。”毛泽东介绍完后，张辉瓒连连再鞠躬：“朱将军，久仰！久仰！”

“你既是俘虏，愿生还是愿意死？”朱德平静而略带幽默地问张辉瓒。张辉瓒尴尬地说：“当然希望生，希望生……不知你们要多少钱才肯放我？”

朱德扫了他一眼，严肃地说：“红军不是做生意的。红军要在你自己的部队面前，在遭到你们‘清剿’过的人民群众面前公审你！”一听“公审”

两字，张辉瓒几乎瘫倒在地。

不一会儿，朱德又故意问张辉瓒："你知道，你们的'围剿'还没有结束，红军下一仗应该打哪一个部队?"其实，这时红军主力已经去追击敌五十师了，并于1月3日在东韶歼灭敌第五十师的一个旅，缴获各种武器2000多件。可是张辉瓒建议："最上策是进攻第十九路军。"并把知道的十九路军的番号、兵力、驻地、军官名字、各师及旅的战斗力等一一作了详细介绍。

朱德看出了张辉瓒的狡猾，笑着说："你当了俘虏还想着战场上的转机哩，你的五十师也在我们手中哟!"

朱德想到张辉瓒在日本东京陆军士官学校学习过，问："我们准备办一所红军学校，你愿意去给红军学校当教官吗?"张辉瓒尽管不情愿但却无法拒绝地连连点头。

张辉瓒被会审时，一些遭受迫害的群众和战士群情激昂，将张辉瓒就地正法了。

红军歼灭张辉瓒第十八师时，缴获了一部电台。这以前，红军没有电台，红军战士不知道这件战利品有什么用途，不小心把发报机弄坏了，只剩下一台收报机。朱德知道这年事后，立即要红军总部通报全军，要求各部队今后把缴获到的战利品一律妥为上缴，不得损坏。

朱德得知原敌军电台台长王铮和工作人员刘寅参加了红军时，连忙让人把他们找来。在司令部，朱德和毛泽东满面笑容地接待了他们，欢迎他们参加红军。毛泽东乐呵呵地向他们讲了红军和白军的本质区别，勉励他们把自己掌握的无线电技术贡献出来，为建立红军的无线电通信努力工作。朱德很高兴地说："你们先把工作搞起来。不要看红军现在没有电台，无论大小武器装备，凡是白军有的，红军也会有，暂时没有的，敌人会给我们送来的。没有人，我们可以训练，也还会陆续有人从白军中来。革命事业是会从无到有、从小到大发展起来的。"说着，朱德送给他们"麻雀牌"香烟，以示鼓励。

朱德的预见很快成了现实。红军在东韶打击谭道源这个师时，又缴获了一部电台。这一次红军战士们把这件战利品完完整整地送到方面军总部。

朱德很高兴，马上决定成立无线电队，开办无线电技术训练班。派冯文彬到无线电台当政委。各个军选调了10多名优秀的青少年战士参加训练班，培养报务员。开班那天，朱德作了动员讲话，说："发展红军的无线电

通讯事业，就要战胜种种困难。在红军的字典里，是没有'困难'二字的。"

红军的一部半电台没有条件建立两地之间的无线电通讯。朱德对王诤等人说："你们要尽快把电台架起来，抄收伪中央社的新闻电讯，特别要注意收听敌军的无线电信号。"

一天早晨，朱德刚起床，王诤就跑来报告："总司令，近几天敌军电台频频呼叫，还出现了好几个新的呼号。"朱德点了点头，心里说：看来，蒋介石又在组织第二次"围剿"了。

1931 年元旦刚过的一天，康克清走在回家的路上，精神特别振奋，脚步轻盈，嘴里还哼着一支自己即兴编的无名小曲。原来，这一天，她在总部副官处长杨立三的介绍下加入了中国共产党。

回到住处时，正好朱德也在。他看到妻子满脸喜色，就问："克清呀，今天你这样高兴，有嘛子喜事?"康克清有意不说："你猜猜!"朱德摇了摇头。

"告诉你吧，我入党了!"朱德一听，也高兴得跳了起来："真的吗?值得庆贺!"说完，在桌旁坐下来，看着康克清高兴的样子，心头漾起隐隐的羡慕之情。心想：比起我来，她要幸运得多——为了参加中国共产党，我经过多少曲折和艰难啊！这时，当年拜会孙中山、婉拒杨森、拜访陈独秀、留学欧洲、敲开周恩来的房门等，一幕幕往事涌入脑海。

朱德在寻找共产党的路上所经过的波折，当时的康克清并不清楚，但她看到丈夫深思的面孔，猜测他一定想到了什么事情，先是静静地看着，过了好长时间，才问道："你在想些什么呢?"这句话使朱德猛醒过来："哦！没想什么。"

"入党后，我应该怎么样做呢?"康克清问。朱德伸出粗大的手，摸了摸剪得很短的头发，说："一句话，凡是对党有利的，就要不怕牺牲自己。也就是，做任何事情，都不能使党受损失。"康克清听着这简短而又沉甸甸的话，看着面前这位朴实的人，心想，他自己不就是这样做的吗?

2 月，蒋介石调整部署，准备对朱毛红军发动第二次"围剿"。他令国民党军政部长何应钦代理海陆空军总司令兼任南昌行营主任，下属部队有 18 个师另 3 个旅，共约 20 万人。

4 月 1 日，国民党军兵分 4 路，分别由蔡廷锴、王金钰、孙连仲、朱绍良指挥，构成一条从赣江到福建建宁的 800 里长的弧形阵线，向中央苏区

的中心区域推进。

鉴于第一次“围剿”时因轻率冒进而遭到惨败的教训，国民党军的第二次“围剿”由“长驱直入”改为“稳扎稳打，步步为营”。在敌我力量悬殊的情况下，怎样才能以少胜多、以弱胜强，打破第二次“围剿”呢？朱德，毛泽东经过深思熟虑，决定仍采取第一次反“围剿”时的打法，实行“诱敌深入”，集中优势兵力，找敌方在行进中暴露出来的弱点打，各个击破。

5月13日，国民党军队已经进占到富田、沙溪等地，离苏区中心区域越来越近。在无线电台上截获的敌军信息显示，敌军的联络信号也多起来。当时，国民党军队不知道红军已经凭缴获的一部半电台组建了无线电总队，他们在联络中竟然还若无其事地用明码交谈。

黄昏，星星从苍白的天空深处出现了。山坡上的树木像狰狞的巨人似的站着，枝叶的罅隙中似乎有千百只小眼睛，在窥视这神秘的大地；房屋成了一团黑影了，躁动了一天的大地显得平静多了，无线电台上的信号比白天更清楚了。忽然，王诤耳朵里出现了一个熟悉的信号：“我们现在驻富田，明晨出发。”王诤立即判断出，这是公秉藩的第二十八师师部的电台，在同另一个师部联络。王诤的注意力更集中了——“你们到哪里去？”“东固。”……

王诤等人立刻把这份截获的重要情报送到指挥所。朱德和毛泽东看到红军的电台及时收听到了敌人的动向，非常高兴。他们详细分析敌情后，于是立即部署红军在敌人必经之路上布好“口袋”。

5月16日拂晓，朱德率总部沿东固通往中洞的大道向西行进，当到白云山下时，与正在东进的公秉藩师先头部队遭遇。朱德立即命令作为总部警卫部队的特务连阻击敌人。敌先后以3个营的兵力猛扑，朱德指挥特务连且战且退，引着敌军向前走了2里多地。毛泽东在白云山上听到山下枪声激烈，立即指挥部队从山上扑下来，给敌军以猛击。朱德和毛泽东一起登上白云山，指挥全线战斗。经过5个小时的激战，公秉藩的二十八师和敌四十七师的一个旅被全歼。师长公秉藩被俘，他知道红军宽待俘虏，便混在俘虏队伍中领了3块银元跑掉。副师长王庆龙被击毙。

接着，朱德、毛泽东指挥红军挥戈东进，在吉水县水南和白沙追歼敌第四十七师残部和第四十三师一部；在永丰县中村歼灭西援之敌第二十七师近一个旅。再向东击，攻克广昌，歼守敌第五师一部；突袭建宁，全歼

刘和鼎师。红军连续作战16天，横扫700里，5战5捷，共歼敌3万余人，缴枪2万余支，粉碎了敌人的第二次“围剿”。

然而，屡遭失败的蒋介石并不甘心就此罢休，立即筹划对中央革命根据地新的“围剿”。第三次“围剿”来势之迅猛，甚至超出了红军原来的预料。6月下旬，蒋介石带着美国、日本、德国的军事顾问到南昌召开军事会议，部署以23个师、3个旅约30万人的兵力再次“围剿”红军。在会上，蒋介石破口大骂狼狈逃回的各路将领是无能之辈，骂到痛心处失声痛哭。他就不信：红军消灭不了?！这次，他要“御驾亲征”，亲自担任“围剿”军总司令，以何应钦为前线总司令，以数量上超过红军10倍的30万兵力，与红军决一死战，同朱毛比一高低。

7月1日，蒋介石正式下达进攻命令。30万国民党军队分成左翼集团军和右翼集团军，以急风骤雨之势向中央苏区“长驱直入”。何应钦兼任左翼集团军总司令，指挥朱绍良的第三军团、蒋鼎文的第四军团、赵观涛的第一路进击军、陈诚的第二路进击军，由南城、南丰方面向广昌、石城、宁都猛攻，企图寻找红军主力决战；陈铭枢任右翼集团军总司令，指挥蒋光鼐的第一军团、孙连仲的第二军团、上官云相的第三路进击军，分别由吉安、吉水、永丰、乐安、宜黄一线，向富田、东固、崇贤、沙溪、莲塘、宁都等地深入，实行“进剿”和“清剿”。

一天，康克清看到桌子上放着最新出版的《战斗》第3期，便轻轻地拿了起来。只见上面刊发的文章《怎样创造铁的红军》下赫然署着朱德的名字。于是，认真读了起来。遗憾的是，文章前一部分在前一期上就开始发表了，这第3期上登载的是后一部分。康克清不满足，在桌子上寻找，很快找到第2期。随后，康克清从头到尾地读起来。

文章开头就写道：“创建铁的红军是目前党的最迫切最重要的任务之一。铁的红军必须具备以下6个基本条件。”康克清先看了6个条件：第一，确定红军的阶级性；第二，无条件地在共产党领导之下；第三，政治训练的重要；第四，军事技术的提高；第五，自觉地遵守铁的纪律；第六，要有集中的指挥和统一的训练。

看过几个条件后，康克清又挨着往下读。尽管文中的道理她还不能完全理解，甚至个别的字也不认识，但康克清读懂了这篇文章。她是从自己的亲身经历和体会中理解红军是工农的队伍，是劳苦群众的队伍以及党的领导、训练、纪律和集中指挥等道理的。从字里行间，她看到了井冈山的

斗争，赣南的战斗，闽西的枪声和第一、第二次反“围剿”的胜利。这篇文章是过去的总结，也是以后反“围剿”的指针吧？康克清这样想。

正在这时，朱德回来了，看到康克清在聚精会神地看《战斗》，轻轻地走到她身边，站了一会儿说：“你在看什么呀？”康克清没发觉朱德进屋，听到问话，猛地一惊：“你什么时候回的，吓我一跳。我在读你写的文章呢！写得很好，要是按这样做，红军一定能建设得更好。”

“是吗？”朱德微笑着问。康克清反问：“你是怎么想到要写这篇文章的呢？”朱德陷入了沉思，好半天才说：“我们已经打破了反动派两次大规模的‘围剿’，马上又要开始第三次，靠的就是铁的红军，所以要把红军建设好。”

7月中下旬，朱毛红军从建宁出发，绕道千里。盛夏时节，酷暑难当，朱德脚穿草鞋，流着热汗，和战士们一起行军。他的马像往常一样又让给伤病员了。朱德一边走，一边给大家讲“脚板底下出胜利”的道理，战士们听得津津有味，行军也不是那么费劲了。

28日，朱毛红军主力回师兴国。这时敌军9个师向兴国疾进，形成对红军半包围的态势。朱德、毛泽东决定采取“避敌主力，打其虚弱”的作战方针，率领红军突然从敌两军中间40里的空隙穿出，东进到敌军主力侧后，在莲塘、良村、黄陂连打3仗，三战皆捷，歼敌1万多人。蒋介石立刻命令部队转兵东进追击红军，红军则以声东击西战术，派出一小部分兵力吸引敌军向东北开去，而主力部队掉头西进，沿着崎岖的山间小道，于敌重兵之间仅20里的夹缝中跳出敌人的包围圈，回到兴国东北的枫边、白石一带隐蔽待机。

当敌军发觉红军主力在兴国时，红军已休整了半个月。这时敌军已饥疲沮丧，无力寻歼红军，蒋介石只得下令全线撤退。红军趁敌退却之机，于9月中旬在老营盘、高兴圩、方石岭又打了3仗，一次对峙，两次大胜。

战斗结束，将士们背着战利品喜气洋洋地去向总司令部报喜：“国民党第三次‘围剿’失败了！”朱德正高兴，忽然接到红三军报告，军长黄公略在指挥部队转移时，遭敌飞机袭击，不幸牺牲。

泪水从朱德那憨实的脸上滚下。黄公略、林彪、彭德怀，这都是总司令的几员战将。“千军易得，一将难求。去我黄公略，如失我臂啊！”

残酷的战争终使朱德十分悲伤，也使他更加刚强。朱德同毛泽东联名写出千古绝句：“广州暴动不死，平江暴动不死，而今竟牺牲，堪恨大祸从

天降；革命战争有功，游击战争有功，毕生何奋勇，好教后世继君来。”

朱德和毛泽东乘势攻占会昌、寻乌、安远、石城等县城，消灭了一些反动派，中央苏区的赣南、闽西两部分完全连成一片，中央苏区扩大到21个县，面积5万平方公里，人口250万。

9月28日，在于都通往瑞金的小路上，一列马队疾驰而来。骑着花青马的是红军总司令朱德，骑着白肚马的是红军总前委书记毛泽东。队伍里，还有其他红军领导人。

朱德、毛泽东等到达瑞金叶坪村，同中共苏区中央局合会，为第一次全国工农兵代表大会的召开作最后的准备，并把领导机关搬迁到这里。这年8月从上海启程到达中央根据地的邓小平正在这里担任中共瑞金县委书记。

在中华苏维埃第一次全国代表大会召开前，按照中共临时中央指示，在瑞金叶坪先召开苏区党的第一次代表大会（又称“赣南会议”），由中央代表团主持。11月1日至5日，朱德、毛泽东出席了这次会议。由于左倾主义思想仍在是中央占据领导地位，会上错误地批评毛泽东、朱德提出并被实践证明是正确的“诱敌深入”的战略方针是“保守主义”“单纯防御路线”，大会通过了党的建设、政治、红军、工会运动等决议案。

11月7日上午，阅兵典礼在叶坪广场举行。朱德、毛泽东等在总参谋长叶剑英陪同下，骑马检阅了部队。一队队整齐的红军队伍，引来从方圆几十里到会的群众阵阵的欢呼声。

这天下午，中华苏维埃第一次全国代表大会在瑞金隆重开幕。主席台正中悬挂着马克思和列宁的巨幅画像，台上高挂着“中华苏维埃第一次全国代表大会”的会标，主席台两侧用青松翠柏扎成了彩门，上面用刚劲有力的大字写着一副对联：“镰刀劈碎旧世界，铁锤打出红江山。”会场周围，红旗招展，人山人海，盛况空前。

朱德红光满面、神采奕奕地站在主席台上，以洪亮的声音庄严宣布：“第一次全国苏维埃代表大会现在开始！我宣布，中华苏维埃共和国临时中央政府今天正式成立了！”

还在1919年，朱德就向往着“不劳动不得食”的苏维埃制度，今天经过多年的奋斗和无数先烈的流血牺牲，苏维埃制度终于在中国开始建立起来！他怎么能不兴奋、激动呢?！台上台下，掌声雷动。

这次代表大会开了14天。出席的正式代表有610人，列席代表有500

人。他们分别来自中央苏区、闽西苏区、湘鄂赣苏区、湘赣苏区、湘鄂西苏区、赣东北苏区、琼崖苏区；还有些来自红军、全总、海员等处。

康克清虽然不是正式代表，但她参加了这次会议，而且与曾志、彭儒、钱希均等人都参与了这次会议的筹备工作。大会开始时，她坐在草坪上的人群中。大会的每一项议程，都让她激动不已。看到朱德穿着整齐干净的灰布军装、打着灰布绑腿站在主席台上。虽然还是平时的打扮，但在妻子眼里，他显得格外英武，格外精神。细一看，康克清还发现他的胡子新刮过。

11 月 15 日，朱德在代表大会上作关于红军问题的报告，浓重的四川口音不时流露出来。朱德首先概述了中国工农红军产生和发展的过程。他说，中国工农红军产生于中国的土地革命，这在世界上算是一个特点。中国工农红军是经过三、四年的斗争，在中国共产党的领导下，坚决实行土地革命，反对帝国主义，从游击战争中日渐生长和发展起来的。

掌声经久不息。朱德用双手向下按一按，那哗哗的掌声才慢慢停息下来。他和蔼又敏锐的目光扫视全场，使劲地咳嗽了一声，又开始了自己的讲话。他接着说：中国红军是工农的武装，是有阶级性的。它的任务是要打倒帝国主义，推翻封建阶级的统治，建立全国的苏维埃政权。为了使它能够担负起这一伟大使命，必须努力扩大红军的数量，提高红军的质量，加强无产阶级的领导和政治、军事的教育，创造铁的红军。

11 月 19 日，大会进行选举，选出毛泽东、周恩来、朱德、刘少奇等 63 人为中央执行委员，组成中华苏维埃共和国执行委员会，作为全国代表大会闭幕后的最高政权机关。会上举行隆重的授旗授章典礼，以表彰红军指战员在革命战争中的功绩。朱德获得大会授予的奖章。大会还通过关于宪法大纲、劳动法、土地法草案、经济政策的规定、红军问题决议案等文件。大会取得圆满成功，康克清十分高兴与激动，既为了丈夫所获得的荣耀，但这只是其中一小部分原因。

11 月 25 日，由 15 人组成的中央革命军事委员会成立，以朱德为主席，王稼祥、彭德怀为副主席，王稼祥兼政治部主任。中央革命军事委员会成立后，取消第一方面军番号，所有红军统一由中央革命军事委员会指挥。

11 月 27 日，朱德出席中华苏维埃共和国中央执行委员会第一次会议，会议选举毛泽东为中央执行委员会主席，项英、张国焘为副主席。会议决定在中央执行委员会下设人民委员会，作为中央行政机关，选举毛泽东为

人民委员会主席，项英、张国焘为副主席。在人民委员会下设9部1局，朱德任军事人民委员部部长。

12月14日，国民党第二十六路军17000多人举行宁都起义，随后成立红五军团。

1932年春，民族危机更趋深重。那时，日本军国主义对上海的侵略战争尚未结束，在东北又宣布成立伪"满洲国"，全国人民悲愤填膺。可是，在3月间出任国民党政府军事委员会委员长的蒋介石，却置全国人民的强烈抗日要求于不顾，把"攘外必先安内"确定为"基本国策"。

12月，蒋介石以50万兵力发动对中央革命根据地第四次军事"围剿"。当时，以博古为首的中共临时中央已从上海迁到中央苏区首府瑞金。博古一到苏区，就立即召开会议，取消原来的中央苏区中央局，成立"中共中央局"，由博古担任书记、总负责人。紧接着，便进一步推进"左"的政策，对前方作战指挥横加指责。这时，毛泽东已被"左"倾路线代表排斥出红一方面军主要领导岗位，朱德和周恩来担负起指挥这次反"围剿"斗争的使命。

1933年2月，敌中路军分3个纵队向广昌进攻。第一纵队两个师为右翼，从乐安分两路向宜黄南部的黄陂、大龙坪前进。朱德、周恩来早已在这里分布红军主力。2月27日，红军对敌军突然发起猛攻，激战两天，将两师敌军全歼。接着，朱德、周恩来命令红军向宁都县小布地区集结，再伺机歼敌。

敌中路军在黄陂战役中惨败后，分成前后两个梯队，由宜黄向广昌推进。朱德、周恩来将红军主力隐蔽在敌军右侧，准备侧击敌人的后梯队。3月21日，待敌前梯队3个师进到广昌甘竹，后梯队第十一师、第九师进到宜黄县草台冈、东陂地区，与前梯队相距100里、处于孤立态势时，红军突然袭击，将敌后梯队两个师拦腰截开，集中力量攻击敌第十一师，经一天激战，将该师大部歼灭。第二天，又于东陂歼敌第九师一部，残敌溃逃。敌前梯队3个师亦仓皇向南丰、抚州方向退却。

经黄陂和草台冈两役，红军全歼敌中路军近3个师，俘敌万余人，缴枪万余支、大炮40门、新式机关枪300挺。红军取得了第四次反"围剿"的胜利。蒋介石哀叹："此次挫败，凄惨异常，实有生以来唯一之隐痛！"

9月，蒋介石发动对中央苏区的第五次军事"围剿"。前4次"围剿"的失败，他已尝到红军的厉害。这一次，他更下了血本，动用了100万军

队、200架飞机，还邀请了以赛克特为首的德国军事顾问团，采取碉堡封锁、步步为营、节节进逼的新战略，气势汹汹，大有一口吃掉红军的势头。

就在这时，不懂军事、又要掌握红军最高指挥权的博古，也请共产国际派来的德国人李德当军事顾问。李德，1900年出生于德国慕尼黑，本名奥托·布劳恩。出于对共产国际的尊重，朱德以中革军委主席的身份对这位远道而来的客人表示了隆重的欢迎。

开始时，宽宏大度的朱德对中央请来的这位军事顾问还抱着尊重的态度，尽力想用红军过去反"围剿"取得胜利的经验来影响他，跟他讲不能打阵地死守，不能处处设防。但是，李德不以为然。

李德住在专门为他修建的"独立房子"里，像太上皇似的，靠着地图、电报指挥前方的战斗。朱德对此很有看法，曾对身边的参谋人员说："李德顾问来了以后，住在瑞金，不下去调查，靠着地图电报指挥前方的战斗，而我们在前方最了解情况的人，反而不能指挥，这就有问题嘛。可是他是受党中央的委托，还得照办啊！否则，就成了各行其是。"

11月下旬，出现一次有利于打破国民党军队"围剿"的极好机会。这就是驻福建的国民党第十九路军发动了福建事变，宣布成立中华共和国人民革命政府，主张反蒋抗日。事变发动前，十九路军曾在8月间秘密派遣代表同正在福建作战的红军东方军领导人彭德怀接洽停战和联合抗日反蒋。朱德、周恩来对这件事十分重视，建议党中央接受谈判。朱德、毛泽东还在瑞金会见前来谈判的第十九路军代表，向他们表明赞同红军和第十九路军在抗日反蒋上合作。10月26日，双方代表签订《反日反蒋初步协定》。

福建事变的发生，迫使蒋介石变更原来的军事部署，从"围剿"中央根据地的北路军和京沪线上抽调11个师的兵力去"讨伐"福建政府。为了配合第十九路军的作战，朱德、周恩来在11月24日致电闽浙赣军区司令员兼红十军军长刘畴西、红七军团军团长寻淮洲等，指出"福建十九路军宣布反蒋独立，蒋介石已抽兵向浙赣闽边境集中"，要求他们"应抓紧这一机会"在赣东北、闽北地区开展游击战争，"截击敌人的联络运输，扰乱其后方"，红七军主力应准备随时截击或箝制敌行动部队。同日，朱德、周恩来又以红一方面军名义致电博古、项英、李德，报告福建事变后蒋介石已推迟对中央苏区的进攻、调集兵力东进入闽，要求以红三、五军团侧击国民党的入闽部队，望中央早作决定。

但是，抱有"左"倾观点的博古、项英、李德等，拒绝朱德、周恩来

提出的配合十九路军的正确意见。结果，蒋介石很快扑灭了福建事变，又进一步完成了对中央苏区的四面合围，第五次反“围剿”战争更加困难。

由于在前方直接指挥作战的朱德、周恩来同在后方的博古、李德等意见一直不能取得一致，李德便以统一前后方指挥为名，建议并经中共中央局决定，取消中国工农红军总司令部和红一方面军司令部的名义和组织，将“前方总部”撤回瑞金，并入中革军委，由中革军委直接指挥中央苏区的各军团和其他独立师、团。虽然朱德在名义上仍担任中革军委主席，周恩来、王稼祥为副主席，但他们的实际权力已被剥夺，部队改由博古、李德直接指挥。于是，1934 年 1 月初，朱德和周恩来不得不率红军前方总部返回瑞金。

1 月中旬，朱德出席在瑞金召开的中共六届五中全会。会议错误地认为：中国已存在“直接革命形势”，第五次反“围剿”“即是争取中国革命完全胜利的斗争”，在党内要“反对主要危险的右倾机会主义和反对对右倾机会主义的调和态度”。朱德在这次会上当选为中共中央政治局委员。在随后召开的中华苏维埃共和国第二次全国苏维埃代表大会上，朱德代表红军致词，并作了《红军建设的报告》，总结了第一次全国苏维埃代表大会后两年来红军在各个战场取得的战绩，提出红军建设中的各项任务。在这次会议上，朱德当选为中华苏维埃共和国中央执行委员会委员，继续当选为军事人民委员和中革军委主席。

博古、李德直接控制红军指挥权后，在进攻中的冒险主义遭到碰壁时，又转而实行防御中的保守主义，对四面包围的敌人处处设防，节节抵御，“以堡垒对堡垒”，进行“短促突击”，进行徒劳无益的战斗。到了 8 月，红军的北部防线被突破，东线被打开，西线和南线也愈加艰难。在四面告急的局面下，李德无计可施，抱病躲避，朱德毅然担负起支撑整个战局的责任。

由于李德不再过多干涉前方战事，使朱德有可能部分地改变消极防御的错误战法。9 月初，朱德指挥红一、九军团等部，发挥红军打运动战的特长，在东线取得温坊大捷，歼灭敌东路军李延年纵队两个师的 4000 余人，缴获大批武器弹药。这是红军在第五次反“围剿”中打得最好的一仗，使苦战一年的红军得到最大一次补充。

但是，个别的胜利已无法挽回整个指导错误所铸成的大局。到 9 月中下旬，中央苏区已缩小到只有瑞金、于都、石城、长汀等几个县，红军的

战略转移已势在必行。

陈毅在高兴圩的战斗中身负重伤，朱德和康克清都很挂念。一天，陈毅躺在一副担架上被抬到红军总司令部作战室，见康克清站在旁边，陈毅微笑着对康克清招招手。陈毅对朱德说："我请求跟红军一块走，因为已经到了红军主力非转移不可的时候了。总司令，我正式向你提出，请求跟红军主力一起突围。我的伤很快就会好，我还要继续指挥作战，请不要把我留下。"康克清听到这里，不由得泪水匆匆。

朱德等陈毅讲完，问起他的伤情。陈毅是被炮弹炸伤的，伤在屁股和大腿上，流了不少血。经过手术，取出几块碎片，打上石膏绷带，医生说，不久就能恢复行走。陈毅说："总司令，我怕作了决定再说就晚了，所以叫担架抬到你这里，这样做不算过分吧?!"朱德听了，心里很不好受，背过身子半天没有说话。

一想到红军和苏区人民经过千辛万苦、千难万险创造出的中央革命根据地将要不得不放弃，一想到将要告别这片被烈士鲜血染红、被战火烧焦的红土地，朱德的心情十分沉重，对"左"倾教条主义者在军事上的瞎指挥表示忿懑……

二、遵义会议上，力主毛泽东复出

过了几天，中央终于下达了"准备出击"的命令。虽没有明说突围，康克清心里清楚，该摆脱坐以待毙的局面了。她对朱德说："是不是他们开始接受教训了?"朱德苦笑了一下，说："博古还是博古，李德还是李德，我看不出他们有什么变化。"

朱德在屋子里踱步，走到康克清身边低声说："这一次，他们总算让毛泽东同志一起走啦。只要有毛泽东同志，我们总会有希望的，朱毛不分家嘛!"

"听说反动派到处在悬赏捉拿你?"康克清问。朱德提高声调说："毛泽东同志虽然暂时离开了红军，敌人依然把我们两个人看作红军和共产党的最高领导，他们悬赏捉拿我们，悬赏的价格好像一再提高，从5000元提到5万元，又提到10万元，现在好像又提到了每人25万元了。这样很好

嘛！我在国民党银行的存款已经有25万元了。”

康克清问起陈毅的事，朱德摇摇头：“已经决定他与项英留下，他们率领红军16000人继续在苏区坚持斗争。无法改变了。”

过了一会，朱德对康克清说：“部队将作大的战略转移，你的准备作好了吧？”康克清心里不是滋味，只知要转移，至于到哪里也不清楚，什么时候能回来更是不知道，于是问：“转移到哪里去？”朱德考虑了一会，还是没有说。

对于这个问题，人们已经议论纷纷。有人猜测将去湖南，有人猜测要去江西的另一个地区，有人认为可能去贵州，也有人认为可能去云南或四川……人们认为康克清和总司令生活在一起肯定会知道的，就拐弯抹角地向她打听，她只能苦笑着摇摇头。她确确实实是无可奉告啊！

1934年10月10日晚，蜿蜒的山路上，一条见首不见尾的火龙缓缓向西游动。原来是红一、三、五、八、九军团及中共中央、中央政府、中革军委机关及直属单位组成的中央纵队、军委纵队，共8．6万人，被迫踏上了悲壮的战略大转移征程。战略转移的最初计划是，突破国民党军队的围攻，到湘鄂西去同红二、六军团会合，创建新的革命根据地。因此，出发时称之为“西征”。

红军要走了，男女老少的老百姓赶来了。乡亲们把一双双草鞋、一只只斗笠、一把把雨伞、一个个鸡蛋……送到即将离别的红军战士手里。一时，叮嘱声，夹杂着哭泣声、祝福声……

队伍之中，只见挑着各种物资的担架队，驮着辎重的骡马队，由数人抬着的笨重机器，骑在马上的长官，躺在担架上的伤病员，几十名妇女组成的特殊连队首属相衔，冗赘不堪。披挂齐整的红军战士，夹护在带着“坛坛罐罐”的队伍两翼，形成甬道，亦拉不开前进的步幅。

朱德身着一套褪了色的灰军装，脚踏草鞋，走在司令部队伍的最前面。出发前，组织上给少数中央领导人配备了担架、马匹和文件挑子，朱德虽然年已48岁了，但为着节省出几名强壮士兵去充实作战部队，他既不要担架，也不要文件挑子，只要了两匹马，一匹供骑乘用，一匹驮行李、文件。

康克清看到朱德年龄不轻了还同红小鬼一样跋山涉水有些心痛：“一晃你是奔50的人了，组织上派给你的担架不要，两匹骡子除一匹驮文件，那匹也最终留给我收容伤员，这样长途行军……”朱德听后，说：“放心，我命贱。这双脚板儿越走越精神。徐老、董老、谢老他们怎么样？”

康克清说："都好，谁也不甘落后，还争着照顾伤病员呢。"朱德笑开了："革命之大幸啊！"远处，响起了急促的枪声，火龙顿时消隐在苍茫的夜色之中。

红军主力10月18日由于都南渡赣水后，按照朱德发布的突围作战命令，于21日晚从赣县王母渡至信丰县新田之间突破国民党军队的第一道封锁线，再过信丰河，向湖南、广东边境转进。部队在五岭山区的坎坷山路上缓缓西进，到11月8日全部通过敌军在汝城至城口间的第二道封锁线，进入湘南地域。

红军通过第一、二道封锁线所以能比较顺利，除由于国民党当局还没有发觉红军行动的真实意图、防范较松外，一个重要原因是在长征出发前夕，红军和国民党南路军总司令陈济棠部秘密达成合作反蒋抗日的协定。

陈济棠作为广东地方实力派，1931年参与反蒋活动，把所属部队扩编为第一集团军，手下的兵力达15万之众，成为独霸广东的"南天王"。蒋介石在第五次"围剿"中把陈济棠这样一个公开对抗过自己的"南天王"委任为南路军总司令，也是无可奈何之举，他是想利用陈济棠的军事力量堵住南面的"缺口"，阻止红军向南发展。朱德运筹帷幄，在两军捕杀的层层迷雾中，敏锐地抓住了陈济棠同蒋介石之间无法调和的矛盾，机智地利用这种矛盾削弱国民党军队的"围剿"力量。蒋介石对中央苏区发动的第五次"围剿"中，北线、东线、西线打得都很激烈，但在南路军总司令陈济棠指挥的南方战线上却一直比较平静。双方已开始作试探性的接触。这年7月间陈济棠秘密派人到苏区接洽，表示赞成中共在3个条件下"同全中国武装队伍联合起来共同抗日"的主张，愿意经过谈判来协调双方的关系。9月底，朱德亲自致信陈济棠，称："先生与贵部已申合作反蒋抗日之意，德等当无不欢迎"，指出"情势日急"，日寇已跃跃欲试于华南，蒋军则增兵于赣闽，福建事变可为殷鉴，"若不急起图之，则非特两广苟安之局难保，抑且亡国之日可待"。信中提出双方停止作战行动等5项建议，说明"日内德当派员到（筠）门岭黄师长处就近商谈"。信中说的黄师长，是指陈济棠所部第三军第七师师长黄延桢。

"南天王"陈济棠虽然独揽广东军政大权，却时时有被蒋介石吞并的危险。他被蒋介石任命为粤、闽、湘边区"剿匪"副总司令和南路军总司令后，仍然忧虑重重，既怕派兵到江西以后受到红军的打击，削弱自己的力量，又怕蒋介石趁粤军到江西与红军作战之机突然派部队从湖南出动夺取

广东。因此，陈济棠对南路军总司令这个职位一直不冷不热。但是，当朱德和周恩来派出代表同粤军进行秘密谈判时，陈济棠就指派两名曾经是保定军官学校毕业的师长作为谈判代表，同红军进行谈判。

10月初，红军代表潘汉年、何长工带着周恩来与朱德共同决策的、以朱德名义起草的介绍信，到寻乌附近的一个山村同陈济棠部代表进行谈判，达成就地停战、互通情报、解除封锁、相互通商和必要时互相借道等5项协议。

当红军突围西征时，陈济棠执行了互相借道的秘密协定，让开大路40里，在他的防区内没有对红军进行堵截。红军是10月21日晚过第一道封锁线的。

陈济棠答应朱德和周恩来有关条件后不久，不知底细的蒋介石把部署红军长征路上第二道“钢铁封锁线”的任务交给陈济棠。这道“钢铁封锁线”设在湖南桂东、汝城至广东城口一线的山上。蒋介石意欲陈济棠把精锐部队放在第一线。红军开始长征后，陈济棠应约命令在江西的粤军立刻撤回广东境内，并在广州近郊和粤东的惠州、淡水、平山、老隆、兴宁、焦岭、丰顺、潮安、汕头等各要点构筑永久性防御工事和野战工事，名义上是准备抗日，实际上是积极防备蒋介石吞并广东。

朱德和周恩来等指挥红军突破国民党军队的第一道封锁线后，数万大军携带大量物资器材沿着山路缓慢前进，直到11月8月才到达国民党军队设置的第二道封锁线附近。朱德看到国民党军队修筑了许多碉堡，堡垒与堡垒之间又挖了许多交通壕，保安部队防守，正规部队配置在内线。当红军经过时，陈济棠执行同红军原定的互相借道的秘密协定，没有堵截，使红军在很短时间内顺利通过第二道封锁线。

在通过湘南郴州和宜章之间的第三道封锁线前，朱德曾几次电令林彪率红一军团抢占粤汉铁路东北约20里处的制高点九峰山，以掩护中央纵队和各军团从九峰山以北安全通过，但林彪不顾大局，企图拣平原走，一下子冲过乐昌。红一军团政委聂荣臻坚持要执行上级命令，最终说服了林彪，派出有力部队抢占九峰山制高点，保证了红军左翼的安全。

第三道封锁线被红军突破后，蒋介石看清了中央红军主力西征的意图，全力加强湘江的第四道封锁线。他任命国民党湖南省政府主席何键为“追剿军总司令”，指挥西路军和北路军的薛岳、周浑元两部共16个师的兵力加紧“追剿”；同时，命令粤军陈济棠、桂军白崇禧各率主力部队扼要堵

截。国民党各路重兵云集湘江沿岸，企图围歼红军于湘江以东地区，局势异常严峻。

在一个农家小屋所设的临时指挥部，昏暗的灯光下闪现着朱德、周恩来、王稼祥、博古、李德等一张张思索而不无忧虑的脸。朱德讲话时，伍修权一旁小声地为李德做着翻译。房东大娘和她的儿媳为在座的每人送来一碗热腾腾的姜汤并一个烤红薯："趁热，吃吧，幸好藏在地窖里，才没被那帮白匪抢走。"朱德手里拿着红薯，心里涌起一股莫名的酸楚。

小屋外，伫立路上的红军战士人不解甲，马不卸鞍，原地待命。一位拉着马尾巴的红小鬼竟然站着打起了呼噜。远处的枪声渐次稀疏……

11 月 27 日晚，红军先头部队顺利渡过湘江并控制了界首至脚山铺之间的渡河点，后续部队却不能及时跟进过江。整个红军队伍前后相距约 200 里，特别是庞大的中央纵队和军委纵队共 1．4 万多人，有 1000 多副担子，被各战斗部队夹护在约 100 多里长的狭窄甬道里，缓缓地向湘江前进，每天只能走四五十里。由于红军先头部队已突破湘江，湘、桂两省国民党军队纷纷向红军渡江地段扑来，在飞机配合下发动猛烈攻击，企图夺回渡河点，把红军围歼在湘江两岸。

在大崖洞临时指挥部，朱德指着铺在地上的军事地图，向周恩来、王稼祥、博古、李德做着敌情分析和战斗部署。在这种险恶的处境下，原来高傲自信的李德一筹莫展，而朱德临危不乱，同周恩来等一起，指挥各战斗部队顽强抗击敌军，掩护中央、军委纵队渡江。

朱德走向无线电报话务员："现在，我命令——"

立刻，脚山铺红一军团指挥所内，政委聂荣臻接到朱德发来的电令：一军团必须坚决抵抗沿桂黄公路向西南前进之敌；军委及湘江以东各部队将星夜兼程过河。红一军团长林彪对话务员下令：命令各师团坚守阵地，寸土必争，就是用我们的尸体也要为红星纵队铺设一条前进的道路！

行军路上，红军已由夜行军改变为昼夜兼程，将士们几乎是一路小跑前进。走在队伍前面的朱德，利索地跃上路旁一个小坡，用望远镜观察，宽阔的湘江已隐约可见。朱德指挥、催促经过跟前的队伍："快，紧跟上。搬不动的家伙，扔掉！"他看见后面 4 个战士抬着一台发动机，行动迟缓又吃力，便跳下土坡，快步到发动机旁，命令战士："甩到沟里去。"朱德同战士一起将机器推下沟去……

由于前期行动迟缓的庞大辎重队伍改变了整个行动计划，队伍冒着敌

机的扫射前进。离浮桥稍远些的浅水处，成百上千的红军战士在涉水渡江。东岸等待渡江的已是人山人海，后续部队仍像潮水般涌来。在这里，不得不与敌人展开一场新的战斗。

这时的湘江渡口，几十架敌机轮番轰炸，炮声轰鸣，炸弹在江中掀起巨大的水柱。红军战士的鲜血染红了碧蓝的江水，道路旁到处丢的是出发时好不容易从瑞金抬来的各种机器物品。大火在燃烧着，江面渡口一片混乱，战士们争先渡江，枪声、炮声、人叫、马嘶，交织在一起。

桥头堡上，朱德用望远镜观察渡江情况。尽管渡江队伍加速了，也有序些了，但敌机的轰炸、扫射更加密集。无数红军在过江前、过江中、过江后中弹倒在血泊里。

经过4天4夜血战，红军终于渡过湘江，但整个部队由出发时的8万多人锐减至3万余人。

湘江两岸，滔滔江水泛起殷红的血光，累累的英烈尸骨横列两岸。硝烟未尽，悲壮惨烈。

过了湘江，红军“决脱离敌人，继续西进”，进入峰峦连绵的西延、龙胜山区。这时，行军更加艰难。天上是国民党的飞机跟踪轰炸扫射，脚下是山险路滑，周围山头上又常有反动民团打来的冷枪。通过苗、瑶等少数民族地区时，反动势力派了许多便衣密探混入红军驻地，放火烧房烧粮，然后散布“共匪杀人放火”的谣言蛊惑民众。朱德对这一情况十分重视。总司令部12月7日这一天的行军日志中记载：“朱总司令命令：连日桂敌派出大批密探，在我各兵团驻地，纵火焚烧民房，企图疲劳及嫁祸于我军，破坏红军在群众中的信仰。”

12月10日，红军再入湖南境内，攻占通道县城。按照原定计划，中央红军主力将由这里北上湘西，同红二、六军团会合。但这时国民党军队已了解红军的意图，预先在通往湘西的道路上布下相当于红军兵力五六倍的重兵，张开口袋等候红军钻入。在这个关系到红军命运的关键时刻，毛泽东提出绝不能往这个口袋里钻，主张放弃原定计划，改向敌人力量较为薄弱的贵州前进，力争在运动中打几个胜仗，以扭转红军突围以来的被动局面。于是，中央几个负责人在通道临时开了一次紧急会议，对此做出决定。会后，朱德命令各军团、纵队“迅速脱离桂敌，西入贵州，寻求机动”。

红军突然折入贵州，是出乎蒋介石意料之外的，一下子就把十几万敌军甩在湘西，赢得了主动。15日攻占黎平后，部队得到了两个月连续行军

作战中的第一次休整机会。但是，转变战略方向问题虽在通道会议上提了出来，并没有得到根本解决。博古、李德不顾国民党重兵仍在湘西的实际情况，依然主张从黎平再北去湘西同红二、六军团会合。于是，中共中央政治局18日在黎平开会，讨论红军今后的战略方向问题。

这次会议显然比通道会议开得从容，因此大家都有机会坐下来各抒已见。毛泽东这次不仅讲了红军进军路线，同时还提出在川黔建立新的革命根据地建议。会上发生了激烈的争论。朱德非常赞成毛泽东的意见，和周恩来、张闻天、王稼祥等多数人站在一起，否定了博古、李德要中央红军去湘西同红二、六军团会合的错误主张。会议最后形成了《中央政治局关于战略方针之决定》："鉴于目前所形成之情况，政治局认为过去在湘西创立新的苏维埃根据地的决定在目前已经是不可能的，并且是不适宜的"，"政治局认为，新的根据地区应是川黔边地区，在最初应以遵义为中心之地区"。

第二天，朱德和周恩来向全军发出《军委执行中央政治局十二月十八日决议的决议之通电》，对中央红军最近时期的行动作了部署，规定分成两路纵队，从西北方向转朝贵州腹地的剑河、台拱以至施秉、黄平地域推进，并要求红二、六军团和红四方面军积极活动，牵制湘军和川军，策应中央红军西进。

这以后，中央红军向黔北重镇遵义直进，于12月底到达乌江南岸瓮安县猴场一带。野战军司令部开始部署强渡乌江的战斗。这时，博古和李德仍对黎平会议的决定持不同意见，再次主张不过乌江，回头东进同红二、六军团会合。

于是，1935年1月1日中央政治局在猴场召开会议，对博古、李德提出批评，决定强渡乌江，并通过《关于渡江后新的行动方针的决定》，强调："首先以遵义为中心的黔北地区，然后向川南发展，是目前最中心的任务。"

1月2日至6日，朱德指挥中央红军分3路分别从回龙场、江河界、茶山关等地渡过乌江天险。7日，林彪和聂荣臻指挥先头部队智取遵义。8日，朱德命令："军委纵队明日进驻遵义，以纵队司令员刘伯承兼任遵义警备司令"。

遵义，北倚娄山，南濒乌江，西南环青山，东北枕湘水，地形险要雄伟，为黔北第一重镇、贵州第二大城。红军进驻遵义，受到当地群众的热

烈欢迎。进城后，朱德和周恩来率红军总部住在遵义老城枇杷桥原国民党二十五军第二师师长柏辉章的公馆楼上，毛泽东和张闻天、王稼祥住在遵义新城古式巷原黔烟旅长易少荃的宅邸。

康克清跟随朱德一进柏辉章的公馆，只见房间到处是纸屑和破碎的物品，杂乱无章，说："你看好零乱的，可以想象它的主人逃跑时是多么惊慌和狼狈。"朱德暗自一笑，说："不管怎么说，这是离开根据地以后最好的住处了。"

1 月 12 日下午，在遵义省立第三中学操场上召开有万人参加的群众大会。朱德首先讲话，阐明红军是工人农民自己的队伍，红军有严格的纪律，自觉执行"三大纪律八项注意"，并宣传红军的主张，愿意联合国内各党派、军队和一切力量共同抗日。接着，毛泽东、李富春和遵义群众代表也讲了话。大会宣布成立遵义县革命委员会。会后，朱德还参加了红军篮球队和遵义三中篮球队进行的友谊比赛。

自从进驻遵义城之后，康克清就接受了筹粮、筹款和扩大红军的任务。接下来几天，她每天早早起来，到群众中去，宣传中国共产党和红军的政策，没收官僚资本家的财产，动员青壮年参加红军。晚上回来后，往往浑身疲劳，腰酸腿痛。同时，她也在协助政治局做一次即将举行的重要会议的筹备工作，要求特务连一定要保证会议的安全、做好为会议服务的各项工作。

1 月 15 日，具有划时代重大历史意义的中共中央政治局扩大会议在遵义老城红军总司令部驻地"柏公馆"楼上召开。参加会议的有政治局委员毛泽东、周恩来、朱德、陈云、洛甫（张闻天）、博古；政治局候补委员王稼祥、邓发、刘少奇、凯丰（何克金）；红军总部及各军团领导人有总谋长刘伯承，总政治部代主任李富春，一军团长林彪、政治委员聂荣臻，三军团团长彭德怀、政治委员杨尚昆，五军团政治委员李卓然，中共中央秘书长邓小平；洋顾问李德列席会议，翻译依旧是伍修权。总共不过 20 人。

会议的中心议题一是建立苏区根据地的问题，二是总结第五次反"围剿"失败的经验教训。由于政治局和军委白天要处理战事和其他重要事务，会议在接连的几天里多是在晚饭后开始，每次开到深夜。

据说：最初计划开会的地点并不在这里。但朱德和周恩来担心李德、博古遭到大家批评后"胡来"，便定下会议就在红军总司令部召开。这里楼上宽敞也便于开会。

会议由博古主持。会场静下来后，他从一只黑牛皮挎包里取出一份事先准备好的报告提纲，放在桌上，用手扶了扶眼镜，带着一口浓重的江苏口音向大家讲开了。在《关于五次反“围剿”总结报告》中，博古虽然对军事指挥上的错误作了一些检讨，但主要还是强调各种客观原因，认为失败的主要原因是敌人强大。

好不容易等到博古讲完，周恩来紧接着作了关于第五次反“围剿”军事问题的副报告。他在报告中详细说明了中央的战略战术，分析了第五次反“围剿”失败、离开中央根据地的原因，重点指出主观方面的错误，对李德和博古进行了不点名的批评，对自己在军事指挥上的错误作了诚恳的自我批评，并主动承担了责任：“我对这些错误负有责任，欢迎大家批评。”

两个报告听完后，会议转入大会发言。

期间，朱德将手指指着李德声色俱厉：“你们瞎指挥，弄得丢了根据地，牺牲了多少人命，我们还能再跟着你们的错误领导走下去吗?”朱德的话如黄钟大吕，在会场上引起极大反响。

周恩来、聂荣臻、彭德怀、刘伯承、李富春、杨尚昆、李卓然等一线指挥员都以自己的亲身感受，批判了“左”倾军事路线造成的恶果，反映了广大指战员要求改变领导的强烈愿望。陈云、刘少奇在发言中，明确表示支持毛泽东，拥护批判李德、博古的“左”倾军事路线。会议决定成立由毛泽东、周恩来、王稼祥组成的三人军事小组。林彪虽然没有发什么言，但无关大局了。中共中央秘书长邓小平奋笔疾书，真实记录了会议的发言，并为会议所取得的成果而高兴。

三、前线指挥

在遵义会议上，红军最高权力的转换极富戏剧性地完成了。很快，蒋介石获悉中共在遵义召开了会议，毛泽东重新指挥红军，这才恍然大悟，难怪自己在第五次“围剿”中打得那么顺手，原来是他的老对手毛泽东曾经有一段时间离开了红军的指挥岗位。一想起毛泽东给他的教训，他就不禁胆颤心惊。他从情报中分析红军内部可能意见不一，幻想红军会发生分裂，因此应趁这个机会加紧围攻，否则一等毛泽东站稳脚跟，后果不堪

设想。

一想到这里，蒋介石赶紧命令战斗力较强的川军以重兵封锁长江，并进入赤水、习水、土城地区阻击红军。

1月24日，右路的红一军团进占土城，继续向赤水县推进。27日，中央军委到达赤水河畔的土城镇。这时，获悉川军刘湘的模范师一部4个团正尾追红军，向土城开来。毛泽东提议，利用土城以东山谷夹峙的有利地形，给追敌以迎头痛击。中革军委接受了这个建议并做出战斗部署，由彭德怀统一指挥红三、五军团进行这一战斗，以红九军团及红二师担任预备队。

第二天拂晓战斗打响，但连续激战几个小时未能扩大战果，这时才发现追敌是6个团万余人，并且敌军增援部队还在不断涌来；川军的武器装备和战斗力都比黔军强得多，这也是最初估计不足的。敌军越聚越多，一步步向土城方面压过来。如果不能把它顶住，后面是赤水河，红军将被迫背水作战，后果难以想象。

在这危急时刻，朱德决定亲临前线指挥作战。毛泽东连吸了几支烟，没有答应。朱德把帽子一脱，说："得罗，老伙计，不要光考虑我个人的安全。只要红军胜利，区区一个朱德又何惜！敌人的枪是打不中朱德的！"毛泽东终于点头同意了。

朱德到前沿阵地指挥战斗，给苦战中的红军指战员以极大鼓舞，终于顶住了川军的一次次冲锋。毛泽东决定，通知奔袭赤水县的红一军团急速返回增援，并命令陈赓、宋任穷率军委纵队的干部团急赴前线，发起反冲锋。朱德到干部团指挥他们抢占有利地形，终于打退了川军的进攻，把阵地巩固了下来。

当晚，毛泽东提议召集中央政治局几个主要领导开会。会议根据当时国民党军队正奔集川南围堵红军的新情况，决定改变由赤水北上、从泸州至宜宾之间北渡长江的计划，迅速撤出土城战斗，渡赤水河西进。

1月29日3时，朱德重返前线指挥战斗，掩护全军西渡赤水河。他来到红四团阵地，当时天下着雨，刘湘模范师不断压来，他手提驳壳枪和红四团并肩战斗，一直坚持到天黑。时任团政委的杨成武后来在回忆录中说："朱总司令在我们阵地的前沿，细细观察战斗情况后，当机立断，下令后撤。我们从前沿撤下来了，突然，又传来命令，说，朱总司令还没有回来。为了掩护朱总司令后撤，团长和我又带了20多个同志冲上山坡，堵住敌

人。敌人像着魔似的一个劲儿往我们阵地压来，我们遥见身穿灰布军装的朱总司令，他还在赤水河边用望远镜看着什么。阵地上的人越来越多，除了我与王开湘同志，六团长朱水秋、王集成同志都来了，大家都为朱总司令的安全担心，我急得手掌都沁出汗来，但是看看朱总司令，他还是稳稳地站在那里，仿佛近在咫尺的土城仅仅是一座寂然无声的空城，周围的战斗全然没有发生似的。我们在阵地上顶了整整一个钟头，朱总司令终于收拾起地图、望远镜，离开赤水河的北岸，不慌不忙地回到阵地后边来了。我说：'总司令，我们在掩护你，你怎么走得这么慢啊？'王开湘和朱水秋也说：'我们急得心都快从嘴里跳出来了！'总司令亲切地笑笑，用从容、风趣的语调说：'急什么？诸葛亮还摆过空城计呢！'"

红军一渡赤水，进入川南的古蔺、叙永地区。这时，川军潘文华部12个旅沿长江两岸严密布防，薛岳部和黔军也向川南急进，北渡长江已不可能。为了甩开追敌，红军折向云南省威信县扎西地区。

2月18日至21日，红军在川黔交界的太平渡、二郎滩二渡赤水，回师黔北。24日，红军发起遵义战役，接连攻克桐梓、娄山关、遵义。5天之内，击溃和歼灭国民党军队两个师又8个团，俘虏近3000人。

蒋介石接到遵义战报后大发雷霆，说"这是国军追击以来的奇耻大辱"。为指挥西南军事，他亲自飞抵重庆督阵，并下令："今后在前线作战，不论是追还是堵，是攻还是防，如不与阵地、城池共存，未奉命即逃避者，一律以失守纵敌论罪。"

3月4日，中革军委决定组成前敌司令部，朱德为司令员，毛泽东为政治委员。朱德和毛泽东、周恩来等研究后，故意将部队在遵义地区徘徊，而当国民党军队被诱赶来时突然掉头西进，于3月16日经茅台三渡赤水，再次进入川南，并摆出准备从这里北渡长江的架势。这样，又将各路追敌引向赤水河以西地区。为了进一步造成对方错觉，红军以一支部队继续佯攻古蔺，主力却用神速动作掉头东归，于3月21日晚在太平渡、二郎滩、九溪口四渡赤水。

红军渡过赤水河后，朱德的心情特别好。为了扩大红军的影响，提高群众斗争的勇气和决心，他要求当地群众开祝捷大会，多张贴红军胜利的捷报。这会儿，他正乐滋滋地用竹筒品味着赤水河地区的名酒茅台酒。忽然，通信员拿着一份报纸走过来了，笑盈盈地说："总司令，这是老乡送来的报纸，你看看，多么可笑呀！"

朱德接过报纸，一看，原来是报上发了一条路透社关于红军的报道。其中说："据悉，朱德在遵义地区猪头山一役中已被击毙。……"才看了个开头，朱德轻蔑一笑，说："我一生之中很少生病，这些年来也几乎没受过一次伤，可是国民党经常传说我死了，这已经是第十次了。"

朱德又想起了什么，慈祥地看了看通信员和周围几个人，说："老蒋就好搞这种权术，他上次悬赏25万元捉拿我，要我的头，可是至今还没抓到我老朱。听说蒋甚至公布了一个首级价目表，从班长开始，按照等级订价，好像老毛与我老朱的价位一样，他们还派什么飞机散发到我们阵地上。这倒好，阵地上的人要是看到名单上没有自己的名字，或者开列的赏额太少，还对他老蒋不满意呢！"一席话，说得大家捧腹大笑。

抢渡赤水后，红军立刻南渡乌江，把国民党军队的重兵全部甩在赤水河西岸和乌江以北，跳出了他们的合击圈。

南渡乌江时，由陈赓和宋任穷率领的红军干部团奉命担任守护乌江浮桥的任务。后来，他们得知殿后的红五军团已从另一渡口过江，又得到中央军委一位参谋的口头命令，就把浮桥拆了。朱德知晓后，十分焦急，当场很恼火地对陈赓和宋任穷说："岂有此理，为什么下这样的命令！五军团过江了，可罗炳辉同志率领的九军团还在后面，还没有过江呀！怎么能拆桥呢？"随即，朱德指示陈赓和宋任穷马上返回江边，重新架桥："浮桥架好后，交给九军团，如果等到明天早晨7点九军团还不来，你们再拆桥。"陈赓和宋任穷被胸怀全局的总司令虑事之精细、爱护官兵之心切所打动，立即带领三营和工兵连急行军40里返回乌江边，连夜突击把浮桥重又架起，等候九军团的到来……

红军南渡乌江后，以一部向黔东方向佯动，做出东进湖南、同红二、六军团会合的姿态，主力却直趋贵阳。这时，蒋介石正在贵阳督战，而贵阳城内兵力空虚，急忙向滇军发出"万万火急"的电报，调滇军3个旅赶往贵阳保护。

滇军主力被调出，后方空虚，进军云南的门户已经敞开。4月7日，朱德致电林彪、聂荣臻："我野战军决从贵阳、龙里之间南进。"8日，红军以一部佯攻贵阳，以一部佯攻龙里，主力在第二天从贵阳至龙里间约30里宽的地段阔步穿过湘黔公路，以每天120里的速度向云南疾进。

红军进入云南后，趁滇军主力已东调入黔之际，直趋云南省会昆明。红军在昆明附近虚晃一枪，吓得国民党云南省政府主席龙云急调原来驻守

滇北的部队回援昆明，使金沙江南岸的守军兵力顿时空虚。这时，红军出人意料地大踏步北转，直奔金沙江。

金沙江位于长江的上游，又称绳水、淹水、泸水。因江中沙土呈黄色得名。它穿行在川滇边界的深山狭谷间，江面宽阔，水急浪大。当红军大队人马向金沙江挺进时，蒋介石如梦初醒，恍然大悟，认定红军的目的地既不在贵阳，也不在昆明，而是“必渡金沙江无疑”。4月28日，他给江北岸的川军下达命令，控制大小渡口，毁船封江。就在红军进抵金沙江前夕，江边的敌人已将所有船只掠到北岸了。如果红军不能北渡，就有被国民党军队压在金沙江南的深谷遭致全军覆灭的危险。

5月2日，朱德部署红军分别进取龙街渡、洪门渡、皎平渡3个渡口，其中通往龙街渡的是大道，其他两条是商道。3日晚，刘伯承指挥的军委纵队干部团在皎平渡渡口幸运地找到了一条船。原来这条船是敌军送探子来南岸探查情况的，探子不知跑到哪里去了。后来，军委纵队干部团又在当地农民的协助下，从水里捞出了一条破船，用布把漏洞塞上。然后，他们乘坐这两条船悄悄地渡到北岸。敌人的哨兵以为探子回来了，没有在意。他们来了个突然袭击，一举消灭了一个连正规军和一个保安队，控制了皎平渡两岸渡口。后来，他们又找到了5条船，动员了36名艄公。与此同时，红一军团赶到了龙街渡口，红三军团赶到了洪门渡，但这两个渡口都没有船只，加上江宽水急无法架桥。朱德命令他们迅速转到皎平渡过江。

从5月3日至9日，在6天6夜的时间里，红军主力就靠这7只小船从容地过了江。担任后卫的九军团在南渡乌江以后奉军委命令一直在黔西绕圈子，时东时西，忽南忽北，牵制了敌人部分兵力。5月6日，他们到了云南东川与巧家县之间，并于5月9日在树节渡获盐船40多只，顺利地渡过了金沙江。两天以后，敌人的追兵才赶到南岸。可是红军已经毁船封江，远走高飞，无影无踪了。

红军渡过金沙江后，把原来紧紧尾追的国民党军队甩在江南，行程相距一个多星期，夺得了主动权，也获得了一个休整的机会。自遵义会议后，红军声东击西，“忽进忽退，一再回旋”，“有时向东，有时向西，有时走大路，有时走小路，有时走老路，有时走新路”，牵着蒋介石的鼻子打转，在把蒋介石弄得晕头转向的同时，也带来了一些意料不到的问题。红军全靠穿着草鞋甚至是打着赤脚，在荆棘丛生的崎岖小道上奔走，确实是苦不堪言。于是有人不满，乃至发牢骚，说天天就是“走路，兜圈子”。

当时，林彪等对四渡赤水到北渡金沙江这样大规模迂回机动的运动作战十分不满，说这尽是走“弓背路”，“这样会把部队拖垮的”。5月中旬，部队到达会理时，林彪突然在军团部当众给彭德怀打电话：“现在的领导不成了，你出来指挥吧。再这样下去，就要失败。我们服从你领导，你下命令，我们跟你走。”

自然，林彪的要求被彭德怀拒绝了。他打电话时，聂荣臻、左权、罗瑞卿、朱瑞等都在旁边。聂荣臻实在听不下去了，当即严肃批评林彪说：“你是什么地位？你怎么可以指定总司令，撤换统帅？我们的军队是党的军队，不是个人的军队。谁要造反，办不到！”聂荣臻还警告说：“如果你擅自命令部队行动，我也可以以政治委员的名义下令给部队不执行。”

林彪听不进劝告，起草了一封信给新成立的三人军事小组，要求朱德和毛泽东下台。信中大致是说近一两个月来，部队走的路太多，太疲劳，在云贵川绕来绕去，走了很多冤枉路，建议毛泽东、朱德最好下台，或只主持军中大计而不作具体指挥，前敌指挥最好由彭德怀负责。

5月12日，中央政治局在会理召开了扩大会议。在会上，毛泽东批评林彪说：“你是个娃娃，你懂得什么？在这个时候，直接跟敌人硬顶不行，绕点圈子，多走点路，这是必要的。”朱德和周恩来也严肃批评林彪，肯定目前的指挥是正确的。会议还讨论了红军今后的行动计划，决定继续西进，越过大渡河，同四方面军会合，并决定组织先遣队，由刘伯承任司令员，为全军开路。

5月中旬，蒋介石飞抵昆明，调动中央军10余万人，川军五六万人，部署在大渡河畔堵截红军，并致电各军称：“大渡河是太平天国石达开大军覆灭之地，今共军入此汉彝杂处、一线中通、江河阻隔、地形险要、给养困难的绝地，必步石军覆辙，希各军师长鼓励所部建立殊勋。”

蒋介石判断红军不敢从彝族区通过，因而把守备重点放在大树堡一带。为了避开蒋军主力，红军偏偏选择了要经过大凉山彝族区冕宁至安顺场之间那条小路。由于历史上反动统治阶级实行的民族压迫政策，彝族人对汉族疑忌很深。红军一些人听说彝族人“厉害”，“野性子”，有些紧张。毛泽东对他们说：“彝族人最痛恨的是白军，对我们就不同了。彝族人听说朱总司令的队伍来了会高兴的，你们怕什么呢？”

5月21日，红军进达彝族地区的冕宁县。朱德在有彝、汉人参加的群众大会上讲话，说彝、汉是一家，穷人要团结起来，打倒蒋介石和四川军

阀，才能翻身过好日子。担任先遣任务的总参谋长刘伯承根据党的民族政策，同彝族沽基部落首领小叶丹歃血为盟。22日，朱德以红军总司令的名义向彝族群众发布的《中国工农红军布告》中指出："红军万里长征，所向势如破竹，今已来到川西。"文中首次出现了"长征"一词。于是，"长征"便成了中国工农红军进行军事上战略大转移的代名词。红军得到彝族同胞的信任，并在他们帮助下，顺利地通过大凉山区，到达大渡河南岸的安顺场。

这时，在蒋介石的亲自指挥下，敌人放火烧了安顺场，并将所有的船只拉到河对岸毁掉。老百姓在国民党的宣传煽动下，均躲藏起来。5月24日夜，刘伯承、聂荣臻率领的红军先遣队到达安顺场，歼敌两个连。

林彪、聂荣臻站在高处俯视河岸，发现有一只船拴在南岸，惊喜交加。原来，这只船是四川军阀刘文辉下属营长赖执中和他妻子过河探亲接客而拴在南岸的。赖执中没有料到红军来得这么快，过河不久就被红军连人带船俘获了。

但要渡过大渡河，真比登天还难。大渡河两岸都是横断山脉，崇山峻岭。在安顺场渡口，河幅有300多米宽，流速每秒4米，水深30米。河底乱石参差，形成无数旋涡，俗称竹筒水，可让鹅毛沉底，水性多好的人也不能泅渡。为了迅速过河，林彪与聂荣臻当即下令红一团迅速组织突击队强渡，并对渡河作了周密的布置。25日，在南岸强大火力的掩护下，突击队开始强行渡河。

17名渡河勇士顶着弹雨，经过两小时的搏斗，终于爬上了北岸。他们快速地占领了滩头阵地，接着扑向敌人工事内，消灭了守敌，缴获了枪支。接着，用仅有的一只小船来回不停地运送后续部队，一天一夜才渡过一个团。

26日中午时分，朱德和毛泽东、周恩来等到达安顺场。朱德对到村头来迎接他们的刘伯承说："先遣队逢山开路，遇水搭桥，功劳不小。"刘伯承说："总司令先别论功行赏，我正为这大渡河架不起桥来发愁呢。"

大渡河水深流急，无法架桥，附近又找不到其他渡船，数万大军如果只靠现有的一只小船，即使昼夜不停，也需要一个多月才能全部通过，而追敌正气势汹汹地向大渡河扑来，时间决不允许那样做。得知这些情况后，朱德神情严峻："我们必须尽快过去！不然，就会真的成了石达开第二！"

这时，电闪，雷鸣。世界狰狞，电光下的大渡河咆哮发威，像条张牙

舞爪、暴跳疯狂的青龙。朱德浓眉拧成疙瘩，伫足如柱，任风雨肆虐。

周恩来也焦急地来到朱德身边："总司令！"朱德深思片刻，臂膀猛地一挥："抢夺泸定桥！生死成败，在此一举！"

经过研究，毛泽东归纳大家的意见说："好吧，我们兵分两路。一师和干部团在这里渡河，为右纵队，归刘、聂指挥，循大渡河左岸前进；林彪率一军团二师和五军团为左纵队，循大渡河右岸前进。两岸部队互相策应，溯河而上，夺取泸定桥。军委纵队和其余部队从泸定桥过河。假如两路不能会合，被分割了，刘、聂就率部队单独走，到四川去搞个局面。"大家均无异议，以军委主席朱德的名义给各军团发出了相应的电报。

泸定桥系四川通往西康、西藏的桥梁，长约 100 米，横跨大渡河。桥由 13 根铁链组成，两边各两根为桥栏，底部并排 9 根铁链为桥面，面上铺有木板，桥东端即为泸定县城的西门。桥上面的木板已被敌人拆掉，只剩下孤零零的铁索，空荡荡地悬在高空。桥下红褐色的急流，震耳欲聋。

从安顺场到泸定桥有 340 里路程，两岸是悬崖陡壁挂着羊肠小路，又有数十条山涧溪流将小路切断，加上大雨不停，行路更为艰难。朱德同战士们一样，在大雨中跋涉，还要随时掌握整个部队的进军情况，发出新的指令。5 月 28 日凌晨，他致电林（彪）刘（伯承）聂（荣臻），指示左路先头部队四团"今 28 日应乘胜直追被击溃之敌 1 营，并迎击增援之敌约 1 营，以便直下泸定桥。二师部队迅速跟进，万一途程过远，今日不及赶到泸定桥，应明 29 日赶到"，同时指示右路"刘聂率二团亦应迅速追击北岸之敌 1 营，以便配合四团夹江行动"。同日，他又致电红一、五军团领导人，指示："我左、右两纵队之先头部队，明 29 日均应赶到泸定桥及其西岸，并力求于正午前迅速袭占铁索桥，消灭该处守敌，以控制该桥两岸，并准备与援敌作战"。

红四团接到朱德的命令后，以一昼夜 240 里的速度急行军，终于在 29 日拂晓赶到泸定桥，抢占全桥。当天傍晚，林彪致电"朱主席"，报告红四团已攻占泸定桥的消息。此时，雨水正从朱脸的脸上不断流下，长途跋涉来他的眼窝已经深深地陷下去了，但当他接到已抢战泸定桥的喜讯时，浓眉下两道眼光奕奕有神。

朱德来到泸定桥头，看到由 13 根铁索组成的铁索桥悬在波涛汹涌的大渡河上，一些临时找来的木板铺在铁索上连成桥面，桥下急浪滚滚，令人目眩眼花。他仔细询问前面的部队过桥时的情况，了解到有些马匹不敢上

桥，部队过得太慢，有一匹马还掉下江去了，立即吩咐参谋："告诉部队过桥时，干部要切实掌握渡河的秩序，务必使部队尽快通过，把马匹拉开。有些马不敢过桥，就把马眼睛蒙上拉过去，以免影响别人过桥，每隔10分钟派人检查一次桥板，踩开的桥板要及时更换。一个人在前面走，后面的人在后面就要及时把桥板弄好。哪个部队过完桥，就要负责把踩开的桥板重新摆好。"

轮到司令部的队伍过桥了。朱德从容地走上去，一边走，一边鼓励身旁的人："沉住气，不要怕，别看水，看桥板。"走着走着，朱德突然停下来，仔细观察一处桥板，原来那块桥板和另一块桥板已经脱离开，露出一个大缝。于是，朱德弯下身去，把这两块桥板合拢起来……

四、与张国焘共事

雪皑皑，野茫茫。

牵着马，拿着木棍，破衣烂衫，一支长长的队伍蜿蜒在冰天雪地。1935年6月11日，红一方面军主力先头部队红四团在完成了夺取泸定桥的任务后，来到四川边界雅安地区宝兴县属的硗碛镇。这里是雪山地带的起点——高耸入云而终年积雪的大雪山夹金山，挡住了红军战士前进的道路。

夹金山又名"甲金山"，藏语称为"甲几"，"夹金"为译音，意为很高很陡的意思。夹金山，属邛崃山脉，海拔4124米。这里地势陡险，山岭连绵，层峦叠嶂，危岩耸突，峭壁如削，空气稀薄，天气变化无常。当地老百姓有的还把大雪山叫做"神山"，意思是除了"神仙"就连鸟也飞不过去。当地流传着这么一首民谣："夹金山，夹金山，鸟儿飞不过，神仙也不攀。要想越过夹金山，除非神仙到人间！"为了改变蒋介石为这支部队设计的命运，红军的统帅只能靠非人的胆识和坚忍不拔的毅力在高寒地带创造奇迹。

为了翻越雪山，红四团的指战员深入当地百姓家访问。年长的老乡谆谆告诫他们：早晨、晚上切勿过山，那时山上大雪纷飞、寒气逼人，山风四起、遮天蔽日。要通过，必须在上午9时以后，下午3时以前，而且要多穿衣服，带上烈酒、辣椒，好御寒壮气；还要准备一根木棍，借力爬山。

时值盛夏，红军指战员们身上只有一件单衣，当地居民既少又穷，烈酒、辣椒无法买到，能找到的只有每人一根木棍。红军战士只能以内心的革命火焰去战胜雪山的严寒了。

6 月 12 日上午 9 时许，红四团来到夹金山下，气温骤降，脚下的路是冻得晶亮硬滑的冰雪，木棍着地发出“咯咯”的响声。红军战士一鼓作气，爬上山腰。举目环视，使人触目惊心。左面是深厚松软的雪岩，右边是陡立险峻的雪壁，一不小心就会滑下雪岩，越陷越深。先头班用刺刀在雪地上挖着踏脚孔，后面的同志就手拉着手，踏着他们走过的脚印，谨慎地前进。部队在行进间不时响起惊喊声，喊声起处，就看到有成群的红军战士停下来用木棍、绑腿抢救掉进雪岩的同志。

刚过正午，山上云雾弥天，人行其中，犹如腾云驾雾。山风卷着雪花，向红军战士袭来。单薄的军衣，抵挡不住风雪的吹打，脸上、身上像被无数把尖刀刮着。红军战士们不得不打开背包，把被子、毯子裹在身上，但仍然冷得浑身哆嗦，牙齿打战。越往上爬空气越稀薄，呼吸越困难。战士们一个个头晕眼花、胸痛腿软，一步一停、一步一喘。这时，要是有谁停步坐下来，就会被冻僵永远爬不起来，因此，每个人都拼尽全身力气，互相搀扶着，互相鼓励着，同残酷无情的大自然搏斗。就在红军战士快要到达山顶时，突然又下起了冰雹，核桃大的冰雹劈头盖脸地打来，打得满脸肿痛，红军战士用手捂住脑袋艰难地继续前进。

冰雹过后是万里晴空，阳光耀眼。经过几个小时的紧张攀登，红四团的全部人马都攀上了山顶。站在山顶，极目望去，千里冰雪，银峰环立，一片琼玉世界；山下的队伍，像一条灰色长龙，蜿蜒而上。

下山时，已不像上山那么吃力了，红军战士唱起了山歌，此起彼伏的山歌声荡漾山谷，高傲的夹金山总算认识了它的征服者的英雄气慨。

下到山脚，一条深沟切断了去路。红四团的战士沿着沟边绕道而下。突然，前方响起了一阵枪声，战士们一个个警惕地注视着前方，握紧着手中武器，准备向前冲杀。

这时，一个侦察员从前方飞奔回来，他边跑边喊：“是红四方面军的同志啊！”与此同时前面也传来了“我们是红四方面军”的清晰喊声。顿时，响起了一片欢呼声，震得山谷抖动。

红四团的指战员蜂拥而下，同迎上前来的四方面军的同志紧紧握手，热泪满面，长时间地沉醉在欢乐中。200 多天、1 万多里的征战，遭遇的是

敌人的层层堵击和重重困难。此刻，两大主力红军的先头部队会师了，红军战士，个个欣喜若狂。

中央红军的后续部队过雪山前，朱德到各个连队进行检查，查看战士们的装备，掂掂他们的背包，询问他们的健康情况，并鼓励红军战士做出最大努力征服雪山，要求医疗队和收容队要照顾好翻越雪山时身体不支的人。一切部署完毕，朱德和大家一起踏上了千年雪山。

不多久，经过8个月万里征战、历尽艰难困苦、有3万人左右的红一方面军，同有8万之众的红四方面军会合。夹金山下一片欢腾。

25日，朱德和毛泽东、周恩来、洛甫、博古等冒着大雨滂沱来到懋功以北的两河口，欢迎从杂谷脑（今理县县城）前来的四方面军领导人张国焘等。

为欢迎张国焘一行的到来，中央红军的军号手们演奏了欢迎乐曲，欢迎队伍列队道路两旁，热烈鼓掌并高呼"欢迎四方面军同志"等口号。当天，举行了简短的一、四方面军会师大会。朱德和张国焘冒雨先后讲话。

朱德致欢迎词，他热情地肯定了红四方面军从鄂豫皖根据地到川陕根据地屡挫强敌、发展壮大的英勇业绩，指出：两大主力红军的会合，不仅是中国无产阶级的胜利，也是全世界无产阶级和一切劳苦群众的胜利！张国焘态度傲慢，大摇大摆地走上主席台。他在讲话中表露出同中共中央的北上方针相左的意向，说："这里有广大的弱小民族（藏、回），有着优越的地势，我们具有创造川康新大局面的更好条件。"张国焘的讲话，给庆祝两军胜利会师的欢乐气氛蒙上了一层阴影。

为了欢迎张国焘的到来，当晚在镇子的喇嘛庙里举行聚餐。聚餐开始后，毛泽东举起酒杯，即席简单致辞："一、四方面军经过许多艰难曲折，今天终于走到一起来了！现在，我提议，为两个方面军的团结胜利，为张国焘同志的到来，干杯！"叮叮当当，屋里响起了一阵杯盏相碰声。

接着，张国焘也举起酒杯答谢说："感谢中央同志对四方面军的一片热忱，向百战百胜的一方面军老大哥学习、致敬！我提议，为了红色苏维埃运动的胜利，干杯！"又是一阵叮叮当当的杯盏相碰声。

聚餐后，朱德陪同张国焘来到了他的住处。闲谈中，张国焘终于从毫不设防的朱德口中得知，中央红军从江西突围出来至今，在8个月的时间里，从8.6万人锐减到眼下的近3万人，而且所有的重炮都丢光了，机关枪所剩无几，又几乎都是空筒子——每只步枪平均只有5颗子弹，少的仅

只有两三颗。张国焘一听，脸色变了："四方面军有8万多，兵力可比一方面军多得多！"

第二天，朱德同洛甫、毛泽东、周恩来、博古、王稼祥、张国焘、刘少奇、邓发、凯丰等一起参加中共中央政治局在两河口举行的扩大会议。刘伯承、李富春、林彪、聂荣臻、彭德怀、林伯渠等人也参加了会议。这次会议一共进行了3天。

会上，由周恩来作目前战略方针的报告。他分析了两军会合后的形势，指出懋松理地区的经济条件和群众条件都不利于红军主力在这里建立根据地，部队向东、向南和向西北都不可能得到发展，应该北上到川陕甘建立根据地，以实现"背靠西北，面向东南"的发展战略。毛泽东、朱德等都发了言。朱德强调：要"迅速打出松潘，进占甘南"，主张"两个方面军要统一指挥，一致行动去打击敌人，并要从政治上保障战争的胜利"。张国焘在会上也表示同意北上的方针。会议最后通过《关于一、四方面军会合后战略方针的决定》，明确"我们的战略方针是集中主力向北，在运动战中大量消灭敌人，首先取得甘肃南部，以创造川陕甘苏区根据地"；"为了实现这一战略方针，在战役上必须首先集中主力消灭与打击胡宗南部，夺取松潘与控制松潘以北地区，使主力能够顺利向甘南前进"。

两河口会议结束的第二天，中共中央政治局召开常委会，增补西北革命军事委员会主席张国焘为中革军委副主席，增补第四方面军总指挥徐向前和政治委员陈昌浩为中革军委委员。

为了做好团结工作，朱德在两河口时曾诚恳地同张国焘彻夜长谈。朱德提醒张国焘："现在，蒋介石虽然派来10万人攻打我们，可是我们也有大约10万兵力。第四方面军经过长期休整，兵强马壮，建议由四方面军去占领松潘地区，夺取战略要点，借以打开北进的道路。"张国焘说敌军防御工事过于强大，并以此为由一口拒绝。

6月29日，中央军委根据两河口会议的决定，拟订了《松潘战役计划》，规定一、四方面军分组成左、中、右3路纵队和岷江支队，准备趁国民党堵截部队刚到松潘、立足未稳的机会，迅速、坚决地攻占松潘，并控制松潘以北及东北各道路。按照这个计划，朱德立刻率领红一方面军从懋功一带北上，接连翻越梦笔山、长板山、打鼓山、拖罗岗等几座大雪山。

从懋功北上后，环境十分艰苦。这不仅因为雪山连亘，雨雪无常，道路泥泞，自然条件恶劣，而且因为这里是藏族区域，没有多少做买卖的，

藏民由于受到反动当局的恐吓而大多藏匿起来，部队粮秣得不到接济，连两餐青稞、荞麦、红薯也难以为继。许多部队常常每天只吃上一顿，也只能吃个半饱。于是，朱德组织一个“野菜调查小组”，亲自带领小组到山上或原野，找出一些认识的、可以吃的野菜，挖出带回来，分类洗干净，煮着吃。然后他又动员大家去找，把大家吃过的野菜都挖来，这样经过大家的努力，最后竟找到了几十种可吃的野菜，一时缓解了充饥问题。

张国焘自恃第四方面军有 8 万之众，把由朱德、毛泽东、周恩来等领导的红一方面军不放在眼里，迟迟不指挥四方面军北上。为了把红军的指挥权抓到手里，张国焘首先瞄准了朱德的职位。7 月 6 日，当中共中央派刘伯承、李富春、林伯渠、李维汉等人组成的中央慰问团到红四方面军进行慰问时，张国焘让中共川康省委出面，要求改组军委和红军总司令部，由张国焘任军委主席，不然就“无法顺利灭敌”。李富春觉得问题严重，立即向中央汇报。

红军总部在 7 月 10 日到达芦花后，张国焘又迫不及待致电中央“宜速决统一组织的指挥问题”，再次公开伸手向党要权。见四方面军还没有跟上来，朱德和毛泽东、周恩来立刻致电张国焘，望他按照原定的“迅速北上原则”把部队“速调、速进、勿再延迟，坐令敌占先机”。为了顾全大局，维护两大主力红军的团结，中央政治局于 7 月 18 日接受周恩来的提议，将周原任的红军总政委职务改由张国焘担任，朱德仍然为中央军委主席兼总司令。这时，张国焘才率领红四方面军到达芦花。

张国焘当上总政委后，立即积极攫取权力。为了达到“独断专行”的目的，他设法控制一方面军的部队，收缴了各军团之间互通电报的密电本以及各军团与军委通报的密电本。从此以后，一方面军只能与前敌总指挥通报而与中央隔绝了，各军团之间也不能横向联系了。

而对于攻打松潘的命令张国焘却推三阻四，拖延执行。他对于担任总政委一职仍不满足，觉得大权尚未独揽，战略问题还要报军委和中央政治局核准，而他在政治局又是孤掌难鸣，处于绝对少数。因此又节外生枝，要求增加四方面军的 9 人进入政治局。

由于这一无理要求没有得到满足，他便借口组织问题未圆满解决，不执行军委计划，并将进攻松潘的命令擅自改为佯攻松潘，后来干脆下令停止进攻松潘。

7 月底，朱德和红军总部、中央机关到达毛儿盖地区。这时，由于张

国焘的再三阻挠，攻占松潘的战机已经过去了。胡宗南部主力已集结于松潘地区，薛岳部由雅安进抵文县、平武，向胡宗南部靠拢，川军进占了懋功、绥靖、北川、茂县、威州及岷江东岸地区，并步步进逼，企图围歼红军于岷江以西、懋功以北地区。

在这种情况下，红军如果仍坚持原计划由松潘北上，则有可能陷入敌人重围，有被敌人消灭的危险。于是，军委决定放弃原来的松潘战役计划，改取甘肃南部的夏河、洮河流域。

8月3日，军委总部制定《夏（河）洮（河）战役计划》，决定将一、四方面军混合组成左、右两路军北上。十几天后对编组又作了一些调整，规定：左路军由红军总司令部率领，辖五军、九军、三十一军、三十二军、三十三军、军委纵队一部，以马塘、卓克基为中心集结北进，首先占领阿坝，再北进夏河；右路军由中共中央、前敌总指挥部率领，辖一军、三军、四军、三十军、军委纵队一部、红军大学，以毛儿盖为中心集结，首先占领包座、班佑地区，再向夏河前进。

8月4日，中央政治局在毛儿盖附近的沙窝召开会议，讨论一、四方面军会合后的形势与任务，作出决议，重申北上抗日、创建川陕甘革命根据地的方针是正确的，而加强一、四方面军的团结是实现这个方针的基本条件。朱德在发言时指出："两个红军主力会合后力量增强了，创造川陕甘苏区是有把握的，要提高自信心，克服各种困难去战胜敌人。对一、四方面军，不能轻率地说谁好谁坏，存在缺点是可以改进的。"

张国焘在会上咄咄逼人，不断吹嘘自己如何正确，对党中央和一方面军提出种种指责，要求清算中央政治路线错误，要求一方面军领导检查缺点错误，要否定遵义会议决议，改组中央和军委领导。毛泽东和朱德等针锋相对，对张国焘说："你这是开的督军会议。"意思是说他向中央要权。最终，张国焘的目的没有得逞。

沙窝会议后，朱德和红军总参谋长刘伯承率总部赴左路军集结地卓克基。这样，朱德同多年来一起并肩战斗的毛泽东、周恩来等暂时离别。

要同张国焘共事，朱德深知，这"不是一件容易小事"。朱德与党内同志共事一向以宽宏大度、谦虚礼让著称，而张国焘这个"独裁者"一贯是目空一切、专擅用权，在担任红军总政委后，便尽力排斥总司令和总参谋长，而以个人意志挟制总部领导，进而同党中央对抗。

8月底，党中央和右路军走出草地，在班佑、巴西、阿西、包座地区

等候左路军前来会合。在党中央一再催促下，抵达阿坝的左路军才进入草地向班佑前进。部队在进入草地后的第三天，被一条南北流向的噶曲河挡住了。这条河本来很浅，由于下了一场暴雨正在涨水，一时显得水势滔滔。这使本不愿向右路军靠拢的张国焘找到了借口。他独断地以"朱、张"名义致电中央，说噶曲河涨水，"上游侦察 70 里，亦不能徒涉和架桥，各部粮只能吃 3 天"，"茫茫草地，前进不能，坐待自毙，无向导，结果痛苦如此，决于明晨分 3 天全部赶回阿坝"，还提出要右路军"乘胜回击松潘敌，左路备粮后亦向松潘进。时机迫切，须即决即行"。

朱德和刘伯承坚持左路军应向右路军靠拢，共同北上。为了弄清噶曲河涨水情况，朱德亲自到河边，派他的警卫员潘开文去探测河水深浅。于是，潘开文骑马蹚过河又返回来，发现最深的地方也不过齐马肚子，队伍是完全可以通过的。于是，朱德更是坚持左路军继续向班佑前进。

可是，一天、两天、三天过去了，张国焘总是按兵不动。为此，朱德同张国焘进行了激烈的争执。张国焘不顾朱德、刘伯承的意见，专断下令要左路军返回阿坝，并密电陈昌浩要右路军南下，企图分裂红军、危害中央。

9 月 10 日凌晨，中共中央得知这一情况，为贯彻北上方针，避免红军内部可能发生的冲突，果断地决定率一、三军先行北上。11 日抵俄界后，又致电张国焘，指令他立刻"率左路军向班佑、巴西开进，不得违误"。张国焘无视中央对他的一再争取，竟于 12 日亲拟电致一、三军领导人，声称"一、三军单独东出，将成无止境的逃跑"，"不拖死也会冻死"，"将来真悔之无及"，要一、三军"速归"，"南下首先赤化四川"。朱德断然拒绝在这个电报上签字。

朱德的心情十分沉重。两大主力会合时大家多么高兴啊，可是会合仅仅 3 个月后，就这样分离了。这完全是张国焘对抗中央、分裂红军的罪恶。可是，这里还有由 8 万指战员组成的红四方面军，还有编在左路军中原红一方面军的五、九军团和其他同志，不能把他们丢给张国焘不管。这样，只剩下一个选择：留下来，跟着这支队伍，哪怕遇到再多的艰难曲折，也要把它最终带回到党的正确路线上来。

张国焘从噶曲河折回阿坝，立刻大造反对党中央的舆论，并开始了对朱德的围攻。他先派人同朱德谈话，要朱德写反对中央北上的文章，朱德坚决拒绝。

9 月中旬，张国焘经过秘密策划，在阿坝一个喇嘛寺——格尔登寺大

殿召开了川康省委及红军中党的活动分子会议。朱德走进会场时，一眼看见会场上挂着一条“反对毛、周、洛、博北上逃跑”的大横幅，一下子警觉起来。

会场里的气氛非常紧张。朱德和刘伯承紧挨着坐下后，主持人就宣布开会了。朱德随身带了一本书，必要时他就以看书抗议。

张国焘在讲话中攻击中央率一、三军团北上是“逃跑主义”，鼓吹南下。接着，一些人跟着起哄，要朱德当众表态：“同毛泽东向北逃跑的错误划清界限”“反对北上，拥护南下”。朱德稳稳地坐在那里，不予理睬。张国焘说：“总司令，你可以讲讲嘛，你对这个问题的认识怎样？是南下，是北上？”

在大是大非面前，朱德从容不迫、大义凛然，庄重地说：“党中央北上抗日的方针是正确的。现在日本帝国主义侵占了我国的东三省，我们红军在这民族危亡的关头，应当担起抗日救国的责任。北上决议，我在政治局会议上是举过手的。我不能出尔反尔。我是共产党员，我的义务是执行党的决定。北上才有出路。”

朱德的话刚说完，会场里吵得更凶了，有人还逼朱德发表声明反对毛泽东、党中央北上。在旁的刘伯承实在看不下去了，大声说：“你们不是开党的会议吗？又不是审案子，怎么能这样对待朱总司令！”这话如同捅了马蜂窝，几个人把斗争矛头转向刘伯承：“好！你把我们党的会议说成审案子！”还有人冲着朱德高声嚷：“既然你拥护北上，那你现在就走，快走！”

一听这话，朱德意识到张国焘是想把他逼走，以便更加随心所欲地推行他们那一套错误路线。为了耐心宣传党中央的正确主张，争取和教育更多的人，朱德决定留在左路军同他们斗争。朱德说：“我是中央派到这里工作的，既然你们坚持南下，我只好跟你们去。但南下是没有出路的！”

这些话戳到了张国焘等人的痛处。有人暴跳如雷：“你既然赞成北上，现在又说跟我们南下，你是两面派，骑墙派！”有人明目张胆地威胁说：“不让他当总司令了！”

张国焘唆使人在会上造谣：“他们（指党中央）走的时候，把仓库里的枪支弹药粮食，还有一些伤员，统统放火烧了。”朱德听后立刻愤然说：“这纯粹是谣言！从井冈山开始，毛泽东同志就主张官兵平等，不准打人骂人，宽待俘虏，红军的俘虏政策就是他亲订的，对俘虏还要宽待，怎么会烧死自己的伤员？过草地干粮还不够，动员大家吃野菜，怎么会把粮食烧

掉？这种无中生有的谣言，是别有用心的人制造出来的！”驳得张国焘面红耳赤，无言以对。

会议在张国焘的操纵下，通过了“决议”，污蔑红军北上是“右倾逃跑”“机会主义”，认为南下才是“进攻路线”。走出会场时，朱德很气愤，对刘伯承说：“不管怎么斗，我们还是要跟毛泽东同志干革命嘛，事情总会搞清楚的！”

一天，张国焘的亲信在部队放出口风，说：“康克清不仅是朱德的老婆，更是朱德的情报员。她同朱德在一起起不了好作用，应当趁早将他们两人分开……”接着就采取了组织手段，免去了康克清“总部”指导员的职务，调她到他们控制的四方面军妇女运动委员会去，还派了一名女同志去“陪伴”她。康克清当然知道这“陪伴”不过是实际上的监视而已。

康克清拿着调令，非常气愤地找到朱德说：“我就是不去，看他们能把我怎么样！”朱德看着康克清，久久没有说话。他明明知道，这纸调令是冲着自己来的，但他不愿意把这层意思说明，怕惹出康克清更大的火气，从而惹出更大的麻烦。他走到康克清身边，拍着她的肩膀，把她按在椅子上，又给她倒了一杯水，才缓缓地说：“你还是去吧，这也是组织决定，要服从。四方面军的妇女运动也很重要，那里的工作也需要人去干。”

康克清说：“张国焘的目的就是想封锁你、限制你，怕我给你通风报信，他明明是故意想把我和你分开。”朱德说：“我何尝不知道呢？但我们要以大局为重，要把多数人都团结起来……”

康克清说：“底下好多人都说——朱老总太忠厚，太老实了，忠厚老实得竟受人欺负！”朱德凝重地、憨厚地一笑说：“人总是要老实一点好，不能闹个人意气。”康克清说：“我受不了！干脆，你带我北上找中央去吧，别留在这里了。”

朱德凝视着康克清，久久才说：“别人不了解我，你我结婚这么多年了，你还不了解我吗？我朱德从来不争名、不争权、不争地位、不争待遇，只求为党为人民做点事情。我留在这里，许多人包括四方面军的人，也包括一方面军的人，都可能对我说三道四，但我朱德问心无愧。这支8万多人的部队是党的，是党的宝贵财富。既然党把我派到这里来，我就要对这支部队负责，绝不对把它丢下而自己一走了之。”

康克清听着朱德语重心长的言语，不再说什么了。朱德又说：“我们千万不能单独出走，我们一出走，正好授人以柄，让他们找到借口，把分裂

的罪名加到我们头上。克清，这些你想过吗?”

康克清默不作声了，半天才说：“四方面军那里离这里有些远。我走后，你千万要保重身体呀。”朱德说：“你放心去吧，我这里有警卫员照顾着哩。再说，四方面军也属左路军，都在我的领导下。另外，张国焘不让我干事，我每天看文件、看书，有时还下棋、打打球，蛮清闲自在的呢。”

他们告别了。四方面军的同志大多数人对康克清很热情，她很快就熟悉了情况，开始了工作。就连那个派来监视她的肖朝英通过与她的接触，也发现康克清是个好人，两人的关系也慢慢好了起来。这时，康克清开始向更多的人宣传北上的正确，认识张国焘的错误……

10月初，张国焘在卓木碉召开高级干部会议，公然宣布另立以他为首的“临时中央”。一听，在场的不少高级干部都傻了眼，毕竟这举动太突然了。在张国焘的煽动下，大家你一言，我一语，责备和埋怨中央的气氛，达到了高潮。这时，张国焘胁迫朱德和毛泽东“划清界限”。朱德心平气和，语重心长地说：“大敌当前，要讲团结嘛！天下红军是一家。中国工农红军在党中央统一领导下，是个整体。大家都知道，我们这个‘朱毛’，在一起好多年，全国全世界都闻名。人家外国人都以为‘朱毛’是一个人呢，要我这个‘朱’去反‘毛’，我可做不到呀！你张国焘可以把我朱德劈成两半，但是你绝对割不断我同毛泽东同志的关系。不论发生多大的事，都是红军内部的问题，大家要冷静，要找出解决办法来，可不能叫蒋介石看我们的热闹!”张国焘很狼狈，窘迫地笑了笑。

为了扩大“伪中央”的声势，张国焘宣布朱德为“中央委员”“中央政治局委员”“中央书记处书记”。朱德严正表示：“你不能另起炉灶，你的做法我不赞成，我要接受党中央的领导，不能当你封的那个委员、这个委员什么的。我按党员规矩，保留意见，以个人名义做革命工作。”

卓木碉会议后，朱德的处境更加艰难。他和刘伯承住在一起，像被软禁了一样。他们不得不做万一不测的准备。刘伯承对朱德说：“现在情况很严重了，看样子，他们有可能要逮捕人。”朱德沉思了一阵说：“过去在军阀混战时，死是不值得的。现在为党的利益奋斗而死，是可以的。当然，个人是无所谓的，可是任事情这样演变下去，对整个革命不利呀!”

张国焘知道朱德和刘伯承在红军中享有极高的威望，终于不敢对他们采取极端手段。不久，刘伯承被调到红军大学去工作，实际上解除了他的总参谋长职务。朱德则被派到前方部队去。

朱德到了前方，有了接触部队的机会。他见到原红五、九军团的指战员，总是耐心地教育他们顾全大局，掌握正确的斗争方针和策略，克服眼前的困难和曲折，同四方面军的同志搞好团结。他又同四方面军的干部战士接触，谈心。他平易近人的作风、亲切凝重的态度、循循善诱的谈话，获得了广大指战员的尊重。当张国焘打击迫害对他搞分裂不满的指战员时，朱德总是千方百计加以保护，使一些同志幸免于难。

蒋介石对红军南下川西作战高度重视，调集重兵"围剿"。在邛崃、名山之间的重镇百丈，红军与十几个旅的川军展开决战。红军指战员浴血坚持了 7 天 7 夜，毙伤国民党军队 15000 多人，红军也伤亡近万人。终因众寡悬殊，红军被迫撤出百丈地区。从此，南下红军被迫由进攻转入防御。这以后，他们以巩固天全、芦山、宝兴、丹巴地区为中心任务，在这一带同国民党的重兵相持。川军主力和薛岳、周浑元、吴奇伟等部从东北、东南和东面几个方向步步压来。红军指战员虽然顽强抵拒，防线仍不断被突破，处境日趋艰难。严冬到来，部队棉衣无着，口粮不继，而激战却不停息下来。左路军由南下时的 8 万余人，经过几个月的苦战锐减到 4 万余人。挫折和失败使左路军广大指战员逐渐认清了张国焘南下方针的错误。这对朱德同张国焘的斗争是个转机。

五、走完长征

1935 年 10 月，毛泽东率领的中央红军完成长征、到达陕北，同红十五军团胜利会师，并随后取得直罗镇战役的胜利。朱德得知后十分高兴。

徐向前要求张国焘将中央红军的消息向部队传达，张国焘开始不准，后来又准许在小报上刊登这一消息。中央红军的北上胜利，为建立西北革命根据地、推动全国抗日运动奠定了基础，也为战胜张国焘分裂主义错误提供了有利条件。

陕北的毛泽东惦记着朱德和南下的红军，在到达陕北的一次干部会上说："我和同志们都惦念着还在四方面军的朱总司令、刘伯承参谋长。我们也都在惦念着四方面军的同志们和五、九军团的同志们，相信他们是赞成北上抗日这一正确方针的，总有一天，他们会沿着我们北上的道路，穿过

草地，北上陕甘，出腊子口与我们会合，站在抗日的最前线的，也许在明年这个时候。”

12 月 30 日晚，处在困境中的朱德想念党中央，想念多年并肩作战的毛泽东等战友，于是致电在陕北的毛泽东、彭德怀等，希望“密切联系，实万分需要，尤其对敌与互通情报，即时建立”，并介绍了四方面军掌握的敌情。一、四方面军分离后，红军总部的通讯联络机构被张国焘控制着，这是朱德第一次以个人署名发给党中央的电报。毛泽东接电后十分兴奋，立刻亲自起草一份长电，在 1936 年元旦直接复电给朱德个人，一开头说：“本应交换情报，但对反党而接受敌人宣传之分子实不放心，今接来电，当就所知随时电告。”接着，将中央红军到陕北后的各方面情况和他所了解的国内国际时局动向，尽可能详尽地作了通报。

1936 年 1 月，中共驻共产国际代表团成员张浩（即林育英）致电张国焘，说明“共产国际完全同意中国党中央的政治路线”，认为“中央红军的万里长征是胜利了”。来电没有承认张国煮自立的“中央”，而要他成立西南局，“对中央原则上的争论可提交国际解决”。这对张国焘不啻当头一棒。当时中国共产党是共产国际的一个支部，共产国际的态度对张国焘不能不有很大的约束作用，一些曾跟张国焘跑的人也表示要服从共产国际的决定，张国焘成了“孤家寡人”，不得不表示“急谋党内统一”。朱德和刘伯承等趁机做工作，要他取消自立的“中央”，服从党中央的领导。

到了 2 月，战局的发展对四方面军更为不利。朱德和徐向前提出放弃建立川康边根据地的计划，转移到康北的炉霍、道孚一带休整部队，准备北上。正在这时，因南下碰壁的张国焘又听到张浩介绍斯大林同意主力红军靠近苏联，于是顺水推舟，勉强同意北上。

这时候，康克清感到浑身无力，发高烧，经诊断是患了副伤寒。长征途中，不少人为此失去了生命。肖朝英见康克清高烧达 40 度，处于半昏迷状态，怕出意外，不顾张国焘的禁令，偷偷骑马跑到朱德那里报信。朱德急忙带上医生和警卫员飞奔而来。医生打完仅有的一支退烧针后不久，康克清终于苏醒过来，睁开眼睛，一看是自己的丈夫朱德在面前，眼泪不由得流了下来。

由于军情要紧，朱德不得不要离开。离开康克清时，他把警卫员潘开文留下专门照看她，并把他们骑来的马留下一匹以防不测。

向康北进军，不仅要再次翻越位于宝兴和懋功之间的 4000 多米高的夹

金山，还要越过5000多米的有“万年雪山”之称的党岭山。党岭山是红军长征途中遇到的最大的雪山，终年雪漫冰封，空气稀薄，气温低至摄氏零下三四十度，风暴不时骤起，雪崩如雷。在隆冬时节没有翻越此山的先例。然而，年届50岁的朱德却率领着脚踏草鞋、身着单衣的红军挺进党岭山。

部队迎着风雪，向直插云天的陡峭冰峰攀登。越往上，路越陡越滑，空气越稀薄，越觉得喘不过气，头晕脑胀，四肢无力。到山顶时已是中午，但太阳完全被遮住，加上风雪弥漫，就像傍晚一样昏暗。接着便是漫漫长夜，狂风雪浪一阵阵袭来，多少战士被暴风雪吞噬。但几万红军依然相互搀扶着越过了这座雪山。翻越前，部队为保证朱德的安全，给他备好坐骑、担架，但他都让给伤病员用，自己坚持步行。夜晚宿营在半山腰，冻得无法睡觉，朱德就给大家讲故事，话革命，鼓舞同志们战胜风暴雪山，胜利实现北上计划。

这时，康克清的病情虽好一点，但身体很虚弱，过雪山时只觉得头重脚轻，昏昏沉沉，跌跌撞撞，高一脚浅一脚，全靠马在前面拽，战友等在后面推，走得很慢，但最终挺了过来。

翻过党岭山后，红军接连攻占道孚、炉霍，朱德率领红军总部驻在炉霍。这个地方是藏民居住区。藏民们由于听信了国民党当局的谣言，并受他们的煽动，对红军十分恐惧，红军未到就都躲了起来。红军到达后，村里没有人，只有那些被主人丢下的牲畜到处乱跑。朱德在镇子里巡视了一圈，返回后立刻把各部队负责人召集起来，宣布几项规定：尊重当地的风俗习惯；爱护藏民的一草一木；在藏民没有回家之前，不准进他们的屋；看管并喂养好藏胞留在家中的牛羊。同时，朱德要求大家加强政治思想工作，严格执行党的民族政策，用实际行动教育藏族同胞。

部队安顿下来，一边休整，一边耐心地等待藏胞回来。时间一天天过去，藏胞们没有一个回到家里来。朱德对此十分不安，他对总部的其他首长说：“天气还冷，藏族同胞在深山里，吃、住都很困难，时间一长，怎么受得了？我们不能光等着，要主动做工作，让他们尽快回来。”并当即决定，找来随红军行动了一段时间的“通司”谈话，请他带几个同志上山寻找藏民，做宣传解释工作，动员大家回来。

“通司”亲身感受到红军确实一支是好队伍，一听说要让他上山寻找同胞，便欣然答应了。很快，“通司”就从山上带回了几个“胆大”的藏胞。这些藏胞回村发现部队都住在露天，而且还把街道打扫得干干净净，牲畜

都集中在一起有专人看管，一只也不少，便急忙跑回去告诉大家，藏民们很快都回村了，难过地说："我们错怪了你们。"

于是，藏民们都热情地请红军到家里住，拿出酥油茶和青稞酒慰问红军。朱德告诉他们："红军有纪律，不能住在你们家，也不许吃老乡的东西，因为红军是为百姓的。请你们清点一下自己的牲畜。"藏民们感激地说："红军真好！"

在炉霍，康克清的病完全好了，被分配到四方面军党校任总支部书记。重病后的康克清眼窝下陷，身体瘦弱，党校校长刘希文、教育长黄火青都对她很是照顾，她的身体康复很快。

再说一、四方面军分离后，因为通讯密码留在红军总部，党中央失去了同任弼时、贺龙率领的二、六军团的联系，而红军总部这时同二、六军团仍保持着联络。

3 月下旬，根据红军总部意见，从湘鄂川黔根据地转战到滇东地区的红二、六军团准备渡过金沙江北上。朱德为此很高兴，他希望这支主力红军早日到来，与四方面军会合，增加同张国焘斗争的力量，并共同北上，实现与党中央、一方面军会合的目标。

不料，4 月 1 日突然接到张浩从陕北来电，称："将二、六军团引入西康的计划，坚决不能同意"，又说："四方面军既已失去北出陕甘机会，应争取先机南出，切勿失去南下机会"。这封电报使四方面军指挥员迷惑不解，不知怎么办。这时，朱德明确表示"决心不变，坚持四方面军仍在现地休整训练，待与二、六军团会合后，共同北上"。

康北高原平均海拔在 3000 米以上，气候寒冷，人烟稀少，物产贫瘠。四方面军本不打算在这一带久留，但为策应红二、六军团到来共同北上，在康北高原停留了 4 个月。这是异常艰苦的 4 个月，几万人的大军口粮无继，基本上靠野菜充饥。

当时，部队的生活状况十分艰苦，有不少指战员因体内缺少维生素患上了严重的夜盲症。大家想了许多办法，但效果不明显。最后，还是朱德想出了一个好点子——种菜。他认为，同志们得夜盲症的主要原因是吃不到青菜，要治好这种病就得多吃一些蔬菜；而要解决吃菜问题，就得自己动手种。于是，朱德亲自动手，开垦了一块荒地，撒下了菜籽。在朱德的带动下，部队很快就掀起了种菜热潮。菜苗长出来后，朱德仍每天早晚抽出时间去菜地察看，并施粪浇水。

4月27日，贺龙、任弼时等率领红二、六军团胜利地渡过金沙江。朱德闻讯后，立刻领衔发去贺电："金沙既渡，会合有期，捷报传来，全军欢跃；谨向横扫湘、滇、黔，万里转战的我二、六军团致以热烈的祝贺和革命的敬礼！"同时，电令已奉派南下雅江的四方面军三十二军西出理化（今理塘），迎接二、六军团的到来。

由于同红二、六军团的会师已指日可待，四方面军便加紧北上的准备工作。部队精简机构，减少指挥层次，充实连队战斗力，全军经过整编后辖6个军约28个团。为了在北上途中侦察道路、对付敌军骑兵的袭击，组建了红军历史上第一个骑兵师，由许世友任师长。北上准备工作中的一项重要任务是筹集粮食和赶制御寒装备。红军总部责成李先念、何长工、李天焕、曾日三等组成粮食委员会；朱德自己领导一个野菜委员会，亲自带队，从漫山遍野的野草中，找出20多种可食的野菜，编写了一本《吃野菜须知》的小册子，发到连队。为解决御寒物资的准备，朱德号召大家自己动手买羊毛，捻毛线，织毛衣，缝皮背心，而且自己带头，捻毛线又快又细。在他的带动下，四方面军广大指战员不仅解决了自己需要的大部分御寒装备，还给将要到来的二、六军团的战友们织了两万多件羊毛衣裤。

5月下旬，红二、六军团分左、右两路进入康南，红四方面军南下策应的部队抢占雅江，保证了二、六军团北进的侧翼安全。这时，党中央来电，明确表示对四方面军和红二、六军团会合后"采取北上方针一致欢迎"，又说"中央与四方面军的关系可如焘兄之意暂时采用协商方式"。张国焘迫于二、六军团即将到来的形势，又得到党中央同四方面军"暂时采用协商方式"的允诺，便在6月6日宣布取消伪"中央"，成立西北局。

6月22日，沿雅砻江北上的红六军团在萧克、王震带领下到达甘孜附近的普玉隆。朱德从炉霍赶到甘孜，前去普玉隆迎接。30日，红二军团在贺龙、任弼时、关向应率领下也到达甘孜附近的绒坝岔，朱德又前往迎接。

由于各路红军长期处于被分割的状态，二、六军团领导人事前一直不知道张国焘闹分裂和自立伪"中央"等情况。两军前锋会合时，张国焘又派人向二、六军团散发小册子，散布党中央有错误的舆论。为了澄清事实真相，朱德同二、六军团领导人分别谈了话。他同六军团政委王震谈了一个晚上，王震明确表示要同张国焘作斗争。朱德见到任弼时的时候，激动地说，"好哇！你们这一来，我的腰杆也硬啦！"任弼时笑着说："总司令，我们来听你的指挥！"贺龙握着朱德的手说："总司令，我们二、六军团天

天想、夜夜盼，就盼和中央会合呢!”朱德说：“你们来了，我们一起北上，党中央在毛主席那里!”

朱德还同任弼时、贺龙悄悄商量，如何将部队分开行动，防止被张国焘控制；并给贺龙出主意，向张国焘要求支援，迫使张国焘答应把红三十二军（原九军团）编到二、六军团一起行动。

7月1日，红二、六军团齐集甘孜，同红四方面军胜利会师，并举行了盛大的联欢会。朱德迎着一阵阵春雷般的掌声和无数兴奋激动的笑脸在主席台上出现，稍稍有些黄瘦的脸上挂着慈祥的微笑。他向全场巡视了一下，用响亮而有力的四川口音开始讲话了：“同志们，我祝贺你们战胜了雪山，也欢迎你们来与四方面军会合，但是这里不是目的地，我们要继续北上。要北上就必须团结一致，不搞好团结是不行的。此外，在我们前进的道路上，还有人烟稀少的草地，我们要有充分准备，克服一切困难。”

会师后，根据中央军委的命令，二、六军团合编成中国工农红军第二方面军，由贺龙任总指挥、任弼时任政委。

在甘孜，朱德主持召开由二、四方面军领导人参加的会议，说明中央来电要二、四方面军趁甘肃敌方兵力空虚，速出甘南；并宣布红军总部做出的北上部署：四方面军分左、中、右3路纵队北上，李先念率先头部队已开始行动，二方面军在甘孜稍事休整后，随左路跟进，分成两个梯队北上。根据朱德的建议，会议决定任弼时随红军总部行动，可以加强同张国焘斗争的力量；刘伯承随二方面军行动，可以摆脱张国焘的控制，还可以从外对张起制约作用。

正当朱德原率部亲手开垦、播种的菜地里的菜长得茂盛的时候，部队却接到命令要开拔了。警卫员惋惜地对朱德说：“总司令，我们把青菜拔点吃吧!”并且马上就要动手拔。朱德劝阻道：“不能拔！菜苗还不大，拔了太可惜。”警卫员说：“好不容易种了点菜，马上又要出发，还是拔几棵尝尝吧!”朱德听了，觉得应该开导一下警卫员，便耐心地对他说：“不能拔，我们走了，还有二方面军在这里休整，留给他们吃吧。就是我们的部队不来这里住，还可以留给老乡吃嘛!”见警卫员还是有些想不通，就走过去拍着他的肩膀，亲切地说：“我们共产党人做事，要有前人种、后人收，前人栽树、后人歇凉的精神。我们种菜是为部队所需，为人民所想，留给后续部队吃不是很好吗!”

7月上中旬，四方面军3路纵队先后进入茫茫草地，经过艰难跋涉，于

8月上旬到达巴西、包座地区。这是朱德和第四方面军第三次草地行军，虽然已有前两次过草地的经验，并做了相当准备，但由于路程远、时间长，所带的粮食有限，仍不得不以野菜、树根、皮带等物充饥，对于第一次过草地的红二方面军来说，困难自然很大。朱德清楚这一点，对二方面军十分关照。他经过噶曲河时，见红四方面军的兵站正给各部队分发新缴获来的牛、羊，便对大家讲："同志们，谁都知道，草地是北上最艰苦的一段路。红二方面军的同志们在后面，那就更苦了。沿路的野菜都被前边部队吃光了，他们连野菜都吃不上。所以，总指挥部决定，各单位所有驮东西的牦牛全部留下来，必须带的东西自己背上，把昨天缴获的羊和牦牛，全给二方面军留下。"他把自己驮帐篷、行李的牦牛也牵来交给兵站，嘱咐兵站负责人说："记住，告诉部队负责同志，牛皮、羊皮和肠、肚都不能丢掉。要珍惜每一块牛皮，不能浪费。这关系到四方面军后卫和二方面军几万同志的生命啊！"

恶劣的环境无情地折磨着红军战士，一个个极为疲惫，更重要的是面临饥饿。一天晚上，到了宿营地，战士们又累又饿，不少人一坐下就不想站起来。炊事员老杨端着个盆喊道："同志们，快来喝鲜鱼汤啦！"开头，大家不信，茫茫草原，荒无人烟，哪来的鱼，真会开玩笑。可当老杨走近时，一股浓浓的鱼香扑鼻而来，大家一骨碌爬了起来，围住了老杨。果然是鱼汤，没放盐更没放油，但这是红军离开苏区第一次吃上鱼，鲜美可口极了，可谁也说不清鱼是从哪里来的。后来问到朱总司令，朱德诙谐地说："这是草地慰劳我们大家的。"

原来，一天午后朱德带上警卫员准备找些下锅的东西，找了半天收获不大。走着走着来到一条小溪旁边，大伙准备在这儿歇歇脚，突然一个灰色的东西一晃，溅起了点点水花。"鱼！"朱德兴奋地一喊，几个警卫员也乐坏了，这意外的发现使朱德脸上出现了几天来少见的喜色。

不多久，朱德找到一根别针，把它弯成鱼钩状，从针线包里找出一条麻线，折了一只柳树条，几分钟的功夫，一副土造钓鱼工具做好了。警卫员弄来鱼饵，朱德便聚精会神地垂钓。也真怪，草地小溪里的鱼特馋，钩子一着水，就抢着吃，不大工夫就是好几条上钩。从那以后的几天里，大家常常吃上总司令钓的鱼，或喝上一点鱼汤。大家其乐融融。

一天，朱德跟进在行军部队中。只见伙夫小陈双脚打了血泡，挑着一副担子，前面是桶，后面是口铁锅，一瘸一拐地前进着。朱德见了好生心

痛，上前对小陈说："小同志，你歇一歇，我替你挑一会。"他不管人家同不同意，夺过担子挑上肩，迈开大步就走。

朱德挑了一阵，在休息号声中放下炊事担子，掏出烟斗悠闲地抽着烟，同周围的人摆起龙门阵来。这时，从后面走来几个喘着粗气的战士，他们一看这个上了年岁的老同志：黑黑的脸膛，满嘴的胡须，身边放一口大锅，断定是伙夫班长，于是亲热地上前招呼道："喂！老班长，有开水喝吗？"

朱德抬头一看，见战士们渴得那副模样，连声应着："有！有！请稍等一下，我马上就烧。"说罢，就起身拿锅。这时，坐在旁边的小李着了急，一边夺下铁锅，一边向着那几个战士气乎乎地大声说："这是总司令，什么班长不班长的！"战士们一听愣住了，脸红红的低下了头……

8月，朱德率红军走出草地，突破腊子口，然后以破竹之势横扫甘南。任弼时回到二方面军，和贺龙、刘伯承率部由哈达铺向甘陕边境一带推进。这时，毛泽东令红一方面军一部西进，策应二、四方面军，形成红军三大主力会师的有利态势。

9月初，蒋介石在平息"两广事变"后，为阻止红军三大主力的会合，急调胡宗南部由湖南兼程北进，企图抢占西（安）兰（州）大道，隔断三大主力红军会合的通路。党中央要求二、四方面军迅速北上至隆德、静宁一线，不让敌人占领该线。在接到中央来电后，朱德多次找张国焘等商量部队的行动问题。可是，张国焘畏敌如虎，主张西渡黄河进入甘肃西北部，朱德坚决反对。张国焘恼羞成怒，提出辞职。朱德也毫不退让，说："你不干，我干！"

于是，朱德找来作战参谋，挂起地图，着手制订部队行动计划。张国焘看甩手不干也难不倒朱德，又改变态度，愿意放弃个人意见，赞成北上。于是，在岷州三十里铺召开的西北局会议上，最终通过了北上实行静（宁）、会（宁）战役的计划。

9月20日，朱德致电毛泽东等通报岷州会议决定并说："张于本日已北进，我明日率总部行动。"21日，中央回电："四方面军北上部署既定，对整个战略计划甚为有利。"中央为统一指挥，准备以毛泽东、彭德怀、王稼祥3同志赴前线，与朱德、张国焘、陈昌浩组成军委主席团，统一指挥3个方面军。

可是，张国焘并不是真心同意岷州会议的决定，他到达漳县的四方面军前敌指挥部后，立刻向没有参加岷州会议的前方负责人片面宣传他的西

渡黄河的主张，还流着泪说：“我是不行了，到陕北准备坐监狱，开除党籍，四方面军的事情，中央会交给陈昌浩搞的。”接着，又提出一套西渡黄河、抢占永登、红城子地区作立足点的方案，并且不经朱德同意，发出部队停止北进、掉头向西的命令。他还向红军总部通讯部门发去密电：“所有未经我签字的电报一定不准发出，请兄等绝对负责。”

朱德得知张国焘突然变卦、擅自决定变北上为西进的情况，十分忧虑和气愤。正是一年前由于张国焘的分裂行径，导致一、四方面军草地分离，致使南下部队陷入困境，遭到巨大损失。现在，眼看三大主力要会师，张国焘又想另搞一套，是可忍孰不可忍！朱德意识到，这是关系到红军前途命运的大问题，必须坚持斗争。他通宵未眠，于22日凌晨到黎明连续发4封电报。他致电张国焘，对其改变行动部署“不胜诧异……深为可虑”，提出立即在漳县再召开会议“续商大计”。他又致电通知参加过岷州会议的人员立即赶往漳县开会。同时，他不顾张国焘不准对外发报的禁令，排除干扰，致电中央和在陇南的第二方面军，通报情况，表示他坚持北上的计划。

天一亮，一夜未睡的朱德又飞身上马，疾奔漳县，一天内赶了120里路。9月23日，西北局会议在漳县附近的三岔四方面军前敌指挥部再次召开。朱德在会上一反平时讲话的平和语气，责问张国焘：“现在迅速北上，可以不经过同敌军决战而实现会合，为什么不会合？为什么不经过西北局重新讨论就改变计划？”朱德尖锐地批评张国焘这个错误作法是关系到组织原则的严重问题，应当弄清楚。张国焘蛮横地说，他是书记兼总政委，调动部队他完全负责，经他决定了可以不经朱德同意。张国焘还在会上大肆宣传：这时黄河容易渡过，又可以避免同强敌胡宗南在西兰大道上决战，将来仍可以达到会合的目的。

会议最后通过了张国焘的西进方案。朱德表示坚持岷州会议原案，要张国焘对这个改变负责任，并把这个决定报告中央。漳县会议后，张国焘立刻命令四方面军先头部队西向洮州进发，准备在兰州以西的永靖、循化一带北渡黄河，进入甘肃西北部。

9月26日，党中央再次致电四方面军要求北上。同时，张国焘接到先头部队报告：从老乡处了解到现在黄河对岸已进入大雪封山的季节，气候寒冷，道路难行，渡河计划难以实现。张国焘感到进退两难，骑虎难下，致电党中央：“提议请洛甫等同志即以中央名义指导我们”，请求党中央做出西渡还是北上的抉择。

很快，党中央于27日回电，提出一、四方面军“合则力厚，分则力薄”，“万祈决策北进共图大业，免使再分难合，各陷不利地位，至祷至盼”。至此，张国焘不得已放弃了他的西渡方案，并在同一天和朱德等人向党中央报告了部队行动计划。

9月29日，中央来电对四方面军决定回师北上表示“十分佩服与欢慰”，并告诉他们策应的部署。同日，四方面军总部下达了北进静、会地区的命令。30日，红四方面军分作5路纵队，自岷州、漳县等地北进。

10月9日，朱德率四方面军总部到达会宁，受到红一方面军迎接部队和当地群众的热烈欢迎。当见到红一方面军红一师师长陈赓时，朱德这位铁骨铮铮、有泪不轻弹的硬汉，激动得热泪盈眶。有多少人知道，为了红一、四方面军的会合，他经历了多少曲折、艰辛?!

随后，朱德抓起电话筒跟在90里外的红二师政委萧华通话，首先问的一句话就是：“毛主席好吗？周副主席好吗！”电话打了足足半个钟头之久，不知有多少话要说。

10月10日，古老的会宁城披上了节日的盛装。五颜六色的标语贴满了大街小巷，鲜艳的红旗在城头上迎风飘扬。这一天，歌声嘹亮，人山人海，不少群众从很远的地方赶到会宁西津门内的文庙广场参加这次盛况空前的庆祝红军一、二、四方面军胜利会师的联欢大会。会宁城到处洋溢着欢声笑语，所有人的脸上都是喜气洋洋。歌声、口号声此起彼伏，响彻云霄。

一年前，当地一、四方面军在巴西分手时，毛泽东曾预言：一年后，四方面军会回来的。毛泽东的这个预见真的应验了，如今时间刚好过去了一年，两个方面军终于又在革命、抗日的旗帜下团聚到了一起。这一天，毛泽东和中央其他领导人以中共中央、中华苏维埃中央政府、中央革命军事委员会致电朱德总司令和全体指战员，热烈祝贺一、二、四方面军在甘肃境内大会合。

22日，红二方面军在贺龙、任弼时等率领下，也胜利到达会宁以东的静宁县将台堡同一方面军接应部队会师。至此，全体红军完成了举世瞩目的伟大而悲壮的战略大转移。

在会宁会师的遗址，有这样一副长联。上联是：“会一二四方面军，忆井冈红旗，遵义筹策，大渡桥横，金沙水拍，过草地，爬雪山，除腐恶，斩荆棘，长征途中，三军明良遇，将相和，肝胆相照，风云际会。”下联是：“宁千万亿倒悬黔首，顾祖厉激浪，香林放彩，关川穗硕，青江风徐，

1931 年 11 月 7 日，朱德和中共苏区中央局委员合影（左起：顾作霖、任弼时、朱德、邓发、项英、毛泽东、王稼祥）

出郭城，穿韩砭，越沟岔，翻坡寨，枝阳镇上，全民箪壶迎，袍泽与，诗文传捷，酒肴犒师。”真实再现了长征走过的艰难历程，反映了三大主力红军会师陕北时激动人心的场面。

人们都说二万五千里长征，而朱德的长征路走了 35000 里，而且是用了整整两年的时间。他经历了红军长征的全过程，从一方面军突围转移到一、四方面军懋功会师，再到二、四方面军甘孜会师，最后实现三大主力会师，朱德一直站在这支钢铁队伍的最前列。

红军三大主力会合后，接着进行了山城堡战役，一举歼灭蒋介石嫡系部队胡宗南部 1 个多旅，停止了国民党对陕甘宁苏区的进攻。

11 月 23 日，在山城堡举行 3 个方面军团以上干部的庆祝胜利大会。在讲话中，朱德兴奋地指出：“三大红军西北大会师，到山城堡战斗结束了长征，给追击的胡宗南部队以决定性的打击。长征以我们胜利、敌人失败而告终。我们要在陕甘苏区站稳脚跟，迎接全国抗日救亡运动的新高潮。”现场掌声雷动。

11 月底，朱德和周恩来、张国焘同行，率领红军总部抵达陕北保安（今志丹）县，同中共中央会合。朱德和毛泽东在经历了一年多惊心动魄的分离后，终于这里再次会晤，两双巨手又紧紧地握在了一起……

第六章　伫马太行

一、奉命担任八路军总司令

1936 年，日本帝国主义不断扩大对中国的侵略，蒋介石坚持不抵抗政策，继续进行内战。以张学良为首的东北军和以杨虎城为首的十七路军被蒋调到陕甘一带进攻中国工农红军。因受中国共产党抗日民族统一战线政策及人民抗日运动的影响，张、杨与红军实现了停战，并要求蒋介石联共抗日。蒋不仅拒绝了张、杨的要求，而且调集嫡系部队至豫陕边境，压迫张、杨继续进攻红军。

12 月 4 日，蒋介石飞往西安督战。7 日，张学良到临潼华清池向蒋“哭谏”，请求“停止内战，一致抗日”，遭蒋拒绝，蒋坚持不改“剿共”政策。9 日，张向游行示威的学生表示，一周内用事实答复他们的爱国要求。

12 日，张学良、杨虎城发动了西安事变，在华清池武装扣留了蒋介石，囚禁陈诚等 10 余人；宣布取消“西北剿匪总部”，成立抗日联军西北临时军事委员会，张学良、杨虎城任正副委员长，并通电全国，提出改组南京政府，停止内战，共同抗日，实行民主政治。

蒋介石被抓的消息传出后，全国各地立刻引起了强烈反响。以孔祥熙、宋子文为代表的亲英美派主张和平谈判，营救蒋介石；以何应钦为代表的亲日派主张讨伐张学良、杨虎城，扩大内战；中国共产党党主张和平解决西安事变，并派周恩来、叶剑英等赴西安谈判。深受国民党反动派残酷压迫的广大人民群众听说蒋介石被抓，无不拍手称快，纷纷提出要杀蒋介石。

有人说，蒋介石的罪恶，杀他一千次一万次也不解恨。

12月25日，朱德到陕北保安县看望红军大学的学员时，有的人出于对反动派的深仇大恨，也提出要杀蒋介石。朱德对大家说："西安发生的这件大事，这是蒋介石反共反人民的必然结果，是蒋介石'攘外必先安内'反动政策的下场。我们党早就提出了停止内战、一致抗日的主张，蒋介石不干。现在我们要继续向蒋介石提出这个主张，和平解决西安事变。毛主席说得好，蒋介石这个人像陕北的毛驴，你牵着它上山它是不走的，你在它屁股上推它也不走，你用鞭子抽它几下它就会走的。"朱德的一席话，说得大家哄堂大笑。

在中国共产党的帮助下，很快和平解决了西安事变，促进了国、共两党的再次合作，基本上实现了国内和平。中华民族的抗日民族统一战线开始形成。

1937年元旦过后，中共中央、中央军委和各机关单位就准备向延安搬家。1月10日起，陆续动身迁往延安。朱德率领红军总部一部分人和部队打前站，康克清也跟随同行。很快，他们安家在延安城北凤凰山下的凤凰村。从此，宝塔山、延河水、小米饭、窑洞……所有的这一切，于康克清逐渐地由陌生变得熟悉，由熟悉变为亲切了。

3月2日，康克清进入抗日军政大学（前身是红军大学）学习，成了抗大第二期的正式学员，并担任二队女生队队长。开学典礼这一天，1300多名学员服装整齐，队列雄壮，精神百倍地接受中央领导的检阅。继毛泽东讲话后，朱德讲话，他勉励大家努力学习军事，学习对付敌人的游击战术；努力学习政治，领会抗日民族统一战线的政策，团结全国人民，担负抗日救国的伟大任务。

对于康克清这个"望郎媳"出身的人来说，红军本身就是一所学校，到了红军她才开始真正学习文化、增长知识、增长才干和提高觉悟。如果说在中央苏区红军学校的那次学习她还感到比较吃力、还跟不上记笔记的话，那么这次在抗大，她就可以比较系统地学习军事政治理论，比较系统地提高思想理论水平了。

抗大的学习生活是严肃的、紧张的，也是活泼的、愉快的。在这里学习的，不仅有参加过长征的红军军、师、团级干部，也有来自曾在白区工作过的同志。可以说来自全国各地，真是五湖四海呀。白天，他们听毛泽东讲辩证唯物论，听朱德讲党的建设和军事理论，听董必武讲中国现代革

1937 年 4 月，朱德在延安和原红军大学部分人员合影（前左一莫文骅，左三起：罗瑞卿、朱德、杨立三；后左四林彪、左七罗荣桓）

命史，听张闻天（洛甫）讲中国革命问题，听萧劲光讲游击战术……每天傍晚自由活动时，则到处是欢歌笑语。

朱德在给抗大学员讲完课后，常到女生队一起打篮球。他一来，康克清就希望同他不分在一个队。开赛后，双方争夺激烈，康克清见球传到朱德的手里，就大喊："老总！快！快把球传给我！"朱德看也不看，就把球传过去，康克清接过球就跑到对方篮球架下投篮，或者传给自己队的人。球一进篮，跟朱德在一边的人就埋怨起来："总司令！你怎么把球传给康大姐？她跟我们不是一边的！"

"啊！啊！我忘记了，上了她的当，下回注意！"朱德有些不太好意思地回答。可是等到争夺激烈的时候，他只顾抢球，一听见康克清喊："快！把球传给我！"朱德又飞速地把球传过去，同康克清同队的队员乐得哈哈大笑，与朱德同队的则气得撅嘴："总司令！你怎么又传错了球？"

后来，与朱德同队的队员见他很难改过来，就不再传球给他。但是这样一来，所在队就等于少了一个队员，过不多久又恢复老样子。同朱德一个队的队员感到吃了亏，又重新编队，将朱德与康克清编在一个队里。于是，谁也没意见了，开心地赛球。

7 月 7 日这天，朱德同毛泽东等研究了一天边区剿匪问题。当时，陕甘

宁边区匪患颇多，干扰了群众生产和生活的安宁。朱德考虑红军一旦开赴前线，必须建立稳固的后方基地。其中当务之急就是追剿匪患。因此，他同毛泽东、萧劲光拟电各军团及地方机关，发布清剿匪患的训令。

做完这项工作后，朱德返回住所正端起茶杯悠闲地喝上两口。这时，《新华日报》就派人送来刚刚抄到的电讯：日军占领卢沟桥——“七七事变”发生了。

延安的反应是迅速的。8 日，朱德、毛泽东和其他红军将领联名致电驻守在平津一带的第二十九军领导人宋哲元、张自忠、刘汝明、冯治安，指出：“日寇进攻，全国震愤，卢沟桥之役，二十九军英勇抵抗，全国闻风，愿为后盾。敢乞策励全军，为保卫平津而战，为保卫华北而战，不让日寇侵占祖国寸土，为保卫国土，流最后一滴血！红军将士，义愤填胸，准备随时调动，追随贵军，与日寇决一死战。”

1937 年，朱德在延安

7 月 11 日，驻在陕西省泾阳县云阳镇的红军前敌总指挥部电请中共中央先派先遣师东开河北，援助二十九军抗战。13 日，毛泽东、朱德召开延安市共产党员和各机关工作人员紧急会议，号召准备“随时出动到抗战前线”去。

7 月 18 日，朱德离开延安，前往红军前敌总指挥部所在地——陕西省泾阳县云阳镇，准备开赴抗日前线。22 日，抵达云阳。

随着日本侵华战争的进一步扩大，蒋介石在庐山发表谈话，表示：“如果战端一开，那就地无分南北，年无分老幼，无论何人皆有守土抗战之

责。”但他这时还没有完全放弃对日媾和的幻想，仍希望把卢沟桥事变限制在“地方事件”的范围内解决。但日本侵略者咄咄逼人，称：“军部已决意向前进行，克服一切困难，俾能达到膺惩华军，令其失去战斗精神之目的以前，亦决不罢手。”28日拂晓，日军猛攻二十九军阵地，二十九军副军长佟麟阁和第一三二师师长赵登禹先后殉国。这时，增援的侵华日军陆续抵达华北，北平、天津相继沦陷。

华北战局日益严重，国民党政府同日本进行的谈判已难继续下去，蒋介石要求红军迅速改编，出动抗日。7月28日，同国民党进行谈判的周恩来、博古、林伯渠返回延安，同中共中央书记处商议红军改编出动抗日事宜，决定主力红军改编为3个师，上设总指挥部——朱德为总指挥，彭德怀为副总指挥。第二天，正在云阳的朱德、彭德怀致电蒋介石，表示“德等改编完成，待命出动，誓以热血为国效死”。

8月初，蒋介石密邀毛泽东、朱德、周恩来去南京共商国防问题。密电的消息在中共高层不胫而走，延安这山坳里悄悄传递着兴奋。从国共合作到国共破裂，已有10余个年头。长达10年的千里追杀、重兵“围剿”，甚至悬赏几十万大洋捉拿的“朱毛”和周恩来，现在又要成为蒋介石的座上宾，怎能叫人不高兴？中央决定，由朱德与叶剑英前往南京谈判。

6日，朱德和周恩来从云阳乘汽车到西安，从那里改乘飞机去南京。清晨，康克清用一只旧皮箱把朱德的衣物、用品和她的关怀送出远行之路，和老总什么也没有多说——同志、战友、夫妻间的道别都留在无言的心底。

抵达西安后，会同已在西安的叶剑英在9日同机飞抵南京。一下飞机，朱德就感觉南京机场戒备森严，很快被车辆接走。

车在行进中，朱德感觉到南京这座历史老城的特殊气息。不少仁人志士在街头呼吁，青年学生游行请愿，老人送子从军、妇女送郎卫国。这些都给古都南京平添了一幅幅令人激动而酸楚的景观。朱德似乎无暇顾及，因为他们肩负着一项特殊的秘密使命。

8月11日，朱德同周恩来、叶剑英等步入蒋介石侍从室时，蒋介石缓步走过来，一一问好，伸出手与朱德相握时说：“玉阶先生，多年不见了，国难当头，热烈欢迎你参与这次军政会议，共商抗日大计。”朱德谦逊有礼地答道：“好罗，谢谢委员长！”

当日，朱德一行出席了国民政府军事委员会军政会议。尽管这次会议是秘密的，但朱德的到会还是受到与会人员的注意。这是红军总司令第一

1937 年 8 月，朱德赴南京参加国防问题座谈会途经西安时，和叶剑英（中）、博古（左）在红军驻西安联络处

朱德使用过的皮箱余玮 摄

次参加国民党的正式重大会议，也是共产党第一次在国民党首府取得公开

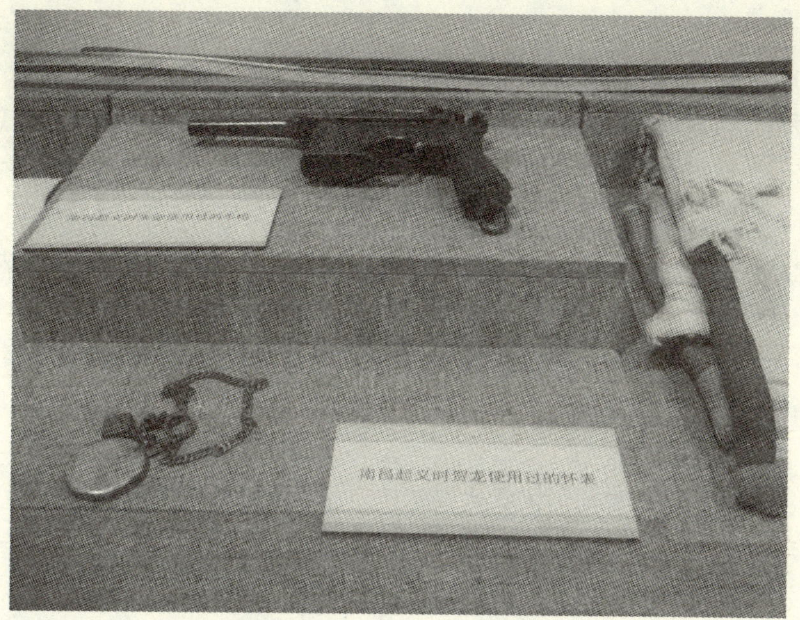

朱德用过的手枪与贺龙用过的怀表（余玮 摄）

活动的合法地位。

会前，朱德见到了冯玉祥、白崇禧、刘湘、龙云等地方实力派将领。不管是对手还是后辈，他们尊称朱德为“玉阶兄”或“朱将军”，朱德也抓住这难得的机会宣传中共主张。

在会上，朱德操着浓重的四川口音，系统地论述了抗日战争的战略战术。他指出：“抗日战争在战略上是持久的防御战，在战术上则应采取攻势。在正面集中兵力太多，必受损失，必须到敌人的侧翼活动。敌人作战离不开交通线，我们则应离开交通线，进行运动战，在运动中杀伤敌人。敌人占领我大片领土后，我们要深入敌后作战。目前用兵方向主要是华北，但从目前情况判断，敌人必然会进攻上海，以吸引我国兵力。”

接着，他陈述了中共的主张：“在抗战中应该加强政治工作，发动民众甚为重要，在战区应由下而上及由上而下地把民众组织起来。游击战是抗战中的重要因素。游击队在敌后积极活动，敌人就不得不派兵守卫其后方，这就牵制了它的大量兵力……”朱德还建议开办游击训练班，使国民党的军队亦能逐步学会游击战争。

朱德等中共代表的发言引起很大反响。不仅使各方面人士进一步了解了中国共产党，而且对国民党政府制定全国抗战战略方针产生了积极影响。

当时，蒋介石虽然希望红军早日参战，但仍在红军改编后的指挥和人事问题上设置种种障碍，不肯承认红军的独立地位。他坚持红军改编为3个师，分别直属行营，分割使用，不成立统一的指挥机关，政治机关只管联络，无权指挥。这样的要求，自然是中国共产党和红军无法接受的。

正当双方僵持不下的时候，8月13日，恰如朱德两天前所预料的那样，万余名日军突然向上海江湾、闸北发动大规模进攻，淞沪战役爆发，战火很快燃烧到南京政府统治的心脏地区。蒋介石看到中日之间的全面战争已难避免，不得不放弃原来对红军的无理要求，同意在红军改编后设立统一的指挥机关——国民革命军第八路军总指挥部，由朱德、彭德怀分别担任正、副总指挥。

在主要问题上已同国民党当局达成协议，为了早日完成红军改编，出动抗日，朱德决定提前离开南京。16日，朱德、周恩来、叶剑英致电洛甫、毛泽东，报告同国民党谈判的情况：除初步商定红军开赴前方的行动路线外，国民党当局同意每月发给军饷50万元，另拨开拔费20万元及一批物资。

8月19日，朱德回到云阳镇抗日红军前敌总指挥部，加紧进行红军改编工作。3天后，即22日，国民政府军事委员会正式公布了红军改编的命令。这一天，原红一方面军为主编成的八路军第一一五师主力，作为抗日的先遣队，第一批从陕西三原出发，经韩城县芝川镇渡黄河，沿同蒲铁路北上。

8月22日同一天，朱德在对红军的改编和出动迅速作了部署后，就赶到洛川县冯家村参加中共中央政治局扩大会议。在这3天的洛川会议期间，朱德作了多次发言，主张早上前线，谨慎用兵，广泛发动游击战争。最后，会议决定改组中共中央革命军事委员会，毛泽东任书记，朱德、周恩来任副书记。

8月25日，中共中央革命军事委员会正式发布中国工农红军改编为国民革命军第八路军的命令。根据这一命令，红军前敌总指挥部改为八路军总指挥部，朱德为总指挥，彭德怀为副总指挥，叶剑英为参谋长，左权为副参谋长；红军总政治部改为八路军政治部，以任弼时为主任，邓小平为副主任；下辖一一五师、一二0师、一二九师。

很快，各师首长传达了军委改编命令。于是，一枚枚国民党帽徽摆放在红军指战员面前，它们将在一天之内全部戴在红军战士的头上。

面对这一枚枚青天白日帽徽，每一位红军战士都不禁回想起同国民党浴血抗争的日日夜夜，不禁想起长征途中国民党围追堵截的层层重兵。于是，人们想不通。有人拒不换装，有人扔掉青天白日帽徽，有人甚至为此留条他去。大家纷纷表示："我们就是不愿意改名。国共合作，全民族抗日，是可以的，但是，为什么要红军改名呢？红军一改名，不就成了白军吗？我们怎么向人民交待？想不通！"

为了解决官兵的思想问题，各师首长在朱德的带领下，深入连队，了解情况，做细致的思想工作，教育干部战士要有远大目标，顾全大局。朱德对战士们说："我朱德从心底里讲也不愿意红军改名，但是不改可不行。为了全民族的利益，实现国共两党合作，团结一致共同抗日，使中国人民不当亡国奴，红军就得改名。红军不改名，蒋介石就不肯抗日。现在国共合作了，为了消除各阶层的疑虑，我们可以穿统一的服装。红军是改名心不变，一颗红心为人民嘛。换下红军帽，你们思想不通，党中央知道，毛主席知道，你们的心情我们理解。红军和国民党军队这两个整整打了10年仗的冤家对头，自今以后就是站在同一个战壕里的战友了。红军改了名，还是党中央领导的队伍。只要红星在我们心底，我们就不会迷失革命方向。"话音未落，现场就响起一阵阵热烈的掌声。

渐渐地，官兵们表示："名改心不变，我们想通了。"尽管他们慢慢懂得了改编的道理，但在换装时许多战士还是留下了热泪。从南昌起义到今天，红军帽跟随他们转战南北，今天却要与它分别了。千言万语，尽在飞泪之中

9月2日，陕西富平县庄里镇那开阔的山坡地上，天风劲起。隆重的一二0师抗日誓师大会正在进行。军旗猎猎，战马嘶鸣，出征将士高举一幅幅醒目的"拥护军委命令""为保卫国土流尽最后一滴血"的大字横标，从四面八方随队伍进入会场，"坚决与敌决死一战"的歌声震荡村镇。万千百姓箪食壶浆，站满山野，准备为亲人送行。

主席台上，朱德和任弼时、贺龙、关向应、萧克、周士第等挺身而立。师长贺龙主持大会，朱德站在台前，神色凝重。会场沉静下来后，他开始发表讲话，号召全体指战员到敌人后方去，把华北广大人民组织起来，武装起来，开展游击战争，坚持持久战；并要求大家英勇作战，严守纪律，誓把日本强盗赶出中国！

随后，朱德一字一句地慷慨领读《出师抗日誓词》。将士们誓言掷地有

声，山川震动。

宣誓完毕，朱德一声令下："出征！"

部队开拔，万千百姓敲锣打鼓，高呼口号"打倒日本帝国主义！""收复一切失地！"拥上来为亲人送行。贺龙在马上，慢慢地举起右臂，向群众致以庄严的军礼。百姓静立，泪水盈眶，抗日将士的身影渐行渐远……

9月6日，八路军总部由朱德率领从云阳整装出发，继第一一五师、一二0师开赴华北前线。锣鼓喧天，鞭炮齐鸣。群众伴着部队缓缓前行，抢着往战士口袋里塞鸡蛋、馒头、毛巾、布鞋……一位老大爷一边走，还一边嘱咐："遇到鬼子汉奸，多杀两个，也替我老头子出一口气！"一位老大娘像送别自己的儿子一样，抚摸一个战士说："孩子，打了胜仗给我们捎个信来！……"不少群众流下了惜别的泪水。

10月12日，国民政府军事委员会宣布南方8省13个地区（不包括琼崖）的红军和游击队，改编为国民革命军陆军新编第四军（简称新四军）。继国民政府军事委员会任命叶挺为军长后，由中共中央提名经国民政府军事委员会核定，又任命项英为副军长，张云逸为参谋长，周子昆为副参谋长，袁国平为政治部主任，邓子恢为政治部副主任。为加强党对新四军的领导，中共中央决定成立中央军委新四军分会，以项英任书记，陈毅为副书记。

二、平型关大捷

1937年9月16日，朱德率八路军总部到达韩城县芝川镇，决定在这里渡过黄河。先前出发的一一五师和一二〇师都是从这里过河的。朱德、任弼时、左权、邓小平等健步登上一艘由两只木船连结起来的渡船。朱德站在船头，习惯性地举起望远镜向河东岸了望。邓小平、任弼时分坐在朱德左右两侧的船帮上凝视前方，左权靠在船帆桅杆前，目光中透射出对未来战斗生活的神往。

木船在汹涌翻滚的波涛中前进。这天风和日丽，大家的心情也一如天气十分舒朗、也如船只一样爽快。当年跟随朱德东渡黄河的八路军总部参谋、后成为解放军总后勤部副部长的王政柱将军回忆说："现在珍藏在军博

的朱、任、左、邓同船由芝川渡河的照片，是我保存了十几年后交给军博的。那天渡河是一种非常壮观而特别的场景，数船竞帆，拨水击浪，船周围战马赳赳，泅水渡河，像是天女散花似的，煞是引人注目。”是啊，这普通的木船此刻却载负着挽救民族危亡的重任！随着大船靠岸，每个人都兴奋地踏上美丽富饶的却又正燃烧着战火的山西大地，开始了新的战斗生活。

朱德率领八路军总部一过黄河，即以强行军速度疾驰同蒲铁路南端的侯马镇（今曲沃），计划由此乘火车北上，驶向晋北战场。到了侯马，火车站里外挤满了人，一些小孩骑在大人的肩上仰着头、张着嘴，与大人一起观看八路军上火车。其中有不少沦陷区逃来的难民，衣服褴褛，眼含热泪，期待八路军开赴前线，收复他们的家乡；本地的群众则祝愿八路军能挡住日军，使家园免遭战火。还有地方政府官员和各界代表，他们打着标语，喊着口号，不断地把大饼、红枣、核桃、柿子饼等食品塞进车厢。

朱德深为人民群众的抗日救国热情所感动，每逢中途停车，他都要走出车厢，向群众讲话，宣传共产党和八路军团结抗日的主张，鼓励大家团结起来，坚决同日本侵略者血战到底。

朱德率八路军总部在行进途中，接到国民政府军事委员会电令，将八路军改称第十八集团军，由朱德、彭德怀分任总司令和副总司令。由于八路军出师后，这个名称已在群众中产生很大影响，所以尽管它改变了番号，但除有些正式公文外，一般情况下，人们仍习惯地称它为八路军。

那时，国民党军事当局根据战场形势，将临战地区划分了 5 个战区。八路军到山西参战，山西属第二战区，八路军列入该战区序列，战区司令长官是阎锡山。

朱德在北进途中，一边处理着来往的电文，一边冷静地思考着部队到达前线后如何行动，如何开创华北抗战的新局面。

9 月 21 日清晨，当朱德到达山西省会太原，阎锡山正在雁门关西的太和岭指挥部翘首以盼。朱德通过对华北战局的全面分析，深感山西已成为当时抗战的中心战场，第一个需要团结合作的对象就是阎锡山。

对于阎锡山其人，朱德早已了然于心。阎锡山是一个富有政治经验、手段灵活、具有一套特殊统治办法的地方实力派首领。他服从国民政府的领导，又“明从暗防”，处处提防蒋介石把筷子伸到他的菜盘子，把山西“吃”了。他同日本人有联系，又拒绝参加日本人在华北发起的“五省自治运动”，并在侵华日军窥伺晋绥时提出“守土抗战”的口号，表示他不

反日，只是不让日本人占领他的地盘。他反共，但又佩服共产党有人才，有办法，想利用共产党帮助他“守土抗战”，而又暗中设法抵制共产党。为此，阎锡山在朱德眼里是“踩着3个鸡蛋跳舞，哪个也不想踩破”——“事情不要做绝了。抗日是准备联日，拥蒋要准备反蒋，联共要准备剿共。”

不过，前不久，阎锡山曾约请八路军驻太原办事处主任彭雪枫密谈过一次，话虽然是“请教”八路军“独立自主山地游击战方针”包含的内容，但心里却在打听共产党的底细。彭雪枫向他阐明了中国共产党坚持团结抗战的决心和诚意后，阎锡山悬着的心平静了许多。他渐渐觉得与共产党合作，既可以抗拒日本，又可以削弱蒋介石对他的控制，算得上一举两得的好事。

山西，四面环山，地势险要，素有“华北屋脊”之称，在军事上被兵家称之为“华北之锁钥”。所以日军欲统治华北，必先图晋绥；欲图晋绥，必先争太原；欲争太原，必先夺大同或平型关。

但是日军占领南口、张家口后，图晋方向是西北之大同，还是东北之平型关？阎锡山判断，日军为运送部队、军火，展开机械化部队，发挥其优势，必然把锋芒指向大同。据此，他部署了大同会战计划。然而战况实际发展是：9月上旬，东条纵队和伪蒙军沿平绥线击破李服膺部防守永嘉堡、天镇间的防御工事，直抵阳高城下。李部一路逃到桑干河以南，日军于9月13日攻占大同，而敌军主力板垣师团指向平型关，意图抄雁门关后路，然后夹击太原。

至此，阎锡山部署的大同会战计划流产。雁门关一带兵力虽多而无用，而平型关一带则兵力空虚，危如累卵。阎锡山被迫立即着手部署平型关会战。

9月22日清早，已在太原并同阎锡山见过面的周恩来陪同朱德一行乘汽车抵达太和岭口，阎锡山率几位高级将领迎候。

“朱将军辛苦！辛苦！”阎锡山叫人先带朱德一行休息，设宴款待。朱德快言快语：“阎长官，大可不必客套！前线军情紧急，还是先谈军务要紧。”双方推辞不过，主随客便，就内长城一线防务作战问题开始了商谈。

朱德首先向阎锡山介绍了八路军开进情况。他说：“遵照司令长官同彭德怀副总司令商定的作战计划，我一一五师今日已集结于上寨、下关地区；我一二〇师主力已于神池、宁武地区集结，该师另一个旅正向五台地区开进；我一二九师也即将渡河进到山西前线。我打算将八路军总部放在五台

山附近的前沿地区，以便指挥敝军在平型关地区作战。在这次内长城作战中，战区要求敝军如何配合，请阎司令长官明示，我们可以商定。”

朱德的一席话充满了真诚和坚定，也表示了对阎锡山的尊重。阎锡山随后谈了自己的打算，并说：“阎某不才，全仗贵军！”

双方经过商谈，决定内长城作战的重点放在平型关地区，待敌人向平型关进攻时，阎军从正面出击，八路军从平型关侧击之，两军配合以求在关外歼敌一部。同时，八路军派出一部实力，远出至浑源、广灵地区打击敌之增援部队，袭击敌人运输线，以配合平型关正面我军作战；一二〇师之一部在晋西北地区与晋军的骑兵部队配合袭扰敌之后方，以减轻内长城线上的压力。达成作战方案，阎锡山颇感兴奋。

朱德等人又趁势向阎锡山提出几项建议，阎锡山表示：允许八路军驻区的群众工作由八路军负责；不好的县长可以更换；允许给游击队发枪；还允许在八路军工作地区实行减租减息。

商谈结束后，朱德当即乘车赶赴五台山八路军总部部署作战。当汽车沿着土路扬起一股尘烟时，阎锡山依然若有所思地站在路边，面对这位来去匆匆的共军总司令似乎对一些问题找到了一个答案。他对身边的人员发出感叹：“怪不得蒋介石几十万大军剿灭不了这支几万人的游击队呢！”

到达五台县南茹村的八路军总部，朱德立即把这次与阎锡山会晤的情况和八路军准备参加平型关作战的计划电告了延安的中共中央。

平型关是山西东北部古长城上的一个重要隘口，与西边的雁门关、宁武关连成一线，成为晋北的重要屏障。三关中又尤以平型关最为重要，关前有一条公路蜿蜒在群山之间，地势极为险要，被称为晋东北的门户。

9月23日，阎锡山电告朱德：22日夜间日军忽然奇袭平型关阵地，发生激战，请求八路军配合作战。这时，八路军第一一五师正向平型关附近开进，朱德、彭德怀立刻电令：“一一五师应即向平型关、灵丘间出动，机动侧击向平型关进攻之敌，但须控制一部于灵丘以南，保障自己之右侧。”同时，电告毛泽东：“灵丘之敌于昨晚迫平型关附近，正在激战中。我一一五师今晚以3个团集结于冉庄，准备配合平型关部队侧击该敌。另以师直属队并一部及独立团出动于灵丘以北活动。”朱德还把一一五师准备进攻和一二〇师开进的情况，也向蒋介石、阎锡山报告。

24日深夜，一一五师主力根据总部命令，在林彪、聂荣臻的率领下在黑夜中冒着倾盆大雨向平型关以东疾进，拂晓前抢占了灵丘至平型关公路

南侧的高地，在这里冒雨设伏。这里是日军开往平型关的必经之地。

从林彪部进入阵地，朱德就一直密切关注着前方的每一步行动和敌军的动向。

25日上午7时许，日军板垣师团（第五师团）第二十一旅团后续部队全部进入设伏地域，八路军预伏部队居高临下，迅速向敌发起猛烈攻击，顿时打乱了日军的指挥系统，日军的车辆自相碰撞，人仰马翻，乱成一团。这时，我军战士勇猛地冲向公路，对敌实行分割围歼，双方展开了短兵相接的白刃肉搏战。朱德后来回忆说："精锐而骄傲之敌，警戒异常疏忽，我主要部队已进而切断敌由南至北之交通线时，敌尚未发觉。直至我方开始射击，敌才知道。我以迅速进攻之手段，夺取敌之主要阵地。"

由于利用有利地形、采取伏击手段、发挥了战役的突然性和近战特点，日军的飞机和大炮也难以发挥威力。经过一天激战，平型关大捷，歼敌1000多人，毁敌汽车100辆，马车200辆，缴获步枪1000多支，轻重机枪20多挺，另缴获大量日军的秘密文件，其中包括日军华北作战计划及目标的日文地图。搬运战利品的工作进行了一天一夜，附近的老百姓风闻八路军打了大胜仗，一传十、十传百，都来帮助八路军搬战利品。

这是八路军第一次同日军作战，是卢沟桥事变以来中国军队对日作战中取得的第一次大捷，它粉碎了"皇军不可战胜"的神话，有力地打击了日军的嚣张气焰，迟滞了敌人的进攻。当天晚上，朱德美美地睡了一觉。

9月26日，南京的中央电台抢先播发了平型关大捷的消息，接着全国各大报刊都以大幅标题予以报道。捷报传出，举国欢腾。向八路军致敬和慰问的电报、函件从全国各地雪片似地飞向八路军总部、中共中央驻地延安以及八路军驻各地的办事机构。

蒋介石很久没有听到捷报了，当日即电贺八路军总部："朱总司令彭副总司令勋鉴：25日电悉。25日一战，歼寇如麻。足徵官兵如命，深堪嘉尉。尚希益励所部，继续努力，是所致盼。"

26日一大早，朱德即带领总部的参谋人员赶到一一五师驻地，召开有关人员会议，总结此次作战的经验教训。

会后，朱德对前来采访的史沫特莱、周立波、舒群等中外记者分析了日本军队的强点和弱点。他认为，日军的强点：一是武器较好，并善于发挥火力；二是作战顽强，不肯缴枪。他解释说，因为他们杀死我们很多人，怕我们报复，他们的长官就是这样欺骗他们的。三是能按计划行事，退却

快，援军也能很快开来。他们的弱点：一是战斗精神差；二是防守时不善于做工事，警戒疏忽；三是爬山不如中国兵；四是胆怯，怕肉搏战。同时，朱德阐述了八路军的战略战术，他说："在战略上，我们打的是持久战，消耗敌人的战斗力量和补给。在战术上，我们打的是速决战。因为我们在军事上比敌人弱，我们永远避免阵地战，而混合使用运动战和游击战，打击敌人的有生力量。同时，我们发展游击战，扰乱、吸引、分散和消耗敌人。我们的游击战给敌人增添了很多困难，这就便于我们的正规部队在有利情况下展开运动战。"

平型关战斗结束后，朱德根据中共中央部署，迅速将八路军各部由集中配置改变为分散配置，实行大规模战略展开。八路军各部在山西一带实行战略展开后，朱德就命令各部在各自的工作区域内，根据实际情况，独立自主地开展工作：在政治上，着重宣传《抗日救国十大纲领》；在经济上，立即取消苛捐杂税，实行减租减息，并没收汉奸大地主的土地；在军事上，充分发动和组织群众，发展游击战争，并以机动灵活的袭击，求得不断消灭敌军小部，兴奋友军。朱德要求各部要模范地遵守纪律，积极团结友军，帮助他们改变呆板死守的战术；同当地政权机关采取合作态度。各部根据总部指示，向各地派出大批工作团，积极创建抗日根据地，发展游击战争，并陆续派出有力支队向平原及更深远的敌后发展。

在朱德的号召下，太行山区的工农子弟纷纷参加八路军，呈现出了一片"村村像军营，人人都是兵，抗日根据地，一片练武声"的景象，抗日烽火在晋冀豫熊熊燃烧。很快，八路军扩大到 8 万余人。

三、与史沫特莱的交往

1937 年 9 月 26 日，传来八路军一一五师在山西平型关大捷的消息，延安沸腾了。这时，抗大学员提前毕业参加抗战。在延安的康克清同一批热血青年一样，积极地争取到抗日的前线去。当组织上批准了她的请求后，康克清特别高兴，不仅可以又见到自己的丈夫了，更可以在这国难当头之际尽到一名革命军人应尽的职责。

很快，康克清顺利地办了转关系等各种手续。接到出发通知后，康克清与美国女记者海伦·斯诺、博古和萧劲光的夫人朱仲芷等几人同行从延安到云阳，跟随即将去前线的一二九师后续部队一起行动。

怀着一腔热血出发了，很快到了黄河岸边。康克清的心情同那奔腾的咆哮的黄河一样激荡不已。她是第一次见到黄河，黄河那滚滚的波涛、那雄浑壮烈的气势，极大地激励着她：黄河，中华民族的摇篮，几千年来你孕育了多少中华民族的优秀儿女呀！黄河之滨，聚集着一群优秀的中华儿女……

朱德在延安（1937 年春）

过了黄河不久，康克清一行遇到了一二九师师长刘伯承。康克清与刘伯承算是老熟人了，在中央苏区、在长征路上，他们都曾患难与共，这次见面，当然格外亲热。刘伯承还陪同康克清一行乘火车从曲沃到太原。

在太原八路军办事处，康克清遇见了办事处主任彭雪枫，还遇上了周恩来。在这抗日前线，她一见到周恩来，便马上迎了上去："周副主席，你是几时到的？"周恩来说："比你们早些时间，我已经陪同朱老总到太和岭阎锡山的指挥部谈判过一次了。"

"'阎老西'怎么样？"康克清问。周恩来说："在日寇大举进攻面前，阎锡山害了恐日症，把希望全部寄托在我们共产党和八路军身上了，所以谈判很顺利。"

"老总怎么样？"康克清问后，周恩来笑着说："好你个康克清，为什么让朱老总一个人先走？而你却姗姗来迟，如今才到太原。"康克清说："我争取了多次，组织上才批准嘛。"

"你什么时候动身去五台山八路军总部朱老总那儿？"周恩来关切地问。

康克清说："彭主任说了，五台山那里接近前线，路上不断有国民党的溃兵和土匪，很不安全，所以要等总部派人来接。他已经给总部发去了电报。"周恩来笑了笑："你快去吧，不然，朱老总要急坏了！"康克清也笑开了："我到前线来是为了抗日的……"

"好好好，我们的红军女司令嘛！我还希望你能像当前在苏区一样再指挥漂亮的战斗，多杀几个日本鬼子呢。"周恩来话音才落，康克清响亮地回答："我一定做到！"

几天后，康克清来到八路军总部所在地南茹村。组织部长周桓接待了她，说："早就听说你们要来，我等着心急火燎的，这里太需要人了。"康克清说："那你就快分配工作吧。"

周桓说："你的工作是不是等你见过总司令后再说？"康克清说："你就先分配吧。等工作定了，我再告诉他。"

"你希望做哪些方面的工作？"听到周桓问，康克清说："服从组织分配。不过，就我个人愿望说，我希望到前线战斗部队，带兵打仗！"

"现在的日本鬼子可不像过去的国民党军队那么好打。我们如何同这些气势汹汹的外国强盗打游击，一时还没有经验，女同志的困难会更大一些。我的意思是，你先担任总部直属政治处的组织干事，等熟悉了情况以后再作商议，如何？"听后，康克清明确表示："服从组织分配，没有意见。"

于是，康克清到政治处报到。随后，政治处主任李文改派人送她到南茹村朱德住地。朱德住处是一幢二层小楼，楼下还有地道通向后边的防空洞，防空洞又可以通向外边，条件还不错。

朱德见康克清已到，十分高兴，问康克清有关延安和路上的情况，并告诉了她一些前方的消息。康克清看到朱德如今比在延安时忙得多了。

朱德看康克清愣住了，便问了句："克清，你知道阎锡山就是这里五台县的人吗？"康克清缓过神来，摇摇头。朱德告诉康克清："阎锡山老家就在离南茹村几十里的河边村。为了炫耀乡里，他把铁路也修到了那里。"并问康克清："我们八路军里，有位领导干部也是五台县人，离阎锡山的家不远，知道是谁吗？"

康克清平时从不打听领导干部的情况，他们是哪里人更不过问。朱德见康克清答不上来，笑着说："是徐向前。他的家就在离这里不远的东冶镇附近的永安村。那里离阎锡山的家不过20里。他们真可算老乡了。所以这一次我们派他回永安村老家看看，然后去做阎锡山和他的军队的工作。这

也是我们在这里搞统一战线的一个有利条件！”

10月，开始了华北战场全面抗战以来规模最大的忻口会战。阎锡山调集8万兵力，由刚率部入晋的第十四集团军总司令卫立煌担任前敌总指挥。他还将第二战区的部队分为左翼军、右翼军、中央军和总预备队。右翼军由朱德指挥，统领位于日军侧后方的中国军队，有力配合了正面战场的作战。

忻口会战期间，朱德指挥八路军不断袭击、骚扰日军的后方和运输线，使日军的弹药、汽油运不上去，大炮没炮弹，坦克开不动，食品缺乏，日军饿得只好抢中国老百姓的高粱米吃。一二〇师宋时轮部按总部命令挺进雁门关以北地区，袭击井坪，威胁大同；雁门关要隘曾几度被八路军游击队占领。19日，八路军总部直接指挥一二九师陈锡联团夜袭阳明堡日军飞机场，焚毁敌机20多架，使日军在一段时间里不能对忻口前线和太原进行狂轰滥炸，减轻了前线友军的压力。

日军在忻口受阻，就转而以七八万兵力沿正太铁路向晋东进攻，娘子关告急。朱德急令刚到山西的一二九师主力和一一五师一部星夜驰援。八路军赶到之前，娘子关失陷。国民党一些部队被日军分割包围，八路军奋力救援，使几支友军得以突围脱险。忻口战役历时21天，使长驱直入、狂傲不可一世的日军受到沉重打击。

娘子关失守后，忻口守军退至太原一带。山西战场南移，朱德留下聂荣臻率3000人在五台山坚持敌后游击战，他亲率八部军总部离开五台山区，越过正太路南移，并指挥八路军主力在阻击、袭扰日军的同时，实施从五台山地区向晋东南和吕梁山区的战略转移。

朱德在频繁的转战中忙里偷闲，在晋南洪洞给他二嫂写信道：“现抗战较前吃紧，山西与其河北岸仍在抗战中，游击战争已伸入较远地区，现敌已感到困难，抽调一部兵力专对我之后方的八路军，我们准备在华北与一万万以上的同胞，在敌后作持久战，以收复华北为止。家中事不必累我，你应学料理，两老人应当重视，许明扬、邓辉林、刘万方（邓是马鞍场人，刘是朱德的妹妹九香之子）均到我处，现叫他们进学校，学习一时期，方可办事。因为他们的脑筋仍是非常糊涂，不知世界为何物，将自己的事情看得天大。朱庄，听他们说，仍是吃烟（鸦片烟），不成一个样子，望他努力耕田为最好，其他吃烟的人总要戒了，戒烟并不难，只要有决心，即可戒了。”

11月8日，太原失陷，华北抗战由正规战争为主转入以游击战争为主的新阶段，八路军成为坚持华北抗战的主体。

11月11日，朱德在石拐镇八路军总部召开领导干部会议。会议讨论了太原失陷后的形势、兵力部署和进一步发动群众、广泛开展游击战争、建立抗日根据地等问题，决定：一一五师除聂荣臻率领一部留在晋察冀创建根据地外，主力迅速转移到汾河流域和晋南，并留一部配合一二九师在晋东南创建根据地；一二〇师仍在晋西北同蒲铁路北段活动。

鉴于当时国民党军队大批撤退，影响了华北一部分人民的抗日信心，八路军总部及时提出："坚持华北抗战""坚持山西抗战""八路军誓与山西人民共存亡""创造抗日根据地""开展游击战争""变敌人后方为前线"等口号，决心和华北人民共同坚持敌后抗战。

石拐会议后的第二天上午，朱德率领总部向晋南的洪洞、临汾一带转移。在转移途中，每到一地，朱德都要同群众见面和讲话，鼓舞大家的抗日斗志。

11月12日，朱德率八路军总部并带了两名日军俘虏来到榆社县部村，不少老百姓围了过去。日本侵略军的野蛮行径激起了中国人民的极大愤慨，老百姓把自己的深仇大恨都集中到这两个日本俘虏身上，有的人伸手要打日本俘虏，有的怒不可遏，大声高喊："杀死鬼子！杀死日本鬼子！"押送俘虏的八路军战士费了好大的劲才把大家拦阻住。

见此情形，朱德猛地登上一个高坎，大声控诉了日本侵略军的侵华罪行，讲了人民群众在战争中的作用，然后又详细地讲了八路军宽待俘虏的政策。朱德说："乡亲们，我们了解到许多日本兵也是来自工人和农民，他们是被日本军阀和财阀强征入伍后派到中国来的，发动侵略战争的并不是日本人民。我们还了解到，日本国内有大批反法西斯人士因为反对战争而被关进监狱，有的甚至被军国主义者杀害了。我军历来宽待俘虏，在抗日战场上，我们也要俘虏、教育和训练日本兵，让他们帮助中国夺取抗日战争的胜利。"

谁知有个被俘的日本兵是无线电报务员，懂汉语，听了朱德的这番话，脸上的恐惧感消失了，他往前走了两步，用生硬的中国话对朱德说："我是一个日本兵，但我也是一名工人。我是被强行征调入伍后派到贵国来的，一直到被俘之前，我从来不知道中国人有这么和善。这场战争是日本军国主义者要打的，日本人民并不愿打。今后我要和中国人民站在一起。"

乡亲们第一次听到中国人还要宽待日本俘虏，第一次听到日本兵也反对打这场战争……人群静静的，空气似乎凝固了。

11月14日朱德率总部抵达武乡县段村，15日抵达沁县开村，借住在一家老乡的土房里。

这个老乡家里有4间房子，朱德选定了北边的一间，简陋而且背阳，窗台和墙皮都已经破得很不像样子。他就在这间破旧的房子里看文件、写材料、开小会。有的同志见总司令在这样的屋子里办公有许多不便，就同老乡商量能不能换一间阳光充足的北房。

这事让朱德知道以后，立即把身边的工作人员召集到一起，语气坚定地说："房子不能换，我就在这儿办公。"接着和缓地对大家说："你们注意到没有，这老乡家有两位老人，有小孩，还有个快要生孩子的儿媳妇，住房并不宽敞，他们能腾出这么一间房借给我们，已是尽了最大的力了。我们不能再为难人家了。再说，我们有这么一间房居住、办公，比当年过雪山草地时睡在野外、在破篷布下办公强多了。咱们部队每到一地，不能向老乡要这要那，而应想着为他们谋利益、创造方便才对，时刻把人民的疾苦放在第一位才对。"同志们听后，默默点头。

第二天，朱德的身边工作人员为老乡修补了这间破旧的房屋，随后随总部转移到沁源县官军村。

17日，朱德率总部抵达沁源县城郊的一个村落。这里前些日子遭到过日寇的抢劫，村庄里断壁残垣，地里荒芜，找不到一个人影。看到这些，大家都感到无比义愤。

走到一个破败的院子时，朱德意外地发现了一位劫后余生的老大娘，只见她坐在炕上的破席上，身边的一床棉絮烂得像油渣子，稻草般的头发遮盖着一张满是泪痕的脸。朱德强忍住内心的悲愤，急切地问："大娘，家里就您一个人了吗?"老大娘抬头一看是八路军，再也忍不住心头的哀伤，抱头痛哭起来："鬼子黑了心呵，鬼子黑了心呵，我儿子被他们活活烧死了，老头子被他们抓去修碉堡，剩下的一个17岁的闺女也被他们拉去糟蹋了。这仇你们一定要为我们报呵，为我们报仇呵……"

老大娘哭得撕心裂肺，撞击着朱德的心胸，满腔的怒火顿时燃烧起来，紧紧拉住大娘的手说："大娘，这笔血债一定要偿还。我们八路军就是您的亲人，一定把鬼子赶出中国去，为您和您的家人报仇。"

朱德说完，站起身来，一声不响地拿起扁担挑满了缸里的水，让警卫

员把院子扫得干干净净，临走时还留下一些干粮。老大娘看到这一切，眼泪扑扑往下掉，对朱德泣不成声地说："八路军是我们穷人的救命恩人，我就是拼上老命也要跟着八路军呵，亲眼看着你们杀死那些无恶不作的日本鬼子。"

20 日总部抵达安泽县白素村，21 日抵达洪洞县苏村，22 日抵达韩家庄，25 日抵达高公村。

11 月 29 日，朱德的外甥许明扬等随第四十一军来到山西，找到了他，给朱德带来了渴盼已久的家中消息。然而，带来的消息却又是忧多乐少。朱德这才知道家里的人因他参加革命而遭受迫害的情况，家中经济非常困难，所幸生他、养他的两位母亲还健在，都已 80 高龄，却又遇到荒岁乏食，恐不能度过此年。

康克清得知朱家的困难后，十分同情。可是当时她与朱德两人除了身上的衣服和简单的行囊用品，没有任何积蓄。"能不能找人借点钱，以后再还他？"康克清对朱德建议。"还？你以后拿什么去还？"康克清一下被问住了。

"能不能找这么一个人，借了钱又不必还他？"康克清的这句话提醒了朱德："对！有这么一个人，就请他帮忙吧！"

此时，朱德想起了幼年的老同学戴与龄，当年自己在云南军队当旅长时曾安排他在旅部当军需，如今他在国民党军队已是个少将，请他帮这个忙应该没有什么问题。想到这里，朱德写起信来，求助时在川中的好友戴与龄。信中充满了信赖与厚望，信结尾处说"我又函南溪兄（寄）200 元，恐亦靠不住，望你做到复我。此候，近安"。"望你做到复我"，其言外之意是你一定要把钱寄到再给我回信，而且借钱的时候就宣布"此款我亦不能还你，请作捐助吧"。

"烽火连三月，家书抵万金。"一封家书的重量是那么的轻，可它所蕴涵的内容却又那么的沉。信写好后，康克清看了看，完全赞同。这时，朱德又问康克清："还有你家里，你生父生母、养父养母比我的还多，是不是也要想点办法？"康克清一听，对他的好意心生感激，说："不用了。他们都不过 50 多岁，正是能劳动干活的年龄，不像你那两位妈妈都已年过 80，非要帮助不可。"

后来，朱德收到戴与龄的回信，得知戴与龄筹足了 200 元，送到朱家，帮助朱家渡过了难关。朱德后又曾两次致书戴与龄。据戴与龄子女回忆，

前一封信是要他招3000个民夫奔赴华北战场，后一封信说前线已把人民群众发起来踊跃参军、支前，要他不要再招民夫。

据悉：当时，朱德写给前妻陈玉珍的信中说："近来转战华北，一月之内29日行军作战，即将来永无宁日。"他叮嘱陈玉珍今后要自己独立，不要再依赖他，也不要来看他，因为"万望你们勿以护国军时代看我，亦不以大革命时代看我"。由此足见，以国任身的朱德，充满了壮士一去不复还的悲情意味。

12月13日，南京失陷，日军开始大屠杀。26日，朱德复信家乡同学许小鲁（30年代前后曾任国民党军旅长，后返县闲住）并刘揾清（30年代曾任南部等县县长，后在川康绥靖公署供职），希望努力建立统一战线，军民共同协力抗战，驱逐日寇出中国。信虽简短，报国之心洋溢于字里行间："吾辈幼年曾闻亡国之痛，彼此奔驰已数十年矣，至今吾辈即身尝之，此等滋味实不堪忍受。弟本此怕亡国，观念始终，即与日寇作有秩序长期之抵抗，以期吾民族及吾国不亡耳，何敢言功！但此处国家危亡之际，国人应尽匹夫有责之古训。大家努力建立统一战线，以期达到军民抗战之实质，才能驱日寇出中国。两兄在川祈努力统一战线工作是荷。"

12月30日，八路军总部移驻洪洞县的马牧村——当时，在任何地图上都没有标记的一个村落。每到一地，康克清就同在中央苏区和长征路上一样忙开了，发动群众，组织群众，动员青年人参加八路军，动员广大妇女支援前线。

在洪洞时，朱德处理了八路军内部的许多重要事情，如组建炮兵团、培训干部等，还接待了许多慕名来访的国内外人士，其中有美国海军军官埃文斯·福代斯·卡尔逊、美国女记者安娜·路易斯·斯特朗及美国女作家艾格妮丝·史沫特莱等，他们对朱德和八路军非常钦佩。

卡尔逊早就知道朱德的许多故事，一直想见见朱德。初到山西洪洞县马牧村，他看到的朱德是一位穿着普通战士的平纹蓝布制服的结实的军人，他那古铜色的饱经风霜的脸上洋溢着热情的微笑，直觉告诉他：朱德是一个热情慷慨的朋友。

朱德同卡尔逊一起走进八路军总部。这是一座四合院，房间里显得很简朴，墙上挂着的那张山西、河北地区的地图格外引人注目。为卡尔逊当翻译的是26岁的年轻大学生周立波，周立波已经为卡尔逊翻译10多天了。

一见面，卡尔逊以军人的直率说："我是情报官，是搞情报的，但不是

来刺探军情的，我只看你们愿意让我看的地方。”朱德一下子就喜欢上了这个身材高大、相貌堂堂、说话坦诚的美国军官。

“你是访问我军的第一个外国军官。”朱德热情地为卡尔逊让座，问：“你到这儿来究竟想看什么？”

“我想和你们在战区行动的部队一起生活。我听说了许多关于你的军队有效运用于抗日的所谓游击战术的故事。作为一个军人，我很想了解构成这些战术的方法。我还想知道一些指导你们士兵行为的准则。”卡尔逊用期望的目光望着朱德。朱德略一沉思，微笑着说：“好吧，明天我们要召开参谋会议，你可以提出所有你想知道的问题，然后我们再讨论你的随军旅行。现在我们吃饭去。”

经过短暂的接触，卡尔逊油然升起一种信任感。他感到，朱德“具有一种崇高的性格。他绝对地无私、善良、耐心而又判断深刻。他总是征求别人的批评，对自己的成就则轻描淡写。他对军事形势的分析是尖锐而具有启示性的”。

陪伴卡尔逊吃饭的还有左权等人，朱德一一向卡尔逊作了介绍。卡尔逊坐在凳子上，扫了一眼桌上摆着的炒鸡蛋、白菜汤和几碗米饭，感到八路军的这些将领态度是友好的，无拘无束的，他就像在自己家里一样用起餐来。吃完饭，朱德看见卡尔逊放下碗筷，问：“你想看篮球赛吗？”卡尔逊点点头。

来到操场上时，篮球赛正打得激烈。卡尔逊惊奇地发现，球场上有一张西方人的脸。朱德注意到了卡尔逊的表情变化，说：“她是你的同胞——史沫特莱女士。”

卡尔逊站在球场边，全神贯注地观看球赛。天完全黑下来了，他才同朱德回到八路军为他准备的居室里。在一个火炉边，卡尔逊请朱德坐下来，喝了一口茶，大胆地问朱德：“朱总司令，你能告诉我有关你们组织的一些情况吗？”

朱德微微一笑，说：“我们共产主义者绝不像有的人说的那样野蛮。过去，我们的主要任务是解放中国农民，中国农民遭受的苦难太多了，我们希望能在平等的基础上同国民党共同参与建立真正的民主事业。目前，国家必须集中全部力量打败日本侵略军，因为日本人要使我们沦为附属国。”接着，朱德详细介绍了红军改编为八路军、出师抗日、开辟敌后根据地、取得平型关大捷等一系列情况。卡尔逊听得认真，似乎要把朱德讲的每一

句话都印在脑海里。

夜色更深了。窗外乌蓝的天空中，一颗闪亮的流星迅速掠过，用最后的光辉把四周照得透亮。朱德起身告辞，走到门口又回头说："明天11点左右我派人来接你。"……

在距八路军总部约70里左右的一个村子里有一座德国天主教堂。一天，卡尔逊去拜访了教堂里的德国传教士。这位传教士一心一意传播福音，他通过别人提出送给朱德一本圣经。朱德请卡尔逊给传教士捎话说，他对获得一本圣经真是高兴极了，并请卡尔逊捎去一本分析法西斯主义的中文小册子。传教士收下了这本书，并给朱德写了一张便条致谢，还请卡尔逊带回一本中文版的圣经。朱德收到圣经后，满有兴趣地阅读起来，使卡尔逊大感意外。

不久，卡尔逊向朱德提出到五台山地区去实地考察八路军如何同日军作战的要求。朱德告诉他，五台山地区正处于敌人的包围之中，日军集中了8个联队对这一地区进行扫荡，情况十分严峻，不同意他去。卡尔逊说："这恰恰是我要求去的，我想实地看看八路军如何作战。"朱德只好打电报请示毛主席。毛泽东回电同意了卡尔逊的请求。于是，卡尔逊随一支运输物资去前方的小部队踏上征途。

一路上，八路军的官兵总是互相帮助，排长、班长一直替体弱的小战士扛枪、背背包。一个战士生病发高烧，仍坚持步行，不肯骑牲口，卡尔逊主动把自己带的药品给生病的战士吃，使他很快退了烧。

八路军战士总是说说笑笑，不停地唱歌。卡尔逊也跟着学会了唱《义勇军进行曲》《游击队员之歌》等抗战歌曲。卡尔逊随身携带着他心爱的口琴，每当战士们唱歌时，他就吹起口琴伴奏。有时边走边唱歌，大家高呼："美国朋友来一个！"卡尔逊就放声高唱抗战歌曲或一支美国歌曲。

在一所设在农村庙宇里的临时伤病医院里，设备十分简陋，既无电灯照明，更无X光机，药品也少得可怜。卡尔逊看到一位刚从前线送来的身负多处创伤的重伤员，在没有麻醉的情况下，让医生作手术，好几次疼得昏厥过去，直到把全部弹片取出，没有哼叫一声，使卡尔逊大为感动。卡尔逊在日记中写道："我以为在这场旷日持久的游击战争中，日本人根本无法消灭八路军。"

经过一段时间的接触，卡尔逊明显感觉到在朱德的身上，有着美国内战时的南军司令罗伯特·E·李的仁慈、阿伯拉罕·林肯的谦恭、美国第十

八任总统U·S·格兰特的坚强，更看到了中国军人的伟大。

离开根据地后，卡尔逊这位“美国的八路军迷”向美国人民呼吁，要求他们援助中国，制裁日本。然而，卡尔逊的言行引起美国海军部申斥和打击，卡尔逊在经过痛苦的思索后，立即写了辞职书。

1941年，珍珠港事件后，美国参战，卡尔逊上书罗斯福，请求允许他运用八路军的战术与日军作战，罗斯福答应了。1942年，卡尔逊组建海军陆战队第二师独立营，他们采用着八路军的战术与日军作战，卡尔逊甚至教大家唱八路军的《游击队之歌》。这支部队在与日军的作战中节节胜利，然而在战斗中，卡尔逊却患上疟疾而不得不离开部队。

1947年，卡尔逊从《纽约时报》上看到解放军正进军东北的消息，他预言：“共产党18个月后就会取得全国胜利。”可他还是没有看到这一胜利，一个月后，卡尔逊病逝了。

安娜·路易斯·斯特朗是美国著名的进步记者，她一生全心全意地追求她的目标：从革命发源地收集革命信息，再把这种革命信息传播到世界各地。斯特朗一生中6次访问中国，正好都是在中国革命的紧要关头。抗日战争爆发后，她一直关注着中国的形势。抗日战争中，她两次来华，访问八路军总部，了解国共合作、报道“皖南事变”真相、揭露国民党政府腐败，为世界人民了解中国的抗日战争做了大量的工作。

1938年1月，经过艰难的旅行之后，斯特朗经过汉口来到山西临汾。在第二战区司令部，阎锡山以中国特有的美味佳肴招待这位美国记者，但斯特朗对阎锡山的盛情不感兴趣，她希望快点见到朱德。

不几天，斯特朗到达了八路军总部马牧村。还没下车，斯特朗就感到自己运气挺好。“一个满身尘土，灰蓝色打扮，朴素得像个农民的人”，隔着司机同她握手，用不够标准的德语表示欢迎。“朱德！赤色的美德，一个传奇式的英雄。”对于一个红军总司令亲自跑来迎接她，斯特朗十分感动。和朱德一同来欢迎她的，还有八路军将领彭德怀、贺龙、刘伯承、林彪。

斯特朗在八路军总部住了10天，她和八路军指挥员、一般工作人员一起进餐、交谈，向他们了解中国革命的进程、敌后抗战的情况。她在当地的一户农民家里睡土炕，在八路军司令部里和八路军战士一样，每人分得一份同等的饭菜。她对这里的印象是，八路军的领导人坦率爽直。她印象特别深的是他们之间“同志情谊深”。这里，尽管只有粗茶淡饭招待，但她觉得比阎锡山的山珍海味还有味，她对朱德总司令产生了敬佩之情。

在八路军总部，斯特朗多次访问朱德，朱德告诉她："共产党的战略方针是打持久战，使战争持续下去并直到取得胜利。"并说："游击战并不是新事物，美国、法国、俄国都运用过它，这是一个严阵以待的国家和人民，用来对付拥有优势军事装备的敌人的一种战术。"斯特朗还通过与任弼时的谈话，了解到八路军动员群众共同抗日的情况。她深切地感到，"共产党的部队是一支新型的军队。他们不奸淫掠夺，尊重农民并帮助他们收庄稼，特别是教育他们认识自己的力量，并告诉他们如何战斗并赢得胜利。"斯特朗满怀热情地甘心当八路军的学生，向他们学习游击战课程，听取著名功臣建奇功的故事，还懂得了为人民服务的军队怎样同人民打成一片。不久，她写出了反映抗日民族统一战线的《人类的五分之一》一书。

斯特朗第六次访问中国时，已经是 73 岁高龄了，而且健康状况不佳。由于她患有帕格特后遗症，她只得借助拐杖行走。这一次，她留在了中国。在此后的 12 年中，斯特朗在中国恢复了健康。她宣称：生活在北京，强化了她的气质和情操。

1970 年 3 月 29 日因心脏病医治无效，斯特朗在北京逝世，享年 84 岁。

美国女作家艾格妮丝·史沫特莱出生于美国密苏里州的一个工人家庭，在贫苦的矿区长大。她只活了半个世纪，而短暂一生中最有意义的岁月却是在中国渡过的。

除了自传体小说《大地的女儿》以外，史沫特莱的几部传世之作，写的都是中国、中国人民和中国的革命斗争，如《中国红军在前进》《中国人民的命运》《中国在反击》《中国的战歌》。并在她去世后 29 年（1979 年）后还出版了第一部中国革命人物传记《伟大的道路——朱德的生平和时代》。

1928 年 12 月，史沫特莱穿越苏联边境进入中国。1937 年 1 月，史沫特莱正式接到共产党的邀请、在丁玲的陪伴下访问延安。当天晚上，便前往朱德所住的窑洞访问。

在这以前，史沫特莱听到过许多关于朱德的传说。在这位美国作家的脑海里，朱德一定是"一个坚强英勇、脾气暴躁的人物"。因此，到延安的当晚，她就大胆地踏进了红军总司令的窑洞。当时，她心中有些疑惑。

"你来延安准备做些什么呢?"朱德问她。史沫特莱多少有些吃惊。在油灯的映照下，身穿蓝灰色棉制服的红军总司令"不会使人获得任何英勇、暴躁的感觉。圆头，剪得短短的黑发间杂着白色，前额很宽，而且略微隆

起，颊骨也颇突出。一对有力的上下颚，衬着大嘴，在堆满欢迎的笑容时，露出了洁白的牙齿。鼻子宽短，面色黝黑。看起来完全是一副普通面貌，要不是因为他身穿制服的话，很容易把他当作中国哪个村子里的农民老大爷”。然而，史沫特莱很快感到这孔堆满了书籍、文件和信件的窑洞里，在朱德的声音和动作中，充满了大丈夫气魄。她说：“我希望你把一生的全部经历讲给我听。”

“为什么?”朱德感到惊讶。史沫特莱的回答更有意思：“因为你是一个农民。中国人10个有8个农民。而迄今为止，还没有一个人向全世界谈到自己的经历。如果你把身世都告诉了我，也就是中国农民第一次开口了。”

朱德明白了史沫特莱的真正来意，微笑着说：“我的生平只是中国农民和士兵生平的一小部分。你来延安了，就到各处走走，和别人见见面，再作决定吧!”

史沫特莱接受了朱德的劝告，她去采访了许多其他红军将领。她觉得红军将领都有许多传奇色彩的事迹，都是很好的文学作品的素材。延安使她兴奋，延安使她看到了中国革命的希望。她强烈要求加入中国共产党。毛泽东、朱德、周恩来告诉她，她应该留在党外，以便在外面和国外做更多的工作。她听后感到极为痛苦和伤心，放声大哭起来。直到过了很长一段时间，她才理解毛泽东、朱德和周恩来对她说的那些话是正确的。

这年3月，史沫特莱又来找朱德了，坚持要写他，朱德给她留下的印象太深刻了。在史沫特莱的一再要求下，朱德同意谈一谈自己的经历。从此，朱德和史沫特莱就有了“君子协定”，朱德每周抽两三个晚上的时间同史沫特莱交谈，史沫特莱一边听一边记，非常认真。朱德到延安后，日夜忙碌，能特地抽出时间同史沫特莱交谈，史沫特莱非常高兴。她还常常找康克清侧面了解另一个视野的朱德。

到5月，史沫特莱在一次骑马时不慎从马背上摔了下来，背部受伤。于是，“君子协定”难以为继，访问朱德才告一段落。

再过一段时间，卢沟桥事变发生了，朱德奉命率领八路军开赴山西抗日前线。史沫特莱眼看对朱德的采访会因抗日战争的烽火被迫中断，十分苦闷。

数月的采访，使史沫特莱更加加深了对朱德的认识，这位美国女作家从红军总司令的坎坷经历中看到了中国的志士仁人救国救民的求索精神，

心中充满了对朱德的敬佩之情。“我要去找朱总司令。”史沫特莱不止一次地在心中说。

10月，养好了伤的史沫特莱，毅然背起行装，随身携带了打字机、照相机和简单的行李，随八路军后续部队开赴前线时同行，到达山西五台县南茹村八路军司令部。当时，朱德正好坐着在理发。

天有点凉，同志们请朱德在办公室里理发。可是，朱德为了不影响大家办公，坚持要在院子里理发，你推我让，相持不下。理发师在旁边看着，开始以为这个和当兵穿的一样、说话和气的老汉是个老兵，后来见大家对他这样尊敬，一口一个“首长”，便料定是个长官，心里不免有些紧张。饱经沧桑的理发师见过的长官不少，他们理发不外乎是打骂、挑剔、发脾气。理发师毕恭毕敬地站着，小心翼翼地观察着朱德的脸色，在一边等候吩咐。

朱德猜到了理发师的心思，自己端起椅子就往院子里走，理发师忙追上去：“长官——”朱德听后亲切而风趣地说：“你就叫我同志吧，或者干脆叫‘当兵的’好喽。”一句话逗得在场的人全笑了。

理发师也觉得轻松了，紧张情绪消除了许多。理发师犹豫地说：“院子里有风，您还是到屋里理吧。”朱德半开着玩笑说：“日本人的飞机大炮我们都不怕，一点风怕什么。”然后把椅子往屋檐靠着放，招呼理发师：“这下，你放心吧！”

理发师迅速地给朱德围好衬布，熟练而轻巧地理起发来。朱德和他亲切地拉起家常，问及他的身世、生活和对抗日的看法，然后又深入浅出地给他讲起抗日道理来。两个人喁喁交谈，像老伙伴一样融洽。谈着谈着，无意中朱德谈起头，只见史沫特莱早就在一旁注视着他没有做声，连忙站起来向她致意，急得理发师拿着推子在一旁，连声说：“请坐下，快请坐下。”

当史沫特莱喊了一声“朱总司令，你好”时，理发师才知眼前的“长官”就是大名鼎鼎的八路军总司令朱德，感慨万千，翘起大拇指说：“八路军有这样的好总司令，咱们中国准能打败鬼子。”

在以后的9个月里，史沫特莱一直留在那里，白天采访、行军，夜晚打字、整理。1937年的最后一个夜晚，朱德在洪洞县马牧村八路军总部听史沫特莱介绍国外报刊上发表的有关中日双方各种情况的报道和新闻分析文章中的种种观点。朱德听得很认真，无论是亲日的还是反日的议论，他都专心地听，还不时作些笔记，或同总部其他人交换一下看法。他十分重

视了解日军的战略意图和战场动态，并把敌我双方的情况结合起来研究，制定对策。

对史沫特莱讲，朱德只是位父亲式的人物。因为朱德本人是在农村的贫困中成长起来的，所以史沫特莱对他的认同常常伴有痛苦的个人背景。当朱德充满深情地讲述自己辛劳一生的母亲时，这种苦难在史沫特莱那里产生了强烈的共鸣，正像她在《伟大的道路》中写到的那样："朱将军用这种语调叙述当年情景的时候，我的笔时时不由得无法写下去。他便用惊疑的眼光望着我。有些时候，我解释说，'我觉得似乎你讲的就是我的母亲。世界上的穷人原是一家！'他用粗哑的声音说完后，我们默默地坐了很久。"

随着日本侵略军不断地向华北增兵，山西的形势越来越严重，八路军总部也经常转移，作战越来越频繁。朱德考虑史沫特莱的安全，劝说她离开山西。史沫特莱不愿意，执拗地说："不管你们到哪儿，我也要到哪儿！"朱德笑了，耐心地劝导她："你可以到汉口去，在汉口能做很多事情。"

"那是让我在精神上死亡。我在八路军里渡过的日子是我有生以来仅有过的幸福的日子。只有同你们这支军队在一起，我才找到了思想上和精神上的安宁。"史沫特莱说。

彭德怀副总司令也在一旁劝说："现在战斗频繁，我们要不停地转移。子弹不长眼睛，说不定你还有可能被打上。"朱德显得很耐心，又说："你先走吧，以后再回来嘛！用不了多长时间，一定能回来的。"

史沫特莱再也无法控制自己的感情，伤心地哭起来，一边哭一边说："既然这样，那我只好走了。"朱德不断地安慰这位美国作家，还表示要为她开一个欢送会。

1938 年 1 月的一天早晨，史沫特莱依依不舍地向朱德告别。从此，她再也没有见到朱德，但她永远也忘记不了朱德。

离开抗日根据地后，史沫特莱开始整理从西安事变到 1938 年初的日记和信件，编辑成了《中国在反击》一书。

1940 年，日本加紧对中国战场的"扫荡"。当时，史沫特莱胃病犯了，且越来越严重，再返回抗日根据地采访朱德就更加困难了。第二年，她带着采访朱德的记录稿回美国治病。

治病期间，史沫特莱时时都关注着中国军民的抗日战争，关注着八路军总司令朱德。朱德也没有忘记大洋彼岸的这位热情的美国朋友。

1944 年 8 月 14 日，朱德把中国抗日战争的情况写信告诉史沫特莱，并说“如有可能，我们希望你能再到中国来，同我们多住一个时期”。史沫特莱对中国这片热土一往情深，然而她的身体越来越不好，病魔阻止她穿越太平洋。

1945 年夏，正在治病的史沫特莱在纽约州附近的庄园雅都开始了“朱德传”（即后来的《伟大的道路》）的撰写工作。一拿起笔，她就觉得自己活跃在中国革命的阵地上，仿佛又与八路军指战员在一起吃饭、一起行军、一起睡木板……为了把朱德的生平写得更翔实，她这年 10 月底写信向朱德索取资料，向朱德报告了自己的创作打算。

信寄出去了。史沫特莱每天都在期待着。整整 8 个月过去了，终于收到朱德于 1946 年 7 月 1 日写的回信：“……首先，对你的所有美国朋友为中国的和平与民主运动寄予的关注和所作的努力，我必须表示深切的感谢。……目前，中国人民正在英勇地从各方面巩固力量，以便粉碎反动集团的阴谋，而反动集团的困难和危机却在日益增加。中国的和平与民主化的确是一项艰巨的任务，很可能要经过一段曲折的道路。但是，中国人民无疑将达到他们的目的。因此，你重返中国的愿望也一定能够实现。”

朱德热情支持史沫特莱的工作，在信中说：“我很感激地了解到，你想花费一些精力写我的生平。应当说，我的生平仅仅反映了中国农民和士兵生活的非常之少的一部分。是否值得你花费时间，我表示怀疑。由于你那样地坚持并已着手写作，我也只能应你所求。随函附上尚未发表的刘白羽先生所写的《朱德传》的部分草稿、《长征》故事两卷以及我从抗日战争到目前为止的部分写作。倘需其他材料，我将乐于照办。”

史沫特莱打开朱德寄来的包裹时，还收到朱德赠送给她的几件小小的礼物：两枚镶嵌着朱德和毛泽东肖像的小圆别针，一块由延安工人手织的披肩。史沫特莱细心地欣赏了一会儿，若有所悟，又细心地将披肩折叠起来，收藏好别针。

此后，朱德又两次收到史沫特莱寄出的信，得知史沫特莱所住的那座僻静的庄园并不安宁。此时美国的反共分子诬蔑史沫特莱是“苏联间谍”，对她进行诽谤和监视。她不得不放下手头的写作，为洗雪不白之冤进行坚决的斗争，终于逼迫美国陆军当局宣布撤销对她的诬陷，她的创作工作又重新开始。

1949 年 8 月，史沫特莱的积蓄已基本用光，同时反共狂潮正席卷美国

1946 年，周恩来从重庆返回延安，毛泽东同朱德到机场迎接时合影

大地，她只能重新做出计划，离开美国，先到生活费用较低的欧洲居住，以完成她的著作，然后再从那里到中国去。史沫特莱带着手稿来到伦敦，居住在友人家中，继续修订“朱德传”。

新中国成立后，朱德收到了史沫特莱怀着无比激动的心情写下的信。她在信中说：“我已经知道新的中国政府终于成为现实，世界再也不会是老样子了。我活到亲眼看见我最大的愿望实现了……我希望您和毛（泽东）还是 30 岁，但是，我也知道在你们的前头仍有很多岁月。假如哪一天我能重返中国，我一定要亲一亲它的土地。”

史沫特莱的新中国之行未能如愿，由于长期贫困和精神上的抑郁，她患了胃癌。1950 年 3 月，史沫特莱的健康日益恶化，只能靠喝牛奶维持生命，但她仍不肯中断修订《朱德传》的工作。那时，史沫特莱常给友人写便条，其中一张说：“中国人是非常善良的人民。”“我将申请归化为中国人……倘若有一天我终究能为中国国籍的公民，将是一生中最大的荣耀。”

1950 年 4 月 28 日，在她要做胃切除手术的前夕，她写给友人玛格丽特·斯洛斯一封信，详细说明如果她死了，她的版税和财物应该如何处理：“由我的著作获得的全部收入，不论来自何处，全归中国人民解放军总司令朱德将军所有，由他按照他的愿望处理……那就是说，建设一个强盛和自由的中国。我还在遗嘱中特别请求，火化我的遗体，将骨灰送交朱德将军，埋在中国。我不是基督教徒，因此希望不要为我的遗体举行任何种类的宗

教仪式——绝对不要。如果中国大使馆的人来了，如果能为我的遗体只唱一支歌，中国的国歌——‘起来’，我将不胜感激。由于我的心灵在这个世界上除了中国的任何地方都未能找到安宁，我希望我的骨灰能和死去的中国革命者同在。”

这年5月6日，史沫特莱在英国牛津医院手术后第二天不幸离开了这个世界，终年60岁。次年5月6日，在北京为她举行了追悼大会和隆重的葬礼。她的骨灰安放在北京八宝山革命公墓的苍松翠柏间，一块青灰色的大理石墓碑上用金字镌刻着朱德于同年2月16日题写的碑文：“中国人民之友 美国革命作家 史沫特莱女士之墓”。终于，她魂归中国。

在最近刚刚解密的中国外交部档案中，发现了涉及史沫特莱一些事项的档案。

1950年5月12日史沫特莱的好友斯诺和白尔登等电告朱德：诸友拟于5月15日举行史沫特莱追悼会。5月16日，朱德复电：“致远东民主政策委员会电：中国友人史沫特莱女士不幸逝世，特致深切之哀悼。”10月，史沫特莱的骨灰及衣箱离开英国通过货船运抵中国。1951年5月16日，中国驻德国使团就史沫特莱在德国德底兹出版社之版权版费如何接收问题电告外交部：“该社接获史沫特莱死前来信称，她在该社之版权及版费交朱总司令。现在有6万余东德马克，今后每年约有10万余马克，版权如何接收，版费如何处理，请示。”接到电文后，外交部直接向朱德报告并请求指示。经与史沫特莱的好友丁玲和时任文委副主任的沈雁冰协商，外交部经过初步研究，认为版费可用于中德友好活动，版权可由驻德新华分社指定专人负责管理。外交部办公厅将这两条意见呈报朱德，得到朱德同志的批复：“此件是文委主办的，请与文委商议，与史沫特莱有关即可行。”外交部随后电告驻德国使团团长姬鹏飞：“5月16日电悉，史沫特莱在德底兹出版社之版费可用于中德友好活动，版权可由驻德新华社分社指定专人管理，上述意见已经朱总司令同意，特复。”

《伟大的道路——朱德的生平和时代》，由于种种原因，一直到1979年才由三联书店出版中译本。这本著作和斯诺的《西行漫记》并列，被称为描述抗战中国的经典著作。

这里同样值得一提的是：1937年4月，康克清接受过一次难忘的专访，那就是著名的美国记者、作家海伦·斯诺对她进行的两个大半天的专访。

在美国时，海伦对亚洲尤其是中国的兴趣非常大。埃德加·斯诺作为

一名美国驻华记者，经常发回很多精彩报道，在伦敦和美国的报纸上刊登。海伦对斯诺很是钦佩。1931 年 8 月，23 岁的美国姑娘海伦，怀着对东方古老中国的浓厚兴趣，身背高尔夫球袋，手执网球拍，腋下夹着埃德加·斯诺关于中国的报道文章的一大本剪报，由西雅图乘“林肯总统号”邮轮，远涉重洋奔赴上海，担任美国驻上海领事馆的职员。然而，她要到中国各地旅行，要写一本畅销书，希望成为一个作家——这在 20 世纪二三十年代的美国青年中是一种时尚。

由于很崇拜埃德加·斯诺，海伦到达上海的当天傍晚就约会斯诺。两个人一见如故，他们对处于水深火热中的中国人民都有无限同情，都有志于新闻事业，他们之间很快就产生了感情，1932 年末，两人结为伉俪，也开始了事业上的合作。

1933 年春，海伦和斯诺来到北平安家。1936 年 6 月，在宋庆龄的安排下，斯诺首次访问了陕甘宁边区，拜访了许多中共领导人。在延安，他曾将亲眼见到的“一二·九”运动实况讲给毛泽东同志听。10 月末，斯诺回到北平之后即发表了大量通讯报道，还热情向北大、清华、燕大的青年学生介绍陕北见闻。

1937 年 3 月 5 日和 22 日借燕大新闻学会、历史学会开会之机，斯诺在临湖轩放映他拍摄的反映苏区生活的影片、幻灯片，展示照片，让国统区青年看到了毛泽东、周恩来、彭德怀等红军领袖的形象，看到了“红旗下的中国”。

4 月，海伦冲破国民党宪兵、特务的阻挠，经西安、云阳到延安访问。到延安时，海伦知道史沫特莱在采访朱德，于是把目标转向采访康克清。

康克清一听说要采访自己，忙推辞：“我没有什么可说的，像我这样的普通红军战士多得很，妇女同志也很多，四方面军就有一个上千人的女子先锋团，还有蔡畅、邓颖超……许多大姐，经历都比我丰富，还是写她们好。”海伦也急了，说：“那些人我当然也要谈，而你我是非谈不可的，因为你不仅是总司令的夫人，而且有与众不同的经历，特别是在红军基层时间长，还指挥过战斗。”

可是，康克清就是不答应接受采访。于是，海伦找到朱德。看到她俩各不相让，朱德笑了笑，对康克清说：“克清，人家记者也不容易，你就同她谈谈吧！实事求是地讲，有什么说什么，有多少说多少，这也是向全中国、全世界介绍宣传红军嘛！”

听后，康克清点点头。当天，海伦带着翻译常边同康克清一边吃饭一边交谈，谈笑风生。她们谈革命、谈婚姻、谈家庭。当询问到恋爱婚姻观时，康克清说："婚姻一定要建立在男女双方真诚相爱的基础上，然后才会有幸福的结合。我喜欢孩子，也很想有个孩子，但怕有了孩子影响事业，我要保持健康的军人体格。"

谈了两个半天，海伦的采访结束，她张开双臂把康克清紧紧拥抱，一时康克清还有点不习惯而显得拘谨。告别前，两人在窑洞前合影留念。

卢沟桥事变前夕，斯诺在夫人海伦的帮助下完成了《西行漫记》的写作。在《西行漫记》写作过程中，海伦通力合作，整理斯诺采访回来的资料，说服斯诺保留了毛泽东自传体《一个共产党员的由来》一章，以后又补写了关于朱德和二、四方面军等史实，为该书提供了10多幅珍贵照片。与此同时，还操持家务，料理生活。10月，《红星照耀下的中国》（《西行漫记》）在英国伦敦公开出版，在中外进步读者中引起极大轰动。为此，有人说，《西行漫记》一书的作者，理应添上海伦·斯诺的名字。

不多久，海伦写出了《红区内幕》（即《续西行漫记》）一书。她一生笔耕不止，先后还撰写了《中国为民主奠基》《延安采访录》《我在中国的岁月》等70多部书。

海伦在北京崇文门居住时，由于曾支持过"一二·九"学生运动，又去过陕北红区，险遭特务杀害。因为特务错杀了邻居帕米拉·沃纳，海伦才幸免一难。1940年，斯诺因报道皖南事变被蒋介石驱逐出境，海伦也只好随丈夫返回美国。

在中国期间，她总是一味打扮斯诺，而自己却几乎没有添置一件衣服。1940年海伦离开中国时，她所带的东西，"衣服不多，资料和书籍却装了40只箱子"，爱美的海伦，竟然将资料和书籍看得比衣服更重要。

斯诺与海伦于1949年5月分手，海伦毫无怨言，两人之间没有子女，之后海伦一直住在斯诺购置的在美国康涅狄格州麦迪逊镇一幢建于1752年的农舍里，而且没有再婚。斯诺与海伦离婚后与美国女演员洛伊斯·惠勒·斯诺结婚，婚后生有一对儿女克里斯托弗和茜安·斯诺。1972年2月，斯诺在瑞士日内瓦因患癌症病逝。

在尼克松总统访华后，海伦于1972年末和1978年两次再访中国。20世纪80年代两次获诺贝尔和平奖提名。1991年9月，康克清得悉海伦获"理解与友谊国际文学奖"时，非常高兴，致信祝贺。1996年，中国人民

对外友好协会授予海伦“人民友好使者”的荣誉证书和证章。1997 年 1 月，海伦去世。

四、争取卫立煌

1938 年 1 月，八路军总部所在地洪洞县马牧村似乎比往年暖和，一场细雨过后，大地似乎就要泛出朦胧的绿色。1 月 12 日一大早，朱德、彭德怀迎着晨曦，和八路军的 3 位师长林彪、贺龙、刘伯承及副参谋长左权一行，踏上了出席蒋介石在河南洛阳召开的第一、第二战区军事会议的旅途。

“天街小雨润如酥，草色遥看近却无。最是一年春好处，绝胜烟柳满皇都。”朱德遥望远处的景色，不禁轻声诵起韩愈的这首诗。眼下的山西战场虽然还是枯草一片，但种子已经播下，根部已经泛青，中华民族团结抗日的春天正在向人们走来……

途经临汾，朱德第一次见到时任第二战区副司令长官的卫立煌。对于卫立煌这个人，朱德不仅早就有所了解，而且作过研究。10 年内战，两军对垒，朱德当年作为红军之帅不能不研究卫立煌这个重要对手。他知道，这位比自己小 11 岁的国民党少壮派将领，有着与自己相似的身世和早年经历。

卫立煌，字俊如，又名辉珊。1897 年 2 月 16 日出生于安徽省合肥市城东郊卫杨村一个农民家庭。因家境贫寒，小时读书不多，只念了几年私塾。辛亥革命爆发后，离家从军，成了孙中山卫队的一个卫兵。由于作战勇敢，屡立战功，20 多岁就升任国民革命军营长。孙中山逝世后，他跟随蒋介石，很快发迹为国民党“五虎上将”之一。

朱德也知道，卫立煌曾参加过对中央苏区和鄂豫皖苏区的军事“围剿”。但是，他出身贫寒，为人正直，有爱国思想。抗战开始后，卫立煌看到华北前线这么多中国军队都吃败仗，只有八路军打胜仗，内心非常佩服。

在没有见到朱德以前，对于这个担任八路军总司令、闻名全国的英雄人物是什么样子，卫立煌实在无从想象。真正见了面以后，又大出卫立煌意外。朱总司令穿着一套灰色棉布军服，风纪扣扣得紧紧的，腰间扎了一根士兵用的小皮带，脚上穿了一双旧布鞋，绑腿打得整整齐齐。他眉毛浓

黑，眼睛奕奕有神，年纪在50岁上下，有如一个老农夫。这和卫立煌所见过的国民党阵营那些威风八面、讲究排场、阴险狡诈、穷凶极恶的形形色色的“总司令”，实在有天大的差别。当朱德与卫立煌握手的时候，卫立煌的目光中充满了心仪已久的敬重。

见面后，朱德也很赞赏卫立煌积极抗日的态度。在忻口会战中，他们指挥部队协同作战，沉重地打击了日本侵略军，彼此对对方都有很深的印象，却一直没有见过面。

朱德一行到临汾后，再在1月13日乘火车南行经风陵渡过黄河到洛阳。在赴洛阳的途中，卫立煌和朱德两人同乘一节车厢，朝夕相对，给卫立煌同朱德提供了一次长谈的机会。两个人谈得很投契。

卫立煌对朱德产生了极大的兴趣。国民党官方曾经捏造了许多谣言，把朱德描绘成一个青面獠牙的人。民间和国民党的普通士兵中间，也流传着有关朱德的种种传说。对此，卫立煌早有所闻，他想知道这些传说是否确有其事。他不断地询问朱德，想弄明白这位昔日战场上的对手从前是怎样打退国民党的历次围剿、怎么长征过来的。按朱德生平性格，向来不喜欢炫耀自己的过去，但现在卫立煌既然如此殷勤地询问，朱德只得将自己的个人经历，尤其是在探索救国救民过程中的思想转变，原原本本地讲了出来。

听完朱德的一番叙述，卫立煌大动感慨，在感情上产生了强烈的共鸣。他感到朱德青年时期追求革命，探索救国救民真理的经历和自己大为相似，又对朱德蔑视功名富贵、以身报国的高尚思想境界深表敬佩。于是，朱德给了卫立煌一个“气量大、诚恳、忠厚的长者”的美好印象。

历来在蒋介石召开的军事会议上，主要是听他训话，很少展开认真的讨论，这次也不例外。朱德只是想在会上了解一下蒋介石的想法和打算，以便研究八路军今后的战略发展方向；同时，对国民党上层军事领导人做些统战工作，发展团结抗日的形势。他带去一些从日军手中缴获的战利品，其中送给白崇禧一把日本指挥刀，送给何应钦一条军犬。

洛阳军事会议后，在研究第二战区开展对敌作战问题时，卫立煌心中仍然没有数。朱德向卫立煌分析了我方天时、地利、人和的优势，着重讲了“得道多助，失道寡助”的道理。朱德还对如何改进卫辖属军队的战略、战术指导思想，密切军民关系，加强军队的政治思想工作以提高战斗力等问题，提出了自己的看法。当了解到卫立煌还有缺少后方补给的仗不好打

的顾虑时，朱德非常诚恳地说："我们从前也没有打过没有后方的仗，最初看来，没有后方的仗是不好打的，但是我们从战争中学习了战争，密切了军队和群众的关系，改变了自己的军队，我们就会打没有后方的仗了。山西到处都是不愿意当亡国奴的人民，他们都拥护抗日的军队，到处都是我们的后方，到处都能通行，我们怕什么呢?"卫立煌沉思不语，他觉得讲的道理都对，有些在实际上却没有做到，但他坚持华北抗战的决心却逐渐巩固下来了。

为了加强对平汉铁路和津浦铁路袭扰的力量，卫立煌从他的部下抽调6个团交给朱德指挥。朱德把其中两个团配属给一二〇师，4个团配属给一二九师（邓小平在1月18日接替生病的张浩任一二九师政治委员）。他命令一二九师在这4个团到达指定地点后，由宋任穷率领一个支队，乘平汉路、津浦路敌军空虚的机会，深入到冀南活动。这个支队的任务除配合徐州会战外，还要在这个平原地区"发动民众抗日斗争，组织武装游击队"，为今后建立抗日根据地作准备。朱德谆谆嘱咐刘伯承等，要正确地使用拨归一二九师指挥的友军部队，给他们以必要的照顾和帮助，不要使他们受到敌人的意外袭击，也不要把他们使用在过分艰苦的境域和过分复杂的环境，要求各部做到以热烈、虚心、诚恳的态度对待友军，切戒骄傲自大，看不起友军；另一方面，也提醒要防止友军中有些人以吃喝、金钱等来引诱八路军指战员走上邪路。

1月31日，是农历春节。这一天，卫立煌同他属下的第十四军军长李默庵、第九军军长郭寄峤到八路军总部驻地向朱德等人拜年。这一天风和日丽，马牧村的土墙上贴满了"欢迎劳苦功高的卫总司令"等标语，在村口还挂上横幅。欢迎会上，朱德高度评价了卫立煌及其部下在忻口战役中的表现和功绩。卫立煌在讲话中也表示很钦佩八路军的英勇善战。他说："我知道八路军确实是抗日的，是复兴民族的最精锐的部队，尤其是抗日的方法和经验都非常丰富，希望以后不要忘掉责任，不要忘掉自己是中国最精锐军队的一部分，去和日本作战。"

欢迎会上，丁玲主持的西北战地服务团表演了一些反映当时抗战实际和国共两党团结合作的精彩文艺节目，使现场气氛热烈、活跃起来，卫立煌等看了非常赞赏，鼓掌不断，认为在当时困难的条件下，这些节目对鼓舞人们斗志，激发大家同仇敌忾的抗日决心具有特殊意义。朱德也向他介绍了战地服务团在军民中进行抗日政治宣传的成绩。卫立煌兴趣更加浓厚，

他对朱德说："上次你说，八路军打不垮的原因在于政治工作，我想来想去也不知道我们的政治工作怎么进行。今天看了这些表演，听了你介绍西北战地服务团的情形，我就这么想，我们也来组织一个战地服务团，作为我们学习八路军经验的第一步。不求他们（指国民党政工系统），我自己找人干，你说好吗?"朱德总司令回答说："要得，可以这么做"。

卫立煌希望朱德能给他介绍一些人才，朱总司令欣然应允。不久，西北战地服务团的共产党员赵荣声（即任天马）被介绍到第二战区区长司令部任卫立煌的秘书。

2 月 16 日，阎锡山、卫立煌电约朱德面商就任"右翼兵团总司令"（即东路军总指挥）问题，朱德感觉到"其中似包含蒋（介石）意不使八路军过黄河南岸之企图"。于是，朱德和彭德怀向中央书记处建议朱德不去晋东而由彭德怀前去指挥。第二天，毛泽东回电"同意彭去晋东指挥，朱在后方较妥"，并提出："准备以一二九师出安徽，请周（恩来）、叶（剑英）注意选择适当时机向蒋提议，但此刻时机未到，还不要提"。

17 日，朱德赶赴临汾附近的土门镇，同阎锡山、卫立煌等会商下一步的作战计划。会议期间，朱德看到阎锡山情绪低落，精神不振。知道他因为丢了太原，军队也垮了，不知道怎么办才好，就鼓励他说："你不要以为你的军队垮了，不得了，就没有办法了。我们是持久抗战，不在一城一地的得失。我们是让开点和线，退到敌后打游击，让敌人去占领一些点和线，分散他们的兵力；它越多占领一些地方，补给线越长，那样我们就越有机动的余地，可以越打越强。不要以为你那旧军垮了怎么样，旧军还有底子，同时要赶快组织新军。希望你阎长官和我们一起坚持敌后。"

此前，阎锡山、卫立煌已经决定将第二战区的部队重新划分为西路军、南路军和东路军。西路军主要是重新集结在晋西的晋绥军，由阎锡山指挥；南路军主要是卫立煌指挥的集结在晋南的中央军，准备在同蒲铁路南段同日军作战；东路军分布最广，包括在敌后活动的八路军和滞留在晋东南敌占区或接近敌占区的中国军队，其中包括一部分国民党军队。由于晋东局势紧急，阎、卫又坚持要朱德就任东路军总指挥一职，朱德感到"不能在此危难之际不受命"，致电毛泽东表示，决心同彭德怀一起组织野战司令部在晋东南前线指挥作战。

2 月 28 日，在大后方武汉，一条令人震惊的消息把大后方的军民惊呆了。报童们背着报袋在中山大道、在江汉关边跑边喊："第十八集团军总司

令朱德为国捐躯！”“民族英雄朱德以身殉国！”“原红军总司令朱德战死在华北抗日前线！”

各种报纸的号外在武汉满天飞扬，各式传闻不胫而走。新闻界闹得沸沸扬扬，老百姓纷纷为国家痛失英才而感到悲伤。这时，八路军驻地的办公处不时接到电话，询问朱总司令的情况。《新华日报》社也向延安发去电报，探询“朱德将军有无危险？”在延安的党中央、毛主席也给八路军总部发来急电，询问情况，特别问到朱德所在位置，要求立即回电。

康克清听到有关消息后非常着急。她知道，2 月 20 日，朱德和左权率领八路军总部带两部电台离开洪洞县的马牧村，去太行前线。随行的除 10 多名总部工作人员外，只有警卫通讯营的两个连，约 200 人。没想到才过几天，就听到“噩耗”传来。这时，又传来日本侵略军司令部通过华语广播电台说：“八路军总部所在地古县镇在飞机的猛烈轰炸下已成一片废墟，共匪在华北的总司令朱德和他的司令部已化为乌有，不复存在！……”

康克清听到这里，更似五雷轰顶！怎么！丈夫真的遇难了！不！不可能！与老总结婚 10 年了，这是患难与共、相濡以沫的 10 年，如今国难当头，国家、民族正需要你的时候，你怎么能离去呢？怎么能舍我而去呢？

一时间，乌云满天，风雪漫舞。到底华北抗日前线发生了什么事情，让人这样揪心?!

原来，这时山西的局势发生了急剧的变化。侵占了太原的日军在完成对部队的整理、补充后，看到中国军队在积极活动，蒋介石还打算反攻太原，便抢先发动攻势，从北面、东面分两路向晋南大举进攻。

2 月 21 日，朱德到达安泽县县城所在的岳阳镇。他根据变化了的新情况，立刻做出相应部署：命令离日军较近的友军第三军曾万钟部和第四十七军李家钰部赶到屯留附近阻击日军；命令一二九师主力迅速从正大铁路一带南下；总部暂驻安泽。

战场局势的变化很快。22 日，日军占领屯留、长子，向八路军总部所在的安泽逼近。晚上，毛泽东从延安来电，告诉他们有一部分日军已到晋西黄河边上的离石县军渡一带，请朱德判断这路日军的主要目的是什么。23 日凌晨，东路日军的先头部队苫米地旅团已进入良马镇，良马地处屯留和安泽两县的交界处。朱德判断东路、北路敌军的直接目的，都是攻占临汾。因此，他复电毛泽东说，北路日军的一部分进到离石军渡一带，可能是佯动，用来引诱八路军西渡黄河，回师陕北。当天深夜，毛泽东即致电

朱德，对日军意图作了类似的估计。他判断日军这次行动的目的，在夺取临汾、潼关，然后进攻西安、武汉。要求朱德和阎、卫两部“在好的情形下，力图在临汾以北、以东两地区歼灭敌人，顿挫敌之进攻”。

那时，朱德身边只有约200名警卫通讯战士。他所在的岳阳镇在临屯公路北面，周围都是山地，要把总部转移到安全地带很容易。但是，这路日军来得太突然，临汾军民还没有思想准备。如果听任日军长驱直入，迅速攻占临汾，对局势将造成十分不利的影响。考虑到这些，朱德不但没有向山地转移，反而毅然率领他身边那些数量很少的警卫通讯部队开到临屯公路上的古县镇（今旧县镇）进行阻击。

24日，总部警卫通讯部队在古县以东的府城镇（今安泽县县城）附近同日军先头部队接触。友军曾万钟、李家钰两部没有依令及时赶到。朱德只得派左权率领少数部队前往阻击。下午两三点钟，朱德向毛泽东等通报了情况，说明“手中无兵，阻敌不易”；“总部现在古县，拟于明日向南转移”。但到傍晚六七点钟时，曾万钟部已接近屯留，朱德命令他迅速截断屯留、良马之间的大道；李家钰部一个团也已向府城急进，准备同曾军夹击日军。另外，阎锡山表示准备抽一个团，卫立煌也准备抽一个师，星夜来援，情况有所缓和。为此，朱德致电彭德怀及八路军各部并报毛泽东等人，表示：准备以手中现有的两个连尽量迟滞敌军，“以待上列各部赶到而消灭此敌。总部明日仍在古县指挥”。

25日，战场局势更加严重，友军却没有能阻止日军西进。毛泽东连连致电朱德，提出御敌对策。对北路日军，除令林彪率陈光旅配合卫立煌部作战外，还提出巩固河防的部署。但他最担心的仍是东路日军，指出：“进入府城之敌欲用间进急趋手段袭占临汾”，要求朱德设法抽调有力兵团“于临汾府城间，正面迎击顿挫该敌，否则临汾不守，有牵动大局之虞”。下午3时，毛泽东电告朱德：“必须使用全力歼灭府城西进之敌。但请预告阎、卫，即使该敌冲入临汾亦决不可动摇整个战局。该敌甚少，可用一部包围之，其余全军应决心在敌后打。”

这时，东路日军探知在正面阻击他们前进的竟是威名赫赫的八路军总司令朱德和他的少数警卫通讯部队。于是，日本侵略军的空军接到起飞出击的命令后，就摊开作战地图，在山西省的南部寻找古县的位置。

自以为是“中国通”的几个侵略军头目，凭着他们认识几个汉字，趴在地图上，拿着放大镜东找西寻，终于在屯留县西北方向找到了一个“故

县”，如获至宝。他们认为这就是地面指挥陆军要求轰炸的目标，立即命令出动十几架轰炸机。转眼之间，一个好端端的和平村镇变成了一片焦土，成百上千的无辜百姓惨遭狂轰炸。故县在流血，故县在流泪，故县变成一片火海。

鬼子的空军为了报功领赏，谎报战绩说：“目标已全部消灭，再未见一个八路！”其实，他们压根儿就没有见到八路军的影子，是他们自作聪明，把安泽的古县和屯留以北的故县弄混了，结果故县被炸而古县平安无事。于是，他们迫不及待地在占领区的报纸上刊登了耸人听闻的消息：日本皇军摧毁八路军总部，朱德在空袭中丧生。大后方的新闻媒体不明就里，不辩真伪争相转载。

下午4时，毛泽东来电询问：“总部驻地之古县在何处？是否府城西之旧县镇。”这几天外界完全失去朱德的消息。

当天晚上7时，敌军攻占古县镇，朱德率总部退出镇外，转移到临屯公路以南的刘垣村。这时，朱德仍在险境中，却从容不迫地指挥着阻击敌人的战斗。

日军从府城沿临屯公路到临汾，中间不过百余里路程。朱德以少量兵力迟滞敌军一个旅团达3天之久，为临汾军民的安全转移赢得了宝贵的时间。接着，朱德又指挥部队向东北方向转进，打破了日军打算将中国军队逼到黄河边上加以歼灭的企图。

后来，当康克清见到“完好无损”的朱德时，心中的一块石头终于落了头，她一头扎进朱德的怀里。朱德听后，哈哈大笑：“我朱德有避弹神功，炸弹离我远着呢！”康克清弄清事件的原委后，也开心地笑了。

3月10日，朱德率领总部向太行山进发，途经安泽的英寨，屯留的良马、中村、西村，沁县的郭村、白家沟，在15日到达沁县城东南约15里的小东岭。

3月24日，小东岭的关帝庙里张灯摆桌。朱德在这里主持召开八路军旅以上干部和划归东路军指挥的国民党军队少将以上军官会议（史称东路军将领会议，亦称东南两军将领会议）。为了开好这个会议，总部机关认真进行了敌情资料准备。曾万钟、李家钰、朱怀冰、赵寿山等30多个友军将领参加了这次会议。

朱德宣布了会议的5项议程：报告、讨论目前战争形势与任务；改善部队政治工作与健全组织；确定与统一民运工作方针及敌军工作方针；确

定作战方针，建立根据地，武装民众；由东路军开办地方工作、敌军工作与部队政治工作训练班。

会上，彭德怀作了主报告。他着重阐述了3个问题：首先，必须改造旧政权，实行民主政治；其实，军队要实行战时的政治工作；再者，要武装民众，发展游击战争。另外，彭德怀对俘虏政策和对汉奸的政策也作了详细说明。随后，到会的友军将领对游击战提出许多疑难问题，朱德、彭德怀等人一一作了解答。

会议开到第5天，朱德作了总结，他着重分析了抗战形势及敌后游击战和运动战问题，还讲了政治工作、官兵一致、军民一致等问题。讲到最后，已是下午日头偏西，朱德宣布："小东岭会议至此闭会，大家辛苦了，过两天我请大家看戏!"

原来，小东岭会议快要结束时，八路军一二九师计划在河北涉县和山西东阳关之间的响堂铺打一次伏击战。在日军侵占临汾后，从邯郸到长治再到临汾的大道成了日军的重要后方交通线。响堂铺的地形条件好，一侧是悬崖峭壁，不易攀登，一侧是起伏高地，便于隐蔽和出击，是邯长公路上理想的打伏击战的地方。朱德批准了一二九师的作战计划，由副师长徐向前担任这次战斗的前线总指挥。为了加深友军将领对八路军游击战术的认识，朱德决定邀请会议参加者到战场附近的高地上，实地观摩这次战斗。

3月30日午夜，春寒料峭，响堂铺四周万籁俱寂，镇上的老百姓都早已入睡了，而八路车一二九师的勇士们冒着霏霏细雨，踏着泥泞的山路，急速向公路两旁的峰峦上开进。为了打好这场伏击战，师部对部队作如下部署：以七七一团全部和七六九团主力，设伏于响堂铺分路以北的后宽漳至杨家山东西长10里的一线阵地，以一部设伏于公路以南的山脚下，阻止日军抢占南面高山；以七七二团全部及七六九团一部，阻击由黎城和涉县可能来援之敌，并掩护伏击部队侧后的安全。

3月31日凌晨，在夜幕的掩护下，几十名观摩者悄悄进入了响堂铺村的一个高地。"戏在哪里?" 当朱德把大家带到这个山头时，大家还没弄清怎么回事。友军将领们哪里知道朱德要在响堂铺导演一出由一二九师唱主角的伏击战好戏。

天亮了，雨停了。这里视野开阔，便于观察，通过望远镜，下面公路上的一切都尽收眼底。将领们静静等候戏的大幕拉开。

上午8点，日军辎重部队的两个汽车中队由黎城经东阳关开来。领头

的两辆汽车里坐着几个日军，车行至神头河便停了下来，他们神色慌张地用望远镜向四周观察了一番，看到山冈、草木、大道都和往常一样，便放心往前驶去，后面是110辆汽车，紧跟着后面又有70辆汽车，在狭长的山沟里排列起来，足足有近6里长。徐向前当即抓起野战电话向师政委邓小平通报情况。

八路车七七一团先放过前面的100余辆车，让日军车队进入七六九团伏击圈，等到日军车队全部进入八路军伏击圈时，正好是上午9点。只听徐向前副师长一声令下，两个团的迫击炮、轻重机枪和步枪等各种武器一齐开火，同时向日军实施猛烈袭击。敌人仓皇应战，有的迫击炮、机枪还未及开火，即被击毁。有的日军从睡梦中惊醒，慌忙跳下车来，凭借着车厢或路边的岩石作垂死挣扎。敌人的车队被打得晕头转向，狼奔豕突。

嘹亮的冲锋号响起了，八路军勇士们上了刺刀，个个如猛虎下山，向着山沟里的日军冲去，与日军短兵相接。霎时，山谷雷动，硝烟弥漫。溃败的日军分成好几队往南山脚下冲击。早已埋伏在这里的我军立刻把冲下山的敌人重新压回到邯长大道上，使其再次腹背受敌，陷入我军的包围圈。经过两小时激战，日军170余人的掩护部队大部分被就地消灭，180辆汽车被毁。

这是一场精彩的大戏。尽管到现场的将领们指挥过不少战役，但还没有这么快捷的歼灭战。一位国民党将领感叹地说："要不是亲眼看见烧了那么多日本鬼子的汽车，说什么我也不相信这是真的！这太像一次预先安排好的'作战演习'了！"

响堂铺激战的枪声，惊动了黎城东阳关和涉县的日军。当从黎城及东阳关增援的400日军赶到马家拐附近时，遭到七七二团的截击。1小时后，七七二团反扑，将日军全部击溃。与此同时，从涉县出援的400余日军，也被我七六九团部队击退。看到辉煌战果，在远处观战的友军将领们都情不自禁地鼓起掌来。

当天下午4时，日军派10余架飞机到响堂铺上空狂轰滥炸时，八路军伏击部队早已打扫完战场主动转移了。在跟随转移途中，有位国民党将领笑着说："现场观摩这样的伏击战，太难得！这次观战，让我们增强了对游击战的认识和抗战的信心！"八路军总部的一位战士笑开了，说："你们可要知道，组织这种观战，非胸有成竹、指挥若定是办不到的！我们朱总司令真是够神的！！"

五、粉碎日军九路围攻

1938年4月初，日军为解除对其后方的威胁，以第一〇八师团为主力，纠集第一〇九、第十六、第二十等师团各一部，共3万余人，从南起邯（郸）长（治）公路，北至正太铁路，西起同蒲铁路，东至平汉铁路这一地域之内，由博爱、邯郸、邢台、石家庄、阳泉、榆次、太谷、沁县、长治9个城镇向晋东南抗日根据地大举进攻，构成了一个略呈方形的大包围圈，实行向心的合围，妄图以“分进合击”的手段，实行所谓“广大广大地展开，压缩压缩地歼灭”的作战原则，企图将八路军总部逼到辽县、榆社、武乡、襄垣地区围歼之。

对日军准备发动九路围攻，八路军总部在3月底就从许多迹象中觉察到了。他们注意到：日军在晋东南修筑机场，打通公路，运送物资，频繁地调动兵力。这些情报都不断送到朱德那里。在一二九师缴获的日军文件中，又发现一张日军九路围攻晋东南的作战计划图。为此，当日军发起攻击前，朱德已筹划对策：“以一部兵力箝制日军其他各路，集中主力相机击破其一路。”他命令刘伯承、邓小平率领的一二九师主力向东转移到日军合击线以外集结待敌，同时发动群众坚壁清野，各游击队积极扰乱疲困敌军。

一切部署完毕，朱德用电报把有关情况报告给了当时在武汉的蒋介石。接电时，蒋介石正在翻阅毛泽东在两年前写的《中国革命战争的战略问题》。尽管对毛泽东在书中总结的前四次反“围剿”的经验在感情上难以接受，但对毛泽东阐述的精辟道理又不得不由衷地佩服。

“谁人不知，两个拳师比试，聪明的拳师往往退让一步，而蠢人则气势汹汹，劈头就使出全副本领，结果却往往被退让者打倒。”蒋介石看到书中的这么一段话时感慨不已，深感自己在江西前四次“围剿”的失败就是作了这样的蠢人，而眼下日本鬼子的九路围攻更是战略上的愚蠢。

4月10日，南路日军先头部队进占沁源、虒亭、襄垣一线，即将向北发动进攻。这时，八路军总部从沁县小东岭移驻武乡马牧村东头。这一天，朱德、彭德怀向东路军中的国民党友军将领发出《粉碎日军围攻的战役战术指示》，考虑到友军不善于打游击战和运动战，指示比较具体地要求他们：“应乘其进攻我军时，采取灵活的、运动的游击战术，在敌未进入利害循环变换线时，采内线作战姿势，以优势兵力各个击破其一路，余路箝制

之。如已进入我利害变换线内，则应由间隙中转入外线，袭击敌侧后，仍以各个击破之。”“敌之任何一股前进时，我军应以小部，以一连或一营为单位，采取运动防御之姿势，配合本地自卫军、游击队，昼夜袭击，疲劳敌人，分散敌人，迷惑敌人主力，出敌不意，突然袭击而消灭其一部。”

4月14日晚，侦察员报告，经过我内线军民的英勇战斗，围攻八路军的九路日军，只有三路深入根据地内，其余各路均被阻滞，打破了日军将八路军合击于辽县、榆社、武乡等地的计划。当内线八路军各部队箝制敌人的同时，第一二九师主力遵照“向外游击”的策略，由辽县以南，向东跳出合围圈，进至日军合击线外边的涉县以北，准备待机抓住日军一路歼灭之；内线各路八路军箝制、疲惫敌人，已为主力歼敌创造了有利条件。

同时，朱德得悉：深入武乡县的日军苫米地旅团的第一一七联队，进犯榆社中了“空城计”后，忍饥挨饿地撤回武乡。在进犯武乡之前，他们就沿途遭到八路军的袭扰，兵力受损，这次更为沮丧。日军没有找到八路军的踪迹，精力、体力却受到很大的消耗，士兵们也怨声连连，军心不稳。许多官兵写信回家，流露出厌战情绪。

听罢报告，朱德发出一道急电：在外线隐蔽待机的八路军第一二九师主力和第三四四旅迅速向武乡靠拢。

一二九师主力及第三四四旅的六八九团，接到总部命令后，在刘伯承、邓小平、徐向前率领下，在当晚由涉县至武乡的大道经西井、蟠龙向武乡挺进，赶到武乡县城西北的东、西黄岩和东、西家垴一带，准备围歼住在武乡的日军第一一七联队。晚9点多钟，八路军第一二九师师部接到先期抢占武乡的先头连的报告，说黄昏时分，日军因武乡粮草缺乏，找不到吃喝，放火烧了武乡，弃城而走，沿着浊漳河往襄垣方向退去。当地老乡说，已走了两个小时。

于是，刘伯承下令分左、右两个纵队迅猛追击。擅长夜行军的八路军战士们士气高涨，扔掉所有不必要的装备，轻装前进，互相鼓舞着向前赶。日军虽然距八路军30里之远，但由于饥疲交困，装备笨重，又不善于夜间行动，前进速度十分缓慢。

4月16日拂晓，左、右两路纵队超越日军并把他们夹击在武乡城东的长乐村地区。日军被截为几段，困在狭窄的河谷里无法展开。已通过长乐村的日军回头救援，又遭到八路军顽强堵击。炮声隆隆，子弹如雨，战斗之激烈为抗战以来所罕见。

激战到下午5时，辽县方向又有1000多日军赶来增援，此时我军已将被围之敌全部歼灭，为了保卫已经取得的胜利，刘伯承命令部队立即撤离，向榆社郝壁村集结。

八路军像一阵风似的走了，刚才还是战火纷飞，不想霎时间便平静下来。苫米地旅团长拄着他的东洋指挥刀，望着眼前成片成片的皇军尸体，紫着脸，喘着粗气，勉强靠了一颗大树才不致于倒在满是血污的土地上……

在这次战斗中，共歼灭日军2200余人，击毙战马五六百匹。八路军也付出了相当大代价，伤亡800余人。其中，一二九师三八六旅七七二团团长叶成焕在奉命撤离之际，不幸头部中弹，因伤势过重，流血过多，在被抬到榆社郝壁村的第二天光荣殉国，年仅24岁。4月18日，叶成焕的遗体安葬在榆社县的云安村，朱德、刘伯承和邓小平、陈赓等非常悲痛地向这位战将的遗体告别，并参加了一二九师师党委为叶成焕举行的盛大追悼会。七七二团全体官兵鸣枪哀悼，这惊天的枪声既是为他们敬爱的团长送行的悲歌，也是向侵略者发出的无边的怒号！

长乐村战斗给日军主力以沉重的打击，迫使其他各路日军纷纷撤退。八路军乘胜追击，扩大战果。4月27日自长治撤退的敌人在高牛以北的张店、张度岭和高牛以西的町店，又连续遭到八路军第三四四旅和决死一纵队的截击。至此，日军对晋东南抗日根据地的“九路围攻”被八路军彻底粉碎，先后共消灭日军4000多人，收复县城18座，最后将穷凶极恶的日军全部赶出晋东南，使晋冀豫抗日根据地得到完全巩固。

粉碎日军九路围攻，使以太行山为依托的晋冀豫抗日根据地得到巩固和发展。朱德贯彻党中央关于开展平原游击战的指示，电令一二九师及一一五师一部分兵力从太行山区向冀西、冀南、豫北和山东等平原地区发展，很快形成了晋冀鲁豫根据地，与晋绥、晋察冀、山东等几大抗日根据地相呼应。朱德还令第一二〇师的宋时轮支队和晋察冀军区的邓华支队组成八路军第四纵队，进据冀东、热（河）南、察（哈尔）东北，创建冀热察根据地；派第一二〇师李井泉率骑兵支队，北上绥远大青山地区建立根据地。这些抗日根据地控制了同蒲、正太、平汉、津浦、德石、陇海等铁路线和华北各战略要点。此时，八路军已发展到13万多人。

敌后抗日根据地日益发展，使国民党当局引起本能的反应，担心抗战胜利后，中国会落到共产党手里。于是，蒋介石开始改变政策，变当初的

“联共抗日”为“限共抗日”，并着手限制八路军的发展，仍按八路军4万多人的编制发给经费。日本侵略者对抗日根据地也进行严密的经济封锁和军事破坏，使部队的物资、经费、弹药供应都异常困难。朱德不得不为部队粮秣、衣被和弹药而操劳。

按规定，战士每天只发4两小米。这对一个处于战斗状态的战士，显然是极其有限的，少得不能再少了。朱德面对如此严峻的情况，非常焦虑。他的定量是6两，比战士多2两，就因为这2两小米，他把生活管理员叫到身边，说：“从今天起，把我的2两小米和战士们的粮食放在一起煮饭吧，再掺些野菜，兴许能好一些。”

管理员考虑到总司令年纪大了，每天工作又是那样辛苦，又没什么补养身体的东西，没有同意。朱德恳切地说：“我年纪大了，吃得少，这样就可以给战士们节约出一点小米，不是很好嘛，再说放在一起煮，大锅饭吃着香啊。”

从此，朱德就和大家一起吃饭，并在饭桌上鼓励大家克服困难，依靠人民，取得抗战胜利。

这时，康克清被组织上安排调到杨尚昆领导的北方局的妇委，领导晋东南的妇女工作。但康克清又不愿离开部队，于是杨尚昆同意她仍担任总部直属政治处主任，同时兼任晋东南妇女救国联合会名誉主席。

不久，朱德和彭德怀从实际情况出发，提出：发展生产，有计划地经营和统制公私贸易；在改善贫苦人民生活的原则下，整理税收、田赋；加强敌占区工作，争取运入根据地所缺乏的物资；通过政权和群众团体，开展自愿献金、献粮；有计划地建设军事工业；建立严格的预决算制度，清除贪污浪费；成立华北总财政经济委员会。

这时，八路军总部驻扎在武乡县的王家峪。一天，朱德无意中得知村里有个张老汉棋下得非常好，人称“张高棋”，于是特意登门要和他“杀”一盘。老汉听了欣然应允，因为他知道总司令的棋技也很高超，就叫来几个好下棋的老头，四五个人和朱德对阵。

没有想到，一局接一局，朱德总是“将”得他们一败涂地，从车、马、炮到将、士、相，稍不注意就被吃掉。几个老汉纷纷赞叹：“好棋手！好棋手！”这时，围观的人越来越多。

朱德一边下棋，一边和乡亲们聊了起来。他说：“这下棋也如同打仗，必须纵横机动，进退得当，有时步步逼近，猛吃一口，打开了缺口，连续

进攻；有时灵活撤退，避其精锐，摆好阵势，寻机歼敌。所以每招棋都不能四平八稳，延续老套子。就说咱们抗日，打鬼子，只要广泛动员民众，开展游击战争，照样能把狗日寇逼进泥坑。叫他想动也动不了。甭看他们华北战场上有几十万兵力，只要我们英勇机智，就一定能拖得鬼子哭天叫地，日夜不得安宁，只能在我们的'棋局'里损兵折将，处处挨打。你们说呢？”

乡亲们听了朱德的“棋谱”，无不钦佩，纷纷点头。他们不仅学到了棋技，还听到了一堂生动的抗日斗争课。以后，他们都爱找朱总司令一起下棋。

此时，中共中央为了总结抗战一年多来的经验，统一全党思想，决定召开党的六届六中全会，通知朱德回延安参加会议。7 月 5 日，朱德率总部特务团一部出发。星夜时分，一行人马上路，马蹄有麻布片缠绕着，蹄不作响，人不吭声，迅速穿行敌战区。在途经日军控制的沁河流域时，朱德觉得这里地形复杂，粮食也多，是创建抗日根据地的好地方，就致电彭德怀、左权，“沁河流域地形、物产亦对我建立抗日游击区十分有利，应当派人到此地加强工作”。12 日，他到达八路军一一五师三四四旅所驻的沁水县端氏镇，应邀在该旅的连以上干部会议上讲话。他着重结合晋东南粉碎日军九路围攻后的形势和该旅情况，讲解了毛泽东《论持久战》的基本精神。

8 月上旬，朱德绕道来到山西垣曲辛庄的卫立煌驻地。朱德的到来，令卫立煌大为惊喜：“是什么风吹来玉阶兄啊？”朱德笑开了：“不是东风，也不是南风。”坐定后，他如实托出八路军比从前扩大，拟向蒋介石提出增编 3 个军，却不料国民党当局提出“限共”的问题。“我是西北风吹来的。再往下去，一无弹药，二无粮草，三无寒衣，我等真该喝西北风了！”

卫立煌当即表示：“我卫某人做不了别的主，枪支、弹药和炮弹我可以想法接济！”当天，卫立煌为朱德一行组织了隆重的欢迎会。

随后两天，他们两个单独长谈。朱德在垣曲停留期间还给四川省政府主席王缵绪写了一封信，信中说：“华北沦于敌手，寇焰到处，庐舍为墟。然敌人空前残暴，适足以更加我军民抗战之勇气与决心，更巩固我团结之精神。……在坚持抗战到底、争取最后胜利的任务中，今后四川将肩负更重大之责任。吾见领袖群伦，深信必能巩固并扩大统一战线，组织人民，动员物资”，“为抗战建国大业而奋斗到底”。

离开垣曲后，朱德一行从渑池过黄河，来到第一战区司令长官部所在地河南洛阳，拜会了战区司令长官程潜，向他宣传了八路军独立自主的抗日主张，并建议第一战区国民党部队与在河南的第十八集团军部队靠拢，两个拳头合起来一齐打击日军。

从洛阳到西安，朱德沿途受到抗日团体、学校和民众的欢迎。到西安后，尽管应酬不暇，但朱德还是抽空探望在此养病的原云南陆军讲武堂的总办李根源，得知他不日将取道成都去昆明，就把已写好的给王缵绪的信托他带去。朱德又赶写了两封信：一封给云南省政府主席龙云，希望他在动员人力、物力支持抗战方面做出更大的贡献；另一封信给川康绥靖公署主任邓锡侯，说："敌寇披猖，有加无已，半壁版图，痛易颜色，千万同胞，沦为人奴，然一年抗战，已使敌人内部危机加剧，国际困难日增，其人力亦渐趋枯竭。故今后坚持持久战，争取最后胜利，虽其条件更艰苦，其责任更重大，而距离胜利则更迅速。……目前四川已忧抗战的重要根据地，其丰厚之富源，英俊之人才，正大显身手之时。吾兄雄姿英发，深信必能根据抗战建国之最高原则，发扬民气，组织民力，表现川人在民族解放搏斗中的模范作用。西望蜀云，无住翘企。"

李根源接过朱德递来的 3 封信，知道他是利用家乡情谊和滇军的友情在作地方实力派的工作，长叹："有大志者，必成大业。"

朱德告辞良师，又拜访了西安行营主任、陕西省政府主席蒋鼎文，还在途经洛川转道到晋西古贤村会晤阎锡山，鼓励他坚持抗战，还商定加强八路军总部同第二战区司令长官部联系的办法。

8 月 25 日，朱德一路满载成果抵达延安。这是他在前方战斗一年后第一次回到延安，受到延安军民的热烈欢迎。当天，延安各界召开万人欢迎大会。朱德在会上讲话，介绍华北抗战形势，要求后方把书报刊物大批地输送到前方去，后方的干部与学生也大批地到前线去工作。

此后，不断有单位邀请朱德去作报告，朱德尽量满足他们的要求。演讲归来，朱德还要同在延安的领导们交换意见，分析敌情和指导前线战斗。由于过度劳累，他的眼窝深深下陷了。

9 月 29 日，中共六届六中全会开幕。

10 月 2 日起，朱德在会上以一天半时间作了关于华北八路军的报告。他详细地叙述了八路军一年来在华北广泛开展游击战争、开辟敌后抗日根据地的经验教训，分析抗日战争进行到现阶段的政治、军事形势和敌我战

略战术的变化，提出八路军今后的任务是“继续坚持统一战线，坚持抗战，坚持根据地，争取友军，巩固本身”；“眼前的任务就是发展华中，也要八路军担负一部分的作用”。

在会议进行过程中，日军大举进攻，武汉危急。10 月 4 日，大会主席团决定以毛泽东的名义给蒋介石写一封信，由周恩来带到武汉送给蒋，鼓励他坚持团结，坚持抗战。半个月后，武汉再次告急，中共中央决定速派一高级领导人到武汉面见蒋介石，以鼓励并支持其继续坚持抗战。讨论有关人选时，朱德当仁不让：“当然应该是我去，一来我已同国民党政府打过不少交道，二来我还要找他磨一磨部队扩编的事呢！”

10 月 22 日，朱德搭乘战斗机飞抵汉口，随即由周恩来陪同去会见蒋介石。为了防止空袭，蒋介石官邸的窗子都遮得严严实实。当时，国民党政府通过一个议案，拟将政府迁往重庆办公。

朱德向正为武汉会战失利而挠头的蒋介石报告了八路军一年多来的战绩、敌后抗日根据地建立的情况以及取得这些胜利的原因；并且强调：只要发动群众、武装群众，即使退到重庆也不要紧，日寇是一定能够打败的！并提出了八路军再扩编 3 个军，增发经费和弹药的要求。

蒋介石一听到八路军扩军，马上转言道：“你远途而来，好生休息才是。具体问题，我让军政委员会再作商议。不过有一点，即是日本人占领上海、武汉和南京，也没有什么可惜的，仗既然打起来了，就要打下去……”见蒋介石不说正题，朱德同周恩来进一步重申了中共中央抗日主张后，便起身告辞。

当天晚上，朱德下榻在鄱阳街一号郭沫若家。这时，郭沫若担任国民政府军事委员会政治部第三厅厅长。他们俩都是四川人，早在大革命时期就相识了。在 1927 年南昌起义后，时任国民革命军总政治部副主任的郭沫若随朱德率领的第九军南下，当年 9 月起义军三河坝分兵时离别。别后，朱德在枪林弹雨中进行了 11 年鏖战，郭沫若则为逃避蒋介石的通缉到东瀛生活了 11 年。

现在，两个人为挽救民族危亡重聚在武汉，自然感慨万端。郭沫若回想他们 1926 年夏第一次在汉口相见，那时朱德刚从德国回来，穿着一件毛蓝布大褂，好像乡下的一位村长。如今又是风尘仆仆，一身灰色粗布军装，更显得苍劲雄健，英姿飒爽。他们没有什么客套，略略寒暄几句，便纵谈军情、敌情、党心、民心，如话家常。

第二天，朱德又要匆匆飞回延安，继续参加六中全会，并向全会介绍在武汉了解到的情况。离情依依，郭沫若作白话诗相赠，朱德和以《重逢》诗一首："别后十有一年，/大革命失败，东江握别；/抗日战酣，又在汉皋重见。/你自敌国归来，敌情详细贡献；/我自敌后归来，胜利也说不完。/寇深入我腹地，我还需坚持华北抗战，/并须收复中原。/你去支持南天，/重逢又别，相见必期鸭绿江边。"

23日，朱德飞返延安，继续参加六中全会。25日，朱德在六中全会上汇报在武汉了解到的国民党政界、军界各方面人士对继续抗战的不同想法和动向。他认为，军队中对局势悲观失望的人比较少，而在政界比较多，特别是国民党副总裁汪精卫一再放出"和平"空气，但国共关系还不至于破裂。

10月26日，朱德得知国民政府军事委员会已于昨天决定放弃武汉。失守，这两个字又一次跳了出来，像一柄铁锤重重地敲击在他的中枢神经上：几十个小时前，自己还在汉口。

11月6日，六中全会闭幕后，朱德即离开延安重返华北前线。

第七章　陕北江南

一、百团大战

1940 年 5 月 17 日，朱德结束了在洛阳的会谈，乘火车经潼关去西安。一到达西安，朱德一行只见到车站欢迎的人中既有八路军驻西安办事处的人员，也有国民党陕西省政府的要员，同时还见到了早几天从延安来西安的周恩来。自从中共六届六中全会结束以后，朱德同周恩来近两年没有见面了，在这里重逢自然十分高兴。当时，中央决定由兼任中共南方局书记的周恩来代替原拟由朱德去重庆同蒋介石谈判，两人深入地交流了有关情况和意见。

在西安期间，朱德拜会了陕西省政府主席蒋鼎文、第三十四集团军总司令胡宗南和国民政府军事委员会西安办公厅副主任兼政治部主任、军事委员会西北青年劳动营主任谷正鼎等。

当时西安是联接前方、重庆和延安的枢纽，南往北来的干部常常在这里相会。西安七贤庄设有八路军办事处，虽是经过国民党当局同意设立的合法机关，但国民党特务机关在八路军西安办事处周围安插了 20 多个监视点，对出入办事处的人进行盯梢、跟踪，有时还秘密绑架办事处的工作人员和来访人员。当时，朱德多次同八路军西安办事处工作人员谈话，同他们一起研究国民党特务活动的规律、特点和对付特务的办法，还教育工作人员认清反共顽固派的本质，要时刻提高革命警惕性，保持革命气节，准备对付一切可能出现的突然事变，鼓励大家学会有理、有利、有节的斗争艺术。

5月19日下午，当时担任新疆文学院院长的茅盾（沈雁冰）一家和理论家张仲实由新疆经咸阳抵古城西安。次日下午，茅盾和张仲实找到七贤庄八路军办事处。两人走进客厅，意外地见到了周恩来和朱德。

茅盾是第一次见到久闻大名的朱德总司令，感到他是一位话语不多的敦厚长者。周恩来详细询问了他们离开新疆的经过，并问他们今后有何打算。茅盾和张仲实都说想去延安。

“好啊，”周恩来说，“你们无论是去参观还是去工作，我们都欢迎。正巧总司令过几天要回延安，你们可以同他一道走，这样路上的安全有了保证。噢，你们也许还不知道，近年来，国民党特务机关在去延安的沿途设下重重关卡，随便抓人。我们对于自愿去延安的青年，采取集中后分批护送的办法。去的青年都换上军装，充作八路军的人员。但即使这样，仍发生过多起国民党特务机关截留卡车的事件。不过，你们这次搭总司令的车队去延安，国民党的特务机关是不敢为难的。”

茅盾请周恩来和朱德给他们简略地讲了抗战的形势，从中了解到近年来敌我形势的变化、敌军的进攻和“扫荡”、根据地的扩大和胜利、以及国民党愈演愈烈的反共内战政策。朱德还告诉他们：“前不久国民党军队在山西大举进犯八路军，被我军一举歼灭了朱怀冰的两个师。”

5月24日出发前，茅盾的女儿、儿子换上了军装，并且各起了一个假名。他和妻子仍旧穿便服，因为他们是知名人士，可以堂堂正正地前去延安参观，如果也换穿军装，冒充朱德总司令的随从也不像。

朱德一行共四五十人，当晚车抵铜川。晚饭后，朱德特地来看望茅盾一家。在闲谈中，茅盾发现这位名震中外的将军有很高的文学素养，和他们谈的话题是杜甫、白居易。朱德离开茅盾一家所住的旅馆时提议明天经过黄帝陵时要上去拜谒一番。

大家分别下榻在几家旅馆。子夜时分，突然响起一阵嘈杂的人声。茅盾连忙起身。原来，国民党的宪兵声称奉命搜查一名可疑分子。负责护送车队的副官闻讯赶来，他亮出朱总司令的通行证，坚决拒绝宪兵入内的无理要求。在双方各不相让之际，来了一个国民党的军官，对副官说误会了，请副官到他们的司令部去谈谈。那群宪兵就尾随着溜走了。

翌日一早，车队又上路了。下午1时，来到桥山脚下。山坡上一片苍翠蓊郁的古柏，簇拥着“轩辕黄帝陵”。车队停下来，在朱德率领下拾级而上，登山拜谒帝陵，黄帝陵管理处的负责人前来担任向导。

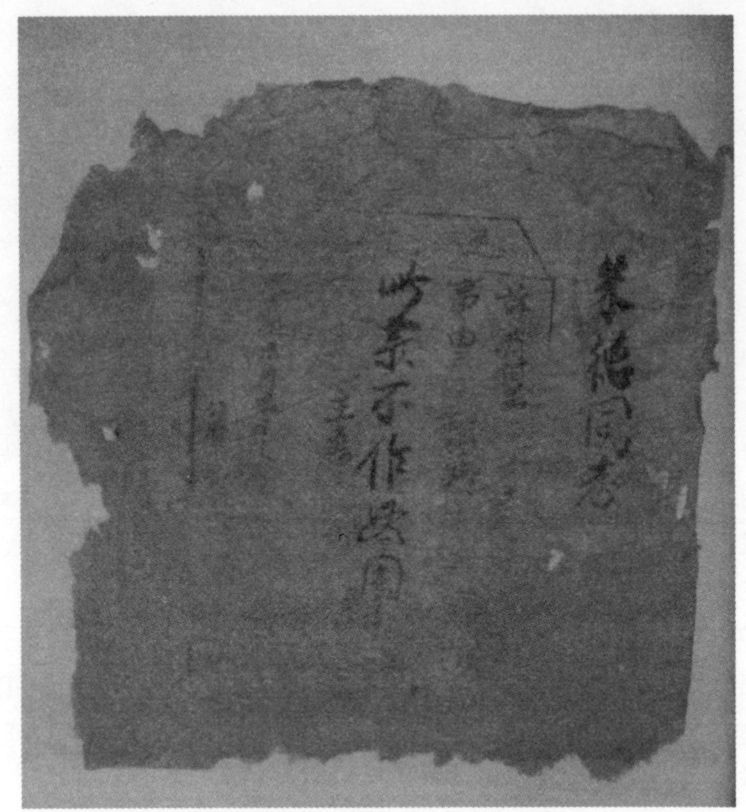

向朱德请示送请示件的当日有效的通行证

陵墓古朴雄伟而又带点清凉，迎面是一个巨大的土冢，冢前有一座汉武帝时建筑的祈仙台，台前立一块大石碑，陵墓两旁的许多石碑上刻着祭文。在陵前留影后，朱德提请茅盾给大家讲讲黄帝的故事。茅盾推辞不掉，就只好提高声音简略地讲了讲："黄帝是传说中的人物，姓姬，号轩辕氏，相传是中原各族的共同祖先，用现代的话说，大概是中国民族社会最早的各族落公认的首领。黄帝既有武功又擅文治，他先打败了炎帝，后又击杀蚩尤于涿鹿之野。在他统治下有许多发明创造：他手下的史官仓颉，创造了文字。他的妻子嫘祖发明了养蚕和缫丝。他又与一个叫歧伯的医生编了中国第一部医书《内经》……当然，这些都是传说，或者是神话。但这些神话传说在人们口头传颂了5000多年，正证明了黄帝在中国人心目中的特殊地位，他代表了我国悠久的历史和文化，他是中华民族的象征！"

茅盾讲完后，朱德带头鼓掌，幽默地说："刚才沈先生讲了历史上的黄帝，现在我再讲一讲当代的黄帝——我们这些黄帝的裔胄。中华民族有

5000 年光辉的历史，然而近百年来我们这个民族却遭受了帝国主义的百般欺凌，被称作‘东亚病夫’。现在，这个古老的民族觉醒了！我们这些黄帝的子孙点燃了民族解放的烽火，全国人民正在进行着神圣的抗日战争。抗日战争就是中华民族复兴的战争。我们一定要把这场战争进行到底，我们也一定能取得战争的最后胜利！现在有人想阻挠抗日战争的胜利，想妥协投降，这种人是黄帝的不肖子孙！……"

听着朱德的即兴演说，茅盾不住地点头，认为"朱总司令还有很好的演说才能，他的话虽不多，却极富煽动力，让听的人头脑清醒，热血沸腾"。

下午 4 时许，3 辆大卡车组成的车队经过最后一道国民党军队的关卡，进入了陕甘宁边区。汽车停下来让人们稍事休息，大家都跳下车去，兴奋地跳着、笑着、唱着，尽情地倾泄第一次踏上自由土地的欢乐感情。朱德看到康克清与青年们欢呼跳跃的场面，感到浑身轻松、愉快。

5 月 26 日中午，汽车到达延安南郊七里铺。朱德一行一下车，只见张闻天、陈云等在这里迎接。

本来决定在第二天举行欢迎晚会，但是听说朱德总司令回来了，许多机关、学校群众自发整队来到南门外操场上，于是临时决定当天先在这里举行一次欢迎大会。朱德应邀在会上讲话，他高兴地告诉大家："华北广大的抗日根据地已经建立起来，这奠定了华北抗战胜利的基础。尽管敌人‘扫荡’、破坏，顽固分子制造磨擦，可是华北广大人民已把自己组织成伟大的独立的力量，他们不但不会消灭，而且将日趋坚强。"

听着朱德的讲话，看到那巍巍的宝塔山，康克清的心情十分激动。啊！延安！我们又回到了你的怀抱，你同江西的井冈山和瑞金一样永远是那么令人怀念、令人向往！

当天，朱德和康克清住进了城外的杨家岭的窑洞里。第二天，朱德早早地起来，便漫步在山野。放眼望去，太阳从山峁上冉冉升起，晨光下的大地流金溢彩，山丹丹花开得特别艳。朱德看到这场景，十分动情，远离战争的宁静使他更深情地挚爱这片土地。

朱德回到延安的当天晚上，延安各界在中央大礼堂举行欢迎晚会，毛泽东亲自出席，鲁艺的 200 多师生演出了冼星海创作的《黄河大合唱》。在欢迎会上，朱德兴奋地告诉大家："今天，坚持华北抗战已以八路军和一切进步的力量为主力了。因此，华北的前途是光明的。"

前方的同志，包括朱德本人没有想到他这次回延安后，中共中央让他留下来协助毛泽东清理党内路线是非和指挥全国各抗日根据地的斗争，没有再回华北前线，直到抗日战争胜利结束。

不过，这以后，从延安发出的重要军事文电一般由军委主席毛泽东、副主席朱德和军委总政治部主任王稼祥3人署名。朱德尽管不再主持华北前方八路军的日常工作，但八路军总部发出的重要文电仍由他和彭德怀等共同署名。此外，由于朱德还担任着第二战区副司令长官兼第十八集团军总司令的职务，因此同国民党军事当局之间的文电，一般也由他和彭德怀两人或由他们和叶挺、项英共同署名。

这时，日寇把深入敌后坚持抗战的八路军和华北各抗日根据地视为心腹大患，在反复进行“扫荡”的同时，竭力推行“治安强化”运动，对抗日根据地实行“囚笼政策”，企图“以铁路为柱，公路为链，碉堡为锁”来扼杀敌后抗日根据地，消灭八路军。

朱德回到延安后，在7月22日和前方的彭德怀、左权联名致电聂荣臻、贺龙、关向应、刘伯承、邓小平并报中央军委，正式下达破袭正大铁路战役的预备命令，指出：“敌寇依据几个交通要道，不断向我内地扩大占领地区，增多据点，封锁与隔截我各个抗日根据地之联系，特别是对于晋东南，以实现其‘囚笼政策’，这种形势日益严重。又迭据各方情报，敌寇有于8月间进犯西安企图。为打击敌之‘囚笼政策’，打破进犯西安之企图，争取华北战局更有利的发展，决定趁目前青纱帐与雨季时节，敌对晋察冀、晋西北及晋东南‘扫荡’较为缓和，正太沿线较为空虚的有利时机，大举破击正太路。”强调战役主要在正太铁路沿线进行，“基本是截断该线交通为目的”。命令规定“直接参加正太线作战之总兵力应不少于22个团”，要求在8月10日前完成各项准备工作。

8月8日，朱德、彭德怀、左权正式下达战役行动命令，对战役部署和作战地域区分做出具体规定，并“限8月20号开始战斗”！

8月20日，天气异常闷热，午后开始下雨。各部队冒雨穿过山间小路，黄昏前到达指定位置。20时，向正太路全线发起总攻击。聂荣臻回忆，真是壮观得很啊！一颗颗红色信号弹腾空而起，划破了夜空，各路突击部队简直像猛虎下山，扑向敌人的车站和据点。雷鸣般的爆炸声，一处接着一处，响彻正太路全线。同蒲、白晋、平汉、津浦、北宁等铁路和许多公路干线也同时燃起战火。

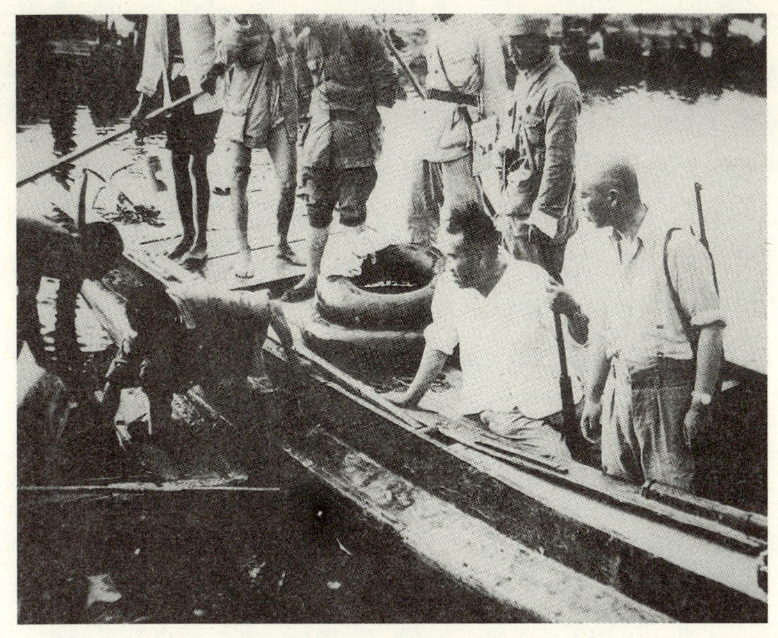

1947 年，朱德和聂荣臻（右一）等在河北白洋淀

整整一夜，八路军总部的彭德怀、左权和延安的朱德保持着热线联系。天亮，战报传来，首先是刘伯承报捷：陈赓旅攻击寿阳西南之芦家庄，连克碉堡 4 座，全歼守敌，完全占领车站，并将车站以西 10 里内的铁道、桥梁全部破坏。接着聂荣臻、贺龙的战报也来了。一时间，正太、同蒲、白晋、平汉、平绥、津浦、北宁各铁路及各公路干线，敌人的大动脉很快变得“千疮百孔”。

22 日午饭后，作战科长王政柱向司令部彭德怀、左权报告：“由于八路军广大指战员和根据地民众痛恨日军的‘囚笼政策’，迫切要求给他们以沉重打击，参加破击战的积极性非常高。正太线 30 个团，平汉线卢沟桥到邯郸段 15 个团，同蒲线大同至洪洞段 12 个团，津浦线天津至德州 4 个团……实际参战兵力，共计 105 个团。”当即彭德怀与左权拟电报，上报下达有关战况。

朱德在延安接电后作出指示：“正太战役是抗战以来华北军队积极向敌进攻之空前大战，总合兵力共约百个团，故名‘百团大战’，以便向外扩大宣传。”从此，“百团大战”的名称传开了。

百团大战似当头一棒，使华北日军顿时陷入混乱之中。本来多田骏的“牛刀子”战术已大见成效。但他做梦也没想到，以前打一枪就跑的八路军

怎么突然来了个刀对刀、枪对枪的大兵团作战？而他因“牛刀子”战术面铺得太宽，手里已无兵可调。一直到百团大战第七天，才拆东墙补西墙，好不容易搜集到2000多兵员杀到石家庄。不久，多田骏被撤职。

延安的大街小巷贴满了庆祝百团大战胜利的标语，延安各界举行万人大会，毛泽东、朱德等领导人出席。总政治部主任王稼祥代表中央讲话，高度评价百团大战。大会一致通过《致朱彭总副司令电》，向百团大战的领导者致以崇高的敬礼！并对百团大战的将士表示亲切的慰问。

在华北战场的千里之外，延安中央军委的朱德思考着如何扩大战果。

9月16日，朱德、彭德怀、左权部署了百团大战第二阶段的作战任务，规定这个阶段作战的基本方针是：继续破坏敌寇交通；克服深入我基本根据地内之某些据点。

这一阶段作战，从9月22日到10月上旬，重点在太行山区的榆社、辽县一带，战斗十分激烈。由于日军已有准备，而八路军在连续作战中过于疲劳，牺牲较大。10月5日，朱德、彭德怀、左权下令基本结束这个阶段的作战，要求各部集结主力进行战后整理和整训，恢复体力，总结经验以利再战。

这一个半月连续不断的破袭战，使受到沉重打击的日本侵略军恼怒异常。为了扭转这种不利局势，他们从华东、华中抽调兵力回援华北，以两万多日军加上大批伪军，开始对根据地疯狂“扫荡”。他们从晋东南开始，然后扩大到平西、北岳区和冀中区，所到之处实行杀光、烧光、抢光的“三光政策”。来不及进行休整的八路军立刻投入反“扫荡”斗争，直至12月上旬才粉碎这次“扫荡”。至此，历时三个半月的百团大战宣告结束，前后作战1824次，毙伤日军2万人、伪军5000余人，破坏铁路474公里、公路1500余公里、桥梁隧道260多处。

一直说八路军游而不击的蒋介石，得到百团大战的消息，也不得不做出姿态，“驰电嘉奖”八路军，称：“贵部窥此良机，断然出击，予敌以甚大打击，特电嘉奖。除电饬其他各战区积极出击，以策应作战外，仍希所部，积极行动，勿予敌喘息机会，彻底断其交通为要！”

但他后来害怕八路军的胜利消息家喻户晓，深入人心，又至这年10月19日下了一道《绝对查禁有关“百团大战”文字》密函，以封杀有关百团大战的新闻报道。

10月的延安，毛泽东拿着百团大战的战报高兴地称朱德下了一着好

棋，在华北捅了一个马蜂窝。

尽管百团大战正在激烈地进行，尽管中国共产党明确地提出了“击敌、和友”的方针，国内的政治局势却越来越险恶了。这年9月，德、意、日在柏林签订协定，正式结成三国军事同盟。日寇为配合德国在欧洲的侵略行动，准备向太平洋扩张，急谋迅速结束中日战争，巩固其南进后方，遂以撤出南宁、龙州为诱饵，加紧向蒋介石诈降。此时，英、美两国从其自身利益出发，大量增加援华货款，力图利用中国牵制日本南进，迫使蒋介石彻底投靠英美集团。

在这种情况下，历来依靠帝国主义生存的蒋介石集团，把这一国际形势看成是进行政治投机、大举反共的大好时机。朱德敏锐地看到了形势的戏剧性骤变及问题的复杂性，在指导百团大战间隙，他向毛泽东建议：“要防止蒋介石利用这机会再次发动反共高潮！”“重庆有失守的危险，蒋介石想迁都北移到甘肃天水，那是他想继续得到苏联援助。面在德意日与英美对日作战积极化，蒋介石身价倍增，有可能旧病复发！”

果然不出所料，就在这种形势下，蒋介石掀起了第二次反共高潮。10月19日（皓日），国民政府军事委员会参谋总长何应钦、副参谋总长白崇禧致电（史称“皓电”）朱德、彭德怀和新四军军长叶挺，诬蔑坚持华中抗战的新四军和八路军“破坏团结，破坏抗战”，以最后通牒的形式，限黄河以南的新四军和八路军各部于电到一月内全部撤至黄河以北，妄图实现其沿河封锁、配合日寇消灭我军的毒辣阴谋。同时，蒋介石密令汤恩伯、李品仙、韩德勒等部30万大军及顾祝同所部，准备向华中大举进攻；又将包围陕甘宁边区的军队增至20万之多。至此，反共乌云弥漫全国，投降、内战的危险空前严重起来。

11月3日，朱德正在第三五九旅视察。突然，旅长王震将毛泽东的急电交给朱德，朱德只见电文为：“有事待商，拟派汽车来接，请准备回延。”

于是，朱德中断视察，急匆匆地赶回延安，毛泽东同其他中央领导正在焦急不安地等待着。原来，这时，离何、白“皓电”规定的新四军和八路军一部北撤时间只有十几天了，现在急迫需要朱德回延安商议的就是新四军北撤问题。

长江以南新四军和八路军一部的根据地问题，已同蒋介石商量很久，蒋介石始终坚持要中共把在江南的兵力调往江北。

在国民党顽固派积极活动时，毛泽东、朱德等十分担心新四军特别是军部的安全。已于9月6日，中共中央军委电告新四军领导人："据重庆周、叶报告，确悉军令部已向顾祝同发出'扫荡'江南北新四军之命令，请叶、项、胡服准备自卫，皖南尤须防备。"10月8日，毛泽东、朱德、王稼祥又向他们指出："我们意见军部应移动到三支地区，如顽军来攻不易长期抵抗时则北渡长江，如移苏南尚有可能，也可移苏南。向南深入黄山山脉游击，无论在政治上、军事上是最不利的。"10月12日，毛、朱、王再次向他们指出："因蒋是站在反日立场上，我不能在南方国民党地区进行任何游击战争"，有的部队就是这样在东江失败的。

但是，项英似乎还不明白中央意图，仍强调困难，不准备将主力北移。

如何回答"皓电"，涉及对整个形势的估量和斗争的策略。经过中共中央认真研究后，以朱、彭、叶、项的名义在11月9日（佳日）复电何应钦、白崇禧，驳斥他们在"皓电"中的无理命令和对共产党、八路军、新四军的攻击，尖锐地指出："国内一部分人士，复正在策动所谓新的反共高潮，企图为投降肃清道路。内外勾煽，欲以所谓中日联合剿共，结束抗战局面，以内战代抗战，以投降代独立，以分裂代团结，以黑暗代光明。其事至险，其计至毒，道路相告，动魄惊心，时局危机，诚未有如今日之甚者。"为了顾全大局，朱德等在复电中仍表示新四军在江南的正规部队将遵令北移。

我"佳电"发出后，蒋介石不但置若罔闻，反视中共委曲求全的让步为怯弱可欺。12月8日（齐日），竟又以何、白名义再次电令：在12月31日前，长江以南之新四军全部开到长江以北，黄河以南之八路军全部开到黄河以北，1941年1月底之前，华中之新四军也要全部开到黄河以北。

蒋一面限令我军转移，一面又秘密下达了"剿灭黄河以南匪军计划"和"解决江南新四军方案"，并密令顾祝同积极部署包围进攻我皖南部队。在此严重形势下，中共中央向全党全军发出紧急指示，号召自卫战斗粉碎敌人的进攻，争取时局好转，命令皖南部队迅速北移。

1941年1月4日晚，朱德好不容易得知在当晚新四军军部和所属皖南部队9000余人，为顾全团结抗战大局，在军长叶挺、副军长项英率领下，从皖南泾县云岭及其附近地区冒雨出发，准备绕道茂林、三溪、宁国、郎溪，到江苏省溧阳待机渡江北移。这时，朱德的心才长长吁了口气，于是每天计算着全军过江的日期。

然而，朱德没有想到的可怕的事发生了：1月6日，蒋介石得知新四军

开始北移，下令第三、第五战区“采取行动”。第三战区于6日下午命令第三十二集团军“迅速部署所部开始进剿”，并强令“彻底加以肃清”。7日拂晓，当新四军北移部队行至泾县茂林以东山区时，即遭到国民党军共7个师8万多人层层堵截和进攻。

朱德果断命令：“甩开敌人，不必恋战，迅速过江!”但为时已晚。

“长江、长江，我是黄河、黄河!”电报在空中呼叫着，但对方没有回音。9000多名将士落入了国民党军的包围之中。这就是震惊中外的皖南事变。

1月13日，延安正式获得北移新四军被围歼的消息。朱德当即与彭德怀、叶挺、项英联名发表通电，向全国揭露皖南事变真相，要求国民党军事当局“立解皖南大军之包围，开放挺等北上之道路。撤退华中之剿共军，平毁西北之封锁线，停止全国之屠杀，制止黑暗之反动，以挽危局，以全国命。”

新四军指战员在军长叶挺的指挥下，被迫奋起自卫，浴血苦战8昼夜，到1月14日，终因寡不敌众，弹尽粮绝，除约少部分人分散突出重围外，其余分别被打散、被俘或牺牲。朱德闻之全军将士惨败，数天水米难咽，欲哭无泪。

叶挺根据中共中央东南局副书记饶漱石的意见，14日下午走出隐蔽处准备同国民党军谈判，竟被扣押。政治部主任袁国平在突围时牺牲。副军长项英和副参谋长周子昆在泾县濂坑石牛坞赤坑山的蜜蜂洞隐蔽时于3月12日夜遭叛徒杀害。

1月17日，国民党政府军事委员会发表命令和谈话，反侮新四军为“叛军”，宣布撤销新四军番号，将叶挺“交军法审判”。同天，周恩来在重庆《新华日报》上发表亲笔题词：“千古奇冤，江南一叶；同室操戈，相煎何急?!”

1月18日，中共中央发言人发表谈话，全面揭露国民党顽固派制造皖南事变真相。1月20日，中共中央军委发表毛泽东起草的命令和发言人谈话。命令任命陈毅为新四军代理军长、张云逸为副军长、刘少奇为政治委员、赖传珠为参谋长、邓子恢为政治部主任，重建新四军军部。谈话提出了严惩祸首、取消1月17日反动命令等12条解决皖南事变办法。

1月30日，蒋介石亲自出马，以行政院长名义发表撤销新四军番号的所谓“训令”，从而把第二次反共高潮推到了顶峰。这时，朱德主动利用国

民党上层人物的关系，揭露国民党破坏抗战的阴谋，提出解决皖南事变的办法。

在第二次反共高潮中，蒋介石在政治上、军事上都遭受了严重的挫折。在政治上，蒋介石的反共面目在全国人民面前暴露无遗。国内各小党派和中间势力对蒋介石已失去幻想；中共敢于斗争，敢于胜利，赢得了国内外舆论的广泛同情和支持，进一步提高了中国共产党在全国的政治地位和在全国人民中的声望。在军事上，尽管新四军在皖南遭受局部失利，但是何应钦、白崇禧“皓电”“齐电”限令八路军、新四军撤至黄河以北的阴谋化为泡影。而皖南事变后不久新四军军部的重建，使部队由原来的6个支队扩编为7个正规师，新四军从此走上了新的发展道路。蒋介石妄图通过围歼皖南新四军军部及其所属部队来达到取消新四军的阴谋也彻底破产。当时，朱德一直在毛泽东身边，在预见事态的发展上充分显示了他过人的远见，而在事变的处理上又表现了他不屈不挠抗战到底的斗争精神。

以后，1943年国民党当局又趁共产国际解散之际，企图再次发动反共高潮，进攻边区。这时，朱德又站在反对内战、抗战到底的前沿。经过他同其他中央领导人有智有勇的斗争，终于把国共两党的合作关系维持到抗战胜利。

二、屯田军垦

太平洋战争前后，由于日军的封锁和灾荒，由于国民党军对陕甘宁边区进行重兵包围和封锁，由于皖南事变后国民党政府中止了对八路军一切正常的配给等原因，中国共产党领导的抗日根据地遇到了抗战以来最为严重的经济困难。各抗日根据地出现了粮食、医药、棉布、子弹、食盐以及其他日常用品奇缺的状况。在陕甘宁边区这个中共中央所在地和经济落后的敌后抗日根据地总后方，一度到了几乎没有衣穿、没有油吃、没有纸用、没有菜吃、没有鞋袜穿、冬天没有被盖的严重地步。

为解放各根据地面临的十分严重的经济困难，中共中央早在1939年2月2日在延安召开了生产动员大会，毛泽东在会上发出了“自己动手”的号召。尽管大家也在行动，不少人在住地周围的山坡、路旁、河滩等空地

开荒种菜，还有的养鸡、养鸭、养兔，但由于规模小、经营分散，效益并不很大。

1940 年 5 月，朱德回延安后，在协助毛泽东指挥各敌后抗日根据地的军事斗争期间，感触十分深的一点就是这时的延安城与 3 年前相比，人多了，机关多了，东西却少了。昔日红火热闹的延安市场如今虽然还天天有集，但赶集的人冷清了许多，卖瓜果、蔬菜、肉蛋、蒸馍的少了，倒多了一些卖破旧家什、农具、牲畜的人。赶集人的脸色黧黑之中带着些许忧郁。朱德心想，如不采取重大措施，不足以扭转局面。

采取什么措施才能搞活边区经济呢？朱德苦苦思考也没有得到满意的答案。于是，他邀请正在延安的中共南方局常委董必武、延安自然科学院院长徐特立和边区财政经济工作的几个负责人一起到各地调研工、农、商各业的情况，以便从中找到答案。

朱德在南方调研

他们逐个视察了中央在延安和各县政府在各地办的小工厂、商店、供销合作社及运输队，调查了各县的自然资源状况，不多久就摸清了边区的“家底”。犹如指挥作战一样，朱德很快就确定了正确的主攻方向。他发现，发展边区经济建设最基本的困难有两个，一个是没钱，缺大量的流动资金；另一个是缺人，技术人员和熟练工人还远不足以应付工作发展中的需要。

朱德早年留学时学过西方经济，也学过苏联经济，很快他就找到了边

区的两大优势资源，即盐与羊毛，并以此为突破口解决资金问题。

当时，陕甘宁边区境内有5个盐池，产量很大，仅定边县的盐池就有几万亩，不仅蕴藏量大，而且容易熬制，盐质也相当好。朱德清楚，自己在华北时由于日本帝国主义的封锁和控制，食盐奇缺，许多老百姓不得不到盐碱地里收集泛起的碱霜，回去熬制又苦又涩的硝盐。他还听从河南回来的同志讲，当地两丈土布才能换到1斤盐。只有把边区的盐运到山西、河南、河北和西南各省，一定能换回大批急需的物资。一个搞活边区经济、扭转边区财政困难的大盘子在朱德心中形成了："现在，自力更生是目前全党全军之极重大任务。我的意见先从盐下手，定边盐池为陕北经济策源地。派军队全体动员，首先从盐井来冲锋，冲破这些困难。"

兴奋之中，朱德给陕甘宁边区政府写了一封长信，信中提了6点意见："一、开足5000亩以上晒盐田，今年不必再多；二、修好通庆阳大车路及他路大车路；三、设置转运站、饭店、骡马店，统制出口商店；四、购足骡马；五、购足运输工具，大车、小车；六、开煤炭厂熬盐，运水运炭，在适当地点熬盐或引盐水到有炭地方去。"很快，盐的年产量达60多万驮，约合1000万斤，盐业的发展拉动了经济的发展。

当时，全边区有羊200万只以上，单绵羊产的羊毛每年就有250万斤以上。而边区不宜植棉，棉花较少。于是，朱德想到了利用边区羊毛资源丰富这一优势，提出"发羊财"，充分利用羊毛纺成毛线、织成呢子，不但可以自用，还可以出口。一时间，边区的羊产业红红火火。

在解决技术力量问题上，朱德强调也要双管齐下，一方面"欢迎边区以外的熟练工人，到边区来工作"，另一方面在边区内自己培养技术人员和熟练工人。他要求："边区的熟练工人要安心工作，不断提高自己的技术，更要耐心教育，教会工人学徒的真本事。我们的工人学徒，则要认真努力学习，要每人都下决心，在最短期间内培养自己成为熟练工人。""这里的工厂同时又是学校，他们（指边区工人）在工作和学习中，能够锻炼和培养自己，在政治上和技术上不断进步，成为将来工作的干部和领导者，成为技师、工程师和各种专家。"

朱德的这一套办法和他雷厉风行、扎实苦干的作风，鼓舞了边区的干部和群众，推动边区的经济工作出现了新面貌。

百年积弱叹华夏，八载干戈仗延安。抗战时期的延安，作为八路军的后方中枢，经受了严峻的考验。这里地处陕北，土地贫瘠，人民生活艰苦，

同时还要养活数万军队与干部，更是非常困难。

朱德回延安时，胡宗南二三十个师几十万大军虎视眈眈地注视着边区，时而进行挑衅活动。为了加强边区防务，保障中共中央的安全，朱德回延安后不久就下令从晋西北调三五九旅回防陕甘宁边区，以对付国民党军队的突然袭击。这一来，原本突出的粮食困难问题更为严峻。为了解决吃饭问题，朱德提出在不妨碍部队作战和训练的前提下，实行屯田军垦。

对于中国历史上的屯田，朱德是很熟悉的。早年他在读《三国志》时就很赞赏曹操“开芍陂（今安徽寿县）屯田”的做法，曾写下眉批“留薪办法”。他认为屯田是解决边区眼前生活困难的好办法，设想在规模上比曹操当时的屯田要大得多，不仅进行农业生产，还准备从事农、林、牧、副、渔以及手工业、商业、运输业的综合开发。

“花篮的花儿香，听我来唱一唱，唱呀一唱，来到了南泥湾，南泥湾好地方，好地呀方，好地方来好风光，好地方来好风光，到处是庄稼呀，遍地是牛羊呀……”这是由贺敬之作词、马可作曲、从南泥湾开始传唱的《南泥湾》。如今，听着这首旋律欢快的老歌，仿佛穿越60多年的沧桑，让人们回到了过去，回到了那个拿起锄头、喊着号子、垦荒种地的血火岁月……

南泥湾，陕西境内的一条狭窄溪谷，位于延安城东南90里处。现在提到它，人们自然想到的是良田百顷，山岭葱绿，清波涟涟。但上个世纪40年代初，在那群战天斗地的拓荒人到来之前，这里却是一片荒山野岭，被老百姓称之为“烂泥湾”，方圆几十里荒无人烟、荆棘遍地、野兽成群。当年最初的歌谣是：“南泥湾呀烂泥湾，荒山臭水黑泥滩。方圆百里山连山，只见梢林不见天。狼豹黄羊满山窜，一片荒凉少人烟。”对于当时的延安八路军来说，形势的艰难逼迫他们要在这一片荒芜、荆棘遍野之地上开辟出未来的希望。

穷则思变，这是抵抗国民党封锁的唯一出路。1940年，由秋至冬，朱德曾不知多少次到延安周边地区实地勘察，其目的是为遭受敌军经济封锁的陕甘宁边区部队物色一块垦荒屯田的好场地。

一天，朱德与警卫在树丛间、草莽中艰难地探路，跋山涉水。走到一处山坡，开始休息，朱德便给警卫战士讲三国时期曹操屯田的故事，大家听得入神。讲完后，朱德满意地笑了：“主席讲得好，只有生产，才能战胜困难。我们很需要毛主席提倡的那种艰苦奋斗的精神！”大家纷纷点头。

说着说着，朱德只见在这荒芜之地飘出一缕淡蓝色的炊烟，一按大腿站起身："有人家！走，访访去！"

好不容易赶到一间破茅屋前，一个身材瘦小的老汉惊慌地站起来，打量着这些当兵的。朱德问："老哥，你好呵？这地方是啥位置？"老汉木讷地说："南泥湾。"

朱德拉老汉一起坐到一块大石块上，说："你贵姓？就你一个人在这里过？好像附近都没人似的？"老汉见这个当兵的很友好，便如实说："我姓唐，住在这里几十年了，这地方一直没人，兵荒马乱的，我孤身一人，只有野兽做伴。"

"听口音你是四川人喽！我们应该是老乡哟?！我家在川北，也有几十年没有回去喽！"老汉一听是老乡，高兴得流下了眼泪："我是当年随父亲从四川逃难过来的，现在就我一个人。长官进我的破屋子里坐吧。"

朱德忙说："不用了，老乡哥。请问这里能打粮吗？"唐老汉说："怎么不能?！这里我很熟悉，地肥得很哟！只是这里没一户人家……"

随后，朱德请唐老汉当向导，一起勘查南泥湾的山林野谷、沟壑腐潭。大概是因为土地太肥沃，野蒿居然长到一人多高。走着走着，一不小心，朱德被野蒿绊倒，跌入山谷，警卫好不容易寻找他，只见他两手被树枝戳伤，脸也被野蒿划出血痕。唐老汉担心地问："老乡，怎么样？"朱德一笑："这一跤可是跌得好哟！你们都来看——"

大家顺着朱德的手指出，眼前是较开阔的一片谷地。朱德顺手拔起一棵野蒿，土很松软，野蒿带起一大坨泥土，黑油油的。朱德抓了一把土，凑到鼻前闻了闻，又攥在手里捏了捏，立刻兴奋地说"好土！好土！开荒种粮完全可以！"

再往里走，便是大片大片的灌木丛，长着尖刺的酸枣、沙棘扎得人无法迈步，只好靠砍刀开路。一些低洼地带，因常年受雨水浸泡，已成了沼泽，在日光照射下不时地向上翻着气泡。朱德用木棍探了探深浅，又高兴地说："这里的污泥并不深，可以改造成水田，看来我们不久就能吃上陕北的白米饭罗！"大家都笑了，都为这一次踏勘得到的重大收获和美好的开发前景激动不已。

朱德当即表示要请唐老汉为开垦部队的编外"顾问"，唐老汉欣然接受，并把南泥湾的有关情况详细地向朱德作了介绍。

经过几天踏勘，朱德对南泥湾的实际情形做到了胸中有数。听唐老汉

讲，传说这里的水有毒，不能喝，要喝得到远处找水喝。临走时，朱德取走当地的水样和土样。由于延安化验条件差，就把水样、土样送到重庆周恩来处，请他找人化验。

化验结果表明：南泥湾的地下水没有问题，地面水中的毒系枯叶败草长期腐烂所致，只要用挖池渗漏的办法把毒物滤掉，再投以适量化学药品消毒，就可以饮用。

与此同时，在陕甘宁边区政府建设厅工作的农林生物学专家乐天宇了解了南泥湾、槐树庄、金盆湾一带的植物资源和自然条件，并收集重要植物标本2000余件，提出了《陕甘宁边区森林考察报告》。朱德看到了这份报告，只见报告详细阐述了边区森林资源和可垦荒地的情况，提出了开垦南泥湾，以增产粮食的建议，十分高兴。

不久，朱德派军委行政处处长邓洁会见乐天宇，专门了解南泥湾详细情况向他汇报。随后，乐天宇3次陪同朱德视察南泥湾。一次次调研更坚定了朱德开垦南泥湾的决心。渐渐地，一个开发南泥湾的总体计划在他胸中形成。

朱德来到毛泽东的窑洞，毛泽东捧出红枣招待他。朱德把南泥湾考察的情况和准备调部队进行屯垦的打算向毛泽东作了详细汇报。毛泽东听完，连声称赞："这件事你朱老总抓得好，抓得好哇！"

当朱德提议调第一二〇师三五九旅时，毛泽东当即表示同意，并补充说："光有三五九旅不够，我看延安的中央机关、军委机关、学校和留守部队，都要抽人进去，还可以动员逃难到边区的外地农民也进去，在那里开荒种地，安家落户。"

一天，朱德找到三五九旅旅长王震，向他传了中央的决定。王震是个爽快人，表示坚决服从中央的指示，也明确指出了自己的困难，说："论种地，总司令和主席是行家，可我王胡子是个外行。我十几岁就到长沙干铁路工人，种地就怕搞不好！"朱德鼓励王震："这不要紧，我们的许多干部战士都是种田好手，你不懂可以向他们学。只要大家动员起来了，团结起来了，三五九旅在南泥湾也一定会干出名堂来！"

开发南泥湾自然不是轻而易举的事情，首先需要统一认识。不少战士从日夜战斗的前线回到边区，一心想的是打退顽固派的进攻，保卫边区，保卫党中央；可是，到了边区却要他们拿起锄头去开荒，思想上一时转不过弯来："当兵吃粮是天经地义的事情，哪有当了兵还要种地的道理？"于

1945 年，朱德和叶剑英等在南泥湾观看延安联防司令部的射击表演

是，朱德深入到战士中去，了解大家的思想，解答大家的疑问，说明为什么要进行军垦屯田的道理。他经常引用毛泽东提出的一个问题：在严重的经济困难面前，我们是饿死、解散还是自己动手克服困难呢？他谆谆告诉大家，饿死、解散不是出路，只有自己动手，克服困难，才是我们的办法。

一些干部对指挥作战有一套，但组织开荒却没有经验，开始时也感到很不适应，朱德嘱咐部队领导干部：要想把生产自给运动开展起来，必须充分作好思想动员和组织准备，要鼓起大家的信心，要用我们劳动的双手，建立起革命的“家务”。

南泥湾，究竟是块“香饽饽”，还是烫手的“山芋”？三五九旅旅长王震心里没底，但他深信“人定胜天”的道理。1941 年 3 月，三五九旅遵照毛主席“一把镢头一支枪，生产自给保卫党中央”的指示，在王震的指挥下，开始分批从绥德警备区开赴南泥湾，开始了“背枪上战场，荷锄到田庄”的垦荒屯田。

6 月 20 日，朱德写了一封长信给三五九旅七一八团、七一七团的领导，对南泥湾生产作了具体指示：“你们两团的生产有成绩，有了基础，望你们每天都向前推进，建立起模范的生产运动。你们要知道此一工作的重要性，它不但解决了目前自给自足的生活，并且也为边区建立了新民主主

义的经济，将来即是国家一部分优良的产业。目前你们的农业生产将告结束（指开荒），你们应当乘此机会，建立起下边这些事业来……”

1941年，朱德拍摄于延安

在信中，朱德强调要抓紧畜牧业、运输业、手工业、商业这几项“抗战建国的伟大事业”，要求每月有生产总结，必须严格遵守纪律。

一双双紧握钢枪的手，又拿起了锄头镰刀，这是另一个战场。战士们披荆斩棘，风餐露宿，以丝毫不亚于前线战士浴血奋战的精神，开荒种粮，烧炭熬盐，养猪养羊，织布纺纱。

朱德在大生产运动中身体力行，他和身边的秘书、警卫人员组成一个生产小组，在窑洞里架起纺车纺线。并在王家坪开垦出约3亩菜园。清晨与傍晚，经常能看见他与康克清在菜园地劳动的身影。为了给菜地施足肥料，朱德几乎每天早起出去捡粪。他只身一人，手持铁锹，肩挎粪筐，穿行在延安城外的微微晨曦之中，浑然是一位地道的农民。

朱德有着丰富的农业知识，他种的菜质量好，产量高，品种又多。他的菜园经常有人前来参观。朱德同他们交流种菜经验，向大家推荐蔬菜的新品种，还常请人品尝，部下去看他时，他常留他们吃饭，用自己种的蔬菜招待大家。

1942年5月底的一天，朱德正在菜园里浇水，突然警卫战士送到急件，拆开一看，朱德顿时泪水涟涟。原来，身为八路军副总参谋长的左权遇日寇合击率总部突围时，不幸壮烈牺牲。

在朱德眼里，左权是党内难得的既有理论修养又有实践经验的军事家和优秀指挥员。突然接到前线传来的噩耗，朱德太心痛了，眼睛湿润了，

嘴角翕动着。

一回想起左权与自己并肩作战的日子，朱德更为悲痛。他放下手中的水壶，默默地说：我们一定要发展生产，一定要坚持抗战到底，誓把日寇赶出中国！走进窑洞，朱德蘸墨悼左权：“名将以身殉国家，愿誓热血卫吾华。太行浩气传千古，留得清漳吐血花。”

7月10日，朱德和徐特立、谢觉哉、吴玉章、续范亭等人视察完南泥湾。他们兴致勃勃地参观了南泥湾农田。片片稻田在阳光下熠熠闪光。轻风徐徐吹来，田野泛起层层麦浪，山上散布着肥壮的牛羊，鸭子在水中游嬉。

接着，他们先后察看了纺织厂、鞋厂、肥皂厂、造纸厂、盐井、炭窑、营地、靶场、仓库，详细了解了开荒、生产、生活各方面的情况。开饭时间到了，王震端来他亲手做的红烧辣味鱼和几个炒菜。朱德一行吃着这些香喷喷的饭菜，不住地夸奖。

返回后，朱德感慨南泥湾翻天覆地的变化，赋诗称赞：“……去年初到此，遍地皆荒草。夜无宿营地，破窑亦难找。今辟新市场，洞房满山腰。平川种嘉禾，水田栽新稻。屯田仅告成，战士粗温饱。农场牛羊肥，马兰造纸俏。小憩陶宝峪，青流在怀抱。诸老各尽欢，养生亦养脑。薰风拂面来，有似江南好……”这首诗是1942年南泥湾的真实写照。

说到变化，有这样一组数据是不得不提的。三五九旅进驻南泥湾的第一年，因耽误了农时，加之缺乏经验，虽开荒1.12万亩，只收粮1200石。1942年，情况好转，开荒2.68万亩，产粮3050石。1943年时，已经初步做到不要政府一粒米、一寸布、一分钱，粮食和经费完全自给。到了1944年，开荒达到26.1万亩，产粮37000石，不仅粮食、经费自给自足，还积存了一年的储备粮，自给率达200%，真正做到了“耕二余一”，而且第一次向边区政府上交公粮1万多石。这一年，牲畜家禽除吃用外，存栏的猪5624头，牛1200多头，羊1.2万只，鸡鸭数以万计。昔日的“烂泥湾”成了“米粮川”。

在屯垦南泥湾的3年中，三五九旅除开荒种地外，还挖了1048孔窑洞，建起了602间平房及大礼堂一座，置办农具、家具1万多件。

由于经济情况好转，1942年年底，朱德、彭德怀下令改善前方广大指战员的生活，自1943年1月1日起，每人每天增发食油2钱，每月增发津贴费5角，每年发洗脸毛巾2条。

陕甘宁边区在1942年渡过了难关，到1943年情况就更好了。这年春节，对延安人来说颇不寻常。刚进腊月，各种迎春锣鼓就敲起来了，扭秧歌、踩高跷、跑旱船、耍社火的排练也开始了；冷清的延安市场大集变得红火热闹，卖东西、办年货的人群川流不息；站在延安城外的高坡上，不时会闻到一阵阵炖肉和蒸馍馍的香味……

这年2月5日，农历正月初一，是中国人民传统的节日。一早，延安的群众就敲锣打鼓、扭起秧歌到枣园给毛泽东等中央首长拜年。朱德特地从王家坪赶来，和毛泽东等中央领导人一起，同群众坐在广场上欣赏演出。成千上万的人围成一个大圈，秧歌队在圈里演唱："正月里来闹元宵，金匾绣开了；金匾上绣咱毛主席，领导主意高……"

演出持续了3个多小时，每个节目结束时，毛泽东和朱德都和群众热烈鼓掌。当看到短小活泼、鼓舞群众生产热情的新秧歌歌剧《兄妹开荒》时，毛泽东称赞说："这还像个为工农兵大众服务的样子！"并扭过头来问朱德："你觉得怎样？"朱德称赞说："不错，今年的东西和往年大不同了！革命的文艺创作，就是密切结合现在的政治运动和生产斗争！"

这年6月28日，朱德给边区政府主席任弼时写了一封长信，认为边区财经工作是目前最中心的工作，延安生产运动不能以丰衣足食为满足，不能不为将来的各方面设想，从十分发展的方向做去。

11月26日，为期21天的陕甘宁边区劳动英雄大会召开。大会开幕式上，朱德号召大家努力生产，厉行节约，把发展生产和保卫边区结合起来。大会闭幕式上，他又指出，军队参加生产，这是惊人的创造。会议期间，还举办了边区生产展览会，会上展出了朱德亲手种出的一个大冬瓜，大家看后都很感动。有一个干部看后，口占诗一首："工余种菜又栽花，统帅勤劳天下夸；愿把此风扬四海，逢人先说大冬瓜。"

延安县劳动英雄杨步浩在会上听说朱总司令工作这么繁忙，还要每年生产3石细粮交给公家，表示愿为朱总司令代耕1石，使他有更多时间处理国家大事。第二年6月，他给朱德送来了为他代耕的一石新麦。朱德留杨步浩吃饭，并带他去参观自己经营的菜园……

1944年11月1日，延安东关飞机场。5000余名战士列队伫立风中，等待毛泽东、朱德、任弼时等中央领导人的检阅。他们是三五九旅南下支队的全体指战员。

"你们这次到南方去，开辟新的敌后抗日根据地，这是一个光荣而艰巨的任务。只要你们能像松树和柳树一样，保持坚定的原则性和灵活的机动性，就一定能取得胜利！”毛泽东主席的讲话，掀起了誓师阅兵仪式的高潮。戎马疆场是军人的荣耀，但此刻三五九旅的战士人人心中却掠过一丝不舍。90 里开外的南泥湾，三五九旅一手耕耘的“世外桃源”，田野上还保留着他们的汗水与微笑。3 年了，眼看荒山野岭在自己的手中变成了“陕北江南”，即将分离不免伤感……

三、“七大”上的军事报告丰富了毛泽东军事思想

1940 年 5 月，回到延安后，康克清感到自己需要进一步提高思想、政治和文化知识。于是，她按照组织手续到毛泽东兼任校长、彭真任副校长的中央党校报名，成为中央党校的正式学员。

如果说过去她在中央苏区的红军学校儿在抗战前的“抗大”的学习还比较短暂的话，那么这次在中央党校的学习则是她一生中学习时间最长、学习最为系统、收获最为丰富、受到的教育最为深刻的一次。在中央党校学习的 4 个年头里，她的思想理论水平得到很大的提高，为自己在后来长期担任高级领导职务奠定了基础。

当时，每周六回家、周一返校，康克清总要把朱德那块菜园里的黄瓜、扁豆、西红柿或腌制的辣椒等带一些大家吃。几个女学员一起先把菜做好，然后敲着盛菜的洗脸盆喊叫男学员：“我们这里有好吃的菜，消灭不了，你们男同志肚子大，快来帮助打冲锋吧！”于是，十几双筷子一起集中打“歼击战”，一阵快打猛攻，满满一盆菜很快就被“打扫”得一干二净。

那个时候，中央办公厅每周六晚上都在中央大礼堂为中央领导组织舞会。起初，朱德带康克清去，康克清从没跳过舞，怕人家笑话，不想去。朱德鼓励说：“没有什么难学的，你只要踩住鼓点节拍，别踩住对方的脚就行了。主席说过，跳舞对我们这些人既是休息，也是一种最好的运动嘞！”

听他这么一说，康克清动了心，就跟着去了。毛泽东一见康克清来了，就说：“克清同志，你也来了，欢迎欢迎！我能请你跳一曲吗?”康克清连忙说：“我是头一次来，还不会跳，得先看看再学。”

毛泽东说：“不会没关系，这里跳的全是最简单的慢四步。我一边带，

一边教你，包你一学就会。”毛泽东的热情使康克清不好再说别的，朱德在旁也点头暗示她入舞池。果然，康克清进步很快，不多时就会学了。

1942 年 2 月 1 日，毛泽东在中共中央党校开学典礼上发表《整顿党的作风》的演说。一周之后，又在中共中央宣传部和中共中央出版局联合召开的宣传工作会议上发表《反对党八股》的演说。这两个演说，标志着延安整风已由高级领导干部学习的准备时期转入普遍发动全党学习的阶段。

全党整风开始后，朱德作为整风学习高级军事干部学习组组长，为领导好军事高级干部的整风学习，不断地深入了解情况，广泛听取党外各界人士的意见。

5 月 2 日，毛泽东主持的延安文艺工作者座谈会开幕。朱德在座谈会热情歌颂中国共产党和在党领导下的八路军、新四军的伟大功绩，勉励大家创作更多更好的文艺作品为工农兵服务；同时，批评了当时延安文艺界存在的一些错误思想。

在这次文艺座谈会上，发生了革命作家要不要经过思想转变的争论。朱德说：哪里不要转变啊！岂但转变，我说就是投降！并且举自己的经历作为例子说：我原来不是无产阶级，因为无产阶级代表的是真理，我就投降了无产阶级。我投降无产阶级并不是想来当总司令的，我只是为无产阶级打仗，拼命做事。还有些作家嫌延安的生活太苦，朱德针对他们的这种思想状况语重心长地说，现在延安的生活比起我们从前过雪山、草地的时候，已经是天堂了。外面大城市吃的、住的、穿的东西比延安好；但是，那里再好，是人家的；延安的东西再不好，是我们自己的啊！朱德的这次讲话，在延安文艺工作者中引起很大的震动。

这个座谈会在一个月内开了 3 次。朱德每次都出席了。5 月 23 日，毛泽东作了结论，成为长期来指引文艺工作者走同工农兵相结合的道路的重要文献。

这一年酷暑期间，朱德因操劳过度身体不适，来到南泥湾中央疗养院养病。这时，在陶宝峪从事开垦的军委炮兵团正按照中央的要求学习整风的 22 个文件。朱德非常关心他们的整风学习就不顾天气炎热，抱病专程来到部队，为炮兵团部分干部讲述整风的重要意义，要求大家积极自觉地投入整风中去。

10 月 19 日，为期近 3 个月的中共中央西北局高级干部会议开幕。会议以整风的精神，总结陕甘宁边区的历史经验，批评了工作中的各种错误倾

向。会议期间，朱德多次前去讲话。他在讲话中指出："我们在过去犯的主要错误"，"就是'左'的幼稚病，在中国很长一个时候犯的就是这个东西"，"这一次清算了一下，很好"，分清了路线是非，以后的事情就好办了。"为什么错误的东西过去能统治得那样久呢？这是因为大多数同志学习马列主义不够，分不清真假马列主义。同时，中国又非常需要马列主义，因此，当错误路线打着马列主义旗号时，大家就相信了。所以，今后必须很好地学习马列主义，使那些冒充的马列主义、假招牌的马列主义非收起来不可，没有办法作怪。"

1943 年 1 月 14 日，西北局高级干部会议闭幕不久，中共中央决定把整风运动再延长一年；同时提出审查干部、肃清内奸的问题，认为："一年的经验证明：整风不但是纠正干部错误思想的最好方法，而且是发现内奸与肃清内奸的最好方法。"

开始时，审干肃反工作进行得还比较正常。这年 7 月 15 日，中央党校座无虚席，原来是中共中央直属机关在这里组织整风学习大会。主席台上打着"坦白从宽抗拒从严""惩前毖后治病救人"的大横幅，台下冷寂无声。总学习委员会副主任、中共中央社会部部长康生冷峻着脸在台上作了《抢救失足者》的报告，说："毛主席发动的整风运动现在已经进入了一个新的阶段！这些年来，我们的敌人一直不断地派遣特务打进革命队伍里来，甚至已经有人窃居了我们党和军队的重要领导位置！尤其严重的是，他们已经不是单独行动，而是在我们党内又组织了党内之党！这个党的名字就叫做'红旗党'！"台下，一阵无声的震动。

接着，康生强调"清除内奸，这是我们目前急不可缓的任务"，"还有一些失足的人至今没有向党坦白"，"他们要在这紧迫的时间中挽救自己，而共产党员们也要在这短促的时间内抢救他们"。台下愕然、失惊。

康生的这次报告后，掀起了"抢救失足者运动"，大搞逼、供、信的过火斗争，10 多天内搞出大批所谓"特务"，混淆了敌我，造成许多冤假错案，闹得人心惶惶。

康克清感到奇怪：这是怎么一回事？真的会有那么多的"国民党特务"混到延安来吗？这种搞法，会不会像在中央苏区时搞"AB 团"那样，伤害到很多好的同志呢？

有一天夜深了，康克清与朱德并肩躺在炕上，久久难以入睡。康克清提出了自己的疑问。朱德沉默。

康克清又说："有些平时表现很好，而且确实接受了多次革命工作考验的同学，跟我一直很好。现在突然坦白说自己的内奸、特务，我还跟他们接触吗?"朱德最终做声了："不可不信，不可全信。我们这里不可能没有敌人安插的特务，我们不是也派人打到敌人那里去了吗?！搞这个运动，是主席提议、经过政治局同意的。革命队伍里有内奸，是绝对要不得的。——不过，像康生这么个搞法要不得!"

这时期，朱德根据"首长负责，亲自动手"的精神，领导着军委系统的整风审干工作。当"抢救运动"在延安各单位盛行，普遍发生乱批、乱斗、乱打人的情况时，他强调对人的处理要慎重，要严肃、认真、稳重、严格地掌握党的政策，不错批、错斗一个好人。

当时，军委机关有一个高级参谋室，成员大多是原国民党部队的高级将领，后来到延安投身革命，很多人历史复杂，人们自然把眼睛盯上了他们。有一个高级参谋名叫白天，曾在国民党部队中担任过参谋长，更是引人注目。有人怀疑他是混进来的军统特务，提出要批斗他。朱德派人了解白天的全部历史，认为这种怀疑没有根据，不同意进行批斗。他指示高参室的领导人一定要好好掌握党的政策，不能乱来。这时，几个高参精神上都感到压力很大，对写自传更是顾虑重重。朱德找他们谈心，勉励他们消除顾虑，实事求是地向党交心。受到一部分人严重怀疑的白天，不仅思想负担很重，而且也感到很委屈，写了3首诗贴在自己住的窑洞门口，表示自己投靠共产党是为了革命，不是为了当官，也不是特务。朱德看后，和了他3首诗，表示欢迎他投身革命。白天看到朱德信任他，关怀他，原有的顾虑和委屈情绪就消除了大半，重新调动起工作积极性。别人看到总司令对白天采取这种态度，也不再提批斗的事了。

这年8月15日，党中央发布了《中共中央关于审查干部的决定》，强调实事求是，调查研究，反对那种"逼、供、信"的错误做法。

1943年，朱德收到家乡寄来的两封信。一封信是侄儿写来的，信中说："祖母今年已有85岁了，精神不如昨年之健康，饮食起居亦不如前，甚望见你一面，聊叙别后情景。"

朱德看完信，心情沉重。在家里过着清苦生活的老母亲，还一直想念着他，就像他想念母亲一样。可是自己献身于民族解放事业，哪有时间同母亲"叙别后情景"。

另一封信是外甥写来的，信中说："外祖母大人因年老关系，今年不比

往年健康，但仍不辍劳作，尤喜纺棉。”

母亲的勤劳，朱德是深深钦佩的。母亲一生不曾脱离过劳动，而今已是耄耋之年“仍不辍劳作”，他心里怎能不记挂。可是，朱德太忙了，根本腾不出时间满足老人家“见你一面”的要求。

1944 年的春天来到似乎比往年要早，一开春，延安冲里小草开始发芽，柳条抽出新绿，阳光也暖洋洋的。这年春，有关领导部门开始对错案进行甄别平反，并对受到冤屈的人员赔礼道歉。4 月，毛泽东在延安高级干部会上作了《学习和时局》的报告，对在整风学习中提出的一些重大问题作了科学的分析和解答。

在深入讨论的基础上，1945 年 4 月 20 日，党的六届七中全会讨论并通过了《关于若干历史问题的决议》，标志着延安整风运动的胜利结束。

这年春，朱德接到消息，生母在 2 月 15 日病逝。看到家乡的来信，好半天他没有说一句话。康克清知道他心情十分沉痛，想安慰几句，可觉得说什么也难以解脱他的痛苦，只是用眼光默默地注视着他，用眼神表示自己的想要说的话。是呀，几十年来，戎马倥偬，从来没有回过家一次，尽管时时惦念家人，这怎是一个“情”字了得？

接到这封家信的那一刻，朱德的心全碎了，他的血凝固了，他的骨头全化了，他甚至感到空气都有点令人窒息……他很悲痛!!

母亲已离自己而去了，永远再也不能见到自己的母亲了，这种哀痛是无法补救的。用什么来报答母亲的深恩呢？朱德陷入了深深的思考……

这以后，朱德整整一个月没有刮胡子，胡子长得老长老长。康克清明白，他这是为了悼念自己慈爱的母亲。

在中央完成整风运动后，大批干部聚集延安。朱德纵观局势，便同中央领导同志说出自己的考虑：“早在 1937 年 12 月的中央政治局会议上，就通过了召集党的第七次全国代表大会的决议。但由于长期紧张的战争环境等原因，一直没有召开。七大推迟几次了，为了团结全党全国人民，争取光明的前途，彻底打败日本侵略者，建立独立、自由、民主、统一与富强的新中国，现在是开七大的好时机。会议要早开，开了人好出去工作。”

4 月 23 日，推迟多次举行的中共第七次全国代表大会终于在延安杨家岭中央大礼堂开幕。毛泽东、朱德、刘少奇、周恩来、任弼时在主席台上就座。主席台正上方除了悬挂着毛泽东和朱德的大幅画像，还有 6 面党旗，两边墙上挂着马克思、恩格斯、列宁和斯大林的画像。主席台会标的横幅

上面，台口穹庐式的门楣上有一条大幅标语："在毛泽东的旗帜下胜利前进！"会场两边的墙上插着24面党旗，象征中国共产党已经走过24年的历史是胜利的24年。出席大会的正式代表有547人，候补代表有208人，代表全国121万名党员。康克清作为代表出席了会议。

毛泽东主持了大会，致开幕词，并作了《论联合政府》的政治报告，不时引起阵阵掌声。毛泽东在《论联合政府》的政治报告中科学地分析了国际国内形势，郑重地提出了中国人民强烈希望建立民主联合政府、打败日本侵略者、建设新中国的基本要求。

掌声中，朱德走到主席台前，在开幕典礼上讲话。他说："……我们党已经发展成为中国人民大众的党、受到中国人民爱护的党。我们党一开始就作武装斗争，一直没有离开过武装斗争，这是我们党的一个特点。因此，尽管中国的封建势力要杀我们，外国的帝国主义同样要杀我们。很多时间敌人宣布我们的党已经没有了，已经不存在了；但是，我们党不但没有被消灭，反而更壮大了……"

4月25日，朱德向大会作题为《论解放区战场》的军事报告。他站在主席台上，有力地打着各种手势，以洪亮的声音和激越的感情深深地打动着到会的每一个人。这个报告系统地总结了中国共产党领导武装斗争、特别是抗日战争的经验，指出"解放区的战争是伟大的真正全面的人民战争"，论述了解放区战场创造、发展、壮大的历程以及人民战争的战略战术，分析了抗日战争中国民党的反人民的单纯防御的军事路线和共产党的人民战争的军事路线"是两条不同的军事路线"，并从建军原则、兵役制度、养兵、带兵、练兵、用兵、政治工作、军队指挥等方面，对人民战争的军事路线作了详细的阐述。

朱德的军事报告极大地丰富了毛泽东军事思想，又以他对毛泽东军事思想的精深把握和推崇，极大地显示了他自己这位兵法大家的深远目光。

中共"七大"召开时，国民党也正在重庆召开第六次全国代表大会。蒋介石正在策划与解放区人民争夺劳动果实。时间不等人，战争不等人。朱德一边参加会议，一边密切注视着眼前的战局。

6月11日，中共"七大"闭幕。毛泽东作完《愚公移山》的报告，朱德就让总部发出指示，要求在华北发动"更积极的攻势"。朱德在闭幕式上指出，"我们以后的问题，就是团结全党争取胜利。"他分析了国际国内的形势，认为："胜利是可以得到的"，"只要我们的党团结一致，争取广大

群众，一定会胜利的。”

大会选举出以毛泽东为首的第七届中央委员会，其中，中央委员会委员44人，候补中央委员33人。6月19日七届一中全会选举出13名中央政治局成员，选举了毛泽东、朱德、刘少奇、周恩来、任弼时为中央书记处书记，毛泽东为中央委员会主席兼中央政治局主席和中央书记处主席。形成了中国共产党第一代成熟的领导核心。由这5人组成的核心，领导着中国的革命和建设事业，直到新中国成立的初期。

全场所有人起立，掌声如雷，欢呼声震天动地。国际歌声响彻大礼堂内外，人们肩并肩，手挽手，一起高唱。毛泽东和朱德并肩面对台下，神情激动而庄严……

1944年6月，朱德和毛泽东、周恩来等会见到延安访问的中外记者西北参观团

“七大”一闭幕，延安一片沸腾，朱德立即召集有关高级干部谈话：“形势喜人，但斗争依然艰苦复杂，要做好迅速返回前线的准备，要做好打大仗的准备！”

不久，即7月26日，中、美、英政府（苏联后来加入）经过反复协商和斗争通过了《波茨坦公告》。公告是向日本发出的最后通牒，用美国人的话说是“非投降即毁灭”。但直到8月5日，日本陆军仍在顽固坚持“本土

决战”。8 月 6 日，美国在日本广岛投下第一颗原子弹，当日就有 7 万多人死亡，广岛成为一片废墟。8 月 9 日凌晨，苏联红军分 4 路进入中国东北，对日本关东军发起全线攻击。在此后的几个小时，美国又在日本长崎投下第二颗原子弹，这使长期在军国主义毒害下的日本民众受到极大震撼。9 日上午 11 时，当时日本核心内阁“六巨头”聚会商议对策。“六巨头”对于是战是和争执不下，最终不得不请天皇做出裁决。10 日，裕仁天皇在御前会上批准了外务省提案，表示日本政府接受《波茨坦公告》，准备无条件投降。12 日，裕仁天皇在防空洞里召开了最后一次御前会议。这位走到战争尽头的统治者以悲怆凄惨的声调，解释不能再战的理由，他不时用戴着白手套的手擦拭脸颊上的泪水。死硬分子们相继起立，要求天皇准予照会盟国修改公告，如不修改就战斗到底，死里求生。但裕仁坚持说：“为了营救万民，以对祖宗在天之灵，如有必要，我准备随时站在麦克风前，宣布接受《波茨坦公告》。”此时，这伙曾不可一世的战争狂人，不禁失声痛哭。这时已移居延安枣园的朱德冷静关注时局的变化……

8 月 14 日，日本天皇发布了由国务大臣副署的《停战诏书》，说：“朕深鉴于世界大势及帝国之现状，欲采以非常之措施，以收拾时局，兹告尔等臣民，朕已饬令帝国政府通告美英中苏 4 国愿接受其联合公告。”15 日，朱德威严命令日本侵华军总司令官冈村宁次投降，命令说：“你应下令你所指挥的一切部队，停止一切军事行动，听候中国解放区八路军、新四军及华南抗日纵队的命令，向我方投降……”这天中午，日本天皇的《停战诏书》正式播发，宣布无条件投降。

8 月 15 日这一天，在延安——中国共产党中央所在地，听到日本无条件投降的消息后，万人欢腾。街上张灯结彩，各处都用黑板报大字报道了胜利的消息。各机关和群众的乐队、秧歌队纷纷出发游行。入夜，人们用柴棍扎起火炬，举行了火炬游行。朱德一昼夜在兴奋中度过……

在敌后的晋察冀、晋绥、冀鲁豫等抗日根据地，当边区政府和报社接到日本无条件投降的消息后，连夜组织宣传队奔赴附近农村，传播胜利的消息，赶印号外和传单，飞送各地。人们奔走相告，一群一伙的人们欢呼聚谈，庆贺胜利的到来。

第八章　胜利前夜

一、在家备战

1945年8月10日，日本裕仁天皇批准了外务省提案，表示日本政府接受《波茨坦公告》，准备无条件投降。当晚，朱德从军委总部获得这一消息后，马上命令道："快送毛主席，快送中央！"

接着，他让中央军委办公厅下达指示："军委系统一律取消休息日，各级加强值班和前后方联系，密切关注战局变化，对突发情况你们要迅速反映……"

入夜，延安枣园亮如白昼，朱德同在延安的政治局委员们一次次地推敲着应付紧急情况的预案。

连日来，朱德已以延安总部和总司令的名义接连发布7道命令，命令包围日伪军的各解放区人民军队，迅速行动，收缴敌伪武器，接受日伪军投降，如遇到抗拒，应坚决消灭之；命令原东北军将领吕正操所部、张学思所部、万毅所部及冀热辽边区的人民军队迅速向东北进发。

这时，朱德注意到，企图独占抗战胜利果实的蒋介石，在8月11日连下3道命令，一面要求解放区第十八集团军"就原地驻防待命"，不得向日伪军"擅自行动"，一面命令国民党各部队"积极推进，勿稍松懈"，同时命令日伪军"切实负责维持地方治安"，只准接受国民党军队的收编。

就在蒋介石调动大批国民党军队向华北、华中、华南各解放区逼进之时，国民党发言人把朱德发布的命令称为"唐突和非法的行动"，同时，国民党高级将领何应钦、冷欣同侵华日军总司令冈村宁次约定，趁日军尚未

遣散之际利用日军参与同中国共产党领导的军队作战。

面对着严峻的内战危险，朱德、彭德怀针对蒋介石不许解放区军队要求日军投降的命令，以延安总部正、副总司令名义在13日致电蒋介石，指出这个命令“不但不公道，而且违背中华民族的民族利益，仅仅有利于日本侵略者及背叛祖国的汉奸们”，“这个命令你是下错了，并且错得很厉害。我们不得不……坚决拒绝这个命令”！

8月15日，朱德命令侵华日军总司令冈村宁次投降，命令宣布：“你应下令你所指挥的一切部队，停止一切军事行动，听候中国解放区八路军、新四军及华南抗日纵队的命令，向我方投降……所有在华北、华东、华中及华南日军（被国民党军队包围的日军在外），应暂时保存一切武器、资材，静候我军受降，不得接受八路军、新四军及华南抗日纵队以外之命令。所有华北、华东之飞机、舰船，应即停留原地……一切物资设备，不得破坏……”

同日，朱德还向美、英、苏三国政府发出说帖，阐述了中国解放区、沦陷区抗日武装力量和广大人民8年抗战的实绩，揭露国民党政府“主要的是采取袖手旁观、坐待胜利的方针，其军队的大部不打敌伪，退至大后方，保存实力，准备内战”，请三国政府在处理日本投降问题时“注意目前中国战场这样的事实”，同时阐明八路军、新四军有权根据《波茨坦公告》及同盟国规定的办法，接受被我包围的日伪军投降。

16日，朱德又以第十八集团军总司令名义致电蒋介石，提出六项制止内战的主张，并要求蒋介石公开收回他在11日的错误命令。电报强调：“内战危险空前严重”，制止内战的办法是——“凡被解放区军队所包围的敌伪军由解放区军队接受其投降，你的军队则接受被你的军队所包围的敌伪军的投降。这不但是一切战争的通例，尤其是为了避免内战，必须如此。如果你不这样做，势将引起不良后果。关于这一点，我现在向你提出严重警告，请你不要等闲视之。”

蒋介石对朱德提出的警告置若罔闻。但他的精锐部队在抗战期间大多退到西南和西北的大后方，一时来不及调运足够的兵力到北方，内战的准备尚未就绪，因而只好做出和平谈判的姿态。8月14日、20日，蒋介石连续两次致电延安，邀请中共领导人赴重庆“共同商讨，事关国家大计”。

为了表明自己争取和平民主的诚意，中共中央政治局8月25日正式决定以毛泽东、周恩来、王若飞为同国民党进行和平谈判的代表，一起前往

重庆。与此同时，中共中央也作了应付局势万一恶化的准备。中共中央政治局在8月23日召开了扩大会议，会议根据毛泽东的提议，决定在毛泽东去重庆期间，刘少奇代理其主席职务，并增选陈云、彭真为中央书记处候补书记。会议还决定毛泽东任中共中央军委主席，朱德、刘少奇、周恩来、彭德怀任副主席。

外號 大眾日報

蘇聯對日宣戰紅軍攻入偽滿

日本宣佈無條件投降

朱總司令命令所屬收繳日偽軍武裝

毛主席發表聲明

抗戰已到最後階段

日本宣佈無條件投降

刊发“日本宣布无条件投降”消息的大众日报套红号外

8月25日这一天，一架绿色的DC型美国运输机从延安东关机场起飞，飞机上坐满了中共高级军事将领，共有刘伯承、邓小平、陈毅、林彪、薄一波、陈赓、萧劲光、李天佑、邓华、陈锡联、陈再道、滕代远、宋时轮、杨得志等20多人，他们将分赴各解放区战场，准备在遭受对方武装进攻时以军事斗争来保卫人民的抗战胜利果实。行前，朱德对时任陕甘宁晋绥联防司令部教导一旅旅长杨得志说：“中央决定你离开陕北，回冀鲁豫去。……毛主席在七大闭幕时讲过，把中国引向黑暗还是把中国引向光明在互相斗争着。这个斗争今天更现实更尖锐了。日本人愿意到蒋介石那里去，而不愿意向我们投降的！蒋介石已经行动了，杀气腾腾的。他是决心要夺取人民的胜利果实的，我们当然不答应。所以，你们的任务很急。冀鲁豫的地理位置你是知道的，很重要呀！”

蒋介石邀请毛泽东到重庆谈判，不过想捞一点政治资本，没想到弄假成真，毛泽东复电表示真的要来了。说出去的话，如泼出去的水，收不回来了。8月26日，蒋介石只好再次致电毛泽东：“顷闻先生可偕同周恩来

先生同时来渝，至为欣慰。兹派张部长文白偕同赫尔利将军于明日乘专机来延速驾，特电先闻。”

8月28日，延安机场聚集了上千人。他们大都是听说毛泽东去重庆，自发前来送行的。当毛泽东、周恩来等一行9人在国民政府军事委员会政治部部长张治中和美国驻华大使赫尔利的陪同下从容踏上476650号军用飞机弦梯时，朱德与刘少奇上前一步，不约而同喊：“主席！”毛泽东默默注视着他们，说：“家里的事，拜托了……”朱德眼睛有些湿润：“主席，请保重！”

毛泽东望着所有送行的人，举起手来，举起他那顶深色的盔式帽，用力向大家挥别。飞机起飞后，在延安上空盘旋了一圈，向灰蒙蒙的南方天际飞去……

当天下午。朱德在中央党校大礼堂对将要出发去东北工作的干部作报告，谈了他对形势的看法：整个世界要和平，中国人民也要和平，国民党虽然不要和平，要消灭我们，但事实上行不通。这次毛主席去重庆谈判，安全回来的可能性大。谈判会有结果，但不会那么顺利，我们是要民主、团结、和平，建设新中国。如果他要打，那就消灭他一部分，再来谈和平，无论时局如何变化，我们都要准备好，使抗日战争的胜利果实不致被人家抢去。

朱德在讲话中强调：我们要积极向东北发展，东北大有文章可作。蒋介石的部队大部分在南方，到东北要走半年。即使他到了东北，顶多是他占城市，我占乡村，像日本占领东北那样。打日本我们有办法，对他我们就没有办法吗？不怕！朱德还讲到：“我们到东北去是做事，不是去做官。蒋介石派人是去做官的，国民党在那里没有底子。东北必须是民主的东北，我们大有希望。”

8月下旬，八路军冀热辽军区就遵照朱德总司令的命令，派出部队挺进热河和东北，从日伪手中解放了山海关，并于9月6日进驻沈阳，并接管了东北的一些城市。为此，美英等国纷纷指责苏军违反协定，允许中共接管东北，并在外交上对苏不断施加压力。国民党政府再三要求苏军做好向国民党政府移交的一切准备。由于美英等国与苏联存在着不可调和的矛盾，战后美国杜鲁门政府野心勃勃，东北究竟控制在谁手里，成了当时国际和国内影响很大而又敏感的问题。

当时，驻东北苏军总司令马利诺夫斯基元帅经请示苏共中央，决定派

代表到延安与中共中央及军委总部建立联系。

9 月 14 日上午，苏军大校贝鲁罗索夫作为马利诺夫斯基元帅的代表，带一名翻译谢德明，由中方先期到达沈阳的冀热辽军区第十六军分区司令员曾克林陪同，乘坐一架漆有红五星的道格拉斯式双引擎苏联军用飞机直飞延安。中共中央秘书长杨尚昆、中央革命军事委员会一局局长伍修权等前往机场迎接，并安排苏联客人和机组人员在王家坪住下。

下午，中央政治局会议听取曾克林关于东北情况的汇报。刘少奇、朱德、任弼时、陈云、彭真、张闻天、李富春、叶剑英等中央领导同志详细询问了有关情况。当时中央正在研究战略方针和力争控制东北的对策，曾克林汇报的东北情况为中央决策提供了第一手资料。朱德向曾克林再三叮嘱："东北人民受了日本侵略者十几年的压迫，要使他们感到我们党的温暖，感到党和人民的军队是他们的靠山，使党的影响深入人心。你们是第一批进入东北的部队，责任更是重大。"

朱德总司令在延安会见了贝鲁罗索夫大校。贝鲁罗索夫转达了马利诺夫斯基的意见：蒋介石军队与八路军进入东北，应按照特别规定的时间；苏联红军退出东北之前，蒋军及八路军均不得进入东北；八路军的个别部队已到辽宁省沈阳市、大连市、吉林省长春市、热河省平泉县（现属河北省）等地，请朱总司令命令各部队退出苏联红军占领的地区。苏联红军统帅转告朱总司令，红军不久即行撤退，不干涉中国内政，中国内部问题由中国自行解决。

当天晚上至 15 日凌晨，刘少奇主持召开了中共中央政治局会议，讨论如何答复马利诺夫斯基口头通知的问题和全国军事部署问题，集中研究对东北的战略决策。会议一直开到次日凌晨，最后决定成立由彭真、陈云、程子华、林枫、伍修权为委员，以彭真为书记的东北中央局，立即赶赴东北开展工作，统一领导东北地区的工作并与苏军建立联系，协调双方在东北的行动，力争在东北建立根据地；原来准备南下的 10 万部队 2 万干部，也转为挺进东北。朱德在这次会上发言说："中央要迅速派人到东北去，要准备 40 万至 60 万军队。"

15 日，朱德、刘少奇、任弼时写信给苏联马利诺夫斯基元帅。信中说：已令进入沈阳、长春、大连、平泉及东北其他地点的八路军个别部队，退出苏联红军占领的地区；在热河、辽宁，1937 年中日战争爆发时即有八路军活动，并创有根据地，请允许该地区八路军仍留原地。

9月16日天未亮，陈云同彭真、伍修权、叶季壮、段子俊、莫春和等人一起，在延安东郊飞机场登上了苏军返航的军用飞机，向东北飞去。苏联大校贝鲁罗索夫、翻译谢德明及曾克林司令员同机飞赴沈阳。

俗话说："兵对兵，将对将。"考虑到他们到了东北之后，要和苏联红军的将领们见面、会谈，最好要有军衔才好。因为苏联红军是实行军衔制的，很讲究军衔，可是，陈云他们当时都没有军衔，去东北工作就有诸多不便。为了交往和工作方便，中央确定以中央军委主席毛泽东的名义，授予彭真、陈云、叶季壮中将军衔，授予伍修权少将军衔，授予段子俊、莫春和上校军衔，任命书用中俄两种文字写成。

9月17日，刘少奇、朱德致电正在重庆谈判的毛泽东、周恩来，明确提出"向北发展，向南防御"的战略方针，主张力争东北，控制热察，除派部队去东北外，必须立即调10万到15万部队到冀东、热河一带，江南新四军主力须转移到江北，调到冀东，或到山东由山东调出部队去冀东、热河。

不多久，成立了东北人民自治军总部，林彪任司令员，彭真任政委，统一指挥进入东北的部队。地方民主联合政府纷纷建立。

8月29日，毛泽东、周恩来、王若飞与国民党代表张群、王世杰、张治中、邵力子开始谈判。国民党方面对谈判毫无准备，暴露其假和谈、真备战的阴谋。

在毛泽东、周恩来等赴重庆谈判期间，朱德和刘少奇在延安做的另一项重大工作，就是在自卫原则下指挥必要的军事斗争来配合重庆谈判桌上的斗争。蒋介石虽然打出"和谈"的招牌，但一点也没有放松对解放区的军事进攻。8月30日，朱德和刘少奇、任弼时致电陕甘宁晋绥联防军司令贺龙，说明毛泽东赴渝谈判是必要的，在当前的国际国内形势下，蒋介石不敢不保障毛泽东的安全，"目前在前线上最能配合与帮助谈判的事情，就是在顽军向我解放区进攻时，在自卫原则下打几个胜利的歼灭战"。

当时，国民党当局加紧调兵遣将向解放区进攻，从8月中旬开始一个多月内，调集了37个军73个师的兵力，其中大部分用于向华北解放区进犯，企图控制整个华北，分割、压缩各解放区，并打开它进军东北的通道。中共中央、中央军委在刘少奇、朱德的主持下，密切注视对方的动向，指示各解放区对从平汉、津浦、同蒲、正太和平绥等铁路干线推进的国民党军队给予坚决的打击和阻滞，在各铁路沿线开展交通破击战，集中力量组

织几个战役。

战场的形势决定谈判桌上的形势。蒋介石自恃武力强大，蛮横地说："要和，就照我所列诸条件和，不然回延安带兵来打好了。"蒋介石之所以如此蛮横，意在拖延谈判时间，等待各战区的"捷报"，特别上党的"喜讯"让他似乎可以说大话。

上党（现山西长治），位于晋东南，东控太行，西据太岳，北出东阳关可视幽燕二州，南下天井关可俯中州。地势险要，扼据雄关要塞，资源丰富，自古为兵家必争之地。日本投降后，阎锡山就得到蒋介石密令，让他迅速收复之，这正中早已想恢复"山西王"称号的阎锡山的下怀，于是他立刻派5个师袭占了这一地区，企图控制整个晋东南。毛泽东心里十分明白，谈判桌上是演戏，国共两军在上党真枪实弹的交锋对谈判才具有实质性意义。

8月25日，DC型美国运输机穿过茫茫云海，飞越奔腾咆哮的黄河，横跨绵延数百里的太岳山脉，很快出现在巍峨挺拔、气势磅礴的太行群峰的上空。透过舷窗，俯瞰机翼下那一座座熟悉的山峦，邓小平十分清楚，抗日战争作为一个历史阶段已经过去了，等待他的将是一场更加严重、更加复杂的新的斗争。在这场新的斗争中，他和刘伯承所领导的晋冀鲁豫解放区将起着举足轻重的作用。而他们这次回来的首要任务就是，按照中共中央制定的一系列对敌斗争方针，领导晋冀鲁豫解放区军民，争取和平，反对内战，用战斗来保卫解放区，保卫人民的胜利果实。

飞机在太行山区黎城县长宁村外的一个简易机场降落，李达参谋长派来迎接邓小平一行的骑兵排早已等候在那里。下了飞机，邓小平一行便径直赶到涉县赤岸村军区指挥部，听取有关上党地区敌我态势的汇报。这时，李达正在武乡村段指挥部队攻打日伪军的新城据点。刘伯承、邓小平要通李达的电话后，命令他率部迅速南下攻占襄垣城，作为太行部队集结地，以便会合太岳、冀南部队进行上党战役。

8月31日，中央军委发出指示："阎部一万六千兵占我长治周围6城，乃心腹之患，必须坚决彻底全部消灭之。唯诸城堡坚垒密，须有充分准备，切不可草率，进攻时宜选择一两个城，各个击破，不宜同时攻击。如攻而不克，可围城打援。究竟如何打法，请你们详加考虑，我们意见仅供参考。"

"内战看来是不可避免了。"刘伯承皱着眉头对邓小平说。"是啊，刚

刚打跑了前门之虎，后面狼又进来了。可是，我们进行的是正义之战，是代表了历史的潮流的，中国要走向民主、富强，这是谁也阻挡不了的。”邓小平的眼里闪烁着坚毅的目光。

上党战役从9月10日开始，到19日，相继解放长治外围各城，形成对长治的三面合围，以围城打援的方法，先在屯留西北地区歼灭从太原出动的援军，再歼由长治向西突围的阎部，在10月12日获得全胜，共歼阎锡山部13个师35000多人。

正因为上党打得好，重庆的蒋介石不得不回到谈判桌上来。一开始，蒋介石对上党战事抱着极大的希望。希望阎锡山能打个好仗，一是摸摸共产党军队的战斗实力；二是借此压共产党再作让步，所以当国共双方的会谈纪要定稿后，中共代表催蒋介石签字时，他迟迟不肯签字。阎军在上党的惨败无异于给蒋介石当头一记闷棍，他只得派人到红岩村与周恩来联系，表示要尽快在协定上签字。10月10日，《双十协定》正式签署生效。与此同时，蒋介石把进犯之事说成是阎锡山部自己所为，与“中央”无关。

毛泽东在重庆的43个日日夜夜，引起了多少人的牵挂和不安。10月11日，毛泽东的重庆之行终于结束。当毛泽东要回延安的消息传来时，人们无不欢欣。当日，朱德等早早地赶到机场，迎接毛泽东一行飞回延安。下午1点30分，毛泽东在王若飞和张治中的陪同下，返回延安，机场上一片欢声笑语。

毛泽东对重庆谈判的评价是“有收获”，毕竟国民党承认了和平团结的方针和人民的某些民主权利，承认了避免内战、两党和平团结建设新中国的主张，但毛泽东对已经达成的协议并不抱太大的希望。他说，已经达成的协议，还只是纸上的东西，纸上的东西并不等于现实的东西。

第二天，毛泽东同张治中共进早餐，朱德、彭德怀、叶剑英、吴玉章、王若飞、杨尚昆作陪。毛泽东在席间对张治中说，希望这次谈判中尚未获得协议的国民大会问题和解放区问题，早日商得共同意见，以便政治协商会议能及早顺利开幕。

蒋介石要发动全面内战，消灭共产党的野心始终未曾改变。上党战役的失败，迫使蒋介石迅速改变策略。他利用《双十协定》签订后带来的和平之机，大肆向华北、东北调兵遣将。美国的舰艇、飞机等运输工具是蒋介石实现自己战略部署的帮凶。10月中旬胡宗南的先头两支军队经同蒲路、正太路进抵石家庄，其后续部队已到晋南闻喜。沿平汉路北犯的孙连

仲部三十军、四十军和新八军，10 月 14 日从新乡出发，妄想 10 天左右到达石家庄与胡宗南会师，其后续部队 4 个军业已到达新乡。平汉线乌云密布，大有一触即发之势。

中共中央和中央军委高瞻远瞩，针对蒋介石调动国民党部队拼命想打通平汉线，抢占平津，夺取东北的企图，指示刘伯承和邓小平立即着手组织以邯郸为主要战争的平汉战役（亦称邯郸战役）。在战前动员时，刘伯承说："我们一定要使蒋介石的如意算盘变成'黄粱美梦'。"真是无巧不成书，历史上有关"黄粱美梦"的传说故事就发生在邯郸，没想到刘伯承用的这一历史典故嘲弄蒋介石的话还真的变成了现实。

10 月 30 日，高树勋宣布新八军起义，加速了国民党军的败亡。31 日拂晓前，敌人主力向南突围。11 月 1 日夜，刘邓命令部队突入国民党第一战区副司令长官兼四十军军长马法五指挥的指挥部，第四十军、三十军顿时乱作一团，失去了指挥。马法五被俘，其余大部被歼灭。当时，朱德向高树勋致电祝贺："闻吾兄率部起义，反对内战，主张和平，凡属血气之士，莫不同声拥护，特电驰贺！"

解放区军民经过 4 个月的自卫战争，粉碎了国民党军队在上党、平汉、津浦、绥远各线的进攻，共歼敌 11 万人。同时，国民党统治区内人民掀起了反内战的民主运动。蒋介石在初战失利，大打又未准备好，国内外和平民主力量对他施加压力的情况下，在 12 月表示同意按照"双十协定"的规定，召开政治协商会议。

1946 年 1 月 5 日，国共双方达成《关于停止国内军事冲突的协定》，使战争在全国范围内（除东北外）停止了一个时期，同月 10 日起，举国瞩目的政治协商会议在重庆召开，会议达成了和平建国纲领等 5 项协议。

此后，表面上看，国民党停止了大规模的军事进攻，一些主要地区的军事冲突也有所缓和，但实际上国民党对谈判根本没有诚意，国民党军对解放区边沿区的蚕食和进攻也从未停止过。一系列事实和种种迹象表明，国民党停战、谈判是假，而利用谈判部署、发动内战是真。于是，内战的阴云一直笼罩着中国，内战的危机时时刻刻都存在着。

2 月 3 日，延安各界举行庆祝和平、民主大会，朱德在会上发表演说，称赞政协会议的成功，表示要努力使政协决议彻底实现，同时指出：无论什么好决议，既不会自己产生，更不会自己执行，世界上有援助中国和平民主的人们，还有阴谋破坏中国和平民主和政协决议的人们，我们的任务

就是要和一切拥护和平民主的人们亲密团结，长期合作，保证国家的民主化。

平汉战役给朱德许多启示：蒋介石发动内战，是极不得人心的，也引起国民党军队内一些爱国将士的强烈不满。朱德对争取国民党军队的起义极力重视。当时，朱德摸清楚国民党开入东北的几个军中有两个军是云南部队，于是着手利用自己在滇军中的威望和同国民党某些高级将领的关系，积极加强这方面的工作。

4月下旬，朱德从延安中央党校选调云南籍干部刘浩等前往东北，待机策动滇军起义。刘浩出发时，朱德面授时宜：“在东北我们要着重做好滇军的工作，因为滇军受歧视，同蒋介石的中央有矛盾，对蒋介石和国民党有不满情绪，有些军官受当年护国讨袁影响还有爱国思想，他们迟早会看到，跟着蒋介石打内战是没有前途的。”

此外，朱德还致函国民党第一集团军司令孙渡、第九十三军军长卢浚泉、第六十军军长曾泽生，力劝诸位昔日滇军同仁发扬云南护国运动的光荣传统，站到人民一边。

刘浩到东北后，与第六十军中的地下党一起做统战工作。5月，国民党军队第一八四师（滇军）在师长潘朔端率领下，在辽宁海城起义，朱德驰电祝贺他们反对内战，参加革命的行动是“揭和平之义旗，张滇军之荣誉”。随后，曾泽生等在中共政策的感召和解放军的强大军事压力之下，在长春起义。

6月，蒋介石自以为内战的军事部署已经完成，便悍然撕毁停战协定和政协决议，大举进攻中原解放区，内战全面爆发。由于战略任务发生了根本变化，解放区各部队由八路军、新四军改称中国人民解放军，朱德任总司令，彭德怀任副总司令。于是，朱德由抗日民族统一战线的最前沿走到了人民解放战争的最前沿。

10月3日，中央政治局会议讨论毛泽东提出的《三个月总结》。朱德发言说：“下棋要下活，作战也是一样，也要打得灵活。为了消灭敌人的有生力量，需要放弃一些城市，放下一些包袱。”在这次会议上，他提出“用俘虏补充我们的队伍是个好办法”，还提出在冬季要普遍开展练兵运动。

尽管中国人民解放军在军事力量上处于劣势，却在7月到11月间消灭了进攻解放区的国民党军队39个旅，约占它的总数的五分之一；但蒋介石仍过高估计自己的力量，以为可以凭借他们军事上的优势，实行速战速决。

他不顾中国共产党一再发出的警告，在10月11日强行侵占华北解放区政治军事中心之一的张家口。当天下午，便撕毁政治协商会议上达成的有关协议，单方面宣布将召开“国民大会”。

11月19日，中共中央代表周恩来结束同国民党进行了一年多的和平谈判，返回延安。

12月1日，朱德进入花甲之年。当时，延安全城悬旗3天，以祝贺朱德60寿辰。党、政、军、农、工、商、学各界，纷纷举行庆祝活动。有的指战员献上刚从前线缴获的胜利品或自己编织的布鞋，有的农民还从10多里外赶来，献上自己亲手种植的丰收果实。中共中央及各中央局，毛泽东、刘少奇、周恩来、彭德怀、林伯渠、刘伯承、邓小平、贺龙、聂荣臻、叶剑英等都为朱德的60寿辰题词、撰文、致电，表示祝贺。其中，毛泽东的题词是“朱德同志六十大寿 人民的光荣”。

看到热情洋溢的贺联、贺诗、贺词，听到党和人民的肺腑之言，朱德的心情久久难以平静。他谦虚地说“你们不必祝贺我，我要祝贺你们，祝贺党，祝贺人民。”

在中央大礼堂举行的祝寿晚会上，朱德怀着无比激动之情致答词：“中国人民很早就干革命，前仆后继，但屡次遇见革命伙伴，就往往不大靠得住。那些伪装革命而以升官发财为目的人，在获得革命果实后却反转来镇压革命，致革命屡次失败，人民屡次上当……”同时，他深情道出了自己成功的奥秘：“我是一个农民的儿子，所有农民的儿子都是要革命的，那时不成功是摸不到路，后来找到了，加入了中国共产党。”

那几天，延安到处是欢乐的歌声，到处是喜庆的秧歌。中共历史上为一位领导人祝寿的场面的确罕见。同延安的热烈气氛一样，各解放区军民、国民党统治区的共产党人和进步人士，也以各种形式表达对朱德60大寿的祝贺。这次祝寿，成了中国共产党和中国人民为争取中国的光明前途而举行的一次动员。朱德感怀赋诗曰：“历年征战未离鞍，赢得边区老少安。耕者有田风俗美，人民专政天地宽。实行民主真行宪，只见公仆不见官。陕北齐声歌解放，丰衣足食万家欢。”

与此同时，在地球的另一端，著名的美国女作家艾格妮丝·史沫特莱正在伏案撰写《伟大的道路——朱德的生平和时代》，用笔倾注她对中国革命、对朱德的敬爱之情。

朱德和他所献身的中国人民解放事业，已赢得世界上许多主持正义人

们的尊敬、理解和支持。朱德属于中国，也属于世界。

二、攻打石家庄

为了粉碎国民党反动派的进攻，延安大批干部都纷纷赶赴各个解放区。这时，已结束在中央学校学习的康克清，当选为中国解放区儿童保育委员会副主任。不久，主任蔡畅离开延安，康克清代理主任，领导着儿童保育委员会的工作。

“望郎媳”出身的康克清，对妇女儿童的苦难有着切身体会，于是她全身心地投入到儿童保育工作中。当时，她积极地筹建延安的保育院，还经常与朱德一起看望保育院的保育员和孩子们。

那时，陕甘宁边区的生活是艰苦的，但康克清还是积极想办法使孩子们吃好、穿暖，保证孩子们的健康成长。刘伯承及其夫人汪荣华到前线去了，他们的儿子刘太行就由朱德和康克清照管。以至这个小太行硬是不管刘伯承夫妇叫爸爸、妈妈，而是管朱德夫妇叫爸爸、妈妈。由于长期的战争环境，康克清没有生育孩子，这在她的一生中都是一个遗憾，但看到一群可爱的孩子围在自己的身边时，她感到无限的欣慰。

在敌人的大举进攻面前，党中央考虑到战火随时都可能烧到延安，因此决定，在延安的非战斗单位一律撤离，转移到安全地方。延安共近 30 个保育院，儿童是安全转移的重点保护对象，中央非常重视。康克清负责延安第二保育院的转移安排。

1946 年 11 月 5 日，康克清来到延安第二保育院，对保育员等说：“保证这些孩子的安全转移，是我们义不容辞的责任。我们必须力争 3 天，最多不超过 5 天，把这些孩子安全转移，转移到太行山解放区去。同志们，孩子是革命的后代，我们一定要把孩子们安全地带到目的地。大人在，孩子在！大人不在，孩子也要在！”

这支“马背上的摇篮”出发了，康克清不能与他们同行，目送着这支特殊的队伍，酸甜苦辣涌上心头：“长征，我们是怎样走过来的？如今，这些孩子是这样睡在马背摇篮里‘长征’的。”

“马背上的摇篮”出发后，朱德夫妇时刻关怀着他们，根据他们行进的

路线，从延安发出电报请沿途有关部门给予关注。沿途的党、政、军领导，包括正在指挥千军万马进行大反攻的彭德怀、贺龙、陈赓等，都给了这支特殊的队伍以特殊的关照。

这支队伍历时3个月，于1947年2月到达太行山解放区的山西省襄垣县，住了一年，于1948年3月迁到河北省平山县，又于1949年9月25日迁往北平，全部行程达3300余里。

1946年，朱德刚刚度过60寿辰，蒋介石、胡宗南部队进犯陕甘宁边区的步伐加紧。这时，边区政府主席林伯渠号召边区军民："从备战动员转入战斗动员，坚决粉碎蒋胡军的进犯。"

日历翻到1947年元旦，这一天，朱德发表广播词，指出："今年的一年，将是中国人民斗争形势转变的一年。"他提出1947年十大任务，头一条就是：停止反动派的进攻，收复失地。

正像朱德预料的那样，国民党军队由于对解放区全面进攻的受挫，到1947年初不得不转为重点进攻，将进攻矛头集中指向山东和陕北。蒋介石在南京召见胡宗南，部署进犯陕北，企图以攻占延安，打击中共中央首脑机关并消灭西北解放军来鼓舞沮丧的士气。

3月，胡宗南等部以25万兵力向陕北解放区大举进犯。霎时间，延安这宁静、明朗、和平的天空，一下子变得阴霾密布，给期望和平的人们的心头投下了沉重的阴影。

3月8日，春暖乍寒。延安各界1万多人在南门外大操场举行保卫陕甘宁边区、保卫延安战斗动员大会。会场上，红旗翻卷，步枪、红缨枪挺立如林，口号声惊天动地。

朱德和周恩来、彭德怀等出席大会并讲话。朱德说："我们今天开动员大会，为什么动员呢？国民党蒋介石已把我们派出去的代表、和平谈判的使节送回来了（指蒋介石要京、沪、渝卫戍警备机关限令留在上述3地的中共代表董必武、吴玉章等在3月5日前全部撤回）。""蒋介石已经关死了和平的大门，要坚决打内战下去，我们当然也只有打下去。""胡宗南进犯延安，大家要动员起来，打垮他的进攻。打胜仗不是容易的事情，大家一条心，真正不怕死，就能打胜仗。"他强调："各个地方都要切实做好坚壁清野工作，每家的粮食都要好好地埋藏起来。敌人来了找不到饭吃，找不到炭烧，困也困个半死，我们大军一到就更容易消灭它。"

11日下午，延安上空出现美制蒋记轰炸机，国民党开始大规模轰炸延

安。12 日，朱德和刘少奇、任弼时率中共中央机关部分工作人员撤出延安，向瓦窑堡、清涧一带转移。这天傍晚，毛泽东、周恩来等由枣园后沟搬到王家坪人民解放军总部办公。

这时，毛泽东化名“李得胜”，意即离开延安就可得到延安，离胜利已经不远了。周恩来则化名“胡必成”，意即必定成功。

由于敌人武器精良，飞机大炮齐全，为免遭袭击，撤退行军大部分都在晚上进行，使用的照明工具只有为数不多的马灯。为了节省煤油，在行军途中，朱德不让轻易使用，只有到了驻地或研究行军路线和作战方案时才允许点亮。

几天内，国民党飞机 45 架先后分别从西安、郑州、太原机场起飞，对延安地区进行大轰炸，投下 59 吨炸弹，延安顿时成为一片火海。有一颗重磅炸弹在毛泽东所住的窑洞前面爆炸了，气浪冲进居室，冲倒了桌上的热水瓶，毛泽东仍然若无其事地在批阅文件。

3 月 16 日，中共中央军委决定，组成西北野战兵团，由彭德怀任司令员兼政治委员，率部将胡宗南部的大多数吸引在陕甘宁边区给以打击。

18 日晚，毛泽东、周恩来等率中央机关全部安全撤离延安。

10 年来，延安是中共中央所在地，而现在就要告别了。中央机关的同志和警卫部队都依依不舍，许多人流下了眼泪。毛泽东和大家一样，心情很难平静。巍巍宝塔山，清清延河水，秀丽的凤凰岭，这里的一山一水、一草一木都凝聚着党和人民的深情，它们都曾为祖国和人民做出过奉献。这里曾留下过无数革命者的辛劳汗水和前进的足迹。如今，马上就要离开，怎能不为之动情呢！

19 日，西北野战军主动放弃延安。胡宗南部占领中共中央首府延安后，蒋介石兴高采烈地庆祝了一番，还授予胡宗南“二等大绶云麾勋章”，要他立刻指挥军队对陕北进行“清剿”。这时的胡宗南气焰更加骄狂，急于寻找西北野战军主力决战。

为了扩大敌之错觉，创造有利的歼敌战机，西北野战军决定以小部兵力佯装主力诱敌北上安塞，主力则位于机动位置寻机歼敌。21 日，胡宗南以 5 个旅的兵力由延安向安塞方向急进，企图围歼西北野战军主力于安塞东北地区。另外，胡宗南以第三十一旅近一个旅的兵力由临真镇向青化砭前进，担任其主要进攻部队的翼侧掩护。西北野战军在侦知胡宗南的上述情况后，遂以共 5 个旅的兵力，以敌第三十一旅为歼击目标，在青化砭周

围地区，利用公路两侧的山地隐蔽设下了袋形伏击阵地。25 日，第三十一旅主力沿咸（阳）榆（林）公路北进，当该敌进入青化砭伏击圈时，西北野战军主力立即展开拦头、断尾和两翼攻击。经过 1 小时 47 分钟的战斗，即将敌全部歼灭。

当天，朱德得知青化砭大捷，兴奋地来到子长县好平沟的一座小庙看望从延安迁来的陕北新华广播电台，叮嘱播音员，查清战果后就要把青化砭大捷的消息播向全国。

26 日，毛泽东来到于长县任家山，同先期到达这里的朱德、刘少奇等会合。3 天后，又转移到清涧县枣林沟。中共中央政治局在这里开会，讨论中共机关是否留在陕北和领导人谁留下来的问题。中央书记处的几位书记都表示愿意留在陕北。经过激烈争论，会议决定，毛泽东、周恩来，任弼时留在陕北，主持中共中央和中央军委的工作，刘少奇、朱德等东渡黄河，前往华北，组成中央工作委员会，担负中央委托的任务。

31 日，朱德和刘少奇从陕北绥德县石嘴驿出发，次日拂晓东渡黄河。

行前，朱德召集中央警卫团连以上干部开会，叮嘱说："毛主席、党中央的安全就交给你们了，这个任务很重大，也很艰巨。你们可要坚决勇敢，千万不能出一点差错，否则是无法补偿的。"他指示要把身强力壮、有战斗经验的干部战士留在陕北，保卫党中央、毛主席的绝对安全。

说着说着，朱德从警卫员手中拿过望远镜，轻轻地擦拭了一遍，走到骑兵连陈连长面前，情真语切地说："你们担负着武装侦察的任务，是中央的耳目，拿着它去发挥作用吧。"

这架望远镜，伴随朱德度过了无数战争风烟。在保卫延安的重要时刻，他却把它留给了警卫战士。

就要和毛泽东分手了，朱德微笑着说："我已经 60 岁了，从此以后，每一年都是多赚的！"毛泽东也笑了。朱德看到前来送行的群众神色忧戚，于是对他们说："我们不久就会回来的。"

4 月 2 日，朱德一行到达中共后方委员会所在地山西省临县三交镇。这时，随董必武、帅孟奇等人撤离延安的康克清也顺利到达这里，同朱德会合。随后，他们途经兴县、静乐、宁武、崞县，了解晋绥地区土地问题等情况。

经过将近一个月的长途跋涉，在 4 月 26 日到达晋察冀军区所在地河北省阜平县城南庄。这里是产生歌剧《白毛女》的地方，他们到达的时候，

晋察冀军区司令员兼政委聂荣臻正在前线指挥正太战役。5月初，正太战役一结束，聂荣臻便匆匆赶到行唐县上碑镇朱德、刘少奇住处。

“正太战役，你们打得很勇敢，战果不错！”一见面，朱德肯定聂荣臻刚刚指挥完成的这场硬仗。这次战役，晋察冀军区部队连续攻占了正定、栾城、井陉、娘子关、狮脑山、赛鱼、测石驿等地，使晋察冀和晋冀鲁豫连成了一片。但歼敌不算多，自己伤亡也不轻。朱德坦率地讲了自己的想法：“你们最近打了一些胜仗，只是仗打得零碎了些。如何打大歼灭战，你们还没有十分学会。……打歼灭战，是红军的传统战略思想。我们历来是靠歼灭战来壮大自己，你们一定要贯彻打歼灭战的思想。我看，晋察冀军区的野战部队还需要发展，需要组建一个强有力的野战军指挥机构，使主要力量形成‘拳头’！”聂荣臻心领神会地点头。

朱德来到了华北，很快成为军中灵魂，各路战将看到总司令亲临指导，更有了主心骨。朱德也不忘时时与各级指挥员交流，循循善诱地开导、培养干部。

通过调查了解，针对存在的问题，朱德提出在组织上进行调整的意见。首先，恢复野战军，把主力集中起来打歼灭战。决定野战军以杨得志为司令员，罗瑞卿为政治委员，杨成武为第二政治委员。他曾对干部们说，晋察冀地方很大，物产丰富，民兵也很多，如果学会集中兵力打大歼灭战，就一定能打胜仗。同时，建立军区后勤部。朱德指出，为了适应正规战的需要，必须建立后勤部，建立统一的补训兵团，并统一军工生产，搞好兵站运输和财政金融等工作。决定军区参谋长赵尔陆兼后勤部长，军区副政委黄敬兼后勤部政委，统一领导供给、卫生、兵站、运输、交通、补充新兵、训练俘虏等工作，使野战军脱离后方勤务工作，只管训练与打仗两件事。这样，部队就可以轻快有力，灵活使用。

对解放区的土地改革，朱德一直很关心。在他心目中，土地不仅仅是一个生活问题，而且是一个生存问题，是一个关系到民心所向的问题。四川仪陇琳琅山下佃农出身的朱德，幼年饱尝了失去土地终年不得温饱的苦难生活。为此，他深深懂得土地对于中国的农民来说究竟意味着什么。于是，他一到晋察冀边区，就指出：“各个地方都打了许多胜仗，有什么经验教训？主要是土地革命，发动了群众，为保护土地，农民就要打仗。我们为人民服务，农民也不觉得打仗只是共产党、八路军的事情，就有了打胜仗的基础。”

一天，平山县西柏坡的刘永久老汉吃过早饭，就和儿子一起到地里种稻，一进地头就看见朱德和警卫员正在那里替他拔草，弄得满腿满胳膊都是泥。老汉心里过意不去，扔下稻种就去拦。朱德不听，顺手拔起一棵草对他说："地里不能见草，有草就要吃庄稼。"老汉一时不知说什么好。

老汉和儿子开始种稻了，朱德也跟了上来。种了没一会儿，他就抓住耧杆，对老汉的儿子说："我替你拉吧！"老汉急了："朱总司令，你只要把敌人打跑，把生产领导好就行了，怎么硬要给我拉耧呢？"朱德笑笑："老乡，你说得对，让我领导生产，不让我学实际本领，我可怎么领导呢？"

老汉很不自然地架上耧把，朱德和警卫员在前边拉着。不一会儿，朱德又要自己掌耧把，老汉知道拉不住，只好让给他。朱德种地也是内行的，耧得笔直，撒籽均匀。看他满头大汗，实在太累了，老汉急中生智，说："不行，你种得不行，庄稼人一年的大事可不能瞎来，还是给我吧！"朱德有些难为情，没再坚持。

于是，朱德跟在老汉后面，用心看着，忽然说："你的种法和我一样，怎么说我的不行、是瞎来呢？"老汉笑了，旁边的战士看出老汉的心思，说："那是怕累坏了您。"朱德笑着抢过耧把说："老乡，可不要这样，国家工作人员不但要学会工作，还应学会种地。身体越练才越有力，才不会累坏。"说完，几个人继续播种，直至将地种完。

7月17日，中央工作委员会根据中共中央的决定在西柏坡召开全国土地会议，制订并通过了《中国土地法大纲》。会议期间，朱德作了多次报告和讲话，还接连听取各解放区负责人关于土地改革及其他工作情况的报告。他在会议开幕典礼上说："中国革命的中心就是土地。……把贫雇农发动起来，把中农联合一起，彻底平分土地，给地主留一点最后的生活。"在闭幕会中，朱德兴奋地说："希望各代表同志将这个正确的政策——彻底平分土地的政策带到各地去坚决实行。……土地问题解决了，我们就会成为富强的繁荣的新中国。"

会后不久，康克清在朱德的支持下来到饶阳县第四区北宫屯小区，参加当地的土地改革。当时，兼任小区区委副书记的她热情地支持贫雇农分得土地的要求，又认真地按政策办事，坚决抵制"搬石头"等错误做法，对那些不符合干部政策的事敢于提出不同的意见，效果较好。

朱德关心着土改，关心着财经，关心着军工生产和后方勤务，然而他更关心华北的战局。

从4月到6月，晋察冀军区主力部队南下正太，东取青沧，出击保定，三战皆捷，掌握了战争的主动权。7月20日，朱德在写给毛泽东、周恩来、任弼时等的报告中，显示出他对晋察冀的强烈自信："晋察冀工作，这3月来已有转变。……进行了青沧战役及徐固北战役（注：即保北战役）后，引起敌人大集中……好好打一次10个团的歼灭战，此间敌人就能大转变，转到守，成为被动，这是很有可能的。"

然而，转机似乎并没有马上出现。大清河北战役——晋察冀野战军所打的第一仗虽然消灭国民党军队5000多人，但由于战役之初围敌过多，口子张得过大，打成一个消耗战，没有达到全歼的目的。

那天，杨得志、杨成武坐在司令部抽着闷烟。突然，朱德进了屋，一左一右握住两人的手："身当大将，宠辱不惊，等闲胜败！"

朱德坐下来，让杨得志、杨成武也坐下，说："晋察冀打胜仗，保票是我朱德向中央打的，你们不该有任何包袱，要放手指挥，按照既定的想法干。更何况，此役是野战军的第一仗，一定珍惜这个第一。"杨得志说："晋察冀野战军新的领导机构建立不久，这一仗打得不理想，部队的情绪是便有些波动。有人说：肉没有吃到，倒把门牙顶掉了。"

"这话不对。这一仗，我们消灭了国民党5200多人，这个数字不算大，但意义不同寻常。这是我们改变了作战方式所取得的5200，是初次打大歼灭战所得到的5200。这里面包含着经验、训练和方法，虽来之不易，却来之及时，是对野战军的一次锻炼和实战教育。"

是夜，朱德以他和刘少奇两人的名义口述给军委电文："大清河北战役因围敌过多，不能最后解决。……但此次士气旺盛，干部之有牺牲精神，较以前不同。罗因病未去，聂初离开，杨、杨初出马，未获大胜，后方干部难免浮言。朱拟去野战军整理一时期，随同杨、杨等打一两个好仗，将野战军竖立起来。"

打大歼灭战的机会终于来到了。9月14日，东北民主联军在长春、吉林、四平地区和北宁线锦州至义县地区发起大规模的秋季攻势，蒋介石被迫先后从晋察冀战场抽调5个师出关增援，从而减少了晋察冀战场的兵力。为了抓住这一战机，晋察冀野战军准备再次出击保北，吸引国民党军队出动。10月3日，杨得志、杨成武为组织保北战役向中央军委、工委和晋察冀军区领导提出报告。朱德和刘少奇在10月5日复电："同意你们出击保北并仍以寻求打运动战为主之方针。"结果，由此演变成为著名的清风店战

役（又称保定南北战役），打了一个漂亮的大歼灭战。

22 日 11 时 30 分，战斗全部结束。由蒋介石亲自指挥并运用多批飞机掩护的第三军主力，在清风店地区被我全部歼灭——计有第三军军部、第七师及第十六军第六十六团全部，共 17000 余人。

在长长的俘虏行列中，有一个头缠绷带、满脸血污、头也不抬的伙夫模样的人。这时，恰逢独立第八旅旅长徐德操走来。徐德操在国共停战谈判时，曾任军事调查处执行部石家庄执行小组我方代表，同罗历戎打过交道。徐德操一眼认出了这位“伙夫”。“这不是罗军长吗?”罗历戎一惊!尴尬地连连点头。同这位中将军长一起被俘的，还有副军长杨光钰、副参谋长吴铁铮、第七师师长李用章、第十九团团长柯民生。十分有意思的是，罗历戎和他的部下都争着与晋察冀军区司令员聂荣臻攀师生、套老乡关系。

捷报传来，全军振奋。朱德诗情勃勃，豪迈大声：“拿笔来!”警卫秘书放好纸笔，恭敬地说：“总司令，请!”朱德一手压案，一手持笔，略加思索后饱蘸浓墨，笔走龙蛇：“南合村中晓月斜，频呼救命望京华。为援保定三军灭，错渡滹沱九月槎。卸甲咸云归故里，离营从此不闻笳。请看塞上深秋月，朗照边区胜利花。”才落笔，警卫秘书高兴地说：“好一个‘请看塞上深秋月，朗照边区胜利花’!”这时，朱德在诗作上头补了个题目《贺晋察冀军区歼蒋第三军》。

清风店战役成了华北战场上的转折点。清风店战役结束当天，聂荣臻等便向中央军委和中央工委致电提出：“现石门仅有 3 个正规团及一部杂牌军，我拟乘胜夺取石门”；希望“太行准许以有力部队抓住元氏敌人，以减弱石门防御力量。”

清风店大捷，使石家庄门户洞开。石家庄又称石门，早年不过是河北省获鹿县的一个小村庄。据说因为只有 10 来户人家，所以叫十家庄，又说这 10 来户人家都姓石，又叫石家庄。只是到了近代，由于交通的发展，它才渐渐变为城市。1900 年平汉铁路修建，途经这里，设车站；1903 年正太铁路修建，起始点在此，1907 年通车后又设路局于石家庄。于是商贾云集，居民骤增，逐渐繁华，改石家庄村为石家庄镇。民国初年乱世，占据北方的奉军为了向南扩张，将镇改市，把石家庄镇与休门镇各取一字，定名石门市。以后石德铁路通车，石家庄便成了东去山东，西往山西，北向平津，南下中原，连接北平、保定、太原、大同、郑州、武汉、德州、济南等重要城市的交通枢纽，素有“南北通衢，燕晋咽喉”之称。随着铁路和公路

的发展，石家庄这个不名之地迅速膨胀起来，一跃成为华北重镇。

石家庄发展之快近乎神奇。而如此神奇般地发展，始于其优越的地理条件。它西临太行山，可以控守井陉、娘子关，北通京都，处于京都左腋，南控华北几百里平原。天然优越的地理条件与四通八达的交通枢纽地位结成一体，使其成了各派军事势力激烈角逐和争夺的一个兵家必争之地，是华北的战略要地。

在正太战役以后，石家庄虽然已陷于孤立，但仍像楔子，横亘于晋察冀同晋冀鲁豫两大解放区之间。它的防务在日军侵占时就修筑得比较坚固，蒋介石派重兵进驻后又不断加固，逐步形成周长60华里的外市沟、30多华里的内市沟和市内坚固建筑群3道防线，碉堡达6000多个。它虽然没有城墙，但深沟层层，暗堡林立，电网、铁丝网交织，地雷密布，被称为“地下城墙”。有了这样坚固稠密的工事，加上重兵把守，国民党自信可以确保无虑了。南京、北平的宣传机器吹嘘说：“3道防线胜过马奇诺防线。”“石家庄的工事，国军可坐守3年。”石家庄守敌更是狂妄地断言说：“共产党没有飞机、坦克，休想拿下石家庄。”

朱德对打石家庄十分关心。10月23日，朱德连续发出两份电报。一份是建议中央军委批准晋察冀野战军打石家庄的作战计划，另一份电报是打给晋察冀野战军的。电报中提出“请你们预为准备各种补充。等军委批准后，用全力来进行此战役”。电报还告知，“朱拟即去野司”。

27日凌晨，朱德从野战军司令部到达安国县西北的西伯章村炮兵旅驻地，先听取汇报，然后深入各炮团实地视察。又骑马，又步行，连续到了6个村庄，视察了两个团、两个营和4个连队。当天下午，他又给炮兵旅团以上干部讲话，指出：“炮兵很重要，为步兵开辟道路，可以减少伤亡。炮不打，口不开，打开缺口可以胜利向纵深推进，扩大战果。……在战术上要注意，接近敌人要秘密，打炮时要猛，要突然，火力齐整集中，集中里面还要再集中，还要注意运用不同地形实施射击，不打则已，一打就打得猛，打得准，打得狠。步、炮协同好，胜仗不断打。”

接着几天，朱德还分别召集部分连、排、班干部战士座谈如何打石家庄，还找来一些国民党俘虏兵了解敌方的情况，忙得夜不能寐，席不暇暖。意外的是，俘虏中居然有一些云南兵，朱德从容间增加了几分高兴的心情。他浓重的四川口音和杂有云南味的语调缓和了屋内的气氛：“我是朱德，解放军的总司令，也是半个云南人，曾经当过滇军的旅长，今天能在这里遇

上云南的弟兄，还真是挺高兴咧！请诸位来，就是想随便摆一摆石门城里的情况——工事啦，驻军啦，防务啦，重要的建筑啦，都可以。”说着，朱德把香烟、开水递到俘虏们面前……

在朱德的提议下，10 月 30 日，野战军司令部由参谋长耿飚主持在安国召集炮兵工兵干部会，集中研究如何打好阵地攻坚战。朱德参加会议，同大家一起具体研究如何打低堡、暗堡，如何实施迫近作业和坑道爆破，如何运用炮兵火力炸平防御沟，以及在巷战中炮兵、工兵如何配合等问题。他仔细地听大家发言，不时启发大家多设想几种情况，多研究几种打法和战术。会议上，朱德提出，释放清风店战役中的近千名俘虏，让其回石家庄以瓦解敌军心、动摇敌士气。

31 日，野战军司令部召开旅以上干部会，宣布攻打石家庄的命令和部署，朱德到会作了两个多小时的报告。他以严肃的神色凝视着大家，语气很重地说："今天到会的都是旅以上干部，你们如何学会攻坚战术，对这次作战将起重要作用。要把石家庄当作一所难得的学校，从战争中学习战争。"

他从挎包中拿出两本书，一本是毛泽东写的《中国革命战争的战略问题》，另一本是刘伯承翻译的、苏联伏龙芝军事学院编印的《诸兵种合同战术》，要求大家好好学习这两本书，并说："马上就要打石家庄了，对这样坚固设防的城市，不讲究战术行吗？战术是你们的'补药'。你们的作战经验很多，就像一大篓子钱，是散的，战术就是钱串子，可以把那些钱串起来。用的时候，要用哪个，就拿哪个。不要把经验老是散在装在篓子里背着，成了包袱。有些经验，1000 年前就有有了，成了战术，成了理论，你们有的人还不知道，反而骄傲地说战术是教条。"

朱德端起那只布满茶垢的搪瓷缸子，喝了一口水，接着说："《诸兵种合同战术》关于进攻战讲了 8 条，你们要结合自己的经验，看看讲的有没有道理。石家庄战役打的是攻坚战，要勇敢加技术。有人也许会说，我打了一辈子仗，什么技术也没有学过，还不照样打胜仗。持这种观点的人，迟早是要吃亏的。"

为了确有把握地攻克石家庄，朱德同晋察冀野战军领导人一起，进行了紧张的战前动员和攻坚准备，还共同拟定了周密的作战计划。为了能先期发现敌援军动向，朱德指示野战军组成一支骑兵快速侦察支队活动于保定附近。为了增强攻击石家庄的火力，他下令从华东野战军调一个机炮营

来加强前线。为了隐蔽解放军的主攻方向，他又下令察哈尔军区部队积极向平汉路北平、保定段出击，箝制吸引平、保一带的国民党军队。同时，地方党政军民也坚决贯彻朱德的指示，在不到10天的时间里，组织调动了近10万民兵、民工和万余副担架、万余头牲口、4000辆车的支前大军，把8万发各种炮弹、150万发各种枪弹、6万余斤炸药、20万斤各种攻坚器材、24万斤主副食品送到了前线。

攻坚战就要开始了，朱德坐镇在野战军司令部。一张地图摆在案头上，朱德戴着老花眼镜用红蓝铅笔在上面画来画去，边作记号边问。这时，国民党的飞机不断地来轰炸，炸弹几次落在不远处的山坡上，杨得志等都为总司令的安全担心。

杨得志便和罗瑞卿商量，劝朱德暂时到冀中军分区司令员孙毅所在的河间去："那里通讯方便，也很安全。你到河间，我们会随时向您报告战役发展情况的。"朱德却摇头不肯，说："你们不都在这里吗？未必飞机就专来找我朱德。"

这时，留在工委的刘少奇打来电话。原来，远在陕北的毛泽东得知朱德到了前线，很不放心，专门致电刘少奇说："朱总到杨得志、杨成武处帮助整训一时期很好，但杨、杨举行石门或他处作战时，请劝朱总回工委，不要亲临最前线。"

于是，朱德才笑着说："野战军司令向总司令下了逐客令，主席也下了劝客令，没得办法，我只好去找孙胡子了。"11月1日，朱德终于离开安国，到达冀中军区所在地河间县。在这里，朱德每天都接到杨得志的电话汇报，不断给予具体指示。康克清则不时地到附近农村了解妇女工作和土改情况，或疏导群众、组织群众进防空壕。

5日夜，我军以隐蔽突然的动作，包围了石家庄外围各据点。6日拂晓，信号弹把石家庄的天空照得贼亮，战役打响了。

正当战斗激烈地进行的时候，朱德在午夜打电话问杨得志："仗打得怎么样呀？"杨得志简要地报告了突破内、外市沟的好消息，朱德满意地说："打得好呀！祝贺你们。按你们的计划打下去。告诉大家，后面的同志可是都望着你们哪！"

9日夜，初冬的石家庄寒风习习，细雨濛濛。华北我军各部在夜色掩护下，顶风冒雨开始了大规模的土工作业。第一梯队在敌前沿展开，先挖卧射掩体，再逐渐构成跪射和立射掩体，遂后再把一些掩体加盖成地堡，

然后再将各个掩体和地堡横向贯通，筑成堑壕。第二梯队构筑纵向交通壕，敌火力射程之外的交通壕则由民兵和民工构筑。

当晚，朱德又打电话给杨得志，指示：突破市内沟后，一定要猛推、深插、狠打，不让敌人有半分钟喘息；充分做好打巷战的准备；全歼一切敌人，包括还乡团在内。朱德在电话中的鼓励和指示，很快传达到全军，给大家巨大的鼓舞。

翌日，当朝辉驱散了晨雾的时候，放眼望去，昨天还是平展展的田野，一夜之间面目全非，仿佛经历了一场神奇的变迁：数不清的掩体和纵横交错的堑壕、交通沟，满布于内、外两道市沟之间纵深 2000 米的开阔地上。事后，一位被俘的蒋军团长说："头天黄昏，看到阵地前几里路还是一片平原，第二天拂晓，你们的许多地堡已经到了我们跟前，遍地都是交通壕，我就知道不行了。"

10 日 16 时，太阳西沉，红光似火，我强大的炮群突然咆哮起来，对内市沟的总攻开始了。

火炮按照各自的性能和分工的目标猛烈轰击：山野炮弹吼叫着射向敌人的高碉；战防炮、步兵炮的炮弹则呼啸着在敌人的低碉和火力点上爆炸；轻机枪封锁着敌人的碉堡射孔；迫击炮弹在敌人的野战散兵阵地上开花；重炮向敌纵深实施压制性射击。内部爆破与外部爆破同进并举。石家庄在震耳欲聋的炮声、爆炸声中颤抖不已。到处闪着红光，到处腾着浓烟，到处飞着瓦砾。

当解放军攻入市内、同守军发生激烈巷战时，朱德又打电话给杨成武询问战况，并嘱咐他："一定要注意城市政策，特别要保护好几个大工厂。石家庄是我们占领的第一个大城市，要做出榜样。我们军事上要打胜仗，政策上也要打胜仗。"

12 日 11 时，"誓与石门共存亡"的敌人在抵抗无望的情况下，在最后固守的几个据点指挥打出了白旗。于是，国民党吹嘘的"可坐守 3 年"的石家庄，6 天 6 夜即告解放，25000 余守敌全歼。在全国战略反攻的形势图上，我军的旗帜第一次插上了大城市。短短 1 个月内，华北军区连获两场大捷，一时间声威大振。

石家庄战役结束了，石家庄真正回到了人民手里，人们载歌载舞，锣鼓喧天，欢呼着迎接解放军，庆祝胜利。杨得志、杨成武等率部举行入城式，在牌楼上拉起了大幅标语——"解放全华北，进军全中国！"

在河北河间县黑马张庄，冀中军区驻地，朱德听到战役胜利的好消息，怎么也睡不着。他望着东方地平线上一轮冉冉升起的红日，浮想联翩，在一个64开大小的笔记本上仿杜甫《秋兴》诗韵赋诗8首，其中诗《攻克石门》曰："石门封锁太行山，勇士掀开指顾间。尽灭全师收重镇，不教胡马返秦关。攻坚战术开新面，久困人民动笑颜。我党英雄真辈出，从兹不虑鬓毛斑。"并发出电贺："仅经一周作战，解放石门，歼灭守敌，这是很大的胜利，也是夺取大城市之创例，特嘉奖全军。"

与此同时，中共中央和各地的电报纷纷而至，祝贺胜利。晋察冀人民沉浸在欢乐的海洋里。

11月18日，康克清陪同朱德来到束鹿县东小庄村，参加由晋察冀野战军政治部召开的总结石家庄战役经验的座谈会。朱德在会上强调："打下石家庄，只是上了第一课，而更大的课题、更艰巨的实践还在后面。"

28日至30日，朱德再次来到野战军，在晋县侯城村召集参加攻打石家庄的50多位指战员，座谈总结这次战役的经验教训。他亲自口问手记，同大家切磋研讨，既总结攻坚战斗的具体经验，又从政治思想上进行启发教育。当时代替黄华（因去参加土改工作）担任朱德秘书工作的何其芳回忆说："总司令总是和蔼地亲切地面对他们坐着，注意地仔细地听他们谈。他们每批人汇报完了以后，总司令总是对他们讲一段或长或短的话。这些情景、这些场面、这些讲话，都异常感动人。"

座谈会后，朱德做了长篇讲话。他指出："以前说是革命高潮的前夜，现在革命高潮已经来到了。"针对部队进大城市后曾发生某些争缴获、争功劳、秩序一度混乱等问题，他谆谆告诫大家："……人家的功，你争来有什么用？功是谁的？是战士和工人、农民的，领导人不经过他们，就一点功也没有。中国的工人、农民在革命战争中流了许多血，世界上晓得他们英勇，但不晓得那样多的名字，那样多的详细的事迹，有时就记住了他们的领导人。比如我是总司令，有时把我当作他们的代表，把他们的功挂在我的名字上。如果我因此而夸功，那岂不可笑！不经过工农群众，哪里来的功！"

12月4日晚，朱德驱车来到硝烟还没有散尽的石家庄。第二天一早，他在该市负责人柯庆施的陪同下，冒着大雾视察了这座刚刚解放的城市，特别是城市中的重要工厂。他参观了炼焦厂、大兴纱厂等，听取了市领导人对石家庄工业和经济等情况的汇报，并就汇报中提出的问题发表了意见。

夜幕降临后，他离开石家庄回到中央工委所在地西柏坡村。

一周后，朱德写信给毛泽东主席转中央，报告了有关情况。毛泽东接信后，将朱德的信概括为军事民主和城市政策两个问题，并请全党务必注意。

军事民主同政治民主、经济民主成为解放军三大民主，同时也是毛泽东军事思想的重要组成部分，融注了朱德来自于第一线的实践和总结。

三、千里赴濮阳，运筹“钓大鱼”

华北局势急转直下，蒋介石慌了。

1947 年 11 月 26 日，蒋介石匆匆飞往北平，撤消了保定绥靖公署主任孙连仲的职务，撤消了保定、张垣（张家口）两个绥靖公署，成立了华北“剿匪”总司令部，任命傅作义为总司令，统揽华北 5 省军事指挥，加强平、津、保地区的防守。

傅作义临危受命，他自恃足智多谋、经验丰富，也很想再露一手。他在接见中外记者时说：“过去，国军处于被动地位……今后改取主动，决定反守为攻，不仅要收复点线，而且要将匪区全部收复，消灭共匪主力！”

傅作义并非说说而已，为实现他的宏图大略，他采取了一系列措施。为了组织一个得心应手的地方行政机构，他撤换了一批地方行政长官，用他的话讲，这叫政局与战局相配合。

接着，他提出了打总体战的观念。所谓总体战，就是军事与政治相结合，正规军与地方军相结合，向解放军展开全面进攻。他大力扩编地方部队，以代替主力部队进行地方防备。在兵力部署上也作了一系列调整，成立了 3 个机动兵团：平汉兵团、津浦兵团和平绥兵团。在战法上，实行以主力对主力的机动作战的新战法。

正当傅作义积极备战踌躇满志之时，朱德和刘少奇于 1948 年 2 月 14 日向晋察冀野战军提出新的作战方针，要求他们按照中央军委预定计划，向平绥、冀东方向行动，并学会大踏步进退、进行大的战略机动的一套本领，改变某些不适宜于大踏步进退的组织形式，以便在大的战略范围内适时地调动敌人，在运动中歼灭敌人，并各个孤立敌人，打通华北解放军各

部的战略联系，以取得最后的胜利。

由于正确的作战方针和作战方法得到贯彻实施，华北军区部队在1948年春夏，先后在察南、绥东、热西、平北，冀东、保北广大区域内周旋，轮番进攻，共歼灭国民党军队5万余人。这样，就拖住了华北的国民党军队，使它无力出关，从而保证了日后辽沈战役的顺利进行。

当时，晋察冀地区的军事工业分散，管理不统一，远远不能适应战争发展的需要。朱德经过调查研究，提出要把分散的军工生产统一起来，要大规模发展炸药和炮弹的生产。他要求实行企业化管理，提高生产效率，降低产品成本；要动员各地保证军工原料的供应；要搞好运输线，保证军工产品及时送到前线。

一天，朱德视察兵工厂回来，乘坐那辆敌人造的、已经很破旧的小吉普，颠簸在那亘古以来从未走过汽车的山路上。车子破旧，山路不平，时不时的就要停下来修修。翻山越岭地都开过来了，没料想到了滹沱河滩上倒把车陷住了。

没有桥梁，水浅又行不得船，吉普只得蹚水了。新来不久的警卫员刘万帮，正好扶在吉普的后窗处向前推，心里忽然一惊，因为他从车窗里，可以把车子里面看得清清楚楚，车子里没有了朱总司令！

这还了得！3个警卫员保护总司令去视察兵工厂，竟然把总司令丢了！这是怎么回事？车子快到河边时，好像还看到首长在车上呢。难道他在过河前下了车，等我们送过了车子，再返回来扶他或背他过河？小刘扭回头来，望望南岸，岸边无一人影。但离岸边不远处，有一小块芦苇，莫非首长到苇地那里解手了？不管怎么着，也不能把首长一人留在岸边！车重要，还是人重要？

他看了看左右，警卫战士都在用力推车。小刘心想，车子冲走了也是小事一桩，人才是大事，他也顾不着说一声，扔下车子，就急急往南岸返。

只听有人喊他一声："小刘，你要干什么？""我，我……我们丢了……"他是要说"我们丢了总司令"，话到嘴边，忽然想起他们的纪律了。在外面不能喊"总司令"，可又一时不知该怎么说，就这么吞吞吐吐说了个半截话。别人还真当他丢什么东西，也就由他去找。

原来，朱德是和战士们一起下水推车了，只不过是在车的另一侧而已。可是，小刘没有想到总司令也会一起推车，加之总司令也太像一名普通战士了——穿的服装，戴的帽子，跟战士的完全相同，也是这老粗布的、褪

了色的浅灰军装。在一起，若不仔细观察，还真区分不出来，完全像个老兵。更何况小刘来到朱总身边不久，了解不深。他虽然跟着出来过两次，早见过面了，给他的印象只是和蔼可亲，没有架子。但在他心目中的总司令，是一位了不起的伟大人物，无论如何是跟普通战士连不在一起的。

小刘上了南岸，又急忙奔向那块小芦苇地，围着芦苇转了个圈儿，也没找着人。向远处望望，也没个人影儿。他心里可真是着急了。如果丢了总司令，再有个好歹，他们这几个小兵掉了脑袋都不要紧，这么大的损失如何挽回？

小刘怏怏不乐地返回北岸，大家不急不慌，安然自在地坐在那儿，一位问：“什么丢了？”小刘没好气地说：“你们看看，车里还缺谁？”大家不约而同地说：“车里没谁啊，大家都在呀！”

“首长呢？”小刘急了，他还能没认出坐在警卫战士中间的朱总司令。边说，他又边数了一下人数，可是还是“缺”一个人，这次点人数他却忘了数自己，且还是没有认出坐在一起的朱德。

这时，大家“轰”的一声都笑了。有人给了他一句：“你的眼睛长到头顶上去啦！”

大家这么突然一笑，又一问，小刘才如梦初醒，“老兵”不就是朱德总司令吗？他只见朱德正微微地笑着，看他那憨厚慈祥及和善的面容，不是总司令还能是谁？

小刘愧悔自己太粗心了，竟然闹出这样的笑话！于是，低着头红着脸，一句话不说。朱德这时讲开了：“你们都不要说了，小刘给了我个最高评价与最好帮助呢。他不把我当总司令，而把我朱德当普通一兵看待。那不是对我的最高评价？他还批评帮助了我，不要动不动就带几个警卫员，没这必要。你们想，连警卫员都认不出我，谁还能认得出我是总司令？我如不带警卫，就更是普通一兵。”

上车以后，朱德又给他们讲了个当年“老马夫的故事”，并说老乡给了他个“老马夫”的评价他心里也非常高兴，说这是对他的最高奖赏了，还说：“这些年来，我还直担心，是不是由‘老马夫’变成了‘总司令’？今天小刘同志给我作了个鉴定，认定我仍是普通一兵。打消了我的顾虑，心里特别高兴。希望你们今后仍把我当成普通一兵，不要把我放到高高在上的地位，我们都是当兵的，一个样。小刘同志，你说对不对？”

小刘想说“对”，又觉得不对；说“不对”，又觉得对。也不知话如何

回答。他的脸又红了。

不管对还是不对，反正“警卫员丢了总司令”的事，还是传得不少人都知道了。

由于朱德对军火保证这个重要问题想得早，抓得紧，抓得具体，使晋察冀和其他解放区的军工生产有了突飞猛进的发展，大批武器弹药源源不断地送往前线，保障了各个战场的需要。

4月12日，毛泽东、周恩来等率领中共中央机关经山西到达河北阜平县西下关村。毛泽东考虑到自己可能秘密出访苏联与苏共中央商谈一些有关建立新中国的重大问题，暂住阜平晋察冀军区驻地城南庄。

4月23日，周恩来、任弼时等率领中共中央机关前往建屏县西柏坡（今属平山县），同中共中央工委会合。随之，中央工委撤销，以加强中央的一元化领导。从此，西柏坡成为全国解放战争的大本营。同时朱德作为中央书记处和中央军委主要领导成员之一，协同毛泽东、周恩来指挥全国的解放战争，在军事地图上又插上了一面又一面红旗。

4月30日，中共中央在城南庄举行由毛泽东主持的书记处扩大会议（史称“城南庄会议”），研究如何发展战略进攻，加强华北、中原解放区的领导及夺取全国胜利的各项准备工作。在会上，毛泽东提出“军队向前进，生产长一寸，加强纪律性”的号召。

朱德出席了这次会议，听取了华东野战军负责人陈毅、粟裕的汇报，赞同粟裕提出的华野3个纵队暂不渡江南下，集中兵力在中原黄淮地区大量歼敌的建议。会后，中共中央和中央军委决定将晋察冀、晋冀鲁豫两个解放区合并，组成华北局、华北联合行政委员会、华北军区，还决定加强中原局，成立中原军区。

按照中央在城南庄会议上的决定，朱德代表党中央和毛主席去河北濮阳（今属河南）华野部队视察，研究作战计划，进行战前动员。会后，朱德和陈毅、粟裕一同乘车回到西柏坡，继续商谈破敌大计。

当时，朱德在西柏坡已开垦出几块菜地，陈毅、粟裕当晚就吃上了总司令种的新鲜西红柿。3人长谈至深夜，谈战局，分析敌我形势。

5月10日一早，朱德由陈毅、粟裕陪同，分乘两辆吉普车和一辆卡车，由西柏坡出发赴濮阳。

卡车上坐着17位全副武装的警卫人员。朱德坐在中间吉普车上，他浓眉紧锁，双眸透过挡风玻璃凝视着前边吉普车和凹凸不平、尘埃飞扬、伸

向远方的土路。

赴濮阳途中经元氏县，朱德提议在这里停留一下。原来，他是惦记着远在晋南的临汾战役。那里，华北军区副司令员徐向前正率领部队一部围攻临汾。战役从 3 月开始，已经 50 多天了。战前，朱德亲自审查批准作战计划。此后，战役每进行一步，朱德都给予指示。他曾和刘少奇致电徐向前、薄一波，说：攻打临汾可采用攻打石家庄的经验，首先是“炮炸协同，击开突破”。

路过元氏时，心系临汾战役的朱德想到元氏就是前不久华北部队用炸药炸开县城城墙而后攻占的，应该到现场看一看，了解一些经验，介绍给徐向前。

他和陈毅、粟裕来到被炸开的城墙缺口处，亲自步量了缺口的距离，具体察看了部队攻城路线和进城后巷战现场。他了解到元氏的城墙是用几个棺材并排在一起，装上 1250 公斤炸药放在同一个地方，同时引爆而炸开的。

当即，朱德写信给华北军区政治委员薄一波、副司令员滕代远，详细介绍了元氏的攻城经验，特别是用棺材装炸药的办法。请他们转告徐向前，临汾城是有条件攻下的，一定要坚持下去。

果然，不久，临汾前线传来捷报：爆破一举成功，临汾城墙被炸开一个宽约 40 公尺的大缺口，晋冀鲁豫军区攻城突击部队在炮火的掩护下，乘爆破浓烟迅速突入城内，经过 7 个半小时的激烈巷战，全歼守敌 2. 5 万人。

朱德一行继续南行，进入邢台。这里刚下了一场雨，道路泥泞，汽车在坑洼洼的黄泥浆路上颠簸前进，时而遇到炸弹坑、封锁沟、界限沟之类的“拦路虎”，还得绕道前进，绕不过去了，大家就跳下车，搬石头填好路后再前进。

不多久，陈毅看到前方道路上有一个硕大的炸弹坑，提醒司机注意。吉普车开过去以后，朱德示意停车，他担心大卡车不好过。果然，后面的卡车已陷在泥坑里了，司机加大了油门也没有成功。警卫人员纷纷跳下车，喊着号子推车，朱德和陈毅、粟裕挤进战士中间，用力推车。卡车刚往前移动了半个轮子，猛地又滑回来了，朱德的身上和脸上溅满了泥浆。

突然，天空传来了一阵轰鸣声。抬头一看，是标有青天白日旗的国民党飞机。一名警卫着急地喊了起来：“首长们，敌机来了，你们快隐蔽！”

朱德抬头看了看敌机，风趣地说：“敌机在空中，我们在地上，别理它。来，大伙儿一起用力呀!”

一、二——！随着朱德那响亮的口号，汽车推出了泥坑。敌机在朱德他们的头顶上绕了两圈，飞远了。

过了邯郸，进入国民党统治区。朱德一行只能在夜间赶路。月光下，吉普车没有开灯，缓缓南进，不久发现前面有200多名国民党军队的散兵也沿着公路向南走。警卫参谋请示朱德：“要不要停一下，等散兵过去后再走。”恰在这时，警卫人员还报告，后面发现敌人，几辆汽车正朝我们开来。顿时，所有的随行人员都紧张起来，操起武器准备战斗。有一位警卫急促地问：“朱总司令，我们要不要到旁边躲一躲?”

朱德急忙下车观察，沉思片刻，果断地说：“前后的敌人不用管它，我们继续赶我们的路。做好战斗准备，没有命令不许开枪!”一上车，他指指美制的小吉普车和大卡车，说：“这是打石家庄时刚缴获的战利品，有了它们，就是最好的通行证。”

刹那间，车开动了，朱德坐在前排座位上。他镇静地告诉司机：“把车灯打开，只管放心大胆地往前开。”于是，车前灯射出强烈的光，把路面照得如同白昼一般。同时，车频繁地响着喇叭，向前驶去。

30米、20米、……当车队驶近敌散兵时，那些官兵不仅没有开枪截击，反而纷纷往路两旁闪开，还以为是自己的“长官”，齐唰唰地在“立正”声中行注目礼，好像在欢迎贵宾。而后面赶上的几辆国民党军队的卡车见路边的官兵向朱德一行的车队行礼，确信上面坐的是个大官，于是减速保持距离，始终不敢靠近。他们做梦也没有想到，中国人民解放军总司令就在他们面前一闪而过。

前面一条岔路，一转道向东，终于与敌“分道扬镳”。在国民党军队的“欢迎”与“护送”下，朱德一行安全通过了国民党统治区。这时，大家才松了口气，打心眼佩服朱德的神机妙算与胆识。

5月13日，朱德一行到达黄河北岸的濮阳孙王庄。这是一个居民不到千人的小村，向东距濮阳城约7华里，村子里四周杨柳笼荫，茁壮茂密，像一道天然的绿色屏障，把村子隐蔽得严严实实。村中的一座四合院，便是华东野战军的指挥部。

华东野战军是在新四军的基础上发展起来的，而新四军的前身又是红军当年长征后留在南方坚持斗争的华南游击队，许多当年的营长、连长如

今已成为纵队队长以上的干部。朱德的到来使华野部队受到极大鼓舞，许多从井冈山下来的红军战士见朱总司令不顾安危深入前线而热泪如雨。

当晚，朱德在华东野战军第一兵团直属队欢迎会上讲话，兴奋地说："我们的任务是消灭蒋介石，消灭封建势力，消灭官僚资本，使中国人民获得彻底的解放……我们不但要拿枪去消灭敌人，也要用政策去消灭敌人，使敌人很快地瓦解和投降。"短短的一席话，讲得大家心里亮堂堂的，对中国革命胜利的信心更强了。

随后几天里，朱德不顾千里跋涉的劳累，听取了第一纵队司令员兼政委叶飞、第六纵队司令员王必成、特种兵纵队司令员陈锐霆等关于军事情况的汇报。

5 月 14 日，在华东野战军第一兵团召开的一次团以上干部会上，朱德代表党中央向与会干部每人赠送一本毛泽东著作，并在封面上亲笔书写了"你们要学毛主席"的题词，鼓励大家要好好学习马列主义、毛泽东著作。接着，朱德作了题为《目前形势和军队建设问题》的报告。

在谈到军队建设时，他说："军事工作与政治工作是一个东西的两面，只能都好，不能哪一个单独好。……我们与国民党军队所以不同，主要就是我们有政治工作。我们是人民的军队，不是军阀的队伍。"

在谈到作战问题时，朱德特别强调学习战术的重要性。他说："我们在战略上藐视敌人是完全有根据的。但到了战场上，对具体的敌人作战时，就一点也不能轻视敌人，否则就会犯错误。大家都要学习战术，既要系统地总结自己的战术，也要研究敌人的战术，蒋介石某些战术有变化，我们某些战术也要相应地改变，大家要想办法彻底消灭国民党的几个主力部队。"朱德的讲话生动有趣、绘声绘色，会场上不时响起阵阵掌声。大家都觉得这实际上既是一堂政治军事培训课，也是中原逐鹿大战的动员会。

"对不同的敌人要有不同的打法。打小敌、弱敌，可以用些较简单而直接的办法，可以来一个猛冲；打大敌、强敌，必须定出系统的斗争方针，必须懂得摆布它，懂得用迂回曲折的战术。打仗要看清对象。对什么敌人打什么仗，看什么天候打什么仗，在什么地形条件下打什么仗，等等，都是重要的战术原则。"朱德这些内容深刻、语言生动的讲话，给了华东野战军指战员们很大的教育，鼓舞了斗志，增强了战斗力。

具体怎样对付集结在这个地区的国民党主力部队？朱德用生动形象的譬喻，提出了一个重要主张，要用"钓大鱼"的办法。他说："我替你们

想了一个办法，就是用钓大鱼的办法。钓了一个大鱼你不要性急，不要一下就扯上来，因为你性急往上扯，大鱼初上钩，尚未疲困它。拼命扯往往会把钓索弄断。可以慢慢同它摆，在水里摆来摆去，搅上几个钟头，把它弄疲劳了再扯上来。就把这个大鱼钓到手了。对第五军就要用这个办法，要用‘引’的办法，它来攻，我就退，有条件就阻击一下，没有条件就不阻击，把它拖得很疲劳，弹药也消耗得差不多时，再用大部队去奔袭歼灭它。”

朱德的讲话如春风化雨，点点滴滴沁入干部战士的心田。一条“钓鱼术”打开了华野官兵心头的一把锁。许多指挥员兴奋地说：“这一下对付‘邱豁嘴’（谐音国民党第五军军长邱清泉）有办法了！”

一天中午，朱德和大家一起吃饭，并利用吃饭时间来到战士中间。他听到一位战士是南方口音，便问吃玉米面窝头习惯不习惯，这位战士说“习惯”，朱德满意地笑了，鼓励他说：“努力打几个大仗，江南一解放，就能吃上大米饭了。”

华野有不少投诚过来的新战士，负责警卫安全工作的人员很担心朱德的安全，便以注意身体健康为由劝朱德回去休息。朱德看出了他们的意图，说：“不要怕嘛！不敢和自己的战士见见面，就不配当总司令！”指战员们看见朱德和蔼可亲，毫无架子，便无拘无束地围着他问这问那。朱德笑着说：“慢慢来，你们可以写条子，我一个个回答。”不大一会儿，朱德的兜里便装满了各种条子。于是他一次次掏条子，边念边答。他的有问必答，解开了广大指战员心中的一个个疑团。

朱德在濮阳期间除了忙于政治军事大事之外，还抽时间调查党的政策执行情况，了解、关心群众的疾苦。

一天上午，朱德来到濮阳城的集市上，在一个小摊跟前停了下来，和蔼地问摊主赵老三：“老乡，你的生意怎么样?”赵老三看着这位身材魁梧、浓眉大眼、面带笑容的解放军“老战士”，还以为是常来集市购物的炊事班长，招呼说：“老班长，请坐吧！”

朱德坐下来，两人便拉起家常来，不大工夫，朱德便知道了赵老三的真姓大名、家庭情况、经济状况及解放军有无违纪现象等。两人越谈越投机，赵老三为这位“老班长”的朴实热情所感动，沏了茶，抓了瓜子来招待。朱德又进一步询问党的土改、工商等政策在当地的贯彻情况，当他了解到发生过侵犯工商业者利益的事情时，便当即在集市上进行核实，且报

军区党委采取措施，纠正偏差，以促进地方经济发展。

5月18日晚，圆满完成濮阳行重任的朱德北返西柏坡。临行，陈毅代表华东野战军赠送朱德一支勃朗宁手枪和一套铝合金折叠椅以作纪念。这是华东野战军不久前歼灭国民党整编七十四师时缴获该师师长张灵甫的战利品。这套椅子朱德一直保存，直到他逝世的前20天——1976年6月，才亲自批示捐赠给平山县西柏坡革命博物馆。

朱德离开不久，华东野战军在粟裕率领下，审时度势创造战机，从6月中旬至7月初，在中原野战军一部的配合下，发起豫东战役（包括开封战役和睢杞战役），一度攻克河南省会开封，再寻歼援军，共歼灭国民党军队9．3万余人，创造了在一次战役中歼敌数量的新纪录，实实在在地尝到了“钓大鱼”的甜头。

西柏坡是位于河北省平山县境内太行山脚下滹沱河北岸的一个小山村，距石家庄约80公里，依山傍水，风景秀丽。它原名“柏卜”，始建于唐代。1935年一位教书先生把“卜”改为“坡”，于是就有了西柏坡。早在1947年5月，朱德和刘少奇就在这里落脚，开始中央办公地的建设。

1948年，在毛泽东尚未到达西柏坡时，刘少奇和朱德便为他专门准备好了住处——房子是用大青石新砌的石窑洞，是连在一起的三眼石窑洞（一间办公、一间住宿、一间会客），坚固安全，宽敞明亮，在西柏坡是首屈一指的好房。其他4位书记，全都住的是土坯垒的民房。

可是，毛泽东考虑到自己可能要出访苏联，不知何时才能返回，到他回国的时候，也许不用再到这儿来住，于是暂住城南庄晋察冀军区大院。这时，刘少奇找到周恩来说：“主席不来了，你到后院住那几间石窑洞吧。”周恩来想了想，说：“我有个意见，你和朱总两家住在一个院子里，都有点挤，朱总岁数大了，最好让他去住石窑洞。如他不愿再搬动，那就你搬过去。我已经看好了，我就住在东头儿第一家。”其实，周恩来住的是五大书记中最次的一处，可是刘少奇知道周恩来的脾气，要是把好事给他，他是决不会答应的。

刘少奇动员朱德进住时，朱德说：“我住得挺好，就不动了。恩来同志不去，那就弼时同志去吧。弼时同志的身体不好。”

任弼时在五大书记中年龄最小，比朱德小16岁，他当然不会接受，说：“说句老百姓的话，我们好比亲兄弟，好房子兄长不住让小弟，有点不合情理。谁也不用再谦让，年长者最该住，也就说总司令最该住。我就挨

着恩来同志，住东头第二家。”大家左推右推，朱德只好搬进石窑洞。

可是，朱德才搬进去不久，即5月10日，斯大林致电毛泽东，考虑到中国战局的发展和途中的安全，建议他推迟访苏；18日，国民党军飞机轰炸城南庄晋察冀军区大院，击中毛泽东的住房，当晚，毛泽东转移到离城南庄20多里的花山村。27日，毛泽东离开花山村，乘车来到了西柏坡。

“中央机关大院后院的这石窑洞是我们为你盖的，你一定要住进去，明天你就搬进来吧。我在陕北早住腻窑洞了呢！”朱德说住腻了，当然是推辞。毛泽东笑笑：“我就住前院弼时同志西边的那农家小院，喜欢那豁亮干燥的平房。总司令，我们当中数你年长了，有好房你不住谁住？不用推辞，就这么定了！”

于是，中共中央五大书记齐聚西柏坡，都居住在几个相邻的小院里。于是，毛泽东提议，中共中央书记处实行集体办公。为了便于指挥，军委作战室就设在书记处成员的居住区。这样，这里成了中共进一步解放全国、建立新政权的指挥中枢。全国战场的指挥者们的生活、工作就在方圆几百米的天地里，难怪敌人曾错把这里当成一个团的指挥所。然而，就是在这个世界最小的司令部里，导演了规模最宏大的战略决战。

在陕北的时候，中央机关的人爱说：“5个杯子碰到一起（指五大书记），蒋介石就该倒霉了！”现在，不仅仅是5个杯子，而同几十个杯子碰到了一起，等着瞧吧，会有一场红火热闹呢！

朱德从华东回来时，康克清已把3口石窑洞布置一新。一回家，只见门口放着一双破棉鞋，看样子是警卫员准备丢弃的。朱德用清水洗净、晒干，戴上老花眼镜缝起来，准备冬天时再穿一冬。

邻居的老太太见这位大官也缝缝补补，心里转不过劲来，问警卫员，警卫员笑而不答。老太太纳闷儿：“共产党的大官也是穷人啊！”

当时，中央决定准备发行第一套人民币，共发行从1元至50000元12种面额、60个票种。中国人民银行首任行长南汉宸考虑到，时任华北政府主席兼华北财经办事处主任的董必武的一手好字在解放区有口皆碑，另一方面中国人民银行的成立和人民币的发行都是在董必武的直接领导下进行的，且“中国人民银行”行名也是由他首肯并上报中央批准的，于是请董必武题写行名。可是，董必武非常谦虚地说我写的字不太好还是请林老他们（指林伯渠、吴玉章、徐特立、谢觉哉、朱德等）来写吧。找到朱德题写行名时，朱德表示自己的身份不适合而婉拒了。一天，林伯渠为发行中

央货币写好了“中国人民银行”几个字，请朱德过目。这时，恰好邻居的老太太又凑上来，听说是印钞用的，便问：“你们家开银行啊?”这下子，老太太更加纳闷了：管银行的还这么穷啊？一双破棉鞋还补了又补，舍不得丢?

不过，首套人民币票面上的“中国人民银行”行名和面额汉字除1000元耕地狭版券外，最终还是选用由董必武所书写的。原来，在南汉宸再三请求下，董必武在一张白纸上横竖写了“中国人民银行”、“中华民国”、“壹、贰、伍、拾、佰、仟、万、圆”、“一、二、三、四、五、六、七、八、九、十、年”等许多字，有些字如“贰”字还写了几种不同的写法。这些字经过南汉宸筛选，后来就出现在第一套人民币上了。董必武的字被称为“柳体”，刚劲挺拔，俊俏舒逸，为第一套人民币增添了不少色彩。

1948年秋，中国的军事形势发生了急剧的变化，战略决战的时机已经成熟，夺取全国胜利已经近在眼前。在这个关键时候，朱德经常到解放军总部作战局听取汇报，对战略决战的地点、时间、条件和有关政策提出看法。

9月8日，中共中央政治局会议（史称“九月会议”）在西柏坡召开，这是从延安撤出后的第一次中央政治局会议，也是抗日战争结束以来到会人数最多的一次中央会议。

这次会议提出从根本上打倒国民党反动统治，要求各战略区打更大规模的歼灭战，作战方式由游击战争过渡到正规战争，战争所需要的人力、物力资源可以大量地从国民党方面取得，同时必须努力发展解放区的工农业生产。朱德在会上作了重要发言，指出：“一年来我们的部队大有进步，战斗力大大提高了，但不能满足于现状。要经常整训，要不断提高部队的技术装备，加强人员和物资的补充，搞好军工生产，统一兵站运输，统一医疗卫生工作，使部队能连续作战。”他还富有远见性地提出：“将来攻城打援的大会战最可能在徐州进行。”

9月13日，会议结束时，华东野战军发起的济南战役正在鏖战，经8昼夜激战，于9月16日攻克山东首府济南，歼敌10余万人，揭开了战略决战的序幕。

同时，辽沈战役第一阶段正在激烈地进行，东北野战军已接连攻克绥中、兴城、义县，威逼锦州，截断北宁线，堵住了在东北的国民党军队向华北撤退的退路。

10 月 1 日，朱德在解放军总部作战局战况汇报会上指出："过去我们是怕东北的敌人进关，因为进关后，不管增加到哪里对我们都是不利的。现在敌人已不可能进关，我们可以在东北将他们消灭。"接着，他分析了今后战局的发展趋势："华北最后的问题是解决傅作义。傅作义是不好打的，但我们还是一定能够解决他。……徐州方面，我们的力量可以消灭敌人 3 个兵团中的任何一个兵团。"同时，朱德强调："今年是决定胜负的一年。中原是决战的战场。"

10 月 14 日至 15 日，东北野战军主力经过 31 个小时的激战，攻克锦州，取得辽沈战役决定性的胜利。当晚，捷报传到西柏坡村，朱德几乎一宿未寐，整理出东北战报。

第二天，朱德在战况汇报会上指出："打下锦州，我们更好地取得了攻坚战及攻取大城市的经验。目前主要作战在东北，形势对我们有利，可以打几个好仗，在今冬解决东北问题。东北解决了，我军可以入关，最后解决傅作义。""他的长蛇阵如果被我们一击，就可以切成几节。""在淮海战场，粟裕和许世友、谭震林可以会合打大仗。徐州敌人 3 个兵团靠在一块比较难打，如果能搞掉它一两个兵团就容易解决问题。"

他笑了笑，说："蒋介石近来也跟我们学，放弃城市，进行机动作战，也不要后方，也搞大队行进。但他没有群众，所以没有饭吃，而且这样做已经迟了。"

最后，朱德要求今后注意攻坚战术，并说："人员补充问题是我们继续取胜的重要条件。另外要收集物质资材，加紧兵工生产，准备决战。"

11 月 1 日，朱德和彭德怀联名发布《中国人民解放军总部关于惩处战争罪犯的命令》，宣布人民解放军对国民党反动派党政军人员的政策是："首恶者必办，胁从者不问，立功者受奖。"这个惩处战争罪犯的命令，对国民党统治集团起了巨大的震慑作用，加速了解放战争的胜利进程，也减少了战争带来的破坏。

11 月 2 日，历时 52 天的辽沈战役胜利结束，共歼敌 55 万余人。于是，东北全境宣告解放。4 天后，华东野战军与中原野战军在中原大地发起淮海战役。在淮海战役胜利发展之际，挥师入关的东北野战军和华北军区第二、第二兵团于 11 月 29 日又联合发动了平津战役。

11 月 26 日，朱德在战况汇报会上兴奋地说："我们正以全力与敌人进行决战。20 年来的革命战争，向来是敌人找我们决战。今天形势变了，是

平津战役战前决策（油画）

我们集中主力找敌人决战。”朱德断言：“我们的胜利已经肯定了，但胜利中还有困难。要在新解放区把群众组织起来，恢复生产，以便支持大军继续前进，直到解放全中国。”

从 1948 年 9 月 12 日至 1949 年 1 月 31 日，历时 142 天的战略决战胜利结束。这期间，已届花甲之年的朱德常常宵衣旰食，与毛泽东、周恩来等一起运筹帷幄，共议戎机，决胜千里。人民解放军经辽沈、淮海、平津三大战役，共歼敌 154 万人。

捷报传出，世界震惊了。远在千里之外的斯大林也为之惊讶，称赞这是“世界战争史上少见的奇迹，真是奇迹”！

消息传到南京，蒋介石如丧考妣，痛苦不已。他撕心裂肺地吼道：“完了！一切完了！”说完，咳出了几口鲜血……

四、进京“赶考”

战略决战胜利后，各野战军按照中央军委的决定，先后进行整编，西北、中原、华东、东北野战军依次改为第一、第二、第三、第四野战军，

同时成立西北、华北、东北、华东、中原五大军区，原华北的3个野战兵团直属中国人民解放军总部指挥。

1948年12月26日，朱德在全国后勤工作会议上分析国内形势时说："蒋介石企图以长江为防线，但他是不能达到目的的。我们就要过长江了。大军出动就要求后勤工作做好准备。"接着，他提出要进一步加强后勤工作，要依靠和发动群众，有计划、有系统地组织大规模的后勤体系；要逐步做到统一集中，消除过去客观条件所造成的地域观念；要建立统一的装配样式和各项规章制度；要有计划地进行军工、军需生产，用物资来保障战争的胜利，并为将来的社会主义建设服务。

1949年1月15日，解放军攻克华北重镇天津，随后，兵临北平城下，对傅作义的25万官兵形成合围。22日，傅作义在《北平和平解放问题的协议书》上签了字。消息传到西柏坡，朱德和毛泽东的脸上露出了笑容。

这时，蒋介石宣告"引退"，当天下午离开南京飞往杭州即转家乡浙江奉化溪口。蒋介石并非真的退而为山野之人，他只不过是由前台转到幕后，在奉化溪口，当他逗留在雪窦寺中，或流连于山林泉石之间时，他实际上仍然操纵着一切。他在垂帘听政。而此时的李宗仁尽管当上了代总统，守的是一个四分五裂的烂摊子，一上台即陷入了捉襟见肘的境地。

1949年的春天似乎比往年来得早，此时严冬尚未褪尽，中共中央所在地河北省建屏县西柏坡却早已春意盎然。汇集在这里的中共几大巨头毛泽东、朱德等，正开始为即将诞生的新中国描绘蓝图。

1月30日，北平正式宣布和平解放。这一天，朱德和任弼时前往石家庄机场迎接苏联斯大林特使米高扬（化名安德列耶夫）秘密访问西柏坡。飞机徐徐降落，朱德等迎了上去，翻译师哲介绍道："这位是我们的朱德总司令！"

"中国革命的大英雄、中国红军的大将军、中国人民的传奇式的领袖，您比我印象中的形象结实多了。我代表斯大林同志和苏联同志向您问候！"米高扬的会面问候被师哲翻译成中文，竟是一大串的赞美词。

"谢谢你们！我代表毛泽东同志和其他中国同志欢迎您的到来！"双方紧紧拥抱。米高扬仔细端详朱德："您的头颅是高贵的。听说蒋介石先生要出100万大洋买下您的头颅，这是真的吗？"朱德和任弼时都笑了。

1月31日至2月7日，毛泽东、刘少奇、朱德、周恩来、任弼时在西柏坡同米高扬进行了3次正式会谈。

这年1月，战争形势日益明朗，朱德兴奋地说："中国局势，在这一年内可以完全统一起来。……这一点，过去几个月中我们已经估计到，现在则是任何人都可以估计到的了。"随着辽沈、平津、淮海三大战役的相继告捷，国民党反动政府的主力部队已基本上被歼灭，夺取全国胜利很快就会实现，中共领袖们不得不对一些过去没有来得及仔细考虑的问题迅速做出决策。这时，令他们费神的已不再是战争或军事问题了，国民党仅存的100多万残兵败将分布在从新疆到海南的广阔地区，这对于久经考验的、强大的人民解放军来说，已不构成威胁。令他们伤神的，是随着军事上的节节胜利而来的严峻的经济形势——长年的战乱使得根本就不发达的中国更是民不聊生，工农业生产遭受到极大破坏；特别是国民党统治时期遗留下来的通货膨胀正如"脱缰野马"，难以控制，使经济形势更加混乱不堪。朱德强调："全国政权为我们所有，已经是不成问题了。今后一切要有正规建设的观念，一切事情要用心办好。做事需要专门化，一切事情经过研究，彻底搞好。各种人将要转到建设上来。"他指出："战争是暂时的，生产是永久的。打仗为了什么呢？为的是生产建设；土改为了什么呢？也是为生产建设。要彻底摧毁封建制度对生产力的束缚，以便把各种力量组织起来搞好生产。"

对在新解放地区接管的原国民党政府所属的工厂和铁路运输业，朱德强调不要打乱原有机构，并要放手使用原有的工程技术人员和管理人员。

创业难，守业更难。要真正收拾国民党留下来的烂摊子，恢复经济，谈何容易。于是，领袖们首先碰到的就是人才问题。究竟谁来肩负新中国成立后整个国家财政方面的领导工作比较适合？如果说是战争年代，经济就像其他一切工作一样要坚决服务、服从于前线的胜利，那么在没有战争的和平年代，情况就发生了很大的变化，经济问题将直接关系到国家的长治久安与健康发展。而在我党长期的斗争历程，优秀的军事指挥员比比皆是，战果都很突出，无论托付多么困难的作战任务，中央都是放心的。相形之下，寻找财经工作方面的领导人就需要多费一番思量了。

当时，上海有一位著名的资本家这样"叫板"："共产党军事100分，政治80分，经济打0分。"尽管这话明显言过其实，分明就瞧不起他眼中的"土包子"，然而中共自身的状况也的确不容乐观。许多党的高级领导干部在接管城市中，最头痛的就是恢复地方经济。眼看全国解放在即，朱德和毛泽东等中共领导人开始迫切地感觉到当务之急是首先物色一位懂经济

的帅才，统帅全国的经济工作，以迅速恢复经济，发展生产。

毛泽东左思右想，仍然定不下人选决心，于是找到时任党中央副主席的周恩来，想听听他的看法。周恩来听明来意，略一沉吟，便直截了当地向毛泽东提议，东北局的陈云同志适合主持财经工作。

2月6日毛泽东致电东北方面，“请陈云来中央一叙”。

2月8日下午，陈云到达西柏坡，安顿在距中央书记处住所不远的一间平房内。当晚，陈云与毛泽东、朱德和周恩来、刘少奇、任弼时等彻夜长谈。自1945年9月16日离开延安以后，陈云还从未曾有机会与中央书记处各同志当面叙谈。这次相聚，大家自然分外高兴。陈云汇报了东北的工作，介绍了东北的基本情况尤其是东北的工业情况。

最后，毛泽东向陈云表明，中央正在酝酿成立一个统一领导全国经济工作的财经委员会，并决定将由他挂帅。朱德说：“党中央把统帅全国经济工作的重任交到你的肩上，显然是对你的信任，但这也是一个极大的挑战。我们全力支持你的工作！“陈云深知这副担子的分量，坚毅地点了点头。陈云知道，服从党的分配是天职，搞好全国的经济工作自己责无旁贷。

这年年初，东北局城市工作部部长王稼祥抵达西柏坡的当日，就与夫人朱仲丽一起去看望毛泽东。毛泽东拿起一支烟递给王稼祥，自己也点了一支，然后问：“我想听听你的意见，我们的政府定都何处？历朝皇帝把京城不是定在西安就是开封，还有石头城南京或北平。我们的首都定在哪里最为合适呢？”王稼祥作了片刻的思考，然后回答说：“能否定在北平？”毛泽东要他谈一下理由。王稼祥分析说：“北平，我认为，离社会主义苏联和蒙古人民共和国近些，国界长但无战争之忧；而南京虽虎踞龙盘，地理险要，但离港、澳、台近些；西安又似乎偏西了一点。所以，我认为北平是最合适的地方。”“有道理有道理”。毛泽东一边笑着，一边不住地点头。

后来，毛泽东将王稼祥的看法向朱德等其他中共领导人谈了，朱德一听，表示同意：“好，定都北平。从目前国际政治格局和国家安全战略上来看，建都北平是个好主意！”

为了顺利实现新形势下党的工作重心的战略转移，确定全国胜利后党在政治、经济、外交等方面的基本政策，中共中央于1949年3月5日至13日在西柏坡举行七届二中全会。

会场设在中央大院的西北角，即由毛泽东住处往朱德住的后沟路过的那个山嘴西侧。这不是民房，是临时搭建的，土坯垒墙，檩条搭顶，没有

椽子，将苇帘直接搭在檩上，上面便抹泥封顶了。这座房子比不上民房坚固，但比民房宽敞得多，一间要顶四五间，人称中央小礼堂。

3月5日下午3时，与会委员陆续走进会场。他们是：毛泽东、朱德、刘少奇、任弼时、董必武、林柏渠、李富春、林彪、饶漱石、李立三、康生、张云逸、贺龙、陈毅、张闻天、蔡畅、邓小平、陆定一、曾山、聂荣臻、彭德怀、邓子恢、吴玉章、林枫、滕代远、张鼎丞、李先念、徐特立、谭震林、王明、廖承志、王稼祥、陈伯达。还有候补中央委员：邓颖超、王震、吕正操、罗瑞卿、习仲勋、刘澜涛等19人。杨尚昆、胡乔木、李维汉等12人列席。师哲等坐在主席台旁作记录。时任中央政治局委员、中央书处记候补书记的陈云，因刚刚从西柏坡返回东北不久而没有出席会议。

小礼堂坐得满满当当。这个小礼堂，没有整齐划一的桌椅，而多为长条木凳，及一些七高八低的各式坐凳。

3点30分，周恩来宣布七届二中全会开幕，并报告了到会人数及会议程序。接着便是毛泽东作重要报告。他带着浓重的湖南口音在讲："辽沈、淮海、平津三战役以后，国民党军队的主力已被消灭。国民党的作战部队仅仅剩下100多万人，分布在新疆到台湾的广大的地区内和漫长的战线上。今后解决这100多万国民党军队的方式，不外北平、天津、绥远三种……人民解放军是一个战斗队，又是一个工作队。现在准备随军南下的53000个干部，是很不够用的，我们必须把210万野战军，全部化为工作队……从1927年到现在，我们的工作重点是在农村，用乡村包围城市，然后取得城市。从现在起，开始了由城市到农村并由城市领导乡村的时期。党的工作重心由乡村移到了城市……夺取全国胜利，这只是万里长征走完了第一步。如果这一步也值得骄傲，那是比较渺小的，更值得骄傲的还在后头。在过了10年之后来看中国，就会使人们感觉那好像只是一出长剧的一个短小序幕。剧是必须从序幕开始的，但序幕还不是高潮。中国的革命是伟大的，但革命以后的路更长，工作更伟大，更艰苦。务必使同志们继续地保持谦虚、谨慎、不骄、不躁的作风，务必使同志们继续地保持艰苦奋斗的作风。我们能够去掉不良作风，保持优良作风，我们不但善于破坏一个旧世界，我们还将善于建设一个新世界。"

这一天的会议，一直到下午7点结束，然后聚餐。晚上看苏联无声影片。

往后几天，几乎每天都是下午3~7点开会，每次会议都有五六个人

发言。

第二天，朱德作了大会发言，指出："过去从城市到农村是个大转变，现在从农村转到城市又是个大转变。我们的工作要适应这个大转变。军队要由战斗队逐步转变成工作队，这也是个大转变。我们的部队是一个学校，这个学校要培养出会做事的人。将来管理生产，搞生产建设，也要靠他们。今后我们进了城市，取得全国政权，就有了自己的国家，就要搞好国防。要实行征兵制，建立自己的海军、空军、炮兵、步兵等，建立和训练国防部队，敌人来了就得打。"他语重心长地说："中国是个多灾多难的国家，要把这样的国家建设好，有许多事情要做。我们的科学知识不够，没有什么值得骄傲的，骄傲的人往往是幼稚的人。"

这个会跟以往一些会议有所不同，会议气氛显得很轻松。与会人员不论是在会场里，还是在柏树坡前的院子里，不论是跟五大书记交谈，还是相互间的闲话，都掩饰不住他们的兴奋心情。在会议的空隙里，他们热烈地讨论着即将要进北平的事，建立新中国的事，讨论如何建设一个独立、自主、繁荣、富强的新国家。

会议的第四天，即3月8日，这天是"三八"节，与会的女同志与中直机关的女性们，全到距西柏坡约3华里的东柏坡这边头年才建起的一个简易大礼堂里开会。晚餐后，毛泽东、刘少奇、朱德、周恩来、任弼时和全部与会委员，都来大礼堂看戏。

3月13日晚7点，大会闭幕。七届二中全会是解放战争时期中共召开的唯一的一次中央全会，会议做出的各项政策规定，无疑不仅对迎接中国革命的胜利，而且对新中国的建设事业都起着巨大的指导作用，甚至在半个世纪以后的今天仍有着极其重要的意义。

在七届二中全会上，毛泽东正式提出定都北平。他讲："我们希望4月或5月占领南京，然后在北平召集政治协商会议，成立联合政府，并定都北平。"其实，在北平成立中央政府是当时许多民主人士共同的想法。北平市市长叶剑英在七届二中全会期间向毛泽东汇报了北平和平解放的情形。说到北平和平解放后，很多民主人士来信来电给我们，表示他们坚决拥护共产党，要与共产党更好地合作，并希望共产党在北平成立全国性政府。毛泽东听后，脸上露出会心的微笑，说，看来这些民主人士还不知道我们已经在七届二中全会上把北平定为首都了，慢慢他们就会知道的。但是要最后决定还得开政协会议。

七届二中全会一结束，朱德立刻到石家庄面粉厂、玻璃厂、卷烟厂等几个大工厂宣讲二中全会精神，号召各厂党员干部坚决执行二中全会所确定的方针政策，依靠工人阶级，努力恢复生产，管理好城市，为进行社会主义革命和建设作好准备。

七届二中全会闭幕后的第十天，即3月23日清晨，中共中央、中央军委机关和中国人民解放军总部由西柏坡启程向北平迁移。

前两天，从北平调来200多辆汽车，这是第四野战军缴获来的部分战利品。西柏坡这里，还真找不到这么大一个停车场地。不是没地皮，是没有这么大的闲场地。

不过办法还是有的，搬家指挥部早想好了。3月里，滹沱河里不发水，那宽宽的河滩里，有成千上万的车也放得下。不过，不顺道儿，还隔着那块广阔的稻田，没有一条道儿可以开得过去，虽有宽敞的场地，却不便使用。从西柏坡往东不远处有条郭苏河，河虽小些，但那河滩里放个数百上千辆汽车，还是绰绰有余的。而且这里正是进京要路过的大道，于是指挥部便让把车停在了这儿。停了长长的一摆溜，从这头到那头，差不多有3里长，挺壮观的。此地百姓，谁一下见过这么多的汽车！抗战8年，没看见八路军开过一辆车，他们用好奇的眼光猜测，“不知这要拉什么？”

中央机关的人早已忙活起来，整理文件、图书，装箱或打捆儿。借老乡的东西全部送还，坏了的赔偿新的。房漏的补房，窗坏的修窗。院里扫净，缸里挑满水。还成立个善后工作处，由秘书处长曾三、供给部长邓典桃两人负责，工作人员有苏培良、崔维德等八九人，一家家负责检查……

要进京的人，每人领到一套美制咔叽布军装、一个背包、一双新鞋、一条毛巾，还有两筒美制牛肉罐头。这天，朱德正准备要离开了，但他又回到屋里。他看见墙角里那双补了又补的棉鞋，便问警卫员：“还可以穿，怎么丢了呢？”警卫员告诉他，后勤供给部门考虑到北平天气还相当冷，每人补发了一双棉军鞋。朱德一听，说：“我的这双鞋虽然破了点，可补一补仍然可以穿嘛！你把这双新鞋退回去吧，我们的战士在前方打仗，他们比我更需要新鞋！”就这样，朱德穿着打了补丁的棉鞋踏上了进京大道。

一切就绪，整装待发。车厢里装东西，东西上“装”人。除了干部，还有家属和个人的东西，所有车上都要装个满满当当。

在两年前的这个3月，他们离开延安的时候，只有两三辆吉普和几匹马。在一年前的这个3月，他们离开陕北，东渡黄河，来到西柏坡的时候，

也还是那几辆吉普和那几匹马。到了这1949年的3月，由西柏坡往北京搬家的时候，200多辆大卡车都难以装得下了！可以想象得出，那两次搬家是多么的艰苦。只不过，当年是秘密行动，要防止敌机的轰炸袭击，现在形势变化了，长江以北的大半个中国，已经掌握在共产党的军队手里，可以在白天转移。

到了22日的晚上，要动身进京的所有事情，都安排得妥妥贴贴，只等一声"出发"的号令了。周恩来这位总指挥，办事非常细致，最后他还亲自进行了一番检查，感到无一疏漏时，才返回来，又走进毛泽东的住处。正好刘少奇、朱德和任弼时都在这里。本没有什么大事再研究，战争的和进京的大事都已研究好，并安排得"滴水不漏"，5位书记在离开西柏坡之前，只不过是最后一次碰面，说了些明天路上的事。

23日上午8点刚过，200多辆车的庞大车队，离开这个太行东麓的小山村，告别了西柏坡，先后陆续出发。家家户户的门前，都有一个恋恋不舍的，告别与欢送的情景：说不完的话，叙不完的情。

康克清已在月初坐敞蓬汽车先行到北平，准备出席中华全国妇女第一次代表大会。朱德向邻居等老乡说着告别话，老大娘的袖口直往脸上抹，扑簌簌的热泪沾衣襟。这时，村子里的小孩们四处乱跑又乱嚷："解放军要进城哟，共产党要到北平罗……"

提筐刨草的小孩子们，将刚刚长出来的鲜嫩苇叶拧成一个个大喇叭，也有的将柳条的皮拧下来做成柳笛子。喇叭的嘟哒声，柳笛的吱吱声，还有燕子的鸣叫声，合奏在一起，显示着西柏坡这个小村庄春天到来时的独特气息。

乡亲们听了五大书记的嘱咐，仍照往常的习惯，没有再齐聚村头，敲锣打鼓地闹欢送。第一批出村的，是11辆中小吉普，这是首长的车队。第一辆是带路的小吉普，第二至第十辆，分别是毛泽东、刘少奇、朱德、周恩来、任弼时、董必武……以及他们的家属。第二批出村的，是中央警卫处、中央机要室、解放军总部、军委一局、二局……这后面的车辆全是大卡车。

车队穿过石羊沟，沿郭苏河向上，朝着东北方向，曲曲弯弯，开出太行山麓，穿过起伏的丘陵，开向华北平原的通京大道。

长长的车队，浩浩荡荡，十分壮观。沿路所有村庄的人们，都驻足注视着。因为他们所见到的解放大军的车队如此威武雄壮，这还是第一次。

车队经过灵寿、行唐、曲阳，在傍晚时分抵达唐县的东淑闾村。在这里休

息了一夜，第二天又向北进发，中午到达保定。午饭后，下午 3 点又开始赶路，黄昏时到了涿州。驻扎在这里的是东北野战军第五纵队，他们为中央首长准备了“便宴”——鸡蛋下挂面。朱德用筷子夹起面条，笑呵呵地说：“多少年没吃过这么香的饭哟！”毛泽东笑着附和：“有 20 多年喽！”

晚上，叶剑英和刘亚楼等带着火车专列从北平来到涿州迎接中央首长。毛泽东握着刘亚楼的手说：“啊，10 年未见的刘亚楼来接我们‘进京赶考’喽。”刘亚楼愣住了，一时没有明白主席说“进京赶考”的意思。周恩来在旁边解释说：“主席在离开西柏坡时说，我们进北平，是去接受考试，共产党要领导全国政权，这是一种新的考验，我们不能学李自成。”刘亚楼恍然大悟：“我们共产党一定能考出好成绩！”朱德说：“要是考不好，就要退回延安去哟！”

为防空考虑，第二天凌晨 3 点，中央领导一行乘火车出发，3 月 25 日清晨 6 点抵达北平的清华园火车站。

北平，朱德并不陌生。1922 年盛夏，他第一次来到这里。当年，为了寻求救国救民的真理，为了寻找中国共产党，他抛弃高官厚禄，在这里与挚友孙炳文会面，并游览过北平城城楼。弹指一挥间，27 年过去了，63 岁的朱德又回到这个地方，自然心情十分激动。

抵达北平的当天下午 5 点，在西苑机场举行中央领导进城的阅兵式。北平各界的代表早就等在这里。朱德和毛泽东在欢迎队伍里见到了著名爱国民主人士沈钧儒、李济深、郭沫若、黄炎培、马叙伦以及为北平和平解放做出贡献的傅作义等，他们热烈握手，互致问候。

阅兵式上，毛泽东在阅兵总指挥刘亚楼的陪同下，登上第一辆检阅车，朱德随其后，伫立在第二辆车上，神情庄严地注视着他们亲手缔造、在战火中发展壮大的威武之师。50 门大炮发射出 500 发照明弹，辉映着整齐排列的高射炮、榴弹炮、重炮，全是从国民党军手中夺来的美式装备。在坦克上、在卡车上、在摩托上，英姿勃勃的战士们向他们的最高统帅敬礼，毛泽东、朱德也频频举手致意。

到北平的第三天，朱德在一次内部的会议上说：“进城是件大事情。对管理国家，从负责同志到勤务员都要重新学习，在实际中学习。”

4 月 1 日，在北平开始的国共谈判，是战争年代国共两党举行的最后一次谈判。当时，国民党举行这次谈判的主要目的，是为了获得一个喘息的机会，以便将残余军队全部撤到长江南岸，组成新的防御，坚守长江天险，

达到“划江而治”。

对此，毛泽东和中共中央看得十分清楚，但出于考虑如能用和平方式达到胜利可“使国家少受破坏，多保存一些人力物力，使将来的和平建设多一份物质力量”，加之当时李宗仁“表示愿意接受，和平总算有了可能”，于是中共没有拒绝谈判。

从4月起，朱德一面协助毛泽东部署200万大军的渡江作战，一面对城市的生产建设进行具体指导。4月11日，朱德在北平中山公园音乐堂对即将南下的第四野战军高级干部讲话，指出：“现在国内形势比任何时候都要好……反动政府要找我们和谈，企图借和谈拖延时间，重整力量，部署江防，以图负隅顽抗。我们不要被敌人欺骗，我们要积极准备迅速南下渡江，解放全中国。”他要求南下部队认真执行党的各项政策，严格遵守纪律，争取大多数，一步步战胜敌人；同时要担负起工作队的任务，学会做群众工作、政权工作及接收等工作，取得全国的最后胜利。

4月20日，国民党政府拒绝在中共代表团和国民党政府代表团共同达成的《国内和平协定（最后修正案）》上签字，并在杭州积极策划“坚决作战”“奋斗到底”。21日，中国人民革命军事委员会主席毛泽东、中国人民解放军总司令朱德联名发布《向全国进军的命令》，命令中国人民解放军“奋勇前进，坚决、彻底、干净、全部地歼灭中国境内一切敢于抵抗的国民党反动派，解放全国人民，保卫中国领土主权的独立与完整”。

随着这命令的下达，中国人民解放军百万雄师在东起江苏江阴，西至江西湖口，长达500公里的战线上，分3路强渡长江天堑，犹如闪电的万道弹光映红了江面，以摧枯拉朽之势粉碎了国民党当局苦心经营的防线。

蒋介石做梦也没有想到，解放军会这样快地发起渡江战役，也没有想到他经营久日的长江防线会如此不堪一击。我军开始渡江后，他气急败坏，在屋里踱来踱去，声嘶力竭地叫喊：“给我狠狠地打！绝不让共匪渡过江来！”但是，告急的电话、失利的电报一个接一个打来。接电后，蒋介石骂道：“统统都是饭桶！如果长江守不住，你要政府退到哪里去?!”

22日，蒋介石的老巢南京被攻占，在国民党政府总统府上空飘扬的那面青天白日旗像一片枯叶悄然落地……

一个新的人民的中国即将诞生。为了迎接她的诞生，各行各业在筹划兴治，一系列人民团体的会议先后召开。从4月到8月，朱德先后出席中国新民主主义青年团第一次全国代表大会、中华全国青年第一次代表大会、

中华全国妇女第一次代表大会、中华全国第一次科学筹备会成立大会、中华全国铁路职工临时代表会议、中华全国文学艺术工作者代表大会、中国社会科学工作者代表会发起人会议、中苏友好协会发起人大会、全国工会工作会议、中华全国第一次教育工作者代表会议筹备会。在这些会议上，他或者代表中共中央致词，或者发表重要讲话。

在中华全国妇女第一次代表大会上，康克清当选为全国妇联常委，分工主管全国的儿童保育工作。她站在怀仁堂那神圣的讲台上，大声呼吁：妇女团体要起号召和推动作用，把儿童保育事业作为建设新中国的重要一环来看待。从此，她正式开始并长期从事这一工作。

朱德对城市的生产建设和政策执行情况极为重视。5月中旬，他参加在北平香山召开的财政经济委员会会议，和刘少奇、陈云等一起讨论了上海、天津、唐山等地的生产、金融税收和对外贸易等问题，还讨论了从中央到地方各级财政经济组织机构的设置等问题。5月17日，他接见华北职工代表会议的代表时指出："工人阶级应当担负起建设新中国的巨大历史任务，必须很好地掌握毛泽东同志提出的公私兼顾、劳资两利、城乡互助、内外交流的政策，建立新的劳动态度，恢复与发展工业生产。"

1961年4月，朱德和儿童合影

6月中旬，朱德出席了新政治协商会议筹备会。在开幕式上，他代表中国人民解放军预祝会议成功，并满怀激情地说："中国的历史，从此将要进入一个新的时代，全国人民都感到万分地兴奋和愉快！…… 人民解放军

是中国民主运动最忠实的支持者，而在现在它就是新政治协商会议及即将成立的民主联合政府的最忠实的支持者。现在，新政治协商会议即将召开，民主联合政府即将建立，人民解放军将成为这个人民的政府的坚定不移的柱石。”在这次会上，朱德当选为新政协筹备会的常务委员。这次会议，将2990多幅备选国旗图案进行了选择，并提出将“北平”再改回去，仍叫“北京”。

7月1日，朱德参加了北平各界庆贺中国共产党成立28周年的盛会。在会上，他兴奋地说：“28年来，我们的党经过了大革命、土地革命、抗日战争和人民解放战争，终于到今天取得了中国革命基本的胜利。……不久，新民主主义的人民共和国和它的中央政府就要宣告成立了。中国人民5000年历史的新的一页，不久就要正式开始了。”他指出，新的更伟大、更艰苦、更复杂的任务正摆在我们面前：“我们应当在伟大经济建设中，把我们的国家从落后的农业国变成先进的工业国。只有我们的工业发展了，在经济上不依赖外国了，我们民族的独立才有基础，我们人民的生活幸福才有保障。因此，经济建设就成了全国胜利以后压倒一切的中心任务。”

当天下午，朱德来到北平西郊的石景山钢铁厂，出席这个厂庆祝全面开工的大会。他走进到处是荒草乱石的厂区，登上用木板临时搭成的台子，向热烈欢呼着的钢铁工人招手致意，高声祝贺他们以主人翁精神用很短的时间取得了开工生产的胜利：“过去我们打仗，走南闯北，打起背包就出发，不能不打烂一些坛坛罐罐。现在我们要建设自己的国家了，搞建设就像建家务，就要搞起大量的坛坛罐罐。这就要迅速清除敌人造成的破坏，恢复和发展生产。你们多炼一吨铁，就是给我们国家增加一份家当，革命的家当是越多越好。”

经过3个多月的筹备，召开中国人民政治协商会议、建立新中国的时机已经成熟。9月21日，中南海怀仁堂布置焕然一新。主席台上，悬挂着孙中山、毛泽东的巨幅画像。画像中间，挂着中国人民政治协商会议的会徽。上午7时，毛泽东和朱德等中央代表团成员进入会场时，怀仁堂里响起了暴风雨般的掌声，时间长达两分钟之久。

毛泽东走上主席台，宣布中国人民政治协商会议第一届全体会议正式开幕。礼炮声和乐曲停止后，毛泽东在雷鸣般的掌声中致开幕词，在开幕词中庄严宣告：“占人类总数四分之一的中国人从此站立起来了。……我们的民族再也不是一个被人侮辱的民族了。”这时候，朱德和康克清等662位

与会代表都激动得热泪盈眶。

这次会议代行了中国的立法机构——全国人民代表大会的职权，通过了具有临时宪法性质的《中国人民政治协商会议共同纲领》，制定了《中国人民政治协商会议组织法》、《中华人民共和国中央人民政府组织法》，决定了新中国的名称为中华人民共和国，国都定于北平（9月27日改名为北京），中华人民共和国的纪年采用公元，以《义勇军进行曲》为代国歌，国旗定为五星红旗。会议选出毛泽东为中央人民政府主席，朱德、刘少奇、宋庆龄、李济深、张澜、高岗为副主席，同时选举出了中央人民政府委员56人。会议还选出了由180人组成的政协第一届全国委员会。

会议还决定在北京天安门前建立人民英雄纪念碑，并于9月30日下午6时举行了奠基典礼，毛泽东主席宣读了人民英雄纪念碑的碑文。

建国初期，朱德、罗瑞卿与中学时代的恩师张澜合影

9月30日，中国人民政治协商会议第一届会议胜利闭幕，朱德致闭幕词说："中国人民政治协商会议第一届会议的工作，已经胜利地完成了。我们全体一致宣告了中华人民共和国的成立。……在整个会议期间，我们全体代表始终团结一致、和衷共济。这是我们国家兴旺发达的气象。我们既然能够团结一致，开创了中华人民共和国，我们就一定能够团结一致地把我们国家建设好，把我们的国家引导到繁荣昌盛的境地。"

朱德带着四川乡音的讲话声在怀仁堂里回荡着，掌声雷动，长时间地。很多代表眼里噙着激动而兴奋的泪花……

第九章　立国兴邦

一、出席开国大典

1949年“七一“过后，中共中央成立了以周恩来为主任，彭真、聂荣臻、林伯渠、李维汉等人为副主任的开国大典筹备委员会，拟定的开国大典方案包括3个大项目：中华人民共和国中央人民政府成立典礼、中国人民解放军阅兵仪式、人民群众游行活动。

1949年7月5日，新政治协商会议筹备会常务委员合影

华北军区司令部拟定了两套阅兵方案：第一方案是在天安门广场举行，受阅部队成检阅式队列立于天安门东西两侧；第二方案是在西苑机场阅兵。两套方案均附有一张部队位置及阅兵行进路线的详图。

经反复论证，采纳的意向明显倾向第一方案。开国大典的日子一天天接近，周恩来权衡再三，终于下定决心，在 9 月 2 日用毛笔签署了意见——“毛主席、总司令、少奇同志阅：日期在闭幕后政府成立之日。阅兵地点以天安门前为好，时间到时再定。检阅指挥员由聂（荣臻）担任，阅兵司令员请朱德同志担任。”

刘少奇在这份意见的自己名下画了一个松子般的圆圈，毛泽东和朱德只是口头上听取了周恩来的说明。于是，开国大典及阅兵仪式的场地就这么定了下来。

早在天安门被确定为阅兵仪式的地点之前，对天安门城楼及广场的清理和修饰工作就已经开始。

刚解放时，当接管人员来到天安门前时，只见高高的城楼显得十分破旧，杂草在风中摇曳，一群野鸽子扑啦啦地在城楼上飞着。通向城楼的石梯，堆积着一层厚厚的、已经风干的鸽子粪，人踩上去，一股霉臭味扑鼻而来。于是，全市开展了大规模的清运工作……

天安门广场和城楼的垃圾清扫干净后，随之而来的是对城楼进行整修。很快，年久失修、破旧不堪的城楼油漆一新，一个能容纳数十万人的广场开辟出来了，花、草、绿树也种上了，一切以崭新的姿态迎接新中国的诞生。

10 月 1 日早晨，古都北京传出阵阵锣鼓声、欢呼声。作为开国大典会场的天安门，在熹微的霞光中渐渐露出了金黄色的冠盖。城楼的内檐上通贯着巨幅标语“中华人民共和国中央人民政府成立典礼”，重楼九楹的朱漆红柱之间高悬着 8 盏大红宫灯，城楼上面飘扬着 8 面鲜艳的五星红旗，正中间门的上方悬挂着毛泽东的巨幅画像，两侧宫墙镶上了“中华人民共和国万岁”“中央人民政府万岁”的横幅标语，金水桥两边临时搭起的观礼台上红色的绸卷花环随风飘扬……

这一天，从清晨开始，首都各界群众就已经手擎红旗，高挑彩灯，喜气洋洋地从四面八方涌进天安门广场，天安门前汇成了锦绣的海洋。

下午 2 时整，毛泽东步行来到中南海勤政殿。朱德、刘少奇、周恩来、任弼时、张澜、李济深、宋庆龄等都已在此集合。

中央人民政府委员会第一次会议召开。中央人民政府主席、副主席和委员宣布就职。会议一致决议：宣告中华人民共和国中央人民政府成立，接受《中国人民政治协商会议共同纲领》为本政府的施政方针。在这次会

开国大典上，毛泽东、朱德、刘少奇等在天安门城楼上

议上，51岁的周恩来被任命为新中国的第一任政府首脑——中央人民政府政务院总理兼外交部长。会议还任命毛泽东为中央人民政府人民革命军事委员会主席，任命朱德为中国人民解放军总司令。

下午2时50分，中央人民政府主席、副主席和委员们分别上车。车队从勤政殿门口出发，出中南海东门，5分钟后便到了天安门城楼后面的空地上。

心情舒畅的代表们下车后，有说有笑，气氛很是热烈。一代开国元勋们，沿着城楼西侧那100级古砖梯道拾级而上，当他们登上城楼的一刹那，军乐队奏响了人们十分熟悉的《东方红》乐曲。顿时，广场上欢声雷动，红旗、花束、彩灯卷起了波涛。

3时整，中央人民政府委员会秘书长林伯渠宣布开国大典开始。军乐队奏起了国歌《义勇军进行曲》。当中央人民政府主席、副主席、委员就位后，毛泽东走到麦克风前，以他浓重的湘音、激昂的语调庄严宣告："中华人民共和国中央人民政府已于本日成立了！"

这时，广场上群情激动，欢呼声和红旗、花束、彩灯卷起了更加汹涌的波涛。

在威武雄壮的《义勇军进行曲》的乐曲声中，神情庄重的毛泽东按下电动旗杆的电钮，人民共和国第一面五星红旗在天安门城楼的旗杆上冉冉

《开国大典》油画

升起，广场上的30万人都肃立致敬，注视着五星红旗徐徐上升，54门山炮齐放象征着中国共产党28年艰苦卓绝斗争的28响礼炮。这时，全中国4万万人民的心向往着天安门。

毛泽东神情肃穆，目光扫过天空和大地，看了看身旁的朱德和周恩来等，在那个昭告天下的位置上，宣读了中央人民政府公告。

此时此刻，朱德无不激动，从青年时代起就梦寐以求的建立一个新中国的理想终于在自己将满63岁的时候成为生活中的现实。他浮想联翩……

当林伯渠宣布阅兵开始，朱德的思绪收回到开国大典现场。作为阅兵司令员，朱德穿着一身崭新的呢料军装，走下天安门城楼，乘敞篷汽车威风凛凛地从天安门中间的那个高8.82米、宽5.25米的门洞中缓缓驶出，在金水桥畔停住。这时，迎候在桥南东华表的华北军区司令员兼京津卫戍区司令、阅兵总指挥聂荣臻乘敞篷汽车徐徐驶来，向朱德郑重举手敬礼并报告："总司令同志，受阅的陆海军部队均已准备完毕，请总司令检阅。"

朱德还礼完毕，然后在聂荣臻的陪同下，沿东长安街驶去，经东单广场，直到外国领使馆聚集的东交民巷，依次检阅肃立严整的中国人民解放军。

受阅部队在东长安街整齐地排好队列，等候检阅。军乐队奏响了乐曲《三大纪律八项注意》："革命军人个个要牢记，三大纪律八项注意……"

这是朱德从井冈山时期就熟悉了的哺育一代又一代革命战士的歌曲。

朱德在乐曲声中举手行礼，向战士们问好："祝同志们健康！"战士们齐答："祝总司令健康！""为人民服务！""中华人民共和国万岁！"统帅和士兵此呼彼应，海啸般的声音在京城大街上涌动。

阅兵完毕，朱德健步回到天安门城楼，发布《中国人民解放军总部命令》。他那宏亮的声音在整个天安门广场上空回荡着："我命令中国人民解放军全体指战员、工作员，坚决执行中央人民政府和伟大领袖毛主席的一切命令，迅速肃清国民党反动军队的残余，解放一切尚未解放的国土，同时肃清土匪和其他一切反革命匪徒，镇压他们的一切反抗和捣乱行为。"

随后，朱德等党和国家领导人一起，检阅了中国人民解放军陆海军分列式受阅部队。这诞生在南昌城头的人民军队经过血与火的漫漫征途终于来到了天安门，受阅部队在火红的军旗引领下由东向西而来……

嚓！嚓！嚓！人民海军的方队走在最前面，身着蓝白相间海魂服的年轻水兵们显得英俊潇洒。紧跟其后的是强大的步兵师，他们组成 4 个方阵，携带着缴获的各种武器，英姿勃勃，锐不可当。炮兵师、战车师的队伍也相继而来，在隆隆的马达声中，各种坦克车、装甲车以排山倒海之势通过检阅台。来自察哈尔草原的骑兵师分别组成"红马连""白马连"，以整齐划一的动作跑过天安门前，骑兵们握枪骑马，英风赫赫。朱德和广场上几十万群众一样，自始至终都将双眼集中到受阅部队身上，人人心中涌动着喜悦与自豪的热浪，不时以暴风雨般的掌声和欢呼声掀起一个又一个欢乐的高潮。

当战车方队似铁流汹涌通过天安门前时，东方天空传来了震耳的轰鸣声，刚刚组建的人民空军的第一支飞行中队，也前来接受检阅。战机分别以三机和双机编队，一批又一批地呼啸着飞越天安门上空。天上地下，浑然一体，组成了雄伟的立体武装阵容。毛泽东、朱德等领导人仰脸注视上空，略眯双眼，手不停地用力朝天上挥动着。广场上欢腾的群众把头上的帽子、手中的报纸、毛巾全都抛向空中，欢呼声盖过了飞机的隆隆声。看着眼前这些久经战争锻炼、立下赫赫战功的将士，从几十年烽烟中走过来的共和国元勋们感慨万端，在感到欣慰的同时，也深感任重而道远。

阅兵式共用了两个多小时，受阅部队人员总计 1.64 万余名。这两个多小时浓缩了人民军队以往漫长的战斗历程，也预示了未来的征途。当晚，朱德在北京饭店宴请受阅部队代表，他特地走到空军代表席，气宇轩昂地说："你们飞得很好嘛！从现在起我才真正是海陆空军总司令了！"

当晚霞的金辉映照到天安门的蟠龙华表时，长安街上华灯齐放，群众游行开始了。这时，无数彩火炮从天安门广场的四周发射，广场上遍地火龙翻滚，满天金花飞迸，广场变成了灯火的海洋。首都军民载歌载舞，尽情地欢度中华人民共和国的第一个夜晚。

1949 年 10 月 1 日，是中华民族历史上一个具有划时代意义的日子。此时，蒋介石正神情黯然地呆在广州梅花村里。当从收音机里听到毛泽东宣布中华人民共和国中央人民政府成立的声音时，他恼恨得一阵头晕。

两天后，蒋介石匆匆离开广州城。他得到消息，由陈赓统一指挥的人民解放军第四兵团和第十五兵团已跨越粤北险关，向广州挺进。

10 月 6 日，解放军进占重镇曲江。大军兵分两路，直奔广州城，形成钳形夹击之势。此时，广州城内的“国府”要员们，一个个犹如惊弓之鸟，惶惶不可终日。

10 月 9 日，中央人民政府委员会召开三次会议，宣布了中央人民政府各机构的人员任命名单。各机构很快组建而成，正式开始运转和工作。

10 月 10 日，国民党“代总统”李宗仁宣布：国民党“政府”“迁都”重庆。于是，一架架飞机从广州天河机场起飞，载着国民党官员们逃往重庆。

国民党李宗仁政权由广州迁往重庆后不久，李宗仁以赴美治疗胃病为由从桂林到了香港，由香港转机赴美。蒋介石见“代总统”溜走，暴跳如雷，大骂不休。

11 月 28 日，阎锡山率国民党“政府”机关人员由重庆逃迁成都。12 月 7 日，国民党“政府”迁往台北。9 日，云南省主席卢汉起义，并致电西康省主席刘文辉，要刘会同四川将领，扣留蒋介石。10 日，刘文辉等在四川彭县宣布起义。

12 月 10 日，成都凤凰山军用机场戒备森严，阵阵寒风掠过枯草，苍凉的气氛笼罩着整个机场。身着戎装的蒋介石长吁一口气，钻进了飞机，艰难地合上了眼睛，两行浊泪涌出了他的双眼。坐在一旁的蒋经国见此情景，也是鼻子一酸，满脸愁云……

经过与共产党 28 年的生死相搏，他们败阵了，落荒而逃，他们要飞往台湾——那个经营了数年的“复兴基地”。

开国大典后不到 1 个月，中央人民政府人民革命军事委员会在 10 月 19 日正式成立。毛泽东任主席，朱德、刘少奇、周恩来、彭德怀、程潜任副

主席，贺龙等为委员，由周恩来主持军委日常工作。10 月 20 日，人民革命军事委员会的第一次会议，在毛泽东主持下讨论了中国人民解放军继续向中南、西南进军和军队建设问题。朱德强调："建立强大的国防军，是我们面前迫不及待的任务。"并说："我们部队在阶级消灭之前，永远是一个战斗队。我们要很好地学习军队近代化的科学知识，学习陆海空军联合作战的方法和技术。"

1950 年初，朱德给毛泽东接连写了两个报告。报告中说："1949 年 12 月 27 日结束了大陆上的战斗（除西藏外），现正收编整理中。"他提出要着手有计划、有步骤地领导全军从精简整编、组建新军种、发展军工生产、建立军事院校、进行文化教育和战术技术训练、制定条令和条例等 7 个方面开展工作，以加速解放军的正规化、现代化的建设。

这年 4 月，朱德参加中共中央政治局会议，讨论中国人民解放军进行整编的问题。当时，人民解放军总人数已达 550 万人。由于全国解放战争已近尾声，全国形势稳定，没有必要再以大量的军费来维持庞大的军队。中共中央政治局会议经过充分讨论后决定：中国人民解放军实行大规模整编，全军的总人数压缩到 400 万人，撤销在解放战争中建立起来的 4 个野战军和兵团的番号。

5 月 16 日，中共中央军委在北京召开全军参谋工作会议。朱德在会议开幕时到会讲话，强调军队要实行统一编制并很好地整顿，提高部队战斗力，使它符合未来战争的需要。这次会议根据中央的决定，在全国设立西北、西南、中南、华东、东北、华北 6 个大军区，军、师、团、营、连实行"三三制"（即每军三个师、每师三个团、每团三个营……）。于是，开始了建国后中国人民解放军第一次大规模精简整编。

但就在这期间，6 月 25 日凌晨，朝鲜战争爆发。顷刻间，全世界人们的目光都集中到东北亚的这个半岛上来了。

6 月 27 日，美国总统杜鲁门发表声明，公开宣布武装入侵朝鲜并命令其海军第七舰队侵入台湾海峡。当天，美国海军第七舰队 10 余艘军舰占领台湾基隆、高雄两港口，并在台湾海峡进行"侦察巡逻"和作战演习。这是对中国领土的野蛮侵占。

不久，美国军队又打着"联合国军"的旗号把战火烧到鸭绿江边，直接威胁新中国的安全。

年轻的共和国，刚刚走出战争灾难的共和国，应该如何对待这场发生

在家门口的战争？

根据国际形势中发生的这个突然变化，为了防备美军扩大侵略战争，中共中央军委在7月7日召开国防军事会议。会议由周恩来主持，朱德、聂荣臻、罗荣桓、林彪等出席，初步商定组建东北边防军。7月13日，从河南、广东、广西、湖南、黑龙江等地抽调25.5万人，正式组建东北边防军，下辖第十三兵团和炮兵3个师及其他特种部队，驻扎在邻近中朝边境的地区，捍卫祖国的边疆。

8月23日，朱德参加中共中央军委的会议，再次讨论东北边防军工作问题。9月5日，朱德写信给毛泽东，在认真分析美军在朝鲜战争中的战略战术后，提出："我们的对策应该是作长期打算。我们除整顿陆军外，应抓紧建设空军、海军以及装甲兵、工兵、炮兵、铁道兵等特种兵。现存的陆军除整编以外，大部分可转为新式兵种。"

9月中旬，朝鲜战局发生急剧变化，美军在朝鲜西岸的仁川登陆成功，并不顾中国的一再警告，于10月初越过三八线，向北进攻。

面对这种严重局势，加以朝鲜劳动党和朝鲜民主主义人民共和国政府代表朝鲜人民请求我国出兵援助，中共中央政治局在毛泽东主持下召开紧急会议，讨论出兵援朝问题。会议认为："应当参战，必须参战，参战利益极大，不参战损害极大。"

10月8日，毛泽东以中国人民革命军事委员会主席的名义发布命令："为了援助朝鲜人民解放战争，反对美帝国主义及其走狗们的进攻，借以保卫朝鲜人民、中国人民及东方各国人民的利益，着将东北边防军改为中国人民志愿军迅即向朝鲜境内出动，协同朝鲜同志向侵略者作战并争取光荣的胜利。"还任命彭德怀为中国人民志愿军司令员兼政治委员。

10月19日黄昏，英勇的志愿军将士雄赳赳、气昂昂，跨过鸭绿江，赴朝参战。

战略部署确定后，朱德尽管日理万机，对赴朝参战部队极为关心。在土地革命战争、抗日战争和解放战争中，遇到重大的战斗行动时，他经常亲自向部队作动员。这次也是一样。10月29日，他到山东曲阜看望即将赴朝参战的第九兵团，向第九兵团团以上的干部做出国作战动员报告。

动员大会是庄严而隆重的。朱德环视四周，用他那特有的从容而有力的四川口音高声地说："同志们，我们又要打仗了！这次打仗不同于以往，不是在国内打，而在要到国外打。美帝国主义不顾我们警告，越过三八线，

直趋我国边境，还有侵略我国东北的阴谋计划。我们决不能置之不理。为了保卫祖国，支援友邻，我们肩负着光荣职责。我们有世界民主阵营的支持，一定能胜利。”他的讲话不时激起一阵阵热烈的掌声。

当第十九兵团准备赴朝参战、从西安到达山东兖州后，军委通知兵团司令员杨得志和政治委员李志民到北京。在中南海，朱德听完有关汇报后，详细询问了部队集结的各种情况，从武器装备到思想动态，从部队纪律到生活管理，都一一过问。

12 月 19 日，朱德抵达山东兖州，向即将参加抗美援朝战争的第十九兵团团以上干部作动员报告。会议开始前，他要到连队看看战士，杨得志和医生都说天气太冷，部队住处分散，建议他在有木炭火的房间里分批接见一些指战员的代表。朱德笑着说：‘毛主席要我到十九兵团来，可不是只来看看杨得志、李志民你们几个人啊！’就这样，朱德冒着冷风，看望了几个步兵和炮兵连队。

由于疲劳和寒冷，朱德感冒了，而且发烧、咳嗽。即使这样，他还是带着病给十九兵团团以上干部作报告。“毛主席派我到十九兵团来，有两项任务——一是向同志们表示慰问，给同志们送行；二是要给同志们加点子油、鼓点子劲。同志们，朝鲜人民在等着你们，等着和你们一起消灭美国侵略者；祖国人民也在等你们，等着你们和朝鲜人民并肩作战胜利的消息。”他讲抗美援朝的意义、兵团的任务，指出可能遇到的困难，要求干部和战士一起摆出困难，找出解决的办法，做到和敌人交手时有胜利的把握。

从山东回来不久，朝鲜战争传来捷报，中国人民志愿军空军首次击落美国空军 F－84 型飞机。

新中国成立后第一个建立的新军种是空军。早在 1930 春，鄂豫皖革命根据地缴获了一架国民党空军的美制飞机，日后成为中国工农红军第一架飞机，并被命名为“列宁号”。在现代战争中，没有一支强大的现代化的空军就没有制空权。朱德认为，没有制空权的军队就要被动挨打，没有制空权的国家必然遭受侵略。他大声疾呼：“建设空军是刻不容缓的事情，不管家务大小，困难多少，我们非好好办不可。”他向广大空军官兵发出号召：“建成一支完全新式的、强大的人民空军。这支空军，要在我们所有的领海和领空上初步取得制空权，能够击退任何侵略者的进攻。空军里的每一个人员，都要清楚地了解这个任务，并想种种办法，尽一切可能去完成这个任务。”

年轻的中国空军迅速成长壮大，在朝鲜半岛的蔚蓝天空中打了一场又一场硬仗。先后有10个歼灭师21个团672名飞行员、2个轰炸师3个大队28个机组和59733名地面人员参加了轮战锻炼，战斗起飞2457批26491架次，进行空战364次，击落敌机330架、击伤敌机95架。在与强大敌人的较量中，使年轻的人民空军迅速成长，他们在战争中学会了战争。

对人民海军的建设，朱德同样十分关心，几十年前他就有一个建立自己的海军的梦。1943年9月的一天，晚饭过后，朱德和康克清及身边工作人员来到延河边散步。这是朱德的一个习惯，闲暇时总喜爱到河边走一走。一路上，大家不时地被朱德那诙谐的话语引得笑声不断。

这时，一群鸭子顺着延河水游了过来，大家伫立河边凝视着在水中嬉戏的鸭群。康克清开玩笑地说："老总，你的舰队开过来了，你数一数，到底有多少只军舰？"康克清的问话把在场的人都逗笑了。

"你可不要小看这支舰队，它们会很快发展起来的。"朱德指着鸭群，微笑着说。曾经担任总部作战科长的黄鹄显问道："总司令，我们什么时候才能建立一支海军部队？"朱德听罢，收敛起笑容，表情真切地对大家说："虽然我们目前还不具备条件，但是，等到新中国成立后，我们一定会有自己的海军。"

短短的两句话，使大家陷入了无限的遐想中，他们多么希望这一天能够早日到来啊！

海军的成立早于空军，在渡江战役之前，党中央让负责攻打南京的第三野战军组建一支海军——华东军区海军。这时的海军舰艇主要是修复的破旧舰艇和改装的舰艇。

1949年8月21日，朱德在中南海办公处接见了华东军区海军司令张爱萍等人。当一行人来到时，朱德热情地站起来迎接，同大家握手问好。坐定后，朱德问张爱萍："现在海军有多少兵力？"张爱萍回答："包括国民党起义官兵和征召人员在内约2万人，大小船只100多艘。"接着，张爱萍把海军组建以来的情况向朱德做了详细的汇报。

朱德听着不时点头，最后语重心长地说："我们国家的海岸线很长，敌人侵略我们中华民族大都是从海上来的，希望你们更好地和人民一起把海军搞起来。"

由于我军金门之战失利，使毛泽东和党中央深切感受到建设人民海军的紧迫性，形势催促下华南海军应运而生，守卫着华南的门户。

直到1950年4月14日，正式成立了统一指挥和管理的人民海军。第二年9月，朱德专程赴青岛参加海军第一次政治工作会议。在海边，他望着湛蓝的海疆，思绪万千。他同大家谈起洋务运动时说，中国也有过海军，而且从规模和吨位上来讲，在当时属于先进。但是清政府腐败无能，有国无防，慈禧太后用海军经费在北京西郊修了一座皇家花园颐和园。从此中国海军陷入灭顶之灾，一场甲午战争，日本侵略者便打开了中国海上大门……

在海军政治工作会议上，朱德发表讲话，阐述了海军的任务和防御方针。他说："中华人民共和国成立以后，仅两年时间，我们的海军就建立起来了。目前这支海军的力量虽然还不够强大，但它是按照现代化的标准建立的。我们强大的陆军曾经过了由小到大、由弱到强的发展过程。我们相信，经过一定时期的努力，中国人民也必将拥有一支强大的和陆军同样英勇善战的海军部队。"在谈到海军的任务时，他说："海军的任务是保卫国防的最前线，要把敌人消灭在海上。为此，海岸炮兵要有坚固的永久性的堡垒……"在谈到海军的防御方针时，他说："快艇、潜艇配合飞机、大炮，这都是攻防作战最有力的武器。海军的同志们要有信心和决心，去配合陆军和空军，依靠坚固的海防工事去歼灭来犯之敌。"

朱德对海军的建设，从政治工作到技术训练，从开办学校到建设军港，从海岸炮兵到鱼雷快艇等等，都有许多具体指示。1951年8月30日，他就海军建设问题写信给毛泽东，提出加强海军的防卫力量，建议批准海军领导提出的以空军总数的百分之二十建立海军航空兵。几天后，毛泽东见到朱德，当场表态："总司令点兵，没有不给之理。"

在毛泽东、朱德的关怀下，海军航空兵得到迅速发展。到1954年5月15日，海军航空兵在东海三门湾海战中首次参加海空作战，击落击伤敌机各1架，大大增强了海军近海的军事力量。

海军在上、下大陈岛和一江山岛战役中全面出击，首次击沉敌排水量达1430的"太平号"护卫舰。台湾当局极为震惊，24小时内连续两次召开紧急会议，商讨对策。美国报界则惊呼："共产党中国现在拥有很大的海军力量!"

在海军创建的最初3年内，朱德就先后7次亲临军港、基地、舰队视察，直接指导海军建设。直至1974年8月，88岁高龄的朱德仍兴致勃勃地在海军司令员萧劲光、副司令员刘道生的陪同下，到秦皇岛检阅了海军新

型舰艇部队的演习，并乘坐二二三号驱逐舰航行3个多小时。他看到经过20多年艰苦奋斗，人民海军已初步进入现代化的行列时，非常高兴，写下“增强革命团结，加速人民海军建设”的题词，勉励海军官兵为建设强大的人民海军继续奋斗。

实现军队现代化，离不开人和物的结合。朱德从一生的军事实践中深深体会到，在战争中，人与物相比较，起主导作用的是人而不是物。对现代化的军队来说，拥有现代化武器装备是重要的物质基础，而更重要的是人，首先要把人“现代化”起来。为此，他始终把培养德才兼备的干部，放在军队现代化的首位。在1951年9月召开的各兵种司令员、参谋长及各军区参谋长、军训处长集训会议上，他指出：“今后的战争，将使用大量的军事技术与战斗器材，并有大量的人员参加作战，如果不能掌握复杂的武器技术和学会诸兵种的联合作战，就不能战胜敌人。”

建军先建校，治军先治校。1950年11月，经朱德和一大批老同志的努力，首次全军军事院校会议在北京召开。朱德到会并讲话：“我们进行了几十年的斗争，军队的历史有二十几年，整个来说，这中间，军事教育从未间断过，时时刻刻注意了这一问题……”他鼓励与会同志：“我们做学校工作的同志把学校办好了亦同样可以成为教育事业上的英雄，努力将自己的学校办好，成为建军的模范。”

刘伯承、罗荣桓、叶剑英、萧克、李聚奎等一批老将领积极投身办教育。仅一年时间，各军兵种院校就迅速完成筹建，相继组建了高级工程兵学校、工程兵学校、军事学院、高级步兵学校等院校。

1954年3月，军事学院第一期学员即将毕业，人民革命军事委员会组织了以朱德为主席的国家考试委员会，对学员进行考核。

到1957年，已先后建立100多所包括各个军兵种的军事院校，形成了一个较为完整的教学体系，先后培养了20多万干部，为建设现代化的国防创造了重要的条件。

另外，朱德对国防工业的建立与发展历来特别关心。建国初期，特别是在抗美援朝战争中，中国人民志愿军要同世界上头号工业大国美国的军队较量，需要大量武器弹药和军需物资。国内原有的兵工厂虽然大力增产，仍不能满足需要。1951年5月，中国政府派出以总参谋长徐向前为团长的中华人民共和国政府兵工代表团，赴苏联谈判并购买了一批武器装备。

但是，解放军武器装备现代化的根本出路何在？朱德认为：现代化是

买不来的，也是买不起的。他提出，要靠自力更生，靠自己的双手去发展军工生产；变过去的“有什么武器打什么仗”为现在的“打什么仗造什么武器”。

在第一个五年计划期间，国家对原有的兵工厂进行了技术改造，并新建一批占全国重点成套项目百分之三十的重点工程。到1954年，全国军工厂共试制成功23种武器，并正式投入生产。

在1957年8月20日国务院讨论第二个五年计划和国务院体制的会议上，朱德提出要发展尖端武器、搞原子弹和导弹的主张。这个主张，当时得到周恩来的肯定：“朱老总讲得好。你有了两弹（原子弹、导弹）人家对你就不同了。这对科学技术有好处，尖端和基础是有密切关系的。”

在毛泽东、周恩来、邓小平、聂荣臻等的直接关怀下，我国决定集中人力物力，自力更生研制原子弹和导弹。经过广大科技工作者和解放军指战员的共同努力，终于在1964年10月16日成功地爆炸了自己设计和制造的原子弹，标志着新中国的国防工业真正跨入了现代化的行列。

对国防工业，朱德从一开始就倡导要实行“军民结合，平战结合。”早在新中国建立前夕，他就提出过军工生产要统一领导，兵工要带动民用工业。1957年，朱德视察湖北、广西、广东、云南、四川、陕西、辽宁等地，发现许多国防工业的工厂，军工生产任务不足，多余的生产力没有发挥出来，造成很大浪费；而民用工业又急需新建同类型的工厂。他认为解决这一矛盾的惟一正确办法，是国防工业实行“军民结合、平战结合”的方针。国防工业走过的曲折道路的实践证明：朱德一向倡导的国防工业要“军民结合，平战结合”的方针是正确的。

现代化的战争离不开现代化的后勤保障。朱德再三强调，为了搞好现代化的后勤，平时就要做好准备。“若做不好，打了败仗你们负责，打了胜仗你们有半个功。”

朝鲜战争实现停战后，中共中央政治局在1954年9月28日做出《关于成立党的军事委员会的决议》。决定由毛泽东、朱德、彭德怀等12人组成中共中央军事委员会，毛泽东任主席。

经过多年坚持不懈的努力，中国人民解放军不仅完成了由单一兵种向诸军兵种合成的转变，并且在军队现代化建设的各个方面都迈出了新的步伐。

1955年9月27日，北京中南海怀仁堂迎来中国建军史上一个伟大的日

子。这天下午，中华人民共和国主席授衔授勋典礼在这里隆重举行。早在9月23日，全国人大常委会就举行了全体会议，审议通过了国务院总理周恩来建议授予中华人民共和国元帅军衔的名单，决定授予朱德、彭德怀、林彪、刘伯承、贺龙、陈毅、罗荣桓、徐向前、聂荣臻、叶剑英为元帅军衔。同时，决定分别授予朱德等104人参加中国革命战争的有功人员一级八一勋章、一级独立自由勋章、一级解放勋章。

1954年9月6日，陈云同毛泽东、周恩来、朱德在中南海紫光阁

休息室里，身穿海蓝色元帅服的彭德怀、贺龙、陈毅、罗荣桓、徐向前、聂荣臻、叶剑英谈笑风生，精神抖擞。眼尖的陈毅一见朱德，便向大家通报：“我们的总司令来了！”大家立正向朱德敬礼。

这时，一辆黑色吉姆车在怀仁堂前停住了。毛泽东下了车，微笑着向大家招手。今天，毛泽东将向与他并肩作战几十年的战友们授勋。

下午5时，全国人大常委会典礼局局长余心清声音洪亮地宣布：中华人民共和国授衔授勋典礼开始！

全国人大常委会副委员长兼秘书长彭真用高昂而富有激情的声音宣读了有关名单后，会场上雷鸣般的掌声经久不息。

毛泽东站了起来。他要亲手把中华人民共和国元帅军衔命令状和勋章授予多年跟随他浴血奋战的高级将领。在军乐队演奏的《胜利进行曲》的乐曲中，朱德第一个接受元帅军衔命令状和勋章。

朱德走到毛泽东面前，端端正正地行了一个军礼，然后伸出双手，接过毛泽东授予的元帅军衔和一级八一勋章、一级独立自由勋章、一级解放

勋章。

毛泽东又伸出手来和朱德握手。朱德和毛泽东双目对视，握在一起的手微微颤抖。从井冈山会师时，朱德和毛泽东第一次握手，至今已经整整28年了。今天，两位伟人的手又一次握在了一起，彼此没有语言，但千言万语尽在不言中。

昔日战场上，元帅们都在各自的战区独当一面，屡建奇功。而今，他们汇集在中南海，一起接受祖国人民给予的殊荣。

当天晚上，周恩来在怀仁堂草坪上举行了盛大的庆祝授衔授勋自助酒会。周恩来端起酒杯走到朱德面前，亲切地说："朱老总，祝贺您！"朱德举起酒杯，将经过多少南征北战、枪林弹雨酿出的酒，一饮而尽……

二、中纪委首任书记

就在新中国成立的第二个月，也就是1949年11月9日，中共中央作出《关于成立中央及各级党的纪律检查委员会的决定》，决定成立中央纪律检查委员会，在中央政治局领导下工作，由朱德兼任中央纪律检查委员会书记。

为此，朱德立即主持创建中央纪律检查委员会的办事机构，制定工作细则，选调一批优秀干部从事这一工作。在很短时间内，中央及各地中央局，省、市、地委的纪委机构都相继建立起来，开始受理有关违纪案件。

"如果党内没有纪律，或者不坚持执行党内纪律，那我们的党就会成为一盘散沙，也就无法率领千百万群众去进行胜利的斗争，取得像今天这样巨大规模的胜利。"朱德在题为《加强党的纪律检查工作》的讲话中曾如此阐述纪律的重要和纪律检查工作的重大意义。朱德利用一切可能的机会，苦口婆心地对党员干部进行教育，敲起警钟，防止党员干部犯这样那样的错误。他强调党员在党的纪律面前要一视同仁，"我们的党只有一种纪律，绝不允许任何不受党的纪律约束的独立王国的存在"，有些人认为党的纪律只是要一般党员遵守的，自己可以例外，还有人轻视政府和法律，认为法律只是给老百姓遵守的，自己可以不遵守，这些"都是剥削阶级的思想和行为，对于我们共产党人来说是一种耻辱"。因此，他要求从事纪律检查工

作的同志要认清是非，坚持原则，不怕得罪人，“不管任何组织或个人，只要违反了政策，违犯了纪律，我们就去检举、纠正”。

20世纪50年代初期，朱德与一位领导干部谈话，发觉这个同志有个人名位思想，便严肃地告诫他：“你这个同志不要想做官，要时刻警惕和约束自己。要当心呐，弄得不好将来会砍脑袋壳的哟！”当时，这些话听起来比较刺耳，这个领导干部并没往心里去，更没有引起应有的重视。在后来的“三反”运动中，这位领导干部因为较严重的铺张浪费等错误被揭发出来。下面将整理好的材料送到了朱德处，朱德认真地翻阅了报送材料后，立即派秘书去调查核实情况。临行，他对秘书交代任务的同时叮嘱道：“这个同志十几岁就参加革命，他对革命是有一定贡献的。你这次去要按照党的原则，实事求是地弄清他的问题，分别是非轻重，做出严肃慎重的处理。他的问题与刘青山、张子善、宋德贵这些人的错误性质不一样，要保住他的脑袋。”

经过认真缜密的调查核实，组织上认为这个同志的问题是严重的，但未造成严重后果，对他做了必要的组织处理，并把他下放到基层去锻炼。在基层他认真加强锻炼，接受了教训，经过一段时间的教育和锻炼，又重新回到了领导岗位，继续为党工作。这时，朱德的脸上露出了笑脸。

根据党的纪律检查工作在新的历史时期的方针、政策和工作重点，朱德领导中央和各级纪委会同有关部门做了大量工作，抓住一些典型事件及时处理，以教育全党。他还常常过问中纪委负责处理的重大案件，并按时向中央报告工作。

1953年，我国开始实施第一个大规模的五年建设计划。中共中央在这一年提出由新民主主义向社会主义转变的过渡时期总路线。朱德为配合党的方针政策的落实，提出了党的纪律检查工作要保证总路线顺利执行，防止并克服一切破坏总路线的行为或倾向。这年，他主持召开了第二次全国纪律检查工作会议，在会上作《过渡时期党的纪律检查工作的任务》的报告，阐述过渡时期党的纪律检查工作的意义和四项基本任务：第一、保护生产，保证国家计划的切实执行；第二、防止并反对资产阶级和资本主义思想对党的腐蚀，进一步巩固和纯洁党的组织；第三、巩固党同群众的联系；第四、保证党的集中统一领导。

新中国成立时，高岗担任中央人民政府副主席，又是中共中央政治局的13位委员之一。此外，他担任中共中央东北局第一书记、东北人民政府

主席、东北军区司令员兼政治委员等职，集东北的党政军大权于一身，是有名的“东北王”。饶漱石除任中共中央华东局第一书记外，还担任华东军政委员会主席的职务，是中共七届44名中央委员之一。

随着地位、职务的升高，高岗、饶漱石的政治权欲和野心急剧膨胀。高岗调北京工作，中央安排他以中央人民政府副主席兼任国家计划委员会主席的职务。计划委员会有陈云、邓小平、彭德怀、林彪、彭真、薄一波、饶漱石等10多人，这些人都是当时中央政府高层中声名显赫的人物。因此，高岗担任主席的国家计委有“经济内阁”之称。高岗在抽调进京的5人中所得到的新职位是最高的，当时有“五马进京，一马当先”之说。饶漱石被安排为中共中央组织部部长。在党管干部的体制下，他掌握了中央人事大权。但高岗、饶漱石对这样高的地位仍不满足。尤其是高岗，他对其职位处于刘少奇之下，一直耿耿于怀，处心积虑地搜集刘少奇的黑材料，私下地或公开地攻击刘少奇。饶漱石见高岗活动能量大，也投靠高岗，进行政治投机。

1953年，朱德和彭德怀对弈。邓小平一旁观战

在全国胜利后不久，党和国家的高层领导中出现这样严重的斗争，这是朱德原来没有想到的。他后来说：“直到党的七届四中全会，我才认识了高岗、饶漱石的反党面目，认识了反对高饶斗争的严重意义，并坚决地拥

护这一斗争。”

高岗、饶漱石为了搞垮刘少奇、周恩来，达到其分裂党的目的，利用各种场合散布所谓“军党论”（即枪杆出党）。他把中国共产党分为“根据地和军队的党”与“白区的党”两部分，说“党是军队创造的”，并且自封为“根据地和军队的党”的代表人物，公然颠倒毛泽东关于党指挥枪的原则。高岗指出，党中央和国家领导机关现在掌握在以刘少奇为首的“白区的党”手里，因此，应当改组中央和政务院。

1954 年 2 月，党的七届四中全会在北京召开。在会上，刘少奇代表中央政治局作报告，朱德、周恩来、陈云、邓小平等 44 人作了重要发言。在大家的报告和发言中，一致强调了全党团结的重要性，揭露了高、饶破坏党的团结和统一，进行篡党夺权的阴谋活动，要求全党对野心家、阴谋家提高警惕。会议一致通过了《关于增强党的团结的决议》（草案）。

在七届四中全会上，朱德对高岗、饶漱石的错误进行了严肃的批评，并说：“党内要大大提倡团结。历史一再证明，当着党在政治上、思想上、组织上都团结一致的时候，党的政治领导作用就能充分地得到发挥，革命事业就大大地向前发展；反之，党的政治领导作用就削弱，革命事业的发展就受到损失，受到挫折，以至于失败。我们应当在《关于增强党的团结的决议》的指示下，提高阶级觉悟，清除那些不健康的现象，增强党的团结。”

为了肃清“军党论”的错误影响，朱德多次在军队干部中讲话，强调：军队是在党的领导之下建设和发展起来的，是在党的领导之下战胜了敌人的。党是军队的领导者，军队是党发展革命和巩固革命胜利的工具。没有党的领导就没有军队。全军每一个同志特别是高级干部，都要忠实地服从党的领导，成为党和人民的工具。

在全党统一认识、提高觉悟的基础上，中国共产党全国代表会议于 1955 年 3 月下旬在京召开。会议上，朱德再次作了揭发批判高岗、饶漱石反党分裂活动的发言，要求全党同志团结在以毛泽东同志为首的党中央周围，为社会主义事业奋斗。会议通过了《关于高岗、饶漱石反党联盟的报告》，并决定将高、饶开除出党，撤销其党内外一切职务。至此，这场建国以来第一次党内斗争取得了完全的胜利，全党的团结和统一得到了维护和加强。

作为中共中央纪律检查委员会书记，朱德处处以身作则，坚持党的优

良传统，身体力行，为处在执政地位的中国共产党人做出了表率。

他多次尖锐地批评一些党员干部居功自傲。他自己对中国革命的贡献是举世皆知的，他却总是谦虚谨慎，把功劳归于人民，归于党，把自己看做人民的公仆，看做一个普通的共产党员。解放初，朱德家乡四川仪陇的乡亲中有几十人串连起来，背着柴禾，带着米袋，走出大巴山，经过南充，乘木船沿嘉陵江到了重庆，要上北京。朱德得知这一情况后，立刻告诉重庆的负责干部：要做好工作，动员他们尽快回去劳动生产，一个也不要来；他们中要求参加工作的，也要根据党的政策，量才录用。贺龙替朱德接待了这批乡亲，派人陪他们在重庆游览后仍送返家园。

1951 年底，朱德恰逢 65 寿辰，仪陇老家派专人到北京看望他，交谈中有人提议准备把仪陇县改名为朱德县，还有人附和认为这是个好主意。朱德听了赶紧说："这怎么使得？使不得，使不得！我不算英雄，只是一个在战场上没有被打死的普通士兵，为革命牺牲了的烈士才称得上英雄。"同时，他还教育来人说："你们不要认为我在北京做了大官，就可以沾光了。我们做官是为人民服务，不是享福。"

原来，早在 1950 年春，仪陇县各界群众代表就提出要用朱德的名字给仪陇县命名，将县城迁往朱德的出生地——马鞍场。在群众的强烈要求下，仪陇县委用"朱德县建县委员会"的名义张贴布告，广泛征求地方各界意见。此次借祝寿之机，派了代表到北京请示。

家乡来的代表说："1933 年，徐向前、李先念同志，带红军打到过这里，建立了川陕大巴山根据地，那时候仪陇县城就迁到马鞍场，还改名过朱德县呢！"朱德恳切地说："胜利了更不能改，革命是人民的，胜利是人民的，不是哪个人的。胜利前中央就决定，不能以个人名义改地名。再说，县城建在哪里，这是历史上形成的，从唐朝到今儿几百年了。我的意见是，一不能迁县址，二不能改县名！这件事你们办错了，你们思想要先通，我委托你们代劳，好好做老乡们的工作。过去马鞍场是个稀饭湾，10 年之中有 9 年歉收，半年吃稀饭，欠年里有的要活命还要外出讨饭。现在解放了，要紧的是要发展生产，改变落后面貌，不要图虚名……"

在衣、食、住、行各方面，朱德处处自奉节俭。建国初期，朱德住在中南海永福堂的 3 间老式平房，东头 20 多平方米的那间是他与夫人康克清的卧室，西头也是 20 多平方米的那间是他的办公室兼书房和会客室，中间 10 多平方米的那间隔成两半，前半间是过道兼饭厅，后半间作储藏室。后

来搬到中南海西楼，住房也并不宽敞，连饭厅都留不出来，节假日子女回来，还得临时搭铺。

吃的方面，给朱德做过厨师的邓林回忆说：“一般人以为朱老总是中央领导，吃饭是特灶，标准一定很高。可实际上，从解放进北京到 1971 年我生病离开中南海，老总、康大姐和我 3 个人加起来的伙食费平均每月都不过四五十元，就是按当时的标准，也只是一般中层干部的水平。”平时，康克清在机关食堂吃饭，在家吃特灶的只有朱德自己，每顿都是 1 小碗米饭、3 小盘菜、1 个汤。3 小盘菜中，1 个素菜、1 个半荤半素的菜、1 个常常是他亲手腌制的泡菜，汤则是 1 碗普通的菜汤或鸡蛋汤，几乎天天如此。如果饭菜剩了，他不让倒掉，下一顿还要接着吃。为了不使他吃剩饭剩菜，厨师就严格地按他的饭量做，吃多少，做多少。有时来了客人，朱德嘱咐添一两个简单的菜，不够时再上一点泡菜，从不铺张。他对厨师说：“我不让你每天做大鱼大肉，不是怕花钱，主要是要养成俭朴的习惯，一切从 6 亿人民出发，生活上不要太超乎老百姓生活水平之上。”

朱德从不吃零食。他吃苹果一向不削皮，并且对家人说：“果皮也是有营养的，扔了是一种浪费。”对粮食，朱德绝对不允许有丁点浪费。吃饭时，他常常提醒孙辈，吃多少盛多少，要把饭吃干净，不要在碗里剩下米粒。

1955 年 5 月 8 日，朱德、康克清和女儿朱敏、女婿刘铮在明十三陵

有一次，机关供应站进了一批对虾，邓师傅买了几个精心烹好，上到饭桌上。朱德一见，就问是从哪里来的，多少钱一斤。然后说：“老邓啊，对虾是好吃，可你知道吗？一吨对虾到国外就能

换回好多钢材哟！我们国家穷，缺钢材，对虾少吃一口有啥关系，进口钢材更要紧。记住，以后再有对虾不要给我买了，买了我也不吃。”邓师傅说：“您是国家领导人，就是顿顿吃对虾能吃多少？”朱德说：“国家领导人就更要想着国家，能节约一点就节约一点，反正以后不要吃就是了。”

家里来往的客人很多，有个月家里的粮食超支 50 多斤。工作人员考虑朱德年岁大了，身体并不大好，就想向组织上反映一下实际情况，由机关把亏损的粮食补上。朱德坚决不同意这么做，说：“现在国家这样困难，我们应该带头节衣缩食。自己亏损了，应该自己补回来。”

有一段时间，为了节约粮食，朱德亲自指导厨师把米和菜煮在一起做成菜糊糊，坚持和家人一起吃。一次，朱德特意做了一顿菜糊糊请身边的工作人员吃，并且说：“今天请大家吃这顿饭，是让大家不要忘了过去战争年代那种艰苦奋斗的精神。在井冈山时期，粮食要自己到山下几十里以外去挑，吃的菜常是白水煮竹笋，里面连一点盐也没有。现在虽说有些困难，但是比过去好多了，我们要把艰苦奋斗的作风永远保持下去。”朱德就是这样，带领全家用“瓜菜代”、吃菜糊糊的办法把亏损的粮食补了回来。

穿的方面，朱德的衣着总是非常简朴，他经常穿一身布衣服。有的衣服穿了多年，打了补丁，朱德还继续穿，有两身较好的服装，也只有参加大的国事活动或外出时才穿，一回到家里，就换上旧衣服。

他去各地视察，常常带着自己的行李——还是战争年代开始用的绿色的被褥、绿色的挎包、绿色的搪瓷缸，即使招待所预备了被褥、用具，他也不用。招待所桌上备了茶叶，他不喝；备了水果，他让撤下去。他每天起得早，当服务员来整理房间时，他早已把自己的铺盖叠好，房间收拾干净。他到哪里，都说好按规定用餐，不接受吃喝一类招待，也从不接受下面的礼物。

有一次，朱德去山东视察，正逢水果收获的季节。地方上的干部知道朱德很称赞莱阳梨，就装了两筐，在朱德离开时悄悄抬到他坐的火车上。火车开动后，两筐梨被他发现了。朱德立刻把随行的工作人员找来，严肃地说：“我们下来是工作的，不是来搜刮的，怎么能随便收下面的礼呢？今后订下一条，下来工作，不许接受礼物；谁接受了，就让谁原封送回去。”接着，他又吩咐：“这两筐梨一个都不能动，到下一站火车停住，就把梨抬下车，派人送回去。”工作人员只能照他的意见办了。

朱德坚决反对党和国家的高级干部中有些人自以为可以享有特殊地位

和权利的错误思想。他自己从不利用职权为个人谋利益。他的儿子朱琦、女儿朱敏，小时候都没有在他身边生活。

1937年，朱琦到延安，朱德立刻要他到部队基层去当普通士兵，后来朱琦在一次战斗中负伤，右脚致残，只好转到抗大行政部门工作。后来，朱琦由组织分配到石家庄铁路机务段，从当练习生干起，再当司炉，而后才当上司机。

1953年的一天，火车的机车上，浓眉大眼的年轻司机双手紧握操纵杆，不时看看面前的各种仪表，熟练地驾驶着机车。他的副手用大铁锹把煤块准确地投进炉内，炉火熊熊。

司机说："伙计，今天的任务一定很重要，列车段的领导都来了。"副手说："我看，准是个大首长！"司机说："不大像。没动专列，只要了一节普通的硬座车厢，可能是个地级领导。"

"可段上领导都来陪车，能小得了?!"副手不免质疑，司机也有些纳闷："不管是谁，我们做好本职工作就是了。"

正说着，一位青年军人来到驾驶室，问："你是司机吗？跟我来一下。"司机一怔，把操纵杆交给副手，又喊来一位年轻人作司炉，然后跟军人走了出去。副手及那个年轻工人惶惑地望着他们的背影。

原来，要找司机的人是朱德，这位司机就是他的儿子朱琦——朱德也没有想到在这里与儿子不期而遇。车厢里，望着被找来的司机，朱德一怔："怎么，是你?!"司机也大吃一惊："爸爸?!"

朱德看了秘书一眼，笑道："你们搞的什么名堂哟！"秘书狡猾地一笑，退了出去。朱琦说："爸爸，真想不到你坐我开的车！"朱德望着满身油渍、两手油污的儿子，高兴地笑了。他紧紧地握住朱琦的手，摇了又摇。

"爸爸，怎么不先打个招呼呢?"听儿子有些责怪，朱德笑道："打啥子招呼？正好考考你，平时工作啥样子嘛！"朱琦得意地挺直腰，说："你给我打个分数吧?"朱德被儿子的话逗乐了，说："学会开火车了，有出息哟。我们小的时候，连火车啥样子都不知道呢！"

"现在是什么时候！那时候哪能跟现在比?!"一听儿子这样说，朱德严肃起来："现在的好时候，是成千上万的人用血汗、生命换来的！没有革命前辈的牺牲，你能开上火车吗?!"朱琦低下了头。

朱德语重心长地说："你们这一代有这么好的条件，要是干不好，就对不起人民大众哟！"朱琦表示："我一定努力工作。"朱德郑重地说："你除

了钻研技术外，还要挤出时间学学政治理论，技术上要精益求精，政治上也要不断进步，还要谦虚谨慎、踏踏实实、兢兢业业，创造好的成绩，报答党和人民对你的培养。”朱琦默默地点头。

“好，快忙你的事去吧，不要让别的同志增加负担。”看着父亲有些憔悴的面庞，朱琦不免有些心痛：“爸爸，你也要注意身体。”朱德笑笑：“不要为我担心。你工作有成绩，我就高兴。”

女儿朱敏小时候被送到苏联读书。在苏联卫国战争期间，曾被德国法西斯关进少年集中营，历经非人折磨。1953 年，朱敏从苏联学成回国，被分配到北京师范大学当教师。令人没有想到的是，朱德动员女儿搬到学校去住单身宿舍，嘱咐她不要常回家，要好好工作，同群众打成一片。当时朱敏已经结婚，但学校的新宿舍没有建起来，她就在单身宿舍里住了 4 年。

朱德常对儿女们说：“你们不要总想着我这个家。我生活、吃住都有组织来管，条件比大家好得多。这些是党和人民给的待遇，可你们不能享受。你们在节、假日里来这住几天是可以的，但不能常住。生活上要自力更生，不要依靠我；工作上也不要靠我去当官，共产党不是凭哪一个人就可以做官，而是靠自己的本领，能干什么就干什么。”

1955 年 5 月，中共中央决定各级纪律检查委员会改成监察委员会，由董必武担任中央监察委员会书记。在兼任中共中央纪律检查委员会书记前后共 5 年 7 个月的时间里，朱德主持党的纪律检查工作，为加强党的组织纪律，克服党内各种不良倾向，保持党的优良作风，进行了不懈的努力，倾注了许多心血。中央和各级纪律检查委员会在这些时间内处理了近 30 万起案件，在同坏人坏事作斗争，克服党内纪律松散现象方面发挥了巨大的作用。

三、率先提出开发海南岛

1949 年 9 月，朱德被选为中华人民共和国副主席时，已经快满 68 周岁。照中国传统的说法，已是年近古稀。1950 年底，他患过一次比较严重的肺炎，中央曾决定他到外地疗养了 3 个月。但进入新的历史时期后，他仍不辞劳苦，每年都用两到 3 个月或更多的时间，到全国各地视察，深入到农村、工厂第一线，找当地的领导干部、专家和工人、农民谈话，调查研究，同他们交换意见，然后给中央写报告，反映情况，提出建议，积极参与党和国家对社会主义建设的各种重大决策。为此，朱德跑遍了全国，除台湾、西藏、宁夏外，其他省、市、自治区他都到过。从白山黑水到天涯海角，从东海之滨到西北高原，都留下了他的足迹。

1952 年 8 月 1 日，朱德和贺龙、邓小平出席全军第一届体育运动会开幕式

1951 年夏，朱德和康克清一起到了杭州。杭州离江西不远，康克清极想回万安老家看看。朱德听她说了以后极表赞同，说："热恋故土，人之常情，这是好事嘛。我也很想同你一道去看看，但'官身不由已'，我一去，就会惊动沿途的许多人，就会增加他们的麻烦。真是为官不自由呀！"

康克清说："那我就一个人单独悄悄回去吧。"朱德说："江西刚解放两年，地方上还不太平静，你一个人去不太安全，就让警卫员小齐陪同你去吧。"于是，康克清和小齐一起出发了，朱德则继续自己的调研。

朱德常常借用旧时把积累家当叫做搞"家务"的说法，他把搞生产、搞基本建设笼统地叫建设"家务"。在延安时，他强调要搞好"革命家务"；建国后，他强调要建设好"社会主义家务"。他像一个家长要惨淡经营家务一样，对社会主义建设这个大家务处处操心。

1951 年，中共中央着手编制第一个五年建设计划，准备从 1953 年起，

开始大规模的、有计划的经济建设。1952 年 7 月 10 日，朱德写信给毛泽东并转中央财委，对编制第一个五年计划提出 5 条意见："一、在第一个五年计划期间，必须把钢铁、石油、煤炭、有色金属、机械、电力、化学等工业的经济和技术基础打好，同时，适当发展建筑工业和纺织等轻工业。二、关于财政统筹统支问题，统倒好，包不了，而且也限制了地方的积极性和创造性。我们对划分地方预算的巨大经济和政治意义，现在还认识不足。划分出地方预算，至少有这样几个好处：一是可以扩大国家财政收入；二是可以节约国家开支；三是可以解决地方开支的需要；四是可以帮助地方发展工业。因此，必须逐步而又迅速地实现地方财政和区乡财政。三、注意发展地方工业，国营工业和地方工业应当明确划分。四、必须保证对外贸易的平衡，并力求部分出超，以形成对某些国家的储备，以备转口之用。五、农业除兴修水利、改良技术、选种除虫外，还应逐步发展农业生产合作社和移民开垦。"

朱德对重工业、特别是钢铁工业的发展十分重视。仅首钢他就曾视察过 20 多次，还不止一次地视察过鞍钢、本钢、包钢、武钢、马鞍钢、攀枝花、酒泉等国家大型钢厂。有些钢厂还在建设中，或是刚刚投产，但他的身影就出现在那里了。

1958 年 11 月 28 日，朱德在湖北视察武钢时和劳动模范李凤恩握手

包头钢铁厂是第一个五年计划中开始建设的重点项目之一。当时，我

国的大规模经济建设刚刚起步，各方面的条件还很困难。包钢在规划设计上存在着贪新、贪大的思想，没有考虑充分利用旧包头原有的基础，而是主观地设想在离旧包头市几十公里的荒原沙漠上建起一座60万人口的现代化城市。而且在厂房没有建起前，就先盖起几幢高标准的西式办公大楼、职工宿舍和其他设施。朱德认为，这有悖于党的勤俭建国的方针，完全脱离中国的实际，应该重新考虑这个规划方案。

为了进一步弄清包钢的筹建情况，1955年5月23日，朱德先找建筑工程部副部长周荣鑫、宋裕和，听取他们的汇报。他在听后说："包头是否要建成一个新城市？而且又搞得那么漂亮？值得考虑。"并且指出，盖办公楼之类的房子标准不要太高，比老百姓的房子稍好一些就可以了，可以为国家节省很多钱，省出钱来多发展工业。

6月5日，朱德带有关方面负责人到包头实地考察。10日，到达包头，听取包头市委和市政府负责人汇报，朱德说服他们重新考虑规划方案。他提出：城市规划是否要那么大？建筑标准是否要那么高？然后说：职工宿舍要和老百姓的住房相称才好，要"穿草鞋"。包头的人口将来不会发展得很快，不宜规划过大。要就地取材，适应当地习惯，不要大搞西式建筑，企图一劳永逸。要降低建筑标准。他在到建筑现场察看后，12日又对包钢负责人说：要在现有的基础上一步一步来。目前人民的生活还很困难，在生活上要向下看。

6月14日，朱德同内蒙古自治区委和包头市委负责人谈话，指出：你们都是想把国家工业化快些搞上去，热心是好的。但是，贪新、贪大、贪多，一切都学习苏联的经验做不到。我们国家有我们国家的情况，不能什么都学外国的。目前我们国家还很穷，资金不多。在建设中，能省的就要省，尽量做到就地取材。对包头旧城的一切要尽量利用，不能完全丢开旧的去建新的。我们只能根据主客观条件及需要和可能决定我们的工作方针。脑子太热，跑得太快，结果会事与愿违。原来的设计规划是凭空想出来的，是失败的。要重新考虑新的设计规划，由低级向高级发展，力求做到省和好。

6月15日，朱德参加内蒙分局常委扩大会议。分局主要负责人发言说："朱总司令这次来内蒙大家都很欢迎，帮助内蒙解决了很大问题，尤其是包头建设规划问题。分局和地委的干部思想基本上通了。"朱德在会上就内蒙经济建设问题发表了长篇讲话。经过朱德耐心地做工作，内蒙和有关部门

的干部都想通了。他们根据朱德的意见，重新修改了规划方案，为国家节省了大笔资金。

我国在建国初期建立起来的经济管理体制，由于自己缺乏从事大规模经济建设的实践经验，基本上是沿用苏联的做法，强调中央集权。这在当时说来是必要的，可以集中有限的财力、物力来建设国家急需的重点项目。但它也存在弊端，主要是中央统得过多、过死，限制了地方、企业和群众的积极性。随着社会主义经济建设事业的发展，这些弊端就表现得愈来愈明显了。

朱德对这种经济管理体制的弊端认识得比较早。1953 年 11 月，他说："最近一个时期，在财政统一上所发生的统多了、统死了的错误，相当地削弱了一些地方政权的积极性，因为想办事没有钱，这是不利于发展生产的。"他认为，要比较快地发展我国的社会生产力，只靠中央的积极性是不够的，必须在中央统一领导下，建立起能同时充分发挥地方、企业和群众的积极性，能够调动一切积极因素的财政管理体制。

朱德是发展手工业生产的积极倡导者和宣传者。建国初期，我国农村的生产资料 99% 靠手工业，农民的生活资料 70% 左右是手工业品，城市居民也需要手工业品，全国有 500 多万个体手工业者和 1200 万兼营手工业的农民。可是有些人没有认识到手工业在国民经济中的重要性，轻视手工业，认为敲敲打打没有发展前途，有的人说："国家工业发展了，手工业就不需要了"。在这种认识的指导下，一些地区相继发生严重破坏手工业发展的事件。针对这种现象，朱德在第三次全国手工业生产合作会议上强调："在我国工业建设初期，轻工业还远不能满足人民日益增长的需要，在这种情况下，手工业的重要性更为显著。"

在这次讲话中，朱德谈了对手工业进行社会主义改造的重要意义，还着重谈了组织手工业生产合作社的方法、形式、政策等问题。他说："在组织方法上，主要是由他们自集股金，自备工具，根据每个人的特长，分工合作，按劳分配。"对手工业合作化的组织形式，在朱德讲话前一直存在着不同意见：有的人主张用公私合营的形式；有的人主张只用生产合作社的形式，不用生产小组和供销生产合作社的形式。朱德认为这两种意见都不符合我国的实际情况。他说："开始组织的时候，一般地应该由低级到高级，由简单的生产小组逐渐提高到生产合作社。条件具备时，也可以一开始就组织生产合作社。但要防止盲目地强调集中生产，盲目地将小社并为

大社，盲目地要求机械化，以及订立许多繁杂的制度等，以免影响合作社的发展。”在讲到政策问题时，他指出：“关于小手工业老板的入社问题，我看只要他放弃剥削，本人有技术，而又愿意参加劳动，服从领导，是可以让他入杜的。……至于未雇正式工人而只带学徒者，则应按政务院规定，仍应算作独立劳动者，不应划为老板。”

这次会议根据中央指示和朱德讲话的精神，对手工业的社会主义改造，确定了“积极领导，稳步前进”的方针。

1954 年秋，中央决定成立中央手工业管理局。年底，又成立了中华全国手工业合作总社筹备委员会，主要任务是在全国手工业系统内进行社会主义改造。在筹建过程中，筹备委员会主任白如冰去朱德处请示工作中的一些问题。朱德听完汇报，语气平和地鼓励说：“要树立起信心，把手工业工作做好，要把广大的个体手工业者组织起来，这样才会有力量，才能克服各种困难，才能发展生产，更好地为农业生产和人民群众服务。”

这时，白如冰向朱德谈到目前手工业生产主要是缺乏原料，没有原料如何发展生产。朱德听后，微笑着说：“如冰同志，我们眼前到处都是原料啊!”看到白如冰疑惑不解时，朱德接着说：“国家现在还面临着许多困难，不可能把工业原料的供应全都包下来。你们要自己开动脑筋，想办法，组织人力把社会上别人看不起的破铜烂铁收集起来，变废为宝。这样既便宜，又没人和你们争抢。”

这番话说得合情合理，白如冰深受启发。后来，按照朱德的意见组织收集废品，变废为宝，解决了大量的原料问题。

在 1954 年 12 月召开的全国第四次手工业生产合作会议上，朱德 提出国家要扶植手工业，还特别强调要保护和发展各种工艺美术品行业。他说：“有很高手艺的老师傅是勤学苦练成功的，应该受到国家和人民的尊重和爱护，给他们优待。老师傅把很高明的手艺传给青年后辈，是新社会给他们的光荣任务。希望他们不要保守，否则‘人亡艺绝’，绝技就要失传了。”

1955 年冬，在农业合作化和资本主义工商业社会主义改造高潮到来的推动下，手工业合作化也迅速掀起了高潮。

1956 年底，手工业社会主义改造基本完成，需要有一段较长的时间来加以巩固。可是，有的人却因头脑发热又急于想把刚刚组织起来的集体所有制的手工业合作社迅速转为全民所有制的国营工厂。朱德认为，这种变动事关重大，应该采取慎重态度。他多次说过，在现阶段，我国的社会生

产力水平还很低，人们的思想觉悟也还不高，若过早地把集体所有制的手工业合作社转变为全民所有制的国营工厂，势必会给国家造成损失，给人民带来不便。在社会主义时期，应该允许全民所有制、集体所有制和个体所有制同时存在。

1956 年下半年，生产资料私有制的社会主义改造基本完成，社会主义制度已经在中国基本上建立起来，经济建设上提前完成了第一个五年计划。在这年 9 月召开的党的八届一中全会上，朱德被选为中央政治局委员和中央委员会副主席。

八大以后，朱德对我国社会主义经济建设的道路继续进行孜孜不倦的探索。他一再提出一定要改变那种过分强调中央集权的经济管理体制。

他更多地到全国各地进行实际考察。在到各地视察时，他特别注意根据各省、市、自治区的不同特点和实际情况，提出切实可行的如何发展当地经济的具体主张。

海南岛是我国仅次于台湾岛的第二大岛，面积约有 3．2 平方公里，海水清澈、沙滩洁净、椰林婆娑，一派热带风光，北隔琼州海峡同雷州半岛相望，无愧于镶嵌在南海上的一颗“明珠”。朱德是较早提出开发海南的人，他认为，蒋介石不可能反攻大陆，第三次世界大战可以防止，海南岛必须而且可能很好地开发。

1957 年 1 月 16 日，朱德乘坐一架小型飞机，贴近海面超低空飞行，来到海南岛最北边的城市海口市，开始了他的海南之行。这是建国后中央领导人中第一个来到这里视察。

在当地领导人萧焕辉等陪同下，朱德从海南岛北边的海口市开始，经过中路，到南端的榆林港，进行全面调查。在海口，在参观海南工农业生产成就展览会时，朱德对展出的热带、亚热带经济作物非常感兴趣，展览会上还展出了一窝二三十斤重的大番薯，让朱德在那里停留许久。

次日，朱德乘坐吉普车由北向南开始考察。一路上，朱德对海南岛的武装斗争问起很多，萧焕辉向他详细讲述了琼崖纵队坚持斗争的事迹。琼崖纵队自 1927 年建立，发展到 3 个总队 10 个团，约有 2 万兵力。朱德感慨地说：“是啊，琼岸纵队当时与党中央隔绝，能够坚持 23 年红旗不倒，是非常不简单的。”

萧焕辉说：“一靠群众，二靠正确政策。海南有几百万人，只要有正确的政策，扩大一二万武装是不成问题的。海南的武装部队得以扩大，是靠

1962 年 1 月，陈云同毛泽东、刘少奇、周恩来、朱德、邓小平在中共中央召开的扩大的中央工作会议上

主席和您的榜样搞起来的。我们认为完全可以武装斗争。”

“你们坚持是对的。”朱德赞许了一句，又接着鼓励说：“海南有平原，有大山，有广大群众的支持，政策搞对了，就能够坚持下来。”

朱德一行一路风尘，到达海南黎族苗族自治州人民委员会所在地通什镇。当进入通什地界，萧焕辉向朱德介绍了自治州少数民族同胞的勤劳勇敢、淳朴风俗习惯和悠久的历史。沿路看到奇峰矗立，萧焕辉介绍说：“那是五指山，主峰高达 1867 米，是海南的最高峰。登五指山，可以亲自体验到晨凉、午热、夕暖、夜寒‘一年四季’的气候。”朱德听了非常感兴趣，写下了《过五指山》诗一首。

几天的视察，使朱德确认海南岛是个“宝岛“，他致电中央建议说：“所谈所见，说明了海南岛的地上和地下资源十分丰富，许多物资都便于出口，极有发展价值和发展前途……这样好的地方，我以为只要财力所及，即应积极组织力量从速进行开发工作。”

朱德关于开发海南的建设得到中央的重视，将开发海南岛列为我国社会主义建设宏伟计划的组成部分。

朱德一直牵挂着海南岛的开发和发展，经常关注有关海南的报道。1963 年，77 岁高龄的朱德再次来到海南。这次他从南到北走的是东线，途径兴隆农场小憩，主人拿出自己生产的咖啡请客人们品尝。朱德说：“我喝

1963 年 7 月 21 日，毛泽东、周恩来、刘少奇、朱德等党和国家领导人在北京机场迎接邓小平、彭真率领的中共代表团从莫斯科归来

咖啡不加糖。”陪同人员不解地说：“老总，咖啡不加糖是很苦的。”朱德听后摇摇头，笑着说：“不会喝咖啡的人才加糖呢，会喝的人不加糖，喝它的原味道。”他的话把人家全逗乐了。

朱德喝咖啡的习惯是 1922 年赴法国留学时养成的，当年正值第一次世界大战后，法国人民的生活异常艰苦，物质生活极其贫乏，糖是较奢侈的食品，价格较贵。每个留学生的生活费是有限的，于是，喝咖啡也就免去了加糖。天长日久，也就喝出了咖啡真正的味道。这次，喝罢咖啡，朱德连连称赞说：“海南咖啡万里香。”

车到海南东部重镇嘉积（琼海县城）时，朱德见路旁有个果菜市场，他叫车子停下，说：“这里好热闹啊，我们过去看看。”说着，径直朝集市走去。朱德沿着一个个的果菜摊看过去，不时停下询问：香蕉多少钱一斤？椰子多少钱一个？又问摊贩生意好不好，一天能赚多少钱……态度和蔼可亲，就像一个敦厚的老农民。

待朱德将要离开集市的时候，引起了一位买菜的老大爷的注意，他端详了片刻认出了朱德，兴奋地喊起来：“朱老总！”人们呼啦一下围了过来，

并高呼："朱老总！老总您好！"朱德面带笑容同身旁的人们亲切握手。人越聚越多，随行人员有点着急，请朱德赶快离开集市。他说："不要紧，别这么紧张嘛！"又逗留了一阵，他才向大家挥手告别，慢慢走出集市。

离开海南岛，朱德到广州休息。他的头脑中一直在思考海南的发展问题，在听取了广东负责人汇报工作后，说："海南岛应该以发展热带经济作物为主，因为全国只有这一个地方最适宜热带经济作物的生长。开荒要造梯田。不能烧山开荒，树木一烧光，水土就会流失。"

回到北京后，朱德将在海南岛视察了解到的情况和自己对开发海南岛的意见，写成书面材料给邓小平。几天之后，他再次写报告给毛泽东、刘少奇、周恩来和邓小平，反映外出视察的情况。在谈到开发海南岛时，朱德提出："海南岛是我们祖国的一块宝地，要抓紧开发，并优先发展热带经济作物。从战略上和长远规划上来看，海南必须做到粮食自给，但从目前开发阶段来看，国家必须在粮食、人力、物力等方面予以支援。要动员人民公社所属的生产队以及社员个人，广泛地种植热带经济作物。"

朱德的有关建议对在海南建立全国最大的热带经济作物的生产基地产生了重要的推动作用。1988 年 4 月 13 日，经七届全国人大一次会议审议通过，正式由以前隶属广东省的海南行政区改制为省，同时决定设立海南经济特区。从此，海南经济发展步入新的里程碑。

第十章　苦涩晚晴

一、元帅爹爹

走进北京市新街口外大街一幢普通住宅楼内，笔者一行两人很轻松便找到了朱敏的家。一进门厅，映入眼帘的是一尊朱德半身塑像，这尊塑像和军事博物馆及四川仪陇朱德元帅故居所安放的两尊塑像出自同一位雕塑家之手。塑像两旁还摆放了些绿叶盆景，刹时让人感受到几分有别于平常人家的肃穆庄重。

朱敏和老伴刘铮都是非常随和的老人，瘦高身材的刘铮招呼访客在客厅的沙发上就坐后，他才蹒跚着走在沙发前坐了下来。一进朱敏家的门厅，便让人察觉这个家庭异于平常人家的气氛，而客厅摆设装饰则无不使这个普通的居室打下特殊家庭的印记，让人感觉这里简直就是一个小型的朱德纪念室。

让人印象非常深刻的是，客厅正面墙上正中悬挂着朱德标准像；展示柜中陈列有朱德、康克清与朱敏、刘铮的合影照片，及朱德与爱女朱敏的合影照；沙发后面墙上悬挂有几幅用玻璃镜框镶着的朱德亲自作的书法作品；墙角小桌上还摆着一个朱德、康克清合影镜框——很自然地，笔者的话题离不开朱德元帅对女儿及女儿这个家庭的影响及朱德晚年的生活。

如果一个人每换一个环境便换一个名字，那么每个名字无疑是每段人生历程的见证；也能想象，频频换着名字的人势必有着不同一般的人生阅历。开国第一元帅朱德的独生女儿朱敏便是这样一个频频改名的不同寻常的人——在她出生后，爹爹朱德替她取的第一个名字，也就是她的乳名叫

"四旬"；不到1岁时便离开母亲寄居姨妈家，那时的她曾改名"贺飞飞"；而爹爹曾照族中排辈给她取大名为"朱敏书"，来到延安爹爹身边后又被改做"朱敏"；赴苏联学习时，爹爹曾为她取化名为"赤英"。

朱德女儿朱敏家的朱德雕像（吴志菲 摄）

1950年，已在列宁教育学院学习的朱敏趁暑假回国探望爹爹，这距上一次离别爹爹已有10年之遥。见着女儿时，朱德并没有什么特别的表示，只是嘿嘿地笑着。但朱敏却从爹爹的朴实中分明看到他的怜爱和喜悦，他的眼睛始终是湿润的。

在这个暑假探亲期间，朱德亲自做起中文并不好的女儿的汉语老师，每天晚上都辅导女儿学习汉语。假期将要结束的时候，朱德送给女儿几件衣服和他在抗日战争时期用过的一个深灰色手提箱，希望女儿在苏联好好学习，学成回国报效祖国。

在朱敏眼里，爹爹是威严的元帅，举手投足显现军人的刚毅与冷静；同时，爹爹也是慈爱的长者，言谈举止映射柔情与细致。朱敏刚回国在北京师范大学教书时，她的第一个孩子便迫不及待地来到世上。年近70岁的朱德当上了外公，欣喜之情溢于言表。朱敏还记得，爹爹小心地把小婴儿托在手掌上，戴着老花镜，仔细地端详，像读书那样久久不肯放下。朱敏从此更懂得了爹爹，读懂了他那颗博大的爱心，触摸到了他炽热的内心。

让朱敏没想到的是，爹爹让她一满产假便去上班，说不能耽误工作，孩子由他和康克清妈妈来带。朱敏本以为自己刚生完孩子，爹爹会让自己和孩子一起住在中南海的家里，可是爹爹却硬要赶她到北师大集体宿舍去住。丈夫刘铮那时在外交部工作，一年有大半年在国外，年幼的孩子也不在身边，这让希望享受家庭温情的朱敏感到很孤独。

而且，朱敏还有另一层想法，"当时，爹爹已是快70岁的老人了，我多么希望他能让我留下来照顾他啊！可爹爹却板着脸用不容商量的口气对

1950 年，朱德与女儿朱敏在香山

我说‘你回来的任务是为祖国做贡献，而不是做孝子贤孙’”。朱敏不能理解爹爹的做法，“家里那么多工作人员，难道就多我一个吗?”于是，她赌气不回家了。

为了解开女儿的心结，朱德特意派警卫员请她回家。一进门，朱敏看到一幅祖孙同乐图：爹爹正抱着自己的孩子玩“扎胡子”，小家伙开始一倒一歪地躲闪，笑得口水直流。康克清告诉朱敏，这是祖孙俩经常玩的游戏。朱敏心中的不满和委屈不知不觉都溜走了，以后她按照爹爹的要求，星期天才回家和家人团聚，其他时间都住在学校，精力全部放在工作上。

1965 年年底，北京师范大学组织部分师生去农村搞“四清”运动。听说学校下乡的地点是爹爹抗战期间曾经战斗过的山西晋东南地区，朱敏积极报名参加下乡搞运动。但出于对她身体情况的考虑，系里没有批准。可是朱敏特别不服气，搬来爹爹当“说客”，这样学校领导终于答应让她下乡了。

临行时，朱德对女儿说，这是一次和工农相结合的好机会，你在外国呆了很长时间，对中国农村不了解，应该听毛主席的话，到农村接受锻炼。朱敏到达晋东南后，按照父亲的嘱托看望当年的老乡，还看望了留在当地的老八路。乡亲们一听说朱德的女儿来了，就像对待自己的亲闺女一样，把朱敏接到家里居住，向她讲了好多当年的故事，乡亲们那种对八路军、

20 世纪 60 年代的朱德

对父亲的真挚感情，令朱敏十分感动。

当时，朱敏身患严重的高血压症，还曾晕倒过。谁料，到了农村后，高血压症没有伤害朱敏，一场意想不到的疾病却突然而至。开始时，朱敏常觉得右眼发胀发花，还以为是睡眠少，眼睛疲劳造成的，就自己点眼药水，并不放在心上。半年后的一天，朱敏突然发现右眼什么也看不见了，而且肿胀也十分厉害。工作组的同志连夜将她送到县医院，但医院无法确诊，估计是高血压引起的视网膜出血。于是，朱敏回到了北京，可是还是由于视网膜出血时间长，已经引起血肿，一时难以治愈。医生先用保守疗法治疗，希望保住这只眼睛。偏在这时，"文革"开始了，专家们全被打倒。朱敏失去了他们的精心治疗，眼睛随之失去了最后复明的希望。一场手术之后，朱敏从麻醉药失效后醒来，那只黝黑的右眼便永远从脸上消失了。

朱德虽说也很难过，但在女儿病床前他却乐观地用苏联英雄保尔的事迹让女儿明白——你是健全的人，一只眼睛同样可以工作，大可不必难过和伤心。后来，他又请眼科专家为朱敏装了一只假眼睛，因为安装技术好，假眼也特别逼真，从外表看根本看不出真假。

朱敏一直任教于在全国师范院校中居于首位的北京师范大学。她在莫斯科列宁教育学院学的是心理学，但因她的中文不行，便在外语系改教俄

文。刚开始时，她教的是俄语新生班，学生水平参差不齐，她又是新教员，没有教学经验，教学中遇到不少困难。可是朱敏始终牢记爹爹对她说过的话："我们国家现在非常需要建设人才，你所从事的正是培养人才的工作，这是一项非常伟大的事业，做一名合格的人民教师，是爹爹对你的期望。"而且，朱敏没有高干子女的架子，大家都愿意和她相处，热情地关心她、帮助她，很快朱敏便能胜任教学工作，并且将这个俄语班教到毕业。从助教、讲师，到教授、教研室主任，看到自己的学生带着知识，走上为祖国建设的工作岗位，这是朱敏的快乐。从事业中得到快乐，这却是爹爹所给予她的。

"不管干什么，都要安心自己的工作，干哪一行，就要把哪一行搞好。"多年后，每当想起爹爹生前常说的这些话，朱敏觉得似乎工作干劲更足，"就在他去世前，还对亲人说'人活着是为什么？活着就是要工作，要革命'"。在一篇怀念爹爹的文章中，朱敏如此写道，"父亲的这些教诲，是留给我们子女后代的无价之宝。我一定要像父亲一样，踏踏实实地为党为人民工作，生命不息奋斗不止"。

誓言如钢铁般掷地有声，朱敏将对爹爹的爱化做实现誓言的动力，将自己的一生献给了祖国的教育事业。

1986年12月，年满60的朱敏虽然离休了，但在教育战线上辛勤耕耘了30多个春秋的她，早已和教育事业结下终身不解之缘，无法离开这项深爱的事业。离开工作岗位，并不意味着教书育人的事业已经结束。80年代中期，部队整编，有大批的干部战士转业复员回到地方。这些复转军人为保卫祖国无私地奉献了青春年华，回到地方后，怎样才能尽快适应国家经济建设的需要？朱敏与几位老同志商量，提出创建一所为部队战士和基层干部服务的成人高等院校——中国军地两用人才大学，后属地化管理称为北京军地专修学院。朱敏亲自出任院长。

朱敏曾担任中国保健科技协会会长、中俄友好协会理事等职。一身朴实的装束，神情中也丝毫不见骄娇之气；虽然她是开国元帅的独生女儿，却从不在工作和生活上有任何特殊要求。然而，从帅府千金到平民百姓，毕竟身份上存在巨大落差。很自然地，朱敏也曾经受到这种落差的困扰。身为国家领导人的后代，该有什么样的生活态度，是否拥有其他人所不具备的特权呢？这是朱敏从爹爹身上得到的思索。

刘铮比朱敏小一岁，1927年1月出生在石家庄一个普通城市平民家庭，

父亲做小生意，母亲是位勤劳质朴的农家妇女。1945 年 4 月，中学毕业的刘铮在晋察冀冀中军区参加八路军。不久，华北联合大学成立，刘铮面临留在部队或是去联大学习的人生选择，爱好学习的刘铮进入联大外语系学俄文。“其实，当时选择学英文的人比较多，但我知道当时中国与苏联关系好，以后肯定需要大量懂俄文的干部，所以自己选择了学俄文。”说起自己当初学俄文的动机，刘铮一脸认真。可以说，刘铮是解放区外语学校培养的第一代大学生。

1949 年 10 月，中苏两国建交不久，开馆在即。俄语专业比较好的刘铮便只好“赶鸭子上架”，跟随王稼祥大使赴莫斯科，参加筹建大使馆工作。当时，刘铮是中国驻苏联使馆的翻译，他工作认真积极，为人随和，在大使馆非常有人缘。

在苏联的中国留学生每周六到使馆看文件、听报告，了解形势，有时顺便在使馆吃饭、跳舞。在这期间，刘诤认识了朱敏，爱慕之情悄悄在两个年轻人心里萌生。

刘铮记得自己第一次见到朱德，是在他和朱敏结婚 1 年之后。1953 年底，刘铮从中国驻苏联大使馆被调回国。尽管人们有口皆碑，说朱老总为人忠厚、平易近人、是位可亲可敬的革命老人，毕竟没有直接接触，刘铮的心情未免有些紧张。在中南海永福堂，康克清妈妈和朱敏把刘铮引进朱德的书房。正在专心读报的朱德，看到刘铮，立刻起身，微笑着迎上来和他握手，并关切地说：“好啊，外面好，国内也好嘛！国内这几年变化很大，需要很好地学习，很好地适应。”尽管刘铮多年从事外交工作，但与总司令这样的大人物握手、说话还是第一次，显得有些木讷。朱德一再嘱咐小夫妻俩：“家里的事，不要你们操心，一定要把自己的工作做好。”望着这位德高望重的总司令、谦逊和善的老人，刘铮心中的紧张情绪一下子烟消云散。

一贯严于律己，这是朱德给刘铮最深刻的印象。朱德在担任人大常委会委员长期间，外事活动很多。他一生行伍，具有严格的时间观念，每次接见外宾，总是提前二三十分钟到达接见地点。那时朱德已经 70 多岁了，还日夜为国家大事操劳，太辛苦。作为晚辈，刘铮有些于心不忍。他根据自己做外交工作的经验，便在时间的安排上给朱德的卫士长提了一个小小的建议。不料，在一次接见活动中，客人率先到达了。一向谦逊和善、沉默寡言的朱德回到家里竟发起火来：“国家不论大小，我们都要尊重，在外

交礼节上，绝对来不得闪失！……如果这是打仗，就要付出流血的代价！”朱德狠狠地批评了卫士长。行动时间是别人安排的，主意却是刘铮出的，虽然老人没有直接批评自己，但刘铮内心却非常愧疚。

“与爹爹这样的伟人生活在一起，使我感到一种强烈的责任。我们的一言一行、一举一动都不能辱没他老人家的英名”，长期以来，刘铮和朱敏始终把“忠诚老实地做人，认真勤恳地做事”作为座右铭，用自己的模范行动影响孩子们。

1967 年夏，朱德的大外孙初中毕业了。朱德对他说：“你已经 16 岁了，是个大人，应当想想该走什么道路了，我的意见是你到黑龙江生产建设兵团去务农，知识青年应当和工农相结合，这很有好处。”在外公的鼓励下，大外孙愉快地来到黑龙江生产建设兵团。连队为了锻炼他吃苦耐劳的毅力，特意分配他养猪。这是一件又脏又累的活。有一次，他挑猪食桶时力气不够，结果猪食洒了一身。他一生气，把猪食桶一扔，就给家里写了一封信，要求调回北京。

朱德得知此事后，马上亲笔给他写了封信，严肃地教育他：走与工农相结合的道路，是毛主席的教导，是考验青年人能否接好革命接班的大问题。针对外孙在信中流露出来的思想，朱德指出：干什么工作都是为人民服务，养猪也是为人民服务，怕脏、怕苦不愿养猪，说明没有树立起为人民服务的思想。为人民服务就不要怕吃苦。劳动没有贵贱高低之分。想调回来是逃兵思想。接到外公的信，大外孙很受震动，克服了怕苦怕脏的思想，利用一切机会到农民家里，和他们交流感情，工作上有了很大的进步。

1974 年 6 月 10 日，朱琦因病在天津去世。当时，大家没有把消息告诉朱德。为了不引起他的怀疑，把“假戏”当做“真戏”来唱。朱琦的追悼会是在天津水上公园举行的，天津市很多部门都来人了，仅花圈就有好几百个，有些群众把对朱德的崇敬爱戴之情转移到他的孩子这一代，很多老百姓都自发地前来给朱琦送行。

6 月 20 日，孙辈们回北京去见爷爷。这时，康克清已把朱琦病逝的事对他讲了，只是在讲之前，说“朱琦的病比较重，还在抢救。”以先给他一个心理上的缓冲余地。

考虑到爷爷年纪大了，不能再受刺激，孙辈去见爷爷时，赵力平嘱咐孩子都要坚强些，不要哭。那天，朱德显得有些虚弱。看到朱德拄着拐杖步履艰难地来到客厅，赵力平忍不住还是哭出了声，孩子也跟着流了眼泪。

朱德看着赵力平，喉结动了几下，好像要说什么，但一时没有说出声。这时，康克清轻轻地拍了拍儿媳，示意别再哭了。

等大家都止住了眼泪，朱德把孙辈一个个细细地看了一遍，沉重地说："你们刚开始不告诉我，这是不对的。人总是要死的，这是自然规律，是不可抗拒的。当然，对我来讲，就这么一个儿子，还年轻，就去世了，是有些惋惜。但是人已经死了，就不要搞那么多不必要的手续了，后事要节俭，要符合党的政策，给后代留下好的影响。"

说着，朱德慈祥地望着儿媳，缓缓地说"力平是一个好同志、好党员、好干部、好媳妇，在这个问题上要坚强，还有那么多孩子，要把这个家当好！"

有关部门考虑到朱德已是88岁的老人了，几个外孙、孙子都在外地工作，身边应该有人照顾，于是决定把在青岛海军某部当兵的小孙子调回北京。小孙子调回北京后的第一个星期天，就去看望爷爷和奶奶。一进家门，朱德就问他："你怎么回来了？是出差，还是开会？"小孙子知道爷爷要求严格，不敢说实话，只说自己是临时到北京海军某部帮忙。

两个月以后的一个星期天，小孙子又去看望爷爷。这回朱德猜出这里面有名堂，把他叫到自己的办公室，非常严肃地问他："你在海军帮忙多长时间了？怎么不走了？是不是调回北京了？"小孙子一看瞒不住了，只好红着脸说："我调到北京了。"还说这是组织上考虑到便于照顾爷爷。

朱德一听，就觉得这里面有点问题，很不高兴地说："我要的是革命接班人，不要孝子贤孙！哪里来的，还应该回到哪里去！"

过了几天，朱德把海军领导请到家里，了解小孙子调动的经过。他亲切地对海军领导说："请你们还是把他调到部队基层去锻炼吧，年轻人应该到艰苦的地方去锻炼，不要留在大机关里。"海军领导说："您年纪大了，身边确实需要有人照顾。"朱德说："我虽然年纪大了，但有组织上的照顾，用不着他们在我的身边。"他还深入浅出地讲明其中的道理："一个人浮在上面时间久了只会做官做老爷。小孙子下到基层去，对党、对他自己都有好处。领导干部都把自己的子女留在北京，这不是在搞特殊化吗？那还有谁去保卫祖国的边疆和海防？"海军领导终于被朱德说服了："那就按您的意见办！"

两天后，到了农历腊月二十九，小孙子回到家里，对爷爷说："爷爷，组织上决定调我去南京海军某部基层连队去工作。"朱德听后很高兴，亲切

地说："应该走出机关，到基层去锻炼，这对你们成长大有好处。"

朱德老家有个侄孙，不太安心在农村工作，曾几次写信给朱德，请求把他调到北京工作，朱德都拒绝了。后来，这个侄孙作为适龄青年参了军。一次，他从东北回老家探亲，途经北京时去看望了朱德。朱德对他说："你参军了，咱们是革命同志关系，尔后才是其他关系。你要模范遵守部队纪律，好好学习，严格训练，努力进步。"几年后，这个侄孙临近复员，到北京请求朱德帮忙在城里找个工作。朱德说："使不得。回原籍安置是政府的政策，我要带头执行，不能有半点特殊。你在部队入了党，共产党员更应该服从组织纪律，仪陇县天地广阔，需要你。你要愉快地回老家去，由地方组织安排，无论干啥都要干好。"这个侄孙听从了朱德的教诲，高兴地回到家乡，当地政府安排他当了公社的放映员。

朱德为了报答四川老家的兄弟们曾经替自己赡养年老的父母，支持自己闹革命等等的情谊，决定为兄弟每家抚养一两个孩子。这下可就麻烦了，第一次来了 5 个，第二次又来了 5 个。一下子来了这么多孩子，每个孩子都要吃、要喝、要穿、要住，家里简直就像个幼儿园、小学校。可是朱德与康克清都视为己出，关心他们的学习、生活。

朱德一辈子爱劳动，不论是在中南海西楼寓所还是其他别的住处，他总要把住房附近的空地开垦出来，动手种上蔬菜和杂粮，常常带着孙辈一起耕耘劳作，从翻地、播种，到锄草、浇水、掏粪、施肥，样样都要孙辈学着干。特别是那些脏活、累活，他从来不让工作人员代劳，总是把这些孩子召集起来，把镢头、铁锹、锄头等工具发到每个人的手上，手把手地教他们垦土、种菜。

由于精耕细作，照料及时，总是丰产丰收。这时，朱德和康克清总会请所有的工作人员"会餐"，分享劳动的收获。

朱德爱好书法，先是出于颜真卿，后改学黄庭坚。在他的晚年，凡是能够买到的黄庭坚书帖，他几乎全都买来欣赏临摹。

对于书法，朱德的本意是：一是艺术爱好，二是休息脑子，三是活动筋骨手腕。他对身边的工作人员讲：生命在于运动，长期参加力所能及的体力劳动，既锻炼了身体，又养成了吃苦耐劳的良好品质。写字就是一种辅助性的体力活动，长期坚持下去，对延年益寿有好处。

朱德练字时爱用白麻头纸，后来因为这种纸不好买，改用黄表纸。练字时，将大张黄表纸裁成 6 开，然后按格书写（纸下垫有画好的方格）。曾

1959 年 5 月，朱德在北京玉泉山翻地种菜

经一度右臂酸痛麻木，大家劝他好好治疗休息，可是他仍旧坚持练写大字。经过认真悬肘运腕的习书活动，不久便治愈了右臂的酸麻症，而且日后再也没有发作。

他练字的时间多在午饭和晚饭前后，或者是在阅读书籍文件后休息之时，每次在 20 分钟以内。练习书法时，行笔较慢，一笔不苟，神情专注。他认为缓笔定形势，忙则失规矩。

每到外地视察工作，朱德都要携带文房四宝。他特制有一个扁木箱，将笔墨纸砚及墨盒、墨水分放在大小长方不同的格子内，并以小木楔固定，字帖和纸张等放在上边。外出时，无论乘车乘船，打开木箱，随时可以写字。

在他的一生是，创作过 600 多首诗词作品，其中许多是脍炙人口的名篇。他的作品展示了他各个时期的风风雨雨，堪称“史诗”。

写诗并不是一件很轻松的事。古人写诗，非常讲究平仄押韵，对偶工整。朱德早年诗作，在表现形式上多少有点旧体诗的味道，中年以后的诗作基本上是新体诗词的写作方法，摆脱了旧体诗词的许多限制。他认为，有意境的诗，才算好诗，押韵对偶是其次的。

朱德经常触景生情，即兴赋诗。也有时，颇伤心神，需经历一番阵痛方能写出。那辗转反侧的构思，那一字一句的琢磨，常常影响到他的休息

和睡眠。

有一年，在诗刊社组织的诗歌创作座谈会上，朱德谈了个人写诗的情况，说：“自己时有所感，写上四句八句的，说诗不像诗。只是完成了表现的欲望。”他表示愿意和各位写诗的同志们常见面，多多交换意见，风趣地说：“我经常要拜郭老为师，当个徒弟，他就是不收。”

会场爆发一阵笑声。郭沫若站起来插话：“元帅在上，老郭不敢谈诗。”又是一阵快意的欢笑，像春风鼓浪。大家只感受到，在朱德身上，元帅和诗人的气质融为一体。

从1886年出生到1976年逝世，朱德活了90岁。据有关资料显示，他终生没掉一颗牙齿，到老时腰身不萎，肩背不驼。80岁时测量身高未变，骨骼坚硬。他如此高寿，与许多方面有关。究其原因，除了由于先进的医学科学和医务人员的精心治疗外，同时也和他良好的个人修养和生活习惯有很大的关系，特别是他几十年如一日持之以恒地从事体育运动。

朱德生长在山区，又长年转战山区，他对大山有着一种特殊的感情，终生酷爱爬山运动。节假日，他常爬山。每到一地，附近有山，就非爬不可。北京的香山、桂林的叠彩山、福州的鼓山、广州的白云山、贵州的黔灵山、四川的峨眉山、江西的庐山等等，他都爬过。他说：“高山不可怕，怕的是停止不前。”熟悉他的人，都称他为“登山健将”。

1975年8月，朱德以89岁高龄兴致勃勃地登上了北京郊区戒台寺附近的青山。这是他一生中最后一次登山。

这天，天气晴朗。朱德身着便装，脚蹬解放鞋，手拄拐杖，迈着稳健的步伐向山上走去。只有在比较难走的地方，他真正用拐柱轻轻支撑一下。在大家看来，朱德就像是在散步，有些年轻人都被他甩在了后面。

这位爱登山爬山的老人，自此以后，再没有能登过山。但是，他却将所有的山峰甩在他的身后——毕竟他本身就是一座高大的山。

朱德爱好体育，是从少年时代就开始养成的良好习惯。他从小就热爱劳动，并且只要一有机会，就参加翻杠、荡秋千、登山、游泳等活动。

在延安时期，他爱打篮球是出了名的，在球场上敢打敢拼。全国解放后，他肩负着繁重的党、政、军领导工作，但仍然坚持锻炼身体。每天生活很规律，早上起床后，就在户外做操。有意思的是，他结合自己的身体状况、医疗原则和多年实践，自编了一套适合个人身体情况的体操：先进行头部活动，然后连续转体，接下来做腰部活动，再做两腿活动，最后是

深呼吸。如此一遍下来，使身体各主要部位和关节都得到锻炼。一套操做完，约需要10分钟。晚上睡觉前再做一遍。天天如此，从不间断。天气好时到室外做，刮风下雨就在屋檐下做。有病不能出屋子，就把窗子打开，站在窗前做。

他经常对身边工作人员说：做完早操，我就感到浑身舒畅，工作起来精力充沛；晚上做完操，睡觉也更香甜，第二天工作起来也就精神更足了。

1955年夏天，朱德带两岁的刘建在北戴河游泳

朱德还坚持散步。早上和晚饭后，总要到住所周围走上几里路，即便刮风下雨，也不例外。他说：古人说过“安步当车”，散步走得太慢就和坐车差不多了，活动量不够，散步太快了不好——不快不慢，可以一边走一边思考问题。直到去世前10天，也就是最后一次住院的前一天，他还坚持散步。他的信念是“能多走一天，就能为革命多工作一天”。

小时候，朱德就很喜欢洗冷水澡和游泳。解放后，每逢游泳季节，他都要带孩子们游泳，风雨无阻。他说：“过去红军、八路军，不光会爬山越岭，也得会游渡江河，打仗时遇到江河游不过去，就会发生危险。”1974年夏天，朱德到北戴河休养。在北戴河的作息时间，他很有规律，除了气候不允许或工作原因外，他始终坚持上午下一次海、下午下一次海。当时，周恩来专门从北京医院打来电话，询问朱德的身体情况，并嘱咐说：“朱总要以休息为主，最好不要下海。”随行的工作人员也担心朱德能不能下海，

听说总理打来了电话，都很高兴，心想：总理非常关心老总的身体状况，建议他不要下海，他向来尊重总理的意见，这回大概不会下海了吧！可是，朱德一方面表示感激总理对他的关心，另一方面仍然坚持到大海里去游泳。他说："一个人只要不运动也就不能工作了。"这一次在北戴河，朱德每天两次下海游泳，每次要游400米。

有一次，朱德正准备下海，突然天上乌云密布，狂风陡起，海浪滚滚，气温骤降，眼看一场暴风雨就要来临。这时，正在游泳的人们纷纷上岸，准备下海的年轻人也都撤回更衣室。而朱德却从容地带着孙辈，迎着风浪游向大海……

随行人员都担心他受不了，就劝阻："首长，您年纪这样大，身体又不好，不要游了吧！"朱德却笑着说："正因为年纪大，身体不好，才更需要锻炼。不然，思想上不想动了，人也就趴下了。"还说："大风大浪是锻炼意志的最好场所。风浪不可怕，怕的是畏缩不前。刚下水时冷一点，游一会儿就好了。"

这一次，朱德硬是坚持游了20分钟，直到雨如瓢泼，这才领着孙辈上了岸。

不下海的时候，朱德喜欢在别墅一层宽大的围廊里下棋。棋盘一摆，便围满了观战的人，连邻院的孩子也跑过来。观战者里面没有一个守规矩的，这个喊"拱卒"，那个喊"跳马"，还有嚷嚷"出车"，全"嗷嗷"叫着支招，更有甚者，还把手都伸到了棋盘上，就差替下棋的人动子了。可是朱德和他的对手置嘈杂的喊声于不顾，还是静静地按照自己的棋路挪动着棋子。

生命不息，奋斗不止。朱德把早年养成的游泳爱好，一直坚持到晚年的最后岁月。1975年8月25日，他还坚持在大海里游泳。这也是朱德最后一次游泳。在北戴河游泳场管理人员小屋的墙上，至今还仍然挂着一块十分醒目的小黑板，上面端端正正地写着："1975年8月25日，水温：26℃。"这是朱德最后在北戴河游泳那天的水温记录。

小小黑板，记录的何止是水温，它记录着人民群众对朱德的无限怀念，记录着朱德不畏风浪、永远向前的惊人毅力和斗志。

二、“红司令”成了“黑司令”

1966年的开年，似乎与往事没有什么不同。一样的三九严寒，一样的北风凛冽。冬日的阳光照耀大地，给万物带来生机和活力。

在经历了3年困难时期后，由于从中央到地方的多方努力，经济形势大大好转，自然灾害及其他原因带来的巨大困难得到克服。就在人们心中那沉重的负担已经减轻，紧锁的眉头也开始舒展之时，这年5月16日，中共中央政治局扩大会议通过《中国共产党中央委员会通知》，即“五一六通知”。“通知”提出彻底批判学术界、教育界、新闻界、文艺界、出版界的资产阶级反动思想，夺取在这些文化领域中的领导权，同时批判混进党里、政府里、军队里和文化领域里的资产阶级代表人物，清洗这些人物。“通知”还富有预示性地警告：混进党里、政府里、军队里和各种文化界的资产阶级代表人物，是一批反革命的修正主义分子，一旦时机成熟，他们就会夺取政权，由无产阶级专政变为资产阶级专政。以此为标志，史无前例的“无产阶级文化大革命”开始了。不久，北京乱了，全国乱了，人心乱了。

在中国大地上发生的“文化大革命”是一场新中国成立后空前的政治浩劫。它是由领导者错误发动，被反革命集团利用，给党、国家和各族人民带来严重灾难的内乱。朱德正是在这场历时10年的“文化大革命”的惊涛骇浪中，渡过了他的最后岁月。

“文化大革命”的爆发，绝不是晴天霹雳，而是党内“左”倾错误发展到极端的一个必然产物。当“文化大革命”将要开始的前夜，国内的政治生活中早已处处可以感觉到那种“山雨欲来风满楼”的紧张气氛了。1965年12月在上海召开的中央紧急会议上，海军政治委员李作鹏、空军司令员吴法宪秉承林彪的意旨，发动突然袭击，制造伪证，诬陷中国人民解放军总参谋长罗瑞卿借林彪身体不好，逼林“让贤”。同时，还对罗瑞卿不赞成林彪关于“毛泽东思想是当代马克思列宁主义的顶峰”等提法进行批判。在会上，朱德仗义执言，实事求是地表示：“同意罗瑞卿同志反对‘顶峰’的提法。本来，马列主义、毛泽东思想还会发展的，不能讲顶峰，到了顶峰就不会发展了。”他没有料到，这次发言以后竟成为林彪、康生等人

攻击他的重要口实。

对于罗瑞卿的所谓“篡军反党的问题”，朱德同刘少奇、周恩来、邓小平等人一样，事先毫无所知。在上海参加中央紧急会议后不久，朱德到了杭州，终日闷闷不乐，常常暗自叹气。当时，在江西搞“四清”的康克清赶来看他，吃饭时，康克清只发现朱德常常停住筷子，沉思、摇头。康克清不清楚发生了什么事情，很担心地问：“老总啊，身体不舒服吗?”他摇头不语。

饭后，朱德把康克清叫过去，说：“你就不要多问了。”然后，又自言自语地说：“如果这样搞下去，面就宽了，要涉及到很多人，怎么得了呀!”康克清听了觉得有些莫名其妙。后来，他的秘书告诉康克清是因为罗瑞卿的“问题”，才让他忧心忡忡。

1966 年 4 月 14 日，朱德主持第三届全国人大常委会扩大的第三十次会议。文化部副部长石西民在会上作关于文化大革命的报告。朱德在会上讲话，要求大家按照毛主席的指示认真读马、恩、列、斯的 32 本书，并说：“我现在没有别的事情时就天天读书，今书也读，古书也读。今书就是毛主席的书，古书就是马、恩、列、斯的书。我感到很有兴趣，也劝大家读一读。”

5 月 4 日起，中央政治局扩大会议在北京召开。会议以“反党集团”的罪名对彭真、罗瑞卿、陆定一、杨尚昆进行了错误的批判，并通过了毛泽东亲自主持制定的中共中央通知（即五一六通知）。

5 月 12 日，朱德在第一小组会上的发言中，强调要认真学习马列著作，学习唯物辩证法。他说：“朝闻道，夕死可矣，我也有时间读书了，读毛主席指定的 32 本书，非读不可。准备花一二年的时间读完，连下来读就通了。毛主席也是接受了马克思列宁主义的理论……”他的话还没有说完，就被打断了。林彪重新提起朱德半年前在上海会议上关于“顶峰”的发言，攻击他有野心，是借马克思主义来反对毛主席。康生也攻击朱德“想超过毛主席”，“组织上入党了，思想上还没有入党，还是党外人士”，“毛主席身边的定时炸弹”等等。

这次会议决定由陈伯达、康生、江青、张春桥、姚文元、王力、关锋、戚本禹等组成的中央文化革命小组取代以彭真为组长的文化革命小组，并掌握了中央的很大部分权力。

8 月 1 日，中共八届十一中全会在北京召开。这次会议与以前历次中央

全会不同的是：与会的不仅有中央委员、候补委员，各中央局和各省、市、自治区党委的负责人，而且有中央文革小组的成员（大多数不是中央委员）和首都大专院校“革命师生”的代表。

8 月 5 日，毛泽东在 6 月 2 日《北京日报》头版转载的《人民日报》社论《横扫一切牛鬼蛇神》的左面，用铅笔写下了一大段文字，并加上标题《炮打司令部——我的一张大字报》，以八届十一中全会文件的形式于 8 月 7 日下发。

8 月 8 日，全会通过了《中共中央关于无产阶级文化大革命的决定》(即《十六条》)。

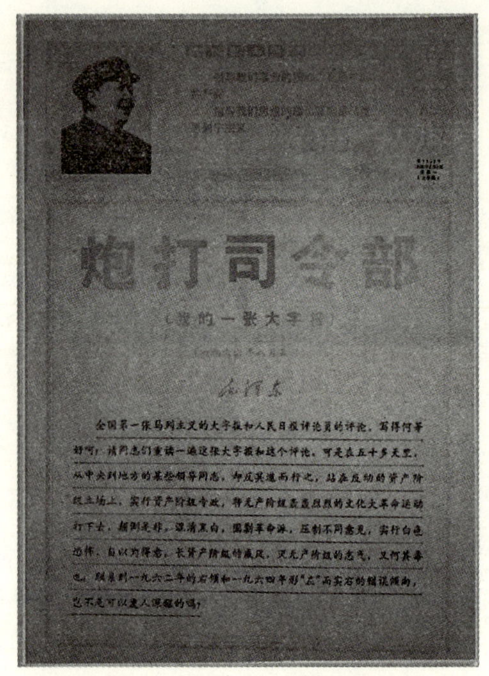

炮打司令部

（我的一张大字报）

毛泽东

全国第一张马列主义的大字报和人民日报评论员的评论，写得何等好呵！请同志们重读一遍这张大字报和这个评论。可是在五十多天里，从中央到地方的某些领导同志，却反其道而行之，站在反动的资产阶级立场上，实行资产阶级专政，将无产阶级轰轰烈烈的文化大革命运动打下去，颠倒是非，混淆黑白，围剿革命派，压制不同意见，实行白色恐怖，自以为得意，长资产阶级的威风，灭无产阶级的志气，又何其毒也！联系到一九六二年的右倾和一九六四年形“左”而实右的错误倾向，岂不是可以发人深醒的吗？

1966 年 8 月 5 日，毛泽东直接写出了《炮打司令部——我的一张大字报》

8 月 12 日，根据毛泽东提议，全会改组了中共中央领导机构，重新选举了政治局常委，由原来的 7 人增加到 11 人，新增了陶铸、陈伯达、康生、李富春。朱德原本是党的八大选举的中共中央副主席，这个职务被不明不白地取消了，在政治局常委中排名由原来的第四降到了第九。同时，刘少奇、陈云由原来排名第二、第五分别降为第八、第十一。邓小平虽然保持排名第六的位置，但和刘少奇一样，实际是靠边站了。而林彪则扶摇直上，排位升至第二，成为唯一的党中央的副主席，并且取代刘少奇，站到了接班人的位置上。

于是，中共八届十一中全会，为“文化大革命”搞乱全国加足了一把油，一场全面内乱开始降临神州大地……

“文化大革命”会那样发展，是朱德原来所没有想到的。这一年，他已经 80 岁了。当他看到中央和地方许多党政领导干部被作为“反革命修正主义分子”“黑帮分子”“叛徒”“走资派”，受到批斗、抄家，看到工厂农村的生产秩序受到严重冲击、整个社会陷入极端混乱时，他的心情十分沉重，

常常仰靠在沙发上，紧闭双目。有一次，秘书走近，他才睁开眼睛，他像是在对秘书说，又像是自言自语地说："看来这次要打倒一大批人了，连老的也保不住了。"他神色凝重，心事沉重，时常好久不说一句话——沉默，就是无声的抗议，是不妥协的语言！

但他在参加中央的会议时，还是多次坦陈自己的看法。12 月 6 日，他在中央政治局扩大会议上说："现在群众已经起来了，我有点怕出乱子，特别是怕生产上出乱子。"9 天后，他在另一次政治局扩大会议上又说："现在有一个问题，就是把你也打成反革命，把他也打成反革命。我看，只要不是反革命，错误再严重，还是可以改正的。一打成反革命就没有路可走了，这个问题要解决。"

可是，整个局势却越来越恶化了。1967 年 1 月，从上海扩展到全国，掀起一场由造反派夺取党和政府各级领导权的"全面夺权"的狂潮。"打倒一切"和"全面内战"，造成比以前更严重的社会动乱和社会灾难。1 月 11 日，朱德在中央政治局扩大会议上说："现在'文化大革命'运动搞到破坏生产的程度，忘记了'抓革命，促生产'，这是新出现的问题，要注意解决。""我们制止武斗这么久了，可是有些人还在武斗，甚至还有砸烂机器、烧毁房屋的，这里面有反革命分子在捣乱，要注意。"这自然使朱德更被林彪、江青等视为眼中钉。

1 月中旬，在江青指使下，中央文革小组成员、当时担任中央办公厅负责人的戚本禹在钓鱼台（"中央文革"办公地点）约集中央办公厅的造反派，鼓动他们在中南海里对刘少奇、邓小平、陶铸、朱德等人进行批斗。于是，这些造反派先后冲进刘少奇等家中对他们进行围攻和批斗，也包围了朱德的家。

于是，中南海这片令大多数中国人仰慕和神往的地方也响起了一阵阵"打倒""炮轰"的口号。傍晚时分，康克清乘坐的轿车驶进中南海，忽然看见楼前围了许多人，心头"突"地一下，眼前闪出一个大问号。原来，造反派在这里捣乱。于是，康克清开始接受较"文明"的批斗。

康克清只见"炮轰朱德""朱德是黑司令"之类的标语和大字报铺天盖地。"不！这不是真的！"康克清在心里大声呼喊着。毕竟，她太了解朱德了，太了解自己的丈夫了。

当时，朱德在玉泉山上，这是周恩来的主意。玉泉山位于京西，洞壑迂回，流泉密布，风景如画。当造反派在中南海内贴出攻击朱德的大字报

时，周恩来闻讯赶到朱德家，一面安慰他要保重身体，一面劝他到玉泉山去休息休息，玉泉山风景好，也比较平静。朱德听从了。

当朱德从玉泉山回到中南海时，造反派也找上门来了。造反派“勒令”他必须去看批判他的大字报，交待“反对毛主席的罪行”。

朱德只见那些墨迹淋漓的大字报贴满了墙壁，内容五花八门，语气恶毒凶狠。朱德一言不发。康克清搀扶着，说：“老总，不要看了，夜里太冷。”朱德终于大声说了句：“冷什么，再冷，比过大雪山?!”

康克清说：“有什么好看的，纯粹是造谣!”朱德冷笑：“所有大字报，毕竟还有一点是真的。”康克清不解：“?!”朱德补充一句：“只有两个字是真的——”身边的秘书一愣：“哪两个字?”朱德用手中的拐杖敲打地面，大声说：“——那就是‘朱德’两个字是真的，其他内容不知是从什么地方造出来的。”

康克清和秘书相视无言。朱德边掉头而去，边说：“心怀叵测！不看了！没必要看啦!”……

有一次，康克清被妇联的造反派揪出去批斗，要她承认是“走资派”，还逼康克清交待朱德反党、反毛主席的“罪行”。康克清理直气壮地说：“我不是‘走资派’，我和老总都没有反党、反毛主席。”

于是，康克清被迫关在一间屋子里写检查。之后，被10多人推推搡搡地戴上一顶纸糊的、写有“走资派”3个大字的高帽子，站在一辆大卡车上游街。卡车在北京市区的街道上绕了一圈，那10多个押运的人沿途高呼“打倒康克清!”当卡车路过中南海西门时，口号声喊得更响。

回到家里，康克清已经很疲倦了。她望了一眼背靠在沙发上的朱德，自言自语：“这倒好，你堂堂一位开国元帅、全国人大常委会委员长成了‘黑司令’，我一个穷苦的‘望郎媳’出身的老革命也成了‘走资派’。”

“你想想看，如果大家都成了‘走资派’，还有什么‘走资派’呢?”朱德望一眼相伴多年的老战友、好伴侣，坦然地说：“历史是公正的。主席和恩来最了解我，有他们在，我担心什么。”同时，他还劝慰康克清：“你不要怕他们批斗，要每天到机关去，群众是通情达理的，和群众在一起，他们就不会天天斗你了。”

造反派要揪斗朱德的消息传到周恩来那里。他征求毛泽东的意见后，在开会的前一天要秘书通知戚本禹，必须立即取消“批判朱德大会”。由于周恩来的干预，批斗大会没有开成。

当时，一伙从北京派出的所谓“揪朱兵团”来到四川仪陇朱德的家乡，公然召开声讨朱德大会，打烂了朱德旧居陈列室，煽动群众反对朱德。

没想到，局势还在继续恶化。就在1967年2月前后，谭震林、陈毅、叶剑英、李富春、李先念、徐向前、聂荣臻等政治局和军委的领导人，在不同的会议上对“文化大革命”的错误作法提出了强烈的批评，但被诬为“二月逆流”而受到压制和打击。朱德没有参加这几次会议。但从此以后直到党的九大的召开，中央政治局的会议不再举行，中央文革小组实际上取代了政治局的职权。

凭着自己丰富的军事斗争和政治斗争经验，朱德看清了林彪、江青一伙人究竟要干什么。这一段时间，朱德一直很沉闷。他想去找主席谈谈，可是得到的答复是“主席很忙，没有时间”。有一次，朱德要秘书陪他去找周恩来，可是到了总理办公室前，他又犹豫了，最终还是没有进去。是啊，总理作为国家的总理，什么都要管，每天工作20多个小时，实在太忙太累了，怎么好再去增加他的负担呢？

1967年，对于朱德说来，是在十分艰难的处境中度过的。有些人不敢再接近他。个别曾在他那里工作的人甚至写大字报和揭发材料来批判他。他的子女被禁止进入中南海。一次，儿媳赵力平从外地到北京来看望朱德，造反派不让她进中南海。最后，还是康克清从妇联来接她，然后在前门外的一家饭馆里一边吃饭，一边交谈。交谈中，赵力平就社会上当时的一些很不理解的流言问起自己的婆婆：“过去我们学历史，讲的是毛主席和公公在井冈山会师。现在，有人说是林彪同毛主席在井冈山会师。这是怎么回事？”康克清一听，脸色严峻起来，沉默了好久，才严肃地说：“井冈山会师，那是历史。历史就是历史，谁也篡改不了。你们要相信毛主席，这件事会弄明白的。”

康克清回到家后，愤愤不平：“太不像话了！太不像话了！”朱德默默地坐着，没有反应。秘书问：“大姐，怎么回事？”康克清恼怒地说：“儿媳小赵探亲被拦在门外，不让进来。我上前问，告诉说有通知，以后老总的子女也一概不许再进中南海！我们的孩子，凭什么不让回家？老总还是全国人大常委会的委员长吧?！就是一般老百姓，只要不犯法，也有回家的自由呵!!”秘书默然。

康克清还是“喋喋不休”：“什么都不按制度办了！什么法制观念也没有了！文件停发，保健医生、警卫撤走，老总的出入也要向他们请示。现

在，连起码的家庭生活也不能保障！简直太不像话了！”

朱德看看了康克清：“你少说几句好不？越说越烦！”这时，康克清才冷静下来。

后来，中国人民解放军总政治部主任萧华看望朱德时，对“林毛会师”这篡改历史的卑劣行径也表示愤愤不平。当时，朱德摘下老花镜，郑重地说：“在井冈山的时候，他林彪才是一个营长哟，怎么能说井冈山会师是他林彪和毛主席会师呢？历史就是历史，他们胡闹不行的。长征时，李作鹏是个小机要员，邱会作呢？是个担担子的挑夫……后来官做大了，与我不来往了，见了我连理都不理了！他们的架子大得很了，连我都不认识了！”说话间，朱德摇了摇头。

不一会儿时，朱德勉励萧华：“近些年，是历史的一个插曲。革命总是要经历反复的，总是要向前发展的。要抓紧学习呀，多看些书，特别要多看些哲学方面的书。”朱德见萧华凝视着桌上的一本书，转念一想，问：“你家里还有书吗？”

“我的家给那些人抄了3次，一掠而空，什么都抄走了。”萧华言语间有一种愤怒。朱德站起来，打开书柜，说：“我这里有书，我送一些给你。”萧华连声道谢，从书柜里选取了几本马恩列斯和毛泽东的著作。朱德一边点头一边说：“凡是违背唯物辩证法的东西，别看他眼前兴时得很，但从长远的观点看，最后在历史上总是站不住脚的。要好好学习，它是我们识别真假马列的武器。”

从八届十二中全会结束到九大召开的5个月间，林彪、江青、康生一伙继续加紧对朱德等的攻击和诬陷。在他们制造的种种冤假错案中，所谓“中国（马列）共产党案”就是其中最骇人听闻的案件之一。1968年12月，中国科学院经济研究所实习研究员周慈敖在办案人员的诱逼下，诬供朱德、董必武、叶剑英、李先念、李富春、陈毅、贺龙、刘伯承、徐向前、聂荣臻、谭震林、余秋里等几十位中央及地方领导人组织了一个“中国（马列）共产党”，说朱德是“伪中央书记”，陈毅是“伪中央副书记兼国防部长”，李富春是“当总理的角色”，常委有陈毅、李富春、徐向前、叶剑英、贺龙等9人，委员有王震、萧华、伍修权等16人。并且成立了“中共（马列）起义行动委员会”，“各系统都有他们的人”。还说朱德等签署了一份给蒋介石的电报，希望蒋配合“制止危险局势的发展”，等等。这样一份荒诞离奇的供词，却引起谢富治的极大兴趣，他看到汇报后说：“情况

很重要，不能不信，不能全信，要是准的话就是个大成绩。”

在南京军区党委扩大会议上，张春桥别有用心地说：“朱德有两本很厚的《朱德传》，自己吹自己。1922 年，他到上海去找当时的总书记陈独秀，要求入党，连陈独秀这个机会主义都觉得朱德是个军阀。”

张春桥讲这话，不是出于对历史的无知，而是想加害朱德。其实，陈独秀当年出于对党负责，对为了国家民族前途而弃旧图新的朱德提出的入党要求没有接受，是有一定道理的。最终朱德完全经受住了党的考验，并以一生的奋斗证明他是真正的共产党人，而不是带着个人野心投机革命的人。

至于张春桥所说的两本《朱德传》，一本是指刘白羽抗日战争时期写的《朱德将军传》，可是当时还只是未成书的复写稿；另一本是指美国作家史沫特莱写的《伟大的道路——朱德的生平和时代》，这本书到 1950 年 5 月作者去世前完稿——张春桥讲这话时，还一直没有中文译本出版，还没有在中国产生什么影响。没有想到，这一切被张春桥用来作为诋毁朱德的口实。

1969 年 3 月，苏联军队 4 次侵入中国黑龙江省的珍宝岛地区，打死打伤中国人民解放军边防部队指战员，制造严重流血事件。中国边防部队被迫还击。中国外交部 3 次向苏联政府提出强烈抗议。朱德虽然蒙冤受屈，但对苏军侵犯边境的事件极为关注，以自己丰富的知识和深刻的见解对国际形势和战争的危险进行了全面的研究，认为大仗一时打不起来。

然而，这一边境武装冲突事件，加重了党内存在的关于认为国际形势日益严重、世界大战不可避免的估计。由此开始，在全国范围内，各方面进行了大规模的战备工作。

4 月，中国共产党第九次全国代表大会在北京举行。中共九大代表由少数人酝酿“协商”产生，甚至个别非党员也成了代表。当时，省、直辖市、自治区一级党委和基层党的组织都不能正常工作或者根本没有恢复，相当多的八届中共中央委员仍被审查，甚至被监禁。

毛泽东主张朱德等人进中央，于是在九大上，尽管林彪、江青一伙百般阻挠，朱德以 809 票、得票率为 53.6% 勉强进入中央委员会。

在九届一中全会上，朱德继续当选为中央政治局委员。

为配合战备需要，中央决定把一些人员从北京疏散到外地。朱德和董必武、李富春等被疏散到广东。

其实，林彪发布“一号命令”的用心是险恶的。战备手令下达后，朱德对康克清说：“现在毫无战争迹象，战争不是凭空就能打起来的，打仗之前会有很多预兆，不是小孩打架，现在看不到这种预兆、迹象。”聂荣臻也曾说：“实质上这是林彪进行政变的一次预演……以备战为名，把军队的老同志赶出北京，为他篡党夺权扫除障碍。”

“第一号令”下达以后，共和国的6位元帅被疏散到外地，彭德怀和贺龙则被关押在监狱。将帅历来是战争的骄子、战场上的王牌。谁听说过战争在即，却让身经百战的将帅们远离战争指挥中心？难道要打一场不要将帅指挥的战争？这其中的险恶用心，明眼人一看就知道。

当时，朱德想让康克清同行，可是康克清很为难，因为她此时也没有行动自由，需经军代表批准。后来，朱德给周恩来打电话，说明情况。周恩来立即给全国妇联方面做工作，康克清才得以与朱德同行。

10月20日中午，两架大型客机在广州白云机场平稳地降落。朱德被人搀扶着，同董必武、李富春、滕代远、张鼎丞、张云逸、陈奇涵及家属先后走下舷梯。

广州白云机场，朱德到过许多次了。以前，朱德下飞机时总有那么多热烈的欢迎、热情的问候。今天，白云机场上没有微笑，没有拥护的人群，迎面走过来的几个人冷冰冰地伸出一只手……

连续3多小时的飞行，使83岁高龄的朱德感到相当疲劳了。朱德很想休息，但他却得不到休息。一个人站在他面前，毫无表情地说：“等着吧，你的驻地还没有收拾呢！”朱德只得静静地在候机室里等待、等待……

原来安排是让朱德住在广州的珠岛宾馆，后来又改变了，有人认有朱德不能在广州，要让他到从化去“疗养”。

从化，离广州不远，那里有闻名中外的温泉，那里是气候宜人、环境幽静的疗养胜地。然而，朱德住进从化温泉宾馆后，生活虽然清静，却受到种种限制和冷遇。

朱德想散散步，有人说：“不准超过桥头的警戒线。”朱德想找个服务员来帮助念念报纸，他关心国家的前途呀！有人又说：“他自己不会看？”朱德想到附近的工厂、农村搞点调查研究，有人说：“不行，平时只能在划定的区域内活动，离开宾馆需要经过广州军区主管领导批准。”

与其说是“疗养”，不如说是“软禁”！康克清有些气愤：“你还没有被罢官，你还是全国人大常委会的委员长，他们这样无法无天地对待你，

像什么话！一点自由都没有！”没有想到，朱德这位忠厚长者，这位不争名、不争利、不争权、不争位的人反而微微地笑了：“平常我们工作忙，难得有机会休息一下。在这里这样不是很好吗？不进城就不进城，我们也一样生活。”他沉吟良久，又语调深沉地说：“我们这些人为革命干了一辈子，现在为了顾全大局，做出这样的容忍和个人的牺牲，在国际共产主义运动的历史上也是少有的。将来许多问题都会搞清楚的。咱们现在好好休息，准备将来回去更好地工作。”

朱德这样说，康克清还能说什么呢？朱德，有着大海般的度量啊！

这年底，朱德的孙子朱和平初中毕业，看到同学中有很多人都去报名参军，就和陈云的儿子陈方、陈赓的儿子陈知庶一起去报名。陈方的眼睛近视，为了能当兵，他把眼镜偷偷地摘了下来，结果什么也看不清。朱和平的身体可是什么毛病都没有，但是部队也不要。招兵的干部私下对朱和平说：“你家老爷子是黑司令，陈方他父亲是走资派，你们属于家庭有问题的人，部队哪敢要你们呀！”

陈赓去世多年，在“文化大革命”中没有受到什么影响。因此，陈知庶便顺利参了军。当时，朱和平和陈方都对陈知庶能进入部队而羡慕不已，同时又为自己的遭遇感到十分的不解和无奈，心里充满了无尽的失落……

朱德在广州虽然备受冷遇，但对党的事业和中国的前途始终是充满信心。他把对子女的挂念和担心，都表现为嘱咐他们学会自立、刻苦学习、努力工作，做一个对社会有用的人。1970 年 5 月 19 日，朱德在给朱琦夫妇的信中说：“你们在家庭中应组织毛泽东思想学习班，老小在一起学习，最好以最小的全华为组长。他已经 12 岁了，会写信，没有旧思想，最纯洁，你们可以试办。我们身体都很好，住在乡里，接近农民生活，我们过去在的老家就是农民家庭，现已初步改变生活方式，这里是过得愉快、少生病的好去处。”

7 月，朱德接到通知：准备参加在江西庐山召开的九届二中全会。他离开广东返回北京，住进西郊万寿路的“新六所”，没有回到他居住了 20 年的中南海。

新六所所在地，曾是傅作义将军在北平的指挥所。一回到北京，孩子们到这里看望。第一次见面，康克清对朱和平说：“这次我们不回中南海了，就住在这里安家了，你也可以回家住了。”听到这里，朱和平的眼泪下子就流了出来——不是因为不回中南海了，那正经历着“文革”风雨的中

南海已没有了昔日的欢声笑语，不再让人留恋，孙辈激动的是终于结束了无家可归的日子，又能生活在爷爷奶奶的身边……

8月23日至9月6日，中共九届二中全会在庐山举行。那些被疏散到外地的老帅们陆续相逢在庐山。会上，林彪一伙发动突然袭击，准备夺取更多权力。8月31日，毛泽东写了《我的一点意见》，严厉批评在这次突然袭击中打头阵的陈伯达。

庐山会议后，随着批陈整风的进展，毛泽东又采取一系列措施，削弱林彪一伙的权势。林彪一伙决心铤而走险，策划武装政变。1971年9月13日凌晨，林彪因发动武装政变的阴谋败露，与叶群、林立果等人乘坐二五六号专机仓皇出逃，叛国投敌。2时30分许，这架飞机在蒙古的温都尔汗附近坠毁，机上人员全部摔死。史称“九一三事件”。

朱德在庐山仙人洞前

第二天，在人民大会堂的会议室，朱德和军队的数十位高级将领知道了这个消息，大家先是一片沉寂，后来有人反应过来，大叫一声：“听见没有？林秃子摔死了！”朱德当时激动得许久说不出话来，用手杖指指天，又戳戳地，说：“老天有眼！老天有眼！”

林彪叛逃自绝于人民，这一事件大快人心，也使一些被他欺骗蒙蔽的人醒悟过来。原来这个装得最“忠于”毛泽东的人，却是一个阴谋杀害毛泽东的野心家。朱德怀着激愤的心情，给党中央、毛泽东写了一封信，信中说：“当我从文件中看到林彪及其一伙妄图谋害毛主席时，我感到异常愤

慨。他们真是恶贯满盈，十恶不赦。林彪这颗埋藏在毛主席身边最危险的'定时炸弹'自我爆炸是一件好事。因为这使我们党更加纯洁、更加伟大了。"

林彪集团失败后，朱德的心境舒畅多了。他参加中央召开的批林整风汇报会议时，在军委直属组说："我好几年没有和军队同志在一起开会了。现在我还能看到大家，看到我们的军队还是好军队，心情很愉快，很高兴。"朱敏回忆说："林彪刚叛逃时，对外是保密的。爹爹对我们也不说，只是那几天爹爹特别忙，常常半夜才回来，回来后还要和妈妈说半天话，一点都不显得疲倦。如果我们在他跟前再说起林副主席，他就摇头，说谈点别的，或者打断我们的话头，故意把话题岔开。等到第二年初，林彪叛逃事件才向外公布。我这才明白爹爹那时为什么不知疲倦，精神那么好。"随着处境的好转，朱德又能到工厂、农村中去走一走、看一看，并且恢复了会见外国议会代表团和外国友人的活动。

1972 年 1 月 6 日，国务院副总理兼外交部长陈毅于北京逝世，享年 71 岁。在陈毅病重的时候，朱德曾去医院看望过他。浑身插满了管子的陈毅，再没有发出他那豪迈激昂、富有诗人浪漫的声音，只是很艰难地点头。朱德握着他瘦骨嶙峋的手，许久没有松开。最后，陈毅发出安详的微笑，这是老战友在愉快时才会有的表情。

朱德的心情十分沉重。他无比痛苦地离开了医院，他知道，自己将失去一位正直、直率、充满激情的好战友了。几天后，陈毅病逝。朱德去医院向陈毅遗体告别。这次，所有在场的元帅们都落了泪。

朱德没能参加陈毅的追悼会，因为当时中央只是将国务院副总理的追悼会规格定在了军队元老一级的，使得中央和国务院许多高层人士都不能参加。可是谁也没有想到毛泽东抱病穿着睡衣突然赶到了追悼会场，参加了陈毅的追悼会。周恩来知道后，马上赶到了追悼会现场。等朱德听说，已经来不及赶往八宝山了。

朱德在家里，怀着悲伤的心情，写下了诗《悼陈毅同志》，称赞陈毅"重道又亲师，路线根端正"。放下笔，他长叹一声，说："陈老总九泉之下可以瞑目了。"

自陈毅离世后，中央高层领导人也陆续进入了垂暮之年。到朱德去世，短短 4 年间，"耳畔频闻故人死"，朱德参加的追悼会达 7 次之多。

1973 年 8 月，中共十大在京召开。朱德当选为中央委员、中央政治局

委员和中共中央政治局常委。

这年12月21日，毛泽东在他的住所会见参加中央军委会议的人员，朱德也应邀前往。当朱德走进会议室时，毛泽东一下就看见了这位许久未见面的老战友，动动身子，想站起来迎接。还没等他起身，朱德就已来到他的面前。毛泽东微欠着身体，拍着身边的沙发请朱德挨着自己坐下。此时，毛泽东很动情，对朱德说："红司令，红司令你可好吗?"朱德操着四川口音高兴地告诉毛泽东说："我很好。"两位老战友的手紧紧地握在了一起。

这时，在座的所有人一下子把目光都集中到毛泽东和朱德两人的身上。毛泽东习惯地从小茶几上拿起一支雪茄烟，若有所思地划着火柴点燃吸了一口，吐出一缕缕青烟，环顾四周，继续对朱德说："过去国民党要'杀朱拔毛'。现在，有人说你是黑司令，我不高兴。我说是红司令、红司令。"他重复着。看着朱德慈祥的面容，又说："没有朱，哪有毛，'朱毛'，'朱毛'，朱在先嘛。如果司令都黑了，我这个当政委的还红得了吗?"

在这次谈话中，毛泽东对"文化大革命"中处理贺龙、罗瑞卿、杨成武、余立金、傅崇碧等人的问题，做了自我批评。他说："我看贺龙同志搞错了。我要负责呢。""杨、余、傅也要翻案呢，都是林彪搞的。我是听了林彪的一面之词，所以我犯了错误。小平讲，在上海的时候，对罗瑞卿搞突然袭击，他不满意。我赞成他。也是听了林彪的话，整了罗瑞卿呢。有几次听一面之词，就是不好呢，向同志们做点自我批评呢。self－criticism，自我批评。"

林彪事件的发生，对毛泽东不能不说是一个重大打击。他在陷入痛苦与失望的同时，也吸取了某些教训，开始起用一些被林彪迫害的老干部。但是，他并没有从根本上认识到他所发动的"文化大革命"的错误，仍然让江青等人把持着党和国家的重要权力。正因为如此，江青一伙利用毛泽东的信任和支持，发号施令，继续他们篡党夺权、祸国殃民的罪恶行径。

三、革命到底

1974年1月25日，康克清参加了中直机关、国家机关组织的"批林批

孔”动员大会。江青在会上，以“批林批孔”为名，对周恩来、叶剑英等不指名地进行攻击。

康克清感到很紧张，回家后就把自己的想法告诉朱德，说：“听了江青的讲话，一个突出的印象就是她把手伸到军队里去了。”朱德听了这话，沉着地说：“你不要害怕，军队的大多数是好的，地方干部大多数是好的，群众也是好的。你想想，群众会同意受二茬罪吗？你到农村去问问农民，地主回来他们赞成不赞成？你到工厂去问问工人，资本家回来他们赞成不赞成？你再去问问知识分子，做亡国奴他们赞成不赞成？他们一定都不会赞成的。这样看来，广大群众还是好的。”

1974 年 10 月 11 日，中共中央发出通知，决定在近期召开第四届全国人民代表大会。通知传达了毛泽东的意见：“无产阶级文化大革命，已经 8 年了，现在，以安定为好。全党全军要团结。”毛泽东的决策代表了广大群众的意愿。“文化大革命”使国家的经济走向崩溃的边缘，人民的物质文化生活未能改善，日常生活必需品要按计划分配。老百姓不满意这样的生活。林彪事件发生后，经过纠正“左”倾错误，这一时期各项工作调整、整顿，都取得不同程度的成绩。

召开四届人大，在江青一伙看来是巩固和扩大其在“文化大革命”中既得权势的时机。他们更加紧了宗派活动，企图利用筹备四届人大由他们出面“组阁”。毛泽东对江青等另搞一套的图谋有所察觉，对他们进行多次批评，重申由周恩来主持党中央和政府的日常工作，对重新出来工作的邓小平委以重任。这一系列的重要举措，挫败了江青一伙的“组阁”阴谋，保证了四届人大顺利召开。

1975 年 1 月 13 日至 17 日，第四届全国人民代表大会第一次会议在北京举行。朱德主持了开幕式。周恩来带着重病在会上作了《政府工作报告》，重申发展我国国民经济的两步设想。作报告的时候，周恩来的身体十分虚弱，但是坚持站着作完了报告。

从三届人大到四届人大，中间相隔 10 年，又重新提出实现四个现代化的宏伟目标，并决定以周恩来、邓小平为核心的国务院领导人选，使经受了多年“文化大革命”磨难的人民心中又燃起新的希望。

朱德在这次会上继续当选为人大常委会委员长。这时，他已是 89 岁高龄的老人了。他在人大常委会第一次会议上说：“在庄严的四届人大一次会议上，我们被选为人大常委会委员，党和人民委托我们贯彻执行宪法规定

的职权，责任重大，任务很艰巨。我们一定要刻苦学习马克思列宁主义、毛泽东思想，勤勤恳恳地努力工作，完成党和人民赋予我们的光荣而艰巨的任务。”

朱德是这样说的，也是这样做的。随着我国在国际政治舞台上作用的不断显现，在世界范围内我国同一大批第三世界国家建立了友好合作关系，频繁的外交往来，使朱德的工作更加繁忙了。周恩来是在发现癌症两年后的 1974 年 6 月才住院的。四届人大后不久，周恩来病情加重。朱德知道这时自己要多承担些工作，来减轻这位老战友的重负。朱德承担了大量的外事活动，频繁地会见外国国家元首、政府首脑、议会领导人以及友好代表团，在有限的一年半时间内，他单单出席接受国书的仪式就达到 40 多次。

以四届人大常委会委员长身份领导全国人民向四个现代化目标迈进的朱德，精神更加振奋，就像年轻了几岁。为了表达自己坚定的革命意志，不负党和人民的重托，朱德多次提笔写下了“革命到底”的条幅以铭志。

1975 年 7 月 11 日，朱德正准备到北戴河去休养，身体稍稍恢复的周恩来边在病房内作“八段锦”运动，边让卫士高振普打电话：请朱总在去北戴河之前先来见见。

前几天，朱德曾经想去看总理，因为总理当时的身体不太好，不愿让年近九旬的朱老总看到他在病榻上的样子，就没有请他去。当时，朱德也不想影响总理的正常治疗。当得知朱德去北戴河需两个多月才能回来，周恩来担心到那时自己的身体条件不会比现在好，于是热情地向朱德发出了邀请。

下午 5 时 50 分，朱德走进总理的会客厅时，看见周恩来已经换下了病号服，远远地迎了过来。朱德紧紧握住周恩来的手，声音有些颤抖：“你好吗?”周恩来回答说：“还好，咱们坐下来谈吧。”

朱德的动作有些迟缓，当卫士走过来扶他坐到沙发上时，周恩来关切地问：“要不要换一个高一点的椅子?”朱德说：“这个可以。”……

这天，朱德同周恩来交谈了 20 多分钟。周恩来知道患有糖尿病的朱德有按时吃饭的习惯，为了不耽误朱德吃饭，6 时 15 分，两位老人依依不舍地握手告别了。警卫员搀扶朱德上车时，周恩来一直目送汽车远去。

朱德同周恩来有着半个多世纪的深厚情谊。1922 年，朱德在德国由周恩来和张申府介绍入党。50 多年来，他们曾经一起度过了无数个生死与共的日日夜夜。朱德万万没有想到，这次竟是他同总理之间的最后相见。

周恩来的病情不断恶化，毛泽东的病情也在加重。邓小平受毛泽东的委托，主持党中央和国务院的日常工作，对工业、农业、科技、国防、教育、文化等各方面进行全面整顿。在短短9个月里，形势有了明显好转，各个领域的工作取得显著的成效。对邓小平取得的成就，朱德是十分欣慰的，他称赞道："在毛主席的领导下，由邓小平同志主持中央的日常领导工作，很好。"

然而，邓小平雷厉风行进行的整顿工作从一开始就受到"四人帮"的阻挠和破坏。同时，由于毛泽东不能容忍邓小平系统地纠正"文化大革命"的错误，又发动了所谓"批邓、反击右倾翻案风"运动，全国再度陷入混乱。

1976年1月8日9时许，周恩来所在病房外的电铃忽然响了。这不是平时的电铃，而是为遇紧急情况专设的电铃。不好！大家快步跑向病房，几乎同时看到监护器上的心跳显示：心跳70多次。一直是100多次，忽然掉到70多次，陈在嘉大夫急得说不出话来。周恩来心跳在继续下跌，60次、50次、30次……

医生们按照原定的抢救方案，采用了所有措施，呼唤、人工呼吸……都不起作用。陈在嘉哭了，她在监护器前坐不住了，方圻大夫替她守着。荧光屏上，时而显示一次心跳，渐渐地看不到心跳了，只见一条直线。总理，人民的好总理，为人民的解放事业奋斗了60多个春秋的伟人，带着全国人民的敬仰，离去了。跳动了78年的心脏于1976年1月8日9时57分停止了。

这天上午10时，毛泽东正侧卧在病床上，听工作人员给他念文件。前一晚他几乎彻夜未眠。负责毛泽东身边工作的张耀祠匆匆忙忙走进毛泽东卧室，他带来的是周恩来逝世的噩耗。

屋里沉寂得连一根针掉在地上都能听见。毛泽东只点点头，一言未发。对于他来说，周恩来逝世，早已是预料之中的事了。几年来，从医生一次又一次的诊断报告中，他预感到不妙。此时无声胜有声！

过了良久，毛泽东目光滞惘地仰视着天花板，语无伦次地喃喃自语："走了，他也走了。"说罢，不禁潸然泪下，唏嘘而泣。

当时，朱德的身体也不好，才出院不久。组织上怕朱德悲伤过度，没有立即告诉他有关总理病逝的消息。

当天下午，朱德还接见外宾，接受比利时新任驻华特命全权大使舒马

克递交国书。回来后，康克清想让他对总理逝世有个思想准备，便慢慢地对他说："总理病情最近又有恶化。"朱德听了后，沉默了一会儿，说："不会吧，他的手术做得很成功，怎么会这么快就恶化了呢？"

"反正情况不是很好。"康克清低声说。朱德还没有听懂康克清的意思，想不到总理已经走了，他认为："有那么多的好大夫给总理治病，病情不会发展得那么快！"

可是，他的心情十分沉重，他在想：总理的病恶化到了什么程度，难道就治不好了吗？

到了晚上8点，收音机里播出周恩来逝世的讣告，朱德惊呆了。尽管他已经知道周恩来病情恶化了，但他还是无法接受总理逝世的事实。听着收音机里不断传出的哀乐，看到家人个个泪流满面的样子，他才肯定这一切是真的了。眼泪从他那饱经风霜的脸上流了下来，滴落在衣襟上，他坐在沙发上，沉默了很久……

工作人员告诉朱德，总理临终遗言是要把骨灰撒在祖国的大地和江河里。这时，朱德说："过去人们死后要用棺材埋在地里，后来进步了，死后火化，这是一次革命。总理为党、为国家、为人民鞠躬尽瘁，死而后已，真是一个真正的彻底的革命家。"他一边说，一边流泪，还问："你们知道总理的革命历史吗？"大家说："知道一点，看了一些别人的回忆。"

"你们应该了解总理的革命历史！"说着，朱德就开始讲周恩来革命的一生。当时，家人怕他过分伤心，身体受不了，没有让他说很多，但他不时自言自语："你们知道总理的革命历史吗？"他自己陷入深深的回忆之中。

1月11日上午，北京医院，太平间大厅。哀乐低回，哭声起伏。周恩来神态安祥地仰卧在一张白布平台上，直挺的躯体覆盖着一面鲜红的党旗，四周摆着一簇簇洁白的马蹄莲，两名手持钢枪的战士肃立左右。佩戴黑纱的政治局委员们依次走进来，每个人都在周恩来的遗体前肃立默哀，鞠躬诀别，随后绕灵床半周，从侧门退出去。

年迈的朱德拄着手杖站在灵床前，老泪横流，低声呼唤："恩来！恩来！"他鞠罢躬，又挺直身躯，缓缓地抬起颤抖的右臂，庄严地向周恩来行了一个军礼，然后才被人搀扶着蹒跚离去。

佩戴着黑纱的邓小平随着低沉的哀乐慢慢走进大厅。他眼中没有泪水，神情显得凝重而平静。他走到灵床前，默默地望着闭目而卧的周恩来，久久不肯离去。陪同的秘书小声提醒："首长，走吧，后面还有好多人等着向

总理告别。”

在党和国家领导人后边，是党、政、军机关和北京市的各界代表，黑压压的人群排成长蛇队，在狭窄的太平间过道内缓缓地移动着。

向周恩来遗体告别时，朱德一路上都在掉泪，在车上他就要脱帽子。回来后，他一句话不说，不思茶饭。

周恩来的追悼会就要举行，秘书见朱德悲痛过度，连续几天彻夜不眠，身体特别虚弱，怕他撑不住，就征求他的意见：“去不去参加？”他根本没有考虑自己的身体状况，马上做出了肯定的回答。

可是，就在要上车出发的时候，朱德却两腿软得厉害，怎么也站不起来了。这使他非常不安，坐在沙发上难过地叹气：“唉，去不成了！这怎么对得起恩来？”

猛然，他像是想起了什么似的，连忙吩咐说：“快把电视机打开！就是坐在家里，我也要参加这个追悼会。”

电视机打开了，朱德怀着对老战友的哀思，随着低回的哀乐，眼含泪花，送走了那系着黑纱的灵车……

周恩来的逝世，在全党全军和全国人民中引起强烈的震动。人民英雄纪念碑周围布满的花圈、挽联、悼词……不仅表达了广大人民群众对失去这位卓越领导人的悲痛与怀念，而且反映了人们对中国前途命运的焦虑心情。这年清明节前后，在全国范围内掀起了悼念周总理、反对“四人帮”的强大抗议运动。

当时，外面谣言四起，传说纷纭。广播里说“邓小平是天安门事件的总指挥、黑后台”，朱德对此不屑一顾，他轻声地问康克清：“你知道小平同志住在哪里吗？”康克清摇摇头，朱德说：“现在，他连自由都没有，他出得来吗？说他是天安门事件的总指挥，碰到鬼了！”

朱德有一次同江西省委常委刘俊秀谈话，针对江青一伙的倒行逆施，愤慨地说：“别听他们‘革命’口号喊得比谁都响，实际上就是他们在破坏革命，破坏生产。不讲劳动，不搞生产，能行吗？粮食不会从天上掉下来，没有粮食，让他们去喝西北风！”

一年前，朱德每天都要在万寿路的大院里转上 3 大圈，吃完早饭围着院子转一大圈，吃完中饭转一大圈，吃完晚饭再转一大圈，然后才休息。除了这种散步活动，他几十年来自己“发明”的那套健身操也天天做，几乎风雨无阻。可是到了 1976 年后，这健身操渐渐却做不了，散步也渐渐由

3 大圈变成了 3 小圈，后来又变成了一小圈，直到最后除了那做操的口哨之外，其他的一切都大大地简化了。

天安门事件后，“四人帮”借机大肆镇压革命群众，使国家局势变得很复杂，国民经济遭到更严重的破坏。朱德看在眼里，急在心上，他不顾身体虚弱，带病坚持工作，每天早起晚睡，自己给自己加大了工作量。

1976 年的分分秒秒，对于朱德都是那么宝贵。他好像知道自己的时间不多了，不听劝告地拼命地工作。从 2 月到 7 月初去世，5 个月中，他会见外宾 18 次，找人谈话 3 次，其中一次还是亲自去中央党校看望老教授成仿吾。

5 月 18 日，成仿吾将新译的《共产党宣言》送给朱德提意见，朱德 19 日收到这本非常熟悉的马列主义经典著作，20 日就把大字逐字逐句认真地看了一遍，小字由秘书念着听。然后，他提出要去党校看成仿吾。身边工作人员劝阻：“您老人家年纪这么大了，还是把成仿吾接来谈谈吧！”朱德不同意：“为什么要让人家来看我呢？他的年纪和我差不多，还是我去看他吧！”

5 月 21 日早晨，成仿吾接到朱德秘书的电话，说是朱委员长要来看他。成仿吾推辞说不行，应该他去看望委员长。但朱德坚持要去。这样，90 高龄的朱德专程来到中央党校成仿吾的宿舍。

朱德鼓励成仿吾：“这个新译本很好，没有倒装句，好懂。这对学习普及马克思主义很重要。这个工作很有意义。”朱德还详细了解了成仿吾的工作情况。当成仿吾问到朱德的健康情况时，他回答：“中央对我照顾得好。消化情况不坏。”

临别，朱德嘱咐成仿吾：“工作一定要跟上形势，要保重身体。我们队伍中老同志不多了。”成仿吾陪着朱德坐车绕着校园看了一下，便握手告别。成仿吾没有想到仅一个多月后，朱德就与世长辞。

由于过度的紧张和劳累，朱德的肺炎复发了。但他毫不在意，照样工作，照样会见外宾。这年 6 月 21 日上午，按照有关方面的安排，朱德要会见澳大利亚联邦总理马尔科姆·弗雷泽。早晨，朱德起床后，感到身体不太舒服。家人劝他立刻休息，不要再工作了。朱德听后摇了摇头：“这是党安排的工作，我怎么能因为身体不好而随便不去了呢？”

吃了药，他乘车前往人民大会堂。踏进大会堂，来到预定的会见地点——迎宾厅时，却没有往日那种迎宾的气氛。原来，马尔科姆·弗雷泽总

理的时间推迟了。

由于事先没有得到通知，朱德只好在人民大会堂里一间放有冷气的房间里静静地等候。

不知不觉，将近 1 个小时过去了。迎宾厅的气氛变了。马尔科姆·弗雷泽总理的车队缓缓驶进大会堂……

回到家中，朱德便感到身体不舒服，有些咳嗽，伴有低烧。经医生诊断，是患了感冒。到了 25 日晚上，又出现了腹泻，医生建议立即住院治疗。朱德想到次日要会见外宾，坚持说："不要紧，等明天我会见了外宾，再去住院也不晚。"因为身体不适，他没有再接见外宾，外事部门对会见上有关安排作了调整。

26 日，朱德因病情加重，被送入北京医院治疗。

这时，秘书尹庆民与朱家商量，想利用朱德住院这个机会把他的浴室给改造一下。原来，新六所的卧室没有卫生间，进进出出很不方便，中办知道后，便曾想把这里改造一下，可是朱德说什么也不同意："我们一进城，盖了些高大的楼房，但现在好多老百姓都还没有房子住，人口发展比房子发展快得多。像我这样的干部，你们不能光说照顾我年岁大了不方便，还要看到我岁数大了做不了多少事了。这样的房子对我来说就不错了，我们国家还很穷，为我，就不要花过多的钱了！"

中办管理局副局长李维信见朱德不同意，就反复解释说只作一次正常的维修，不是改造，如果不及时维修，将来坏了，损失可就大了。

听李维信这么一说，朱德这才勉强同意。于是，利用他一次去北戴河的机会，中办管理局将房子给"维修"了一下，将朱德的办公室改成了卫生间与卧室相连，又将餐厅改成了办公室，并在院子里扩建了一个新餐厅及一个理发室。

当朱德一回家，看到自己的"生活"彻底变了样，非常生气，反复批评秘书和工作人员："这是改建么!？你们这是跟我搞策略，这是非常不好的做法!"

然而生气归生气，木已成舟，只得勉强接受。但这一次改造留下的唯一遗憾就是卫生间的澡盆是按当时市场的标准尺寸做成了，盆的边沿比较高，而且地面的瓷砖也特别滑，没有考虑到一个老人使用它的实际情况。以至在以后的几年中，朱德每次的洗澡便成了一件非常危险的事，必须在两三个人的帮助下才能顺利完成洗浴。

这次朱德住院了，秘书抓住这个时机赶紧向中办管理局协商加班加点地将浴室进行了改造。可是谁也没有想到最终老人一天也没有享受过。

几天后，朱德的病情稍有缓解。当时，天气很热，病房在4楼，没有空调，把房门、窗门全部打开同样燥热。康克清想为他争取调整一下病房，可是他说什么也不同意："进到医院来，一切听从医院安排。他们自有他们的道理，不能再给他们添麻烦。"

但进入7月后，他的病情又再次加重，多种病症并发，医生说"心脏衰竭、糖尿病严重、心肌也有问题"，又增加了肠胃炎等，高烧一直不退。

接着组织会诊，提出多种治疗方案。同时，成立了以中央军委副秘书长苏振华为组长的医疗组。

7月1日，朱德把秘书叫到床前，问道："今天是党的生日，报纸该发表了社论了吧！念给我听听。"之后，又提出要给他念书、念文件。秘书为了让他能安静休息一会儿，只好含着热泪悄悄地躲到别的房间去了。于是，朱德又断断续续地发出轻微的声音："我还能做事……要工作……革命到底。"每一个在场的人无不感动万分，无不泪流满面，一齐发出哽咽的声音。

在病榻上与病魔搏斗的朱德得知毛泽东因心脏病发作处于昏迷状态时，焦虑万分，特别嘱咐医疗组的医生们快到主席那里去。医生们尽力劝慰他，因为他的病情也很令人担忧。

朱德住院后，中共中央副主席叶剑英委托他的女儿"几乎每天打电话到医院，询问朱老总的病情"。邓颖超、聂荣臻、李先念等纷纷前往医院探望朱德。在病榻上，朱德同看望他的国务院副总理李先念作了最后一次谈话。他说："我看还是要抓生产。哪有社会主义不抓生产的道理呢?!"

不知是谁，把一盆兰花悄悄地摆放在朱德的病房里。当他看到兰花，有一种少有的满足。

7月4日，朱敏突然听到父亲在大声呼喊自己的名字，便从隔壁房间跑过来。朱德紧紧地拉着女儿的手，瞪大眼睛望着女儿，张了好几次嘴想说什么可又说不出来。泪水簌簌往下流的朱敏，此时俯下身子在父亲的耳边轻轻地说："爹爹，您别讲了，我明白您的意思，要我们听党的话，全心全意为人民服务，您放心就是好了。"听到朱敏这些话，朱德露出了欣慰的神态。

7月5日，朱德的病情急剧恶化。他看到站在病床前的李先念、聂荣

臻、王震、邓颖超、蔡畅等这些风雨同舟几十年的老同志时，嘴唇翕动着，想和他们说话，但张了嘴却没有发出声来。他努力地要抬起右臂和他们握手，却终于没有抬起来。看着当年驰骋疆场、威震敌胆的总司令被病魔折磨得如此虚弱，在场的老将帅、大姐们都难过地流下了眼泪。

很快，朱德就进入昏迷状态。当时，叶剑英打电话表示想看看朱总，极度悲痛的康克清说："他已经神志不清了。"

7 月 6 日下午 3 时 1 分，朱德那颗跳动了近 90 年的心脏永远停止了跳动，带着对革命事业的无限忠诚永远离开了亲人儿女，离开了他为之奋斗一生的救国强国的伟大事业。

刚从生命垂危中被抢救过来的毛泽东，静卧在病榻上。当听说朱德逝世的消息，毛泽东用微弱、低哑的声音问："朱老总得的什么病？怎么这么快就……"他嘱咐身边人一定要妥善料理朱德的丧事。

朱德病逝后，康克清让孩子和秘书尹庆民、警卫员李廷良、徐宏、刘炳文以及护士盛菊花等给朱德换衣服。可是在家里找来找去，竟没有找到一件像样点的。直到最后实在找不着了，家人这才想起来他根本就没有新衣服。

孙子朱和平泪如泉涌："爷爷辛劳了一生，一定得让他穿身新衣服！"于是，临时在红都服装店给朱德做了一身内衣，外衣中山装仍是他穿了多年的那件。

7 月 8 日，向朱德的遗体告别的这一天，他躺在鲜花翠柏之中，那么沉静，那么安祥，似乎是工作疲劳后的一次小憩，似乎他马上就要醒来，用他那种坚定的声音去指挥千军万马……

从北京医院出口到八宝山的马路两侧，挤满了臂缠黑纱、胸戴白花的悲痛的人群。灵车徐徐开来，灵车四周，饰有用黄、黑两色绸带扎着的花球，垂着长长的丝穗。丝穗随着灵车的行进和哀乐的节拍而飘动，把人们的心都搅碎了。多少人抹泪，多少人抽泣，中国人民再一次沉浸在巨大的悲痛之中……

遵照朱德生前的意愿，康克清把他历年积存的 20306. 16 元银行存款交给党组织，作为他最后一次向党交的党费。朱敏回忆说："父亲曾经说过——'我是无产阶级的一员。我的东西都是公家的，我死后一律上缴，只有我读过的马列和毛主席著作，你们可以拿去学习。'"

"本世纪最伟大的民族领袖之一。""为争取中国人民解放而奋斗的传

1976 年 7 月 8 日，首都人民含泪向朱德遗体告别

奇式的统帅和战士。”“中国人民优秀的儿子。”“中华人民共和国历史的伟大象征。”……朱德的逝世，在世界各国或地区的领导人中引起了广泛的反响。他们纷纷发来唁电、唁函，表示深切的哀悼，并且高度评价这位具有传奇色彩的中国领导人。

12 月 1 日，是朱德 90 周年诞辰日。1 个多月前，中国共产党和中国人民毅然粉碎了江青反革命集团，结束了“文化大革命”这场灾难。这一天，康克清携同家人来到绿荫环抱的八宝山革命公墓。她把一束鲜花放在朱德的骨灰盒上，她要将“四人帮”被粉碎的消息告诉九泉之下的朱德，让他和中国人民一起分享胜利的喜悦……

10 年后，朱德 100 周年诞辰的时候，胡耀邦代表中国共产党中央委员会在隆重的纪念大会上对朱德的一生做出高度的评价：“朱德同志光辉的一生，是同中国革命的艰难历程和伟大胜利融合在一起的。…… 朱德同志是伟大的，又是平凡的，他一生思想的高尚，人格的伟大，给全党、全国人民留下了亲切难忘的印象。它将传诵千古。对新一代年青的领导者的成长，更是一笔十分宝贵的精神财富。”

20 年后，江泽民在朱德诞辰 110 周年纪念座谈会上指出“20 世纪中国革命的史册上，群星璀璨，朱德是其中一颗巨星。毛泽东称赞他是‘人民的光荣’。朱德同志具有高尚的思想和崇高的品德，为我们留下了珍贵的精神财富。”

30年后，胡锦涛在朱德诞辰120周年纪念座谈会上强调：“朱德同志的光辉形象和伟大业绩深深铭刻在中国人民心中。朱德同志身上集中体现了共产党人的坚强党性和崇高品格，集中体现了中华民族的传统美德。朱德同志在为党和人民的毕生奋斗中表现出来的坚定理想信念、崇高思想品格、高超政治智慧，是极为宝贵的精神财富，值得我们永远学习和发扬。”

云山苍苍，江水泱泱，伟人之风，山高水长。今天，可以告慰开国功勋朱德的是，在改革开放和社会主义现代化建设时期，中国共产党人带领中国人民继往开来，与时俱进，开创了中国特色社会主义道路，大幅度提高了我国的综合国力和人民生活水平。小康中国与和谐社会成为炎黄子孙孜孜以求的共同梦想，并一步步向我们靠近……

主要参考文献

1. 本书编辑组编：《战争年代的朱德同志》，人民出版社 1977 年 6 月第 1 版。

2. 本书编辑组编：《深切怀念敬爱的朱委员长》，战友报社 1977 年 9 月第 1 版。

3. 艾格妮丝·史沫特莱著：《伟大的道路》，三联书店 1979 年 4 月第 1 版。

4. 埃德加·斯诺著：《西行漫记》，三联书店 1979 年 12 月第 1 版。

5. 罗瑞卿著：《我们的总司令》，湖南人民出版社 1980 年 11 月第 1 版。

6. 本书编辑组编：《朱德 彭德怀 贺龙 陈毅 罗荣桓 军事活动大事记》，战士出版社，1983 年 6 月第 1 版。

7. 朱德著：《朱德选集》，人民出版社 1983 年 8 月第 1 版。

8. 张爱萍著：《朱德总司令与国防现代化》，解放军出版社 1984 年 5 月第 1 版。

9. 中央文献研究室编：《朱德年谱》，人民出版社 1986 年 12 月第 1 版。

10. 尼姆·威尔斯著：《续西行漫记》，三联书店 1991 年 3 月第 1 版。

11. 刘学琦主编：《朱德风范词典》，中国工人出版社 1991 年 5 月第 1 版。

12. 姚建平、刘本良著：《伟人之初：朱德》，浙江人民出版社 1991 年 6 月第 1 版。

13. 张国焘著：《我的回忆》，东方出版社 1991 年 12 月第 1 版。

14. 萧克著：《朱毛红军侧记》，中共中央党校出版社 1993 年 1 月第 1 版。

15. 纪学著:《朱德和康克清》，中国青年出版社 1992 年 2 月第 1 版。

16. 刘学琦主编:《朱德佳话三百篇》，书目文献出版社 1993 年 1 月第 1 版。

17. 康克清著:《康克清回忆录》，解放军出版社 1993 年 8 月第 1 版。

18. 金冲及主编:《朱德传》，人民出版社 1993 年 8 月第 1 版。

19. 赵云声、王红晖主编:《将帅夫人传》(一)，北方妇女儿童出版社 1995 年 6 月第 1 版。

20. 青木、编著:《中国元帅朱德》，中共中央党校出版社 1995 年 12 月第 1 版。

21. 中央党史研究室科研部编:《朱德人生画卷》，中共党史出版社 1996 年 10 月第 1 版。

22. 朱敏著:《我的父亲朱德》，辽宁人民出版社 1996 年 12 月第 1 版。

23. 桂青山、王迎庆等著:《红色之路》，光明日报出版社 1997 年 2 月第 1 版。

24. 王亚丽著:《生活中的朱德》，解放军出版社 1999 年 9 月第 1 版。

25. 李蓉、吴为著:《朱德与毛泽东》，中共党史出版社 1998 年 9 月第 1 版。

26. 本书编辑组编:《朱德画册》，新华出版社 1999 年 8 月第 1 版。

27. 许农合编著:《八一进行曲》，长征出版社、中共党史出版社 1999 年 8 月第 1 版。

28. 中央文献研究室第二编研部编:《话说朱德》，中央文献出版社 2000 年 6 月第 1 版。

29. 刘学民、王法安、肖思科著:《红军之父》，解放军出版社 2000 年 10 月第 1 版。

30. 庹平主编:《朱德与中共党史重大事件》，中央文献出版社 2001 年 9 月第 1 版。

31. 朱和平著:《永久的记忆》，当代中国出版社 2004 年 8 月第 1 版。

32. 余玮著:《敦厚朱德》，中共党史出版社 2007 年 6 月第 1 版。